工业和信息化普通高等教育"十三五"规划教材立项项目

21世纪高等院校经济管理类规划教材

# 财务会计实训教程

## （第3版）（附实训操作素材）

□ 裴永浩 杨荐 主编
□ 祁双云 李海龙 副主编

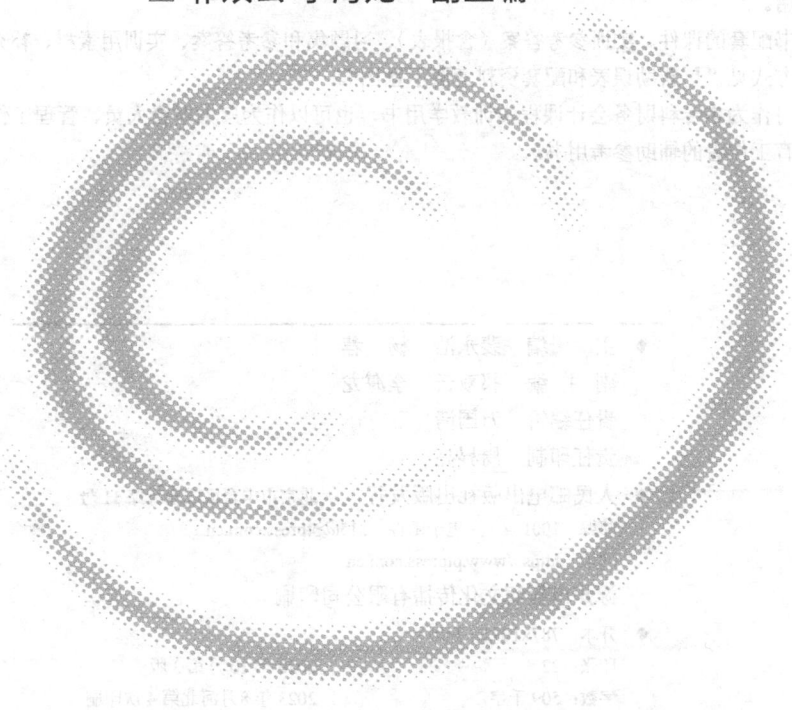

人民邮电出版社
北京

图书在版编目（CIP）数据

财务会计实训教程 ：附实训操作素材 / 裴永浩，杨荐主编. -- 3版. -- 北京 ：人民邮电出版社，2020.10（2023.8重印）
21世纪高等院校经济管理类规划教材
ISBN 978-7-115-54485-8

Ⅰ. ①财… Ⅱ. ①裴… ②杨… Ⅲ. ①财务会计－高等学校－教材 Ⅳ. ①F234.4

中国版本图书馆CIP数据核字(2020)第127288号

## 内容提要

本书为实训课程用书，共4章，另外还提供实训操作素材（单独成册）。其中，第一章是实训相关知识，主要包括企业法人营业执照办理程序、印章的刻制与使用、内部会计管理制度、会计工作组织、内部会计控制制度、违反会计法规行为的法律责任等；第二章是实训必备知识，主要包括银行账户的开立与使用、会计核算的一般要求和会计处理程序、建账、填制记账凭证、记账、结账、报账等；第三章是实训指导，主要包括会计人员的工作日志、会计工作的基本流程及账务处理、会计凭证和会计账簿中的错弊及检查等；第四章是企业基本资料，主要包括企业基本情况简介、企业财务会计制度及实训要求、实训资料等。实训操作素材包括实训中使用的原始凭证、账簿和科目汇总表、试算平衡表及会计报表，本部分单独成册，以方便实训中裁剪后使用。

与本书配套的课件、实训参考答案（含报表）、习题集和参考答案、实训用素材、补充阅读资料等教学资料的索取方式见“更新勘误表和配套资料索取示意图”。

本书可作为本专科财务会计课程实训教学用书，也可以作为广大财会人员、管理工作者的学习资料和会计专业教育工作者的辅助参考用书。

◆ 主　　编　裴永浩　杨　荐
　副 主 编　祁双云　李海龙
　责任编辑　万国清
　责任印制　周昇亮

◆ 人民邮电出版社出版发行　　北京市丰台区成寿寺路11号
　邮编　100164　　电子邮件　315@ptpress.com.cn
　网址　https://www.ptpress.com.cn
　涿州市般润文化传播有限公司印刷

◆ 开本：787×1092　1/16
　印张：22　　　　2020年10月第3版
　字数：509千字　　2023年8月河北第4次印刷

定价：69.80元（附素材册）

读者服务热线：(010)81055256　印装质量热线：(010)81055316
反盗版热线：(010)81055315
广告经营许可证：京东市监广登字20170147号

# 第 3 版前言

本书自出版以来，受到了广大读者的喜爱与好评，并对我国中级财务会计课程的理论与实践教学起到了一定的推动作用。

近年来财会制度和税法政策变动较多，为适应财务会计教学的需要，编者对本书相应内容进行了修订，具体有以下几方面。

（1）对企业涉及的相关证照等教学素材进行全面更新。

（2）对“会计从业资格”相关内容进行了修改。

（3）对“会计人员继续教育”相关内容进行了修改。

（4）对“增值税”“印花税”相关内容进行了修改。

（5）对相关会计科目名称及核算内容进行了修改。

（6）将空白“记账凭证”删除，改为由学生自行购买或打印。

与本书配套的课件、实训参考答案（含报表）、习题集和参考答案、实训用素材、补充阅读资料等教学资料的索取方式见“更新勘误表和配套资料索取示意图”。

本版修订工作由贵州工商职业学院杨荐老师主持，商丘学院祁双云老师、哈尔滨石油学院李海龙老师进行协助。

由于编者水平所限，书中难免存在疏漏之处，望读者批评指正。

编　者

2020 年 6 月

# 第 1 版前言

财务会计是一门实践性、操作性很强的课程，单纯的理论教学无法满足培养高级应用型会计人才的需求，需要有适用的财务会计实训教材做支撑来开展实训教学。有鉴于此，编者在总结以往会计理论与实践教学经验的基础上，编写了本书，以使受训者在一个全真的会计业务环境中熟悉会计核算的全过程，提高会计专业学生的记账、算账和报账的实际操作能力。本书主要有以下三个特点。

一是以《会计基础工作规范》《企业会计准则》等为理论依据，以会计基本理论为基础，以相关《财务会计》教材内容为框架和主线，围绕实训的具体目的、任务和要求，结合某中型制造企业特定会计期间实际发生的业务资料来设计实训任务。本书涵盖了填制和审核凭证，设置和登记账簿，简单的成本计算，对账、算账、调账、结账和办理年终决算，编制试算平衡表和财务会计报告，整理和装订会计资料等企业会计核算的全过程和全部基本技能。全书结构严谨，内容新颖、丰富，既体现了理论与实践相结合、以实务为主的特点，又不失系统性、综合性和可操作性。

二是在模拟企业实际会计业务事项的同时，将会计业务事项以仿真原始凭证和单据的形式罗列出来，选择与实际工作中完全一致的票据、单证、账簿及报表，准确地将会计理论知识与企业实际业务有机地结合在一起，实现了文字叙述经济业务与原始凭证表现经济业务的对接，增加了会计岗位处理业务的真实感，为学生掌握识别、填制和运用各种会计凭证，以及记账、算账、对账、结账、报账等会计业务操作技能，提高对实际会计业务事项的处理能力奠定基础和提供平台，同时也为学生学好其他财会专业知识和从事会计工作打下良好的基础，充分体现了会计教育教学的特点。

三是集基本功训练、岗位技能训练和综合技能训练为一体，围绕日常会计业务事项和核算方法开展训练，业务量适中，实用性强，而且真实易懂，便于学生熟悉和掌握会计业务各岗位的职责和账务处理流程。

与本书配套的课件、实训参考答案（含报表）、习题集和参考答案、实训用素材、补充阅读资料等教学资料的索取方式参见“更新勘误表和配套资料索取示意图”。

本书由辽宁石油化工大学副教授裴永浩编著，辽宁石油化工大学副教授宋锦玉参与表格绘制。

本书在编写过程中参考了大量文献，在此对相关文献的作者表示衷心的感谢。

由于编者水平和时间所限，书中难免存在不足之处，请广大读者批评指正。

编　者

2013 年 5 月

# 目录

# 导　言

财务会计实训是模仿实际会计工作的一种教学模式，属于会计专业能力提升的主干课程，是一门实践性、操作性较强的课程，是会计学专业不可缺少的技能性教学环节，是对《基础会计》和《财务会计》课程内容的进一步完善和必要的补充。

财务会计实训以仿真单、证、账、表的形式，将企业会计核算的内容形象地复制出来，把实习基地设在课堂上，将学生置于会计职业的氛围中，可以使学生会因有"身临其境"的感觉而进入"职业角色"。学生通过审核和填制各种会计凭证、登记会计账簿、编制会计报表等接近"实战演习"的一系列的操作活动，可以观察和体会到比较真实的会计资料，专心致志地学习、领会和掌握识别票证、填制和运用各种会计凭证、记账、算账、对账、调账、结账、报账等会计业务操作技能和技巧，熟悉会计循环的基本要素和基本步骤，从而对企业会计工作形成比较清晰、完整、直观、系统的认识。

一般而言，学习本课程对读者有以下几项作用：突出学生的主体作用，避免学生的厌学心理，增强学习兴趣，提高学习的积极性和主动性；从实践的角度验证理论知识，加深学生对已学会计理论知识的理解，从而达到巩固所学会计专业知识、学以致用的目的；增加会计岗位处理业务的真实感，培养和增强学生的职业意识，提高其职业素养和工作能力，以及对会计政策的理解水平，缩短上岗适应期；帮助学生以坚定、自信的心态从容应对第一次就业应聘，轻松闯过第一关，牢牢把握就业机会。

鉴于会计规范不断调整改进，而教材出版周期较长，且篇幅有限，不能及时展示新内容和所有知识点，故本书用二维码链接了部分法规文档。除这些二维码链接的资料外，建议读者通过网络获取更丰富的学习资源和信息（正文内有相应推荐），这有助于读者更好地掌握财务会计知识并及时了解新行业动态。

本书中的原始凭证、会计报表等均为单面印刷，读者根据有关原始凭证填制记账凭证时，如需要手工做账可裁剪后使用，不裁剪时在记账凭证旁注明需附原始凭证的序号亦可。记账凭证需读者自购或下载电子稿后自行打印。

# 第一章 实训相关知识

## 第一节 企业法人营业执照

企业法人营业执照（营业执照）是企业或组织合法经营的凭证，不得伪造、涂改、出租、出借和转让。营业执照的登记事项包括单位名称、地址、负责人、资金数额、经济成分、经营范围、经营方式、从业人数、经营期限等。营业执照分正本和副本，二者具有相同的法律效力。营业执照（正本）应当置于公司住所或营业场所的明显位置；营业执照副本一般用于工作人员外出办理业务，如办理银行开户、签订合同等。

### 一、营业执照办理程序

以注册公司为例，办理营业执照前需要先确定公司的形式，然后再按相应步骤进行公司注册。

**1. 确定公司的形式**

有限责任公司，应当有 50 人以下股东；一人有限责任公司（在公司名称中不会有“一人”字样，执照上会注明“自然人独资”或“法人独资”），只有一个自然人股东或一个法人股东；股份有限公司，应当有 2 人以上 200 人以下发起人。如果你和朋友、家人合伙投资创业，可选择普通的有限责任公司；如果只有你一个人投资创业，可选择一人有限责任公司。

**2. 注册公司的步骤**

注册公司的步骤如下。

（1）核准公司名称。到市场监督管理局领取一张“企业（字号）名称预先核准申请表”，填写准备好的公司名称，由市场监督管理局进行审核并联网（市场监督管理局内部网）检索是否有重名。如果公司名称符合规定并且没有重名，该公司名称就可以使用，同时市场监督管理局会核发一张“企业（字号）名称预先核准通知书”。在有的城市，如北京，可以登录当地市场监督管理局网站登记服务平台，完成公司的起名并提交市场监督管理局审核，再等待核准。

（2）租房。租赁作为经营场所或办公场所的房屋（自己有厂房或办公室也可以）。有的地区不允许在居民楼里办公，民用房屋不可以注册公司。租房后要签订房屋租赁合同，并让房东提供房产证的复印件，再到税务局购买印花税票，印花税的税率是年租金的 1‰，将印花税票贴在租房合同的首页。

（3）起草“公司章程”。公司章程可以找人代写，也可以从市场监督管理局的网站下载“公司章程”样本进行修改，修改后由所有股东签名。

（4）刻制法人名章。去公安局指定的刻章社刻制一个方形的法人名章。

（5）领取“银行询证函”。联系一家会计师事务所，领取一张由会计师事务所盖章的“银行询证函”（必须是原件）。

（6）去银行开立公司验资账户。携带公司章程、核名通知、法人名章、身份证、用于验资的资金、空白询证函表格，到银行开立公司验资账户，然后由各个股东按自己认缴的出资额向验资账户转入相应的资金，并取回由银行盖章后发给每个股东的“股东缴款单”和询证函。

注意

《公司法》规定，注册公司时，出资人（股东）必须足额缴纳注册的资本金，出资人可以以货币出资，也可以以汽车、房产、知识产权等有形或无形资产出资。出资人到银行办理的只是货币出资这一部分，如果以实物、房产等资产出资，出资人还需要到会计师事务所鉴定其实际出资人价值，比较麻烦，因而建议出资人以货币进行出资。《公司法》不管出资人的资金是自己的还是借的，只要如数缴足注册资本金即可。

（7）办理验资报告。携带股东缴款单、询证函、股东验资账户进账单、公司章程、核名通知、房屋租赁合同、房产证复印件，到会计师事务所办理验资报告。

说明

根据2013年修订的《公司法》和2014年颁布的《注册资本登记制度改革方案》的规定，自2014年3月1日起，市场监督登记制度由注册资本实缴登记制改为认缴登记制，公司实收资本不再作为市场监督登记事项，但法律、行政法规以及国务院决定对有限责任公司和股份有限公司注册资本实缴、注册资本最低限额另有规定的，从其规定；因而验资仅适用于目前仍实行注册资本实缴制的有限责任公司和采取募集方式设立的股份有限公司以及商业银行、证券公司等27种特定行业的股份有限公司，其他实行认缴制的公司无须提交验资报告。认缴登记制是指企业在申请注册登记时，股东（发起人）自主约定认缴的出资额，市场监督管理局只登记注册资本，不登记实收资本，不再审查全体股东认缴的出资额是否到位。验资是指注册会计师依法接受委托，对被审验单位注册资本的实收情况或注册资本及实收资本的变更情况进行审验，并出具验资报告。验资分为设立验资和变更验资。

（8）办理营业执照。到市场监督管理局领取公司设立登记的各种表格，包括企业设立登记申请表，股东（发起人）名单，董事、经理、监事情况，法人代表、指定代表或委托代理人登记表。填好后，连同法人和股东身份证原件、法定代表人一寸照片1张、核名通知、公司章程、房屋租赁合同、房产证复印件、验资报告一起交给市场监督管理局。一般3个工作日后可以领取营业执照（各地时间略有差别）。当前，公司注册也可在网上进行。

（9）刻制公章。凭营业执照到已在公安局备案具有刻章资格的刻章社刻制公章、财务专用章、发票章和合同章。（补充：当前刻制公章等手续已可在网上办理，如登录北京市市场监督管理局官方网站，在线填写申请资料，即可完成一窗领取执照和公章的手续）

**视野拓展**

国家市场监督管理总局网站“服务—我要看—登记注册”页面内有企业登记注册的详细说明，可供读者参考。

（10）开立基本账户。凭营业执照，去银行开立基本账户，同时注销验资账户。开立基本账户需要填写很多表格，最好把有可能用到的证件全部带上，包括营业执照正副本原件、法人和经办人的身份证原件、财务专用章、法人章。开立基本账户时，还需要购买一个密码器，今后公司在开支票、划款时，都需要使用密码器来生成密码。

（11）到当地税务局申请领购发票。开始营业后，企业每个月都要按时向税务局办理纳税申报，即使没有开展业务不需要缴税，也要进行零申报，否则会受到处罚。

## 二、企业信息公示

国家市场监督管理总局要求从 2014 年 3 月 1 日起停止企业年度检验工作，根据《企业信息公示暂行条例》的规定，从 2014 年 10 月 1 日起将企业年度检验制度改为企业年度报告公示制度。

### （一）企业年度报告公示

企业年度报告公示是指企业应当按年度在规定的期限内，通过国家企业信用信息公示系统向市场监督行政管理机关报送上一年度的年度报告，并向社会进行公示，任何单位和个人均可查询。当年设立登记的企业，自下一年起报送并公示企业年度报告。

#### 1. 适用范围

登记成立的有限责任公司、股份有限公司、非公司企业法人、合伙企业、个人独资企业及其分支机构，在我国境内从事生产经营活动的外国（地区）企业，以及其他经营单位。

#### 2. 公示时间

企业年度报告的公示时间为每年 1 月 1 日至 6 月 30 日。

#### 3. 公示内容

企业年度报告公示的内容主要有以下几项。

（1）企业通信地址、邮政编码、联系电话、电子邮箱等信息。

（2）企业开业、歇业、清算等存续状态信息。

（3）企业投资设立企业、购买股权信息。

（4）企业为有限责任公司或股份有限公司的，其股东或发起人认缴和实缴的出资额、出资时间、出资方式等信息。

（5）有限责任公司股东股权转让等股权变更信息。

（6）企业网站以及从事网络经营的网店的名称、网址等信息。

（7）企业从业人数、资产总额、负债总额、对外提供保证担保、所有者权益合计、营业总收入、主营业务收入、利润总额、净利润、纳税总额等信息。

#### 4. 报送方式

企业直接通过网上报送企业年度报告，不需要提交纸质材料，报送后直接实时进行公示；市场监督管理部门不进行审核，不加盖印戳。

## （二）企业即时信息公示

企业即时信息公示是指企业应当在行政许可、行政处罚等信息形成后的规定期限内，通过企业信用信息公示系统向社会进行公示。

1. 适用范围

登记成立的有限责任公司、股份有限公司、非公司企业法人、合伙企业、个人独资企业及其分支机构，在我国境内从事生产经营活动的外国（地区）企业，以及其他经营单位，不包括个体工商户、农民专业合作社。

2. 公示时间

从2014年10月1日起，企业应当自相关信息形成之日起20个工作日内通过国家企业信用信息公示系统向社会进行公示。

3. 公示内容

企业即时信息公示的内容主要有以下几项。

（1）有限责任公司股东或股份有限公司发起人认缴和实缴的出资额、出资时间、出资方式等信息。

（2）有限责任公司股东股权转让等股权变更信息。

（3）行政许可取得、变更、延续信息。

（4）知识产权出资登记信息。

（5）受到行政处罚的信息。

（6）其他依法应当公示的信息。

4. 报送方式

企业直接通过网上报送即时信息，不需提交纸质材料，报送后直接实时进行公示。

## （三）企业信息公示操作流程

1. 报送流程

企业报送公示信息网站为国家企业信用信息公示系统，按系统提示和操作指南的指引，企业可以在网上完成身份备案、用户注册、信息填报和提交公示。

2. 登录流程

企业可通过已备案的联系人手机短信验证、企业数字证书（即企业一证通证书）验证、扫描电子营业执照二维码验证等三种方式中的一种登录系统。企业首次登录系统，应先指定联系人进行网上备案，在网上填写企业名称、注册号和法定代表人（负责人）的身份资料，完成备案程序后方可登录填报信息。备案不成功的，需携法人身份证明和委托书到市场监督管理部门办理。

3. 更正流程

企业发现本企业公示信息不准确的，应当及时进行更正，但企业年度报告公示信息的更正应当在每年6月30日之前完成，并将更正前后的信息同时进行公示。

> **视野拓展**
>
> 推荐读者通过国家企业信用信息公示系统查询几个知名大公司的信息，再查询几个身边的小公司信息。

4. 具体操作步骤

（1）进入国家企业信用信息公示系统。

（2）点击“企业信息填报”，选择登记机关所在地。“注册”时需依次正确、完整填写企业注册号、企业名称、法定代表人（负责人）姓名、法定代表人或负责人有效身份证件号码等，系统进行校验，校验通过后输入密码及确认密码，选择密保问题及密保答案，点击“提交”按钮，完成身份注册。

（3）在登录窗口选择联络员、数字证书或电子营业执照三种方式之一进行登录。

（4）选择“年度报告在线填录”，填写投资人出资信息、股权转让信息、企业资产状况信息、担保信息等。

（5）进入“预览”页面，查看先前填写的内容，确认无误后，点击“提交”按钮。

（6）若还有其他信息需要填录，可在登录系统后单击进入“其他信息填录”或“其他自行信息填录”界面并填写相关信息，点击“保存并公示”按钮。

（7）企业公示信息提交以后，再到国家企业信用信息公示系统查询公司信息，就能查看到企业提交的年报及其他信息了。

## 三、营业执照注销程序

企业营业执照注销需要先进行企业注销登记，然后再注销营业执照。

1. 企业注销登记

企业因下列原因之一的,企业清算组应自企业清算结束之日起30日内向企业原登记注册机关申请注销登记：①企业被依法宣告破产；②企业章程规定的营业期限届满或企业章程规定的其他解散事由出现时；③股东会决议解散；④企业因合并分立解散；⑤企业被依法责令关闭。

企业申请注销登记，应由企业指定或委托企业员工或由具有资格的代理机构的代理人作为申请人办理注销登记。

企业申请注销登记，应提交下列文件、证件：①企业清算组负责人签署的注销登记申请书；②法院破产裁定、企业依照《企业法》做出的决议或决定、行政机关责令关闭的文件；③股东会或有关机关确认的清算报告；④营业执照正、副本；⑤清算组成立后60日内在报纸上公告3次的报样；⑥税务部门出具的完税证明；⑦指定（委托）的证明；⑧法律、行政法规规定应提交的其他文件、证件。企业申请注销登记，应填写企业注销登记申请书及指定（委托）书。

2. 注销营业执照

对企业进行清算后，申请人应向税务机关提出注销税务登记申请，税务机关出具允许注销意见书，这时申请人就可以到市场监督管理局申请企业注销，市场监督管理局会要求企业在公开媒体刊登清算公告，在规定期限内，如无其他单位对企业注销提出意见，市场监督管理局给予办理注销手续，具体步骤如下。

（1）申请人到当地税务部门领取表格，按税务部门的要求填写表格、签字、盖章、缴销发票、补缴税款之后，由税务部门出具注销税务登记通知书。

（2）持税务部门的注销税务登记通知书，去银行注销银行账户，然后再到市场监督管理局领取并填写部门表格，填写后交回市场监督管理局，市场监督管理局会收回企业的营业执照。

# 第二节　印章的刻制、管理与使用

印章是国家党政机关、军队、企事业单位（包括个体工商户）、社会团体以及其他组织证明其合法资格，具有法律效力的载体。它代表一个单位或个人的身份，是单位或个人的象征，具有证明和确定其主体资格和能力的法律效力，具有很强的权威性。因此，加强和规范印章的管理与使用具有重要意义。

## 一、刻制印章管理

### 1. 刻制印章的审批及备案

在刻制印章前需要进行审批及备案。

（1）国家行政机关及其部门、司法机关、军事单位、企事业单位（包括个体工商户）、社会团体、民办非企业单位、基金会以及其他组织需要刻制法人章、财务专用章、合同专用章、报关章、发票专用章和其他业务专用章等印章的，需向公安机关提出申请，并按印章的种类提交相应的证明文件和材料。受理公安机关应当场对申请人提交的证明文件和材料进行审核，符合条件的，当场开具印章准刻证或刻制印章通知书，并告知印章刻制经营单位名称、地点、联系电话；不符合条件的，应告知申请人不能开具印章准刻证的理由。申请人取得印章准刻证或刻制印章通知书后，到持有公安机关核发的特种行业许可证的印章刻制经营单位刻制印章。

（2）印章刻制经营单位应当对刻制印章的申请人的身份证明和印章准刻证或刻制印章通知书进行查验，并存档备查。

（3）印章刻制经营单位应当严格按照印章准刻证或刻制印章通知书载明的名称、规格、形状，使用符合公安部门规定标准的原材料刻制印章，并将所刻制印章的信息及时录入印章治安管理信息系统，建立印鉴档案，对成品印章的印鉴存档备查。

（4）印章刻制经营单位对制作完毕的成品印章，应当在制作完毕 2 日内送交开具印章准刻证或刻制印章通知书的公安机关，由公安机关发放给申请人，并由公安机关在发放印章的同时向申请人出具《印章刻制查询缴销证明》，并留存印鉴。

（5）未取得公章刻制资格的单位和个体刻制摊点，严禁刻制国家机关、人民团体、企业、事业单位的法定名称章和冠以法定名称的合同、财务、税务、发票、审验等业务专用章、部门章，包括电子印、套印、火漆印和钢印。

（6）刻制外资企业印章在文字、颜色、式样上与其他企业的印章有所区别，需标有英文名称的印章应并列刻制中文和英文，颜色可以是蓝色，式样可以是椭圆，印章中间不刻制五角星。

（7）对印章的规格、式样、名称以及专用印章的制作，必须按照印章管理有关规定执行。

### 2. 刻制印章需提交的证明文件和材料

刻制印章除了需要提交“印章样式”一式两份外，还需要提交以下证明文件和材料。

（1）行政机关及其内设机构、派出机关、议事机构、非常设机构，应提交编制委员会或人事等相关部门正式批准文件的原件和复印件、本单位介绍信及上级机关批准文件。

（2）社会团体，应提交民政部门核发的社会团体法人登记证书或社会团体分支（代表）机构登记证书的副本原件和复印件、登记管理机关或主管单位出具的介绍信。

（3）事业单位，应提交事业单位法人证书副本原件和复印件、批准成立该机构的文件原件和复印件、上级单位介绍信。

（4）企业单位，因其性质不同而提交的证明文件和材料也有所不同。①全民、集体所有制企业，应提交上级单位介绍信、营业执照副本原件和复印件；②股份制企业（有限责任公司），参股股东中包括法人股的应提交其中一家法人单位介绍信、营业执照副本原件和复印件；参股股东中无法人股，即全部为自然人参股的应由法人代表办理，携带本人身份证原件和复印件、营业执照副本原件和复印件；③中外合资、合作企业，应提交中方单位介绍信、营业执照副本原件和复印件；④外商独资企业，应提交所在区县对外经济贸易仲裁委员会介绍信、营业执照副本原件和复印件；⑤企业分支机构，应提交企业单位介绍信、分支机构营业执照副本原件和复印件；⑥企业内设党委、工会、人事、保卫部门的，应提交上级单位相关部门介绍信、单位营业执照副本原件和复印件。

（5）民办非企业单位，应提交民办非企业单位登记证书副本原件和复印件、登记管理机关或主管单位出具的介绍信。

（6）基金会，应提交基金会法人登记证书或境外基金会代表机构登记证书副本原件和复印件、主管单位出具的介绍信。

（7）大专院校，应提交教育行政管理部门的批文及介绍信、法人登记证书。

（8）军事单位，应提交军方的批文和介绍信、上级部门的证明信。

（9）医疗机构，应提交卫健委颁发的执业许可证、营业执照副本原件和复印件。

（10）书报刊编辑部，应提交新闻出版广电局核发的报纸（期刊）出版许可证和介绍信。

（11）各种事务所，应提交执业许可证原件和复印件、主管单位介绍信。

### 3. 刻制钢印需提交的证明文件和材料

刻制钢印的组织必须具备独立的法人资格，二级部门及各类培训机构不得刻制钢印。刻制钢印除了需要提交承办人身份证原件和复印件以及“钢印样式”一式两份外，还需要提交以下证明文件和材料：①机关、事业单位、社会团体，应提交主管部门的介绍信；②企业单位，应提交企业营业执照正本原件和复印件、单位介绍信；③教学单位，须提交教育行政管理部门介绍信；④新闻出版单位，须提交新闻出版广电局介绍信、期刊证。

### 4. 更换印章需提交的证明文件和材料

换刻印章必须“交旧取新”，旧章由审批公安机关留底销毁。

因遗失重新刻制印章的，需履行如下手续并提交相关材料：①在指定媒体刊登遗失公告；

②所在地公安机关报案回执；③书面遗失情况说明（若为股份公司，还需提交公司章程原件和复印件，个人参股的各股东在情况说明书上签字，同时提交各股东身份证原件和复印件，单位参股的需盖单位公章）；④单位介绍信；⑤单位营业执照原件和复印件；⑥法人和承办人身份证原件和复印件。

因损坏重新刻制印章的，需提交如下材料：①单位介绍信；②法人身份证复印件、承办人身份证原件和复印件。

因更名重新刻制印章的，需提交如下材料：①更名文件、更名通知书；②单位介绍信；③法人身份证复印件、承办人身份证原件和复印件。

## 二、印章的管理及内控

### （一）印章的保管与使用

以公司印章为例，主要有公章、财务专用章、法人章、合同专用章和发票专用章。

#### 1. 印章的保管

印章保管要安全有序。首先，公司的各类印章都应指定专人负责保管使用，明确责任部门和保管人。比如，公章应由公司的法务部门或财务部门管理，因为公章用于公司对外事务处理，而这两个部门与市场监督部门、税务部门、银行等发生的外部事务较多；财务专用章和发票专用章应由公司财务部管理，因为这两种印章一般用于公司票据的出具，而财务部门一般负责开具票据；法人章应由法人管理或授权财务部门岗位不兼容的另一人管理；像合同专用章之类的业务专用章可由相关业务部门保管使用。其次，印章必须存放在有一定安全措施的保险柜或明柜内，避免出现印章无人监督、任人使用的现象，防止因印章保管不善给公司造成负面影响或经济损失。

#### 2. 印章的使用

印章的使用要经过必要的审批程序，并根据印章效力明确印章使用审批权限，经有权签署人同意后办理用印。用印要图形清晰、骑年压月。同时，要注意做好盖章审批材料的登记和收集工作，如盖章时必须填写“印章使用登记表”，作为印章使用登记凭证以备查考。

（1）公章。如果一个公司没有合同专用章，可以用公章代替。这样，公章的使用范围更加广泛，法律效力范围也更加宽泛。

（2）财务专用章。财务章一般只能用于与财务关联的事项，如办理单位会计核算和银行结算业务等。

（3）法人章。在特定用途中使用法人章的情况较多，如只有同时加盖合同专用章及法人章的合同才具有法律效力，这种特定用途与企业的内控相关，《公司法》并无要求。需要说明的是，法人签字等同于加盖法人章，可以二者选其一。如果选择法人签字，就不需要加盖法人章了，在需要加盖法人章的所有特定用途下，可以全部以法人签字代替；如果选择加盖法人章，则在财务开具票据的情况下，银行的小印鉴自然变为法人签字了。

（4）合同专用章。在使用合同专用章之前应仔细阅读合同条款，加盖了合同专用章，合同即产生法律效力，因而，在使用前一定要认真审查合同条款。

（5）发票专用章。在开具发票时，只需加盖发票专用章，如果盖的不清晰，可以在旁边补盖一个清晰的。如果发票专用章盖错了，发票应作废/红冲。发票专用章如果盖反了、发票仍然有效。

### （二）失效印章的管理

由于机构的更迭和变迁以及主管部门对印章规格要求的改变等方面的原因，会有大量的印章失去现行效用，而成为废章。对这些失去效用的印章若处置不当，可能会引发较严重的后果，甚至会对企业造成严重的经济损失，所以应该对停用的印章进行科学、规范的管理。

（1）将回收的停用（废止）印章逐个填写“停用印章登记表”，留下印模，注明移交单位、移交时间、印章启用与停用时间等内容。

（2）留取印模后，及时进行去污处理，用无腐蚀作用的清洁剂将其浸泡、刷洗、去除污垢，再晾干存放。

（3）制定科学的分类方案，进行分类、编号，编制案卷目录及专题目录等。

（4）进行科学的排架，一般采用纵向排架，这样排列清晰，方便查阅，如果停用印章较少，也可横向排架。

（5）完成编目与排架之后，在“停用印章登记表”中填写印章编号、放置的排架等内容，即一枚印章一专页，印模后附使用情况说明，以便做凭证时核对印模，同时可分析验证材料的可能性。

（6）进行计算机管理，将案卷目录、专题目录及其他文字内容等输入计算机，将印模及相关内容进行扫描，科学管理。

### （三）停用印章的使用程序

停用印章归档封存后，有时会因工作需要，需将部分原印章重新启用。对此，首先要制定启用封存印章的规定，严格把关；其次在启用封存的印章时，要填写“启用封存印章审批表”，该表包含需要盖章的材料名称，印章名称，本单位及有关部门意见和领导批示，经办人、监印人签名及时间等内容。

总之，印章管理是一项严肃而重要的工作，印章管理应慎之又慎。

## 三、预留印鉴的管理

预留印鉴是为了防止假冒、辨别真伪，组织在支付款项的开户银行内预留印鉴，作为核对印章的依据。印鉴是企业财权证书，代表着企业支配资金的权利。因此，印鉴的管理既要有利于工作，又要便于分清责任。

#### 1．预留印鉴

企业在银行开设账户时，需要在银行预留印鉴，也就是财务专用章（俗称“大印”）和法人章（俗称“小印”）的印鉴。印鉴要盖在一张卡片上，留在银行。当企业需通过银行对外付款时，需要填写对外支付申请，申请必须有如上印鉴。银行经过核对，确认对外支付申请上的印鉴与预留印鉴相符，即可代企业进行支付。

2. 印鉴的保管与使用

根据银行的规定，单位预留的印鉴，原则上为单位财务专用章和分管财务负责人名章印鉴各一枚。在实际工作中，因为会计制度对印鉴的保管和使用没有明确的规定，所以用法各异，有的是财务专用章和法人章两枚印章；有的是三枚印章；有的是分开保管，有的是由出纳"包管"。

印鉴的保管，在实际操作中有很多做法。一般情况下，应由出纳人员保管自己的名章，由复核人员保管其余两枚印章。这样做，既有利于互相监督，又便于明确责任。需要强调的是，企业在建立会计档案时，印鉴档案中应载明印鉴印模、启用日期、注销日期、开户银行、账号性质、复核人员姓名等，以备查考。

需签发支票付款时，一般先由出纳人员根据支票管理制度的规定，填写好票据，盖上出纳人员名章，然后交复核人员审查该付款项目是否列入了开支计划，是否符合开支规定，如无不妥，则加盖其余印章后正式签发。

3. 印鉴的更换

（1）单位因印章使用日久发生磨损，或者改变单位名称、人员调动等原因需更换印鉴时，应填写"更换印鉴申请书"，由开户银行发给新印鉴卡。单位应当将原印鉴盖在新印鉴卡的反面，将新印鉴盖在新印鉴卡的正面。

（2）单位预留银行印鉴的印章遗失时，应出具公函，填写"更换印鉴申请书"，由开户银行办理更换印鉴手续。遗失个人名章的由开户银行备函证明，遗失单位公章的由上级主管部门备函证明，经银行同意后按规定更换印鉴，并在新印鉴卡上注明情况。

**视野拓展**

印章对企事业单位的重要性不言而喻，故而企事业单位和印章管理机关都制定有相应的印章管理或使用制度，读者根据需要可通过网络搜索相关资料。

《印章业治安管理条例》

# 第三节 内部会计管理制度

内部会计管理制度是指各单位根据国家会计法律、法规、规章和制度的规定，结合本单位经营管理和业务管理的特点及要求而制定的，旨在规范单位内部会计管理活动的制度、措施和办法。

各单位内部会计管理应建立哪些制度，各项制度应包括哪些内容，并无统一规定和要求。不同地区、不同部门和行业的单位，应当根据自身会计核算、业务管理需要、内部控制系统的状况以及查错防弊的设计，制定符合本单位内部会计管理需要的各种管理制度。

**视野拓展**

《会计基础工作规范》

## 一、内部会计管理制度的基本内容

根据《会计基础工作规范》的规定以及我国会计核算和管理的实践经验，内部会计管理制度主要包括以下内容。

（1）内部会计管理体系，主要是指一个单位的会计工作组织体系，包括单位领导人和会计机构负责人或会计主管人员对会计工作的领导职责、会计机构的设置、会计机构的职责、会计机构与其他职能部门的分工与关系、会计核算组织形式等。

（2）会计人员岗位责任制度，是指在会计机构内部，按照会计工作的内容和会计人员的配备情况，将会计机构的工作划分为若干个岗位，并按照岗位规定职责进行考核的责任制度，包括会计工作岗位的设置、岗位职责和工作标准、岗位轮换计划、岗位考核办法等。

（3）账务处理程序制度，是指对会计凭证、会计账簿、会计报表等会计核算流程和基本方法的规定，包括会计科目及其明细科目的设置和使用，会计凭证的格式、填制要求、审核内容、传递程序和保管要求等。

（4）内部牵制制度，是内部控制制度的重要内容之一，旨在加强会计人员之间的相互制约、相互监督，提高会计核算工作的质量，防止会计事务处理中发生的失误和差错，以及营私舞弊等行为，包括内部牵制制度的原则、组织分工，对出纳等岗位的职责和限制条件，有关部门或领导对限制性岗位的定期检查办法等。

（5）稽核制度，是指在会计机构内部指定专人对有关会计凭证、会计账簿进行审核、复查的一种制度，是会计机构本身对会计核算工作进行的一项自我检查或审核工作，旨在防止会计核算工作上的差错和有关人员的舞弊行为，包括稽核工作的组织形式、具体分工、职责、权限、程序和基本方法，稽核结果的处理和使用等。

（6）原始记录管理制度，是指对原始凭证的开具、接收、传递、使用、保管等进行规范管理的制度，旨在保证会计核算基础环节的有序、正常和高效，包括原始记录的格式、内容和填写方法，原始记录的签署、审核、传递、汇集和反馈要求，以及有关人员对原始凭证记录管理的责任等。

（7）定额管理制度，是指确定定额制订依据、制订程序、执行、考核和奖惩措施的制度，包括定额管理的范围（如劳动定额、物资定额、成本费用定额、人员定额、工时定额等），制定和修订定额的依据、程序、方法，定额的执行、考核、奖惩的具体办法等。

（8）计量验收制度，是指财务会计管理工作基础，包括计量检测手段和方法、计量验收管理的要求、计量验收人员的责任和奖惩办法等。

（9）财产清查制度，是指定期对财产物资进行清点、盘查，以保证账实相符，是保证会计核算正常进行和会计核算质量的重要措施，包括财产清查的范围，财产清查的组织领导，财产清查的限期、程序、方法和要求，财产清查中发现问题的处理程序、报批手续，对财产管理人员的奖惩制度等。

（10）成本核算制度，是指费用的归集与分配以及成本计算的规则，包括成本核算对象、方法和程序的确定，有关成本基础制度的确定，成本考核和分析等。

（11）财务收支审批制度，是确认财务收支审批范围、审批人员、审批权限、审批程序及其责任的制度，包括确定财务收支审批人员、审批权限和审批程序，明确对财务收支中违反规定的责任人和领导人的处理方法等。

（12）财务会计分析制度，是指定期检查财务会计指标的落实和完成情况，分析存在的问题和原因，提出相应的改进措施，促使领导加强管理，不断提高经济效益的制度，包括财务会计分析的时间、内容、组织程序和具体方法，财务会计分析报告的编写要求等。

> **视野拓展**
>
> 在网络搜索引擎上可用“公司名称+企业内部财务管理制度”为关键词搜索上市公司的企业内部财务管理制度，如“红宝丽企业内部财务管理制度”。

## 二、会计电算化管理制度

会计电算化岗位包括电算主管、软件操作、审核记账、电算维护、电算审查和数据分析等岗位。开展会计电算化的单位应当根据工作需要，建立健全会计电算化操作管理制度，包括硬件、软件和数据管理制度，会计档案管理制度。

（1）会计电算化操作管理制度的主要内容包括：规定上机操作人员对会计软件的操作工作内容和权限，对操作密码进行严格管理，指定专人定期更换密码，杜绝未经授权人员操作会计软件；预防已输入计算机的会计凭证等会计数据未经审核而登记机内账簿；操作人员离开机房前，应执行相应命令退出会计软件；由专人保存必要的上机操作记录，记录操作人、操作时间、操作内容、故障情况等内容。

（2）硬件、软件和数据管理制度的主要内容包括：保证机房设备安全和计算机正常运行，对有关设备进行保养，保持机房和设备的整洁，防止意外事故的发生；确保会计数据和会计软件的安全保密，防止对数据和软件的非法修改和删除；对会计软件进行修改、升级等要有审批手续；健全计算机硬件和软件出现故障时进行排除的管理措施；健全必要的防治计算机病毒的措施。

（3）会计档案包括存储在计算机硬盘中的会计数据、其他磁性介质或光盘存储的会计数据，以及计算机打印出来的以书面形式保存的会计数据。建立电算化会计档案管理制度的主要内容包括：由专人负责；防磁、防火、防潮和防尘，重要的会计档案应有备份，存放在两个不同的地点；采用磁性介质保存会计档案的，应定期进行检查，定期进行复制；会计软件的全套文档资料以及会计软件程序，视同会计档案保管，保管期为该软件停止使用或有重大更改之后的5年。

# 第四节　会计工作组织

会计工作组织是指如何安排、协调和管理好企业的会计工作。会计组织机构及其内部分工和会计人员是会计工作正常开展的必要条件，而会计法规是保证会计工作正常进行的必要的约束机制。

## 一、会计工作的组织形式

由于企业会计工作的组织形式不同，企业财务会计机构的具体工作范围也有所不同。企业会计工作的组织形式有独立核算和非独立核算、集中核算和非集中核算、专业核算和群众核算几种组织形式。

### 1. 独立核算和非独立核算

独立核算是指对本单位的业务经营过程及其结果，进行全面的、系统的会计核算。实行独立核算的单位称为独立核算单位，它的特点是具有一定的资金，在银行单独开户，独立经营、计算盈亏，具有完整的账簿系统，定期编制报表。独立核算单位应单独设置会计机构，配备必要的会计人员，如果会计业务不多，也可只设专职会计人员。

非独立核算又称报账制，实行非独立核算的单位称为报账单位。非独立核算单位由上级单位拨给一定的备用金和物资，平时进行原始凭证的填制和整理，以及备用金账和实物账的登记，定期将收入、支出向上级单位汇报，由上级单位汇总，它本身不独立计算盈亏，也不编制报表，如商业企业所属的分销店就属于非独立核算单位。非独立核算单位一般不设置专门的会计机构，但需配备专职会计人员，负责处理日常的会计事务。

2. 集中核算与非集中核算

实行独立核算的单位，其会计工作的组织形式可以分为集中核算和非集中核算两种。一个单位的会计工作组织形式是采用集中核算还是非集中核算，取决于经济管理的要求。

集中核算是指企业的会计核算工作，包括总分类核算和明细分类核算、会计报表的编制和分析等都集中在企业会计机构总部进行，其他职能部门、车间、仓库的会计组织或会计人员，只负责部分原始凭证的填制和原始记录的登记，为会计机构总部的会计核算工作提供资料。采用集中核算组织形式，可以减少核算层次，节约核算费用，但不利于各职能部门及时运用会计资料对经济活动进行分析与考核。

非集中核算又称为分散核算，是指企业的会计核算工作分散在企业会计机构总部及其他职能部门中进行，也就是说某些业务的凭证整理、明细核算、企业内部单位日常管理需要的内部会计报表的编制和分析等工作，分散在直接从事该项业务的部门、车间进行，但总分类核算、全企业的对外会计报表的编制和分析工作、货币资金收支、物资购销、债权债务结算等明细分类核算工作，集中在企业会计机构总部进行。实行非集中核算有利于各部门及时掌握会计信息，利用会计资料进行经济活动的分析和考核。

3. 专业核算和群众核算

有些企业除实行专业核算外，还实行群众核算。

专业核算是由专职会计人员进行的核算。群众核算是由职工群众参与的经济核算，如工业企业的班组核算和商业企业的柜组核算等。群众核算的具体做法是：确定核算单位，制订核算指标，推选群众核算员，定期计算各项经济指标，开展劳动竞赛等。群众核算可以使群众及时了解班组或柜组完成的业绩，激发广大职工群众的生产积极性和主动性。

视野拓展

《中华人民共和国会计法》

## 二、会计机构的设置要求

会计机构是各单位按照会计制度组织、领导和处理会计事务的专职机构。会计机构的主要职能是根据党和国家的方针政策和法律法规制订和执行会计制度、处理日常会计工作。建立和健全会计机构是各单位做好会计工作，充分发挥会计职能作用的重要保证。

《中华人民共和国会计法》（以下简称《会计法》）规定，各单位应当根据会计业务的需要，设置会计机构，或者在有关机构中配备会计人员并指定会计主管人员；

不具备设置条件的，应当委托经批准设立从事会计代理记账业务的中介机构代理记账。这一规定包含了两层含义：①各单位在具备设置条件的情况下，可以设置单独的会计机构并配备专职的会计人员，或者在有关机构中设置专职和兼职会计人员；②如果不具备条件，也可以不设置会计机构，而委托有资质的中介机构代理记账。

会计机构的设置涉及会计机构的内部组织、会计人员的内部分工、会计机构和会计人员的职责、在单位中的地位，以及同其他职能部门的关系等。由于各单位的经营特点、管理要求等各不相同，会计机构的设置也不可能完全一致。

各单位是否设置会计机构，取决于本单位会计业务的需要、经营业务规模的大小、会计业务的复杂程度、机构人员的设置要求、办公自动化程度等。从有效发挥会计职能作用的角度看，实行独立核算的大中型企业（包括集团公司、股份公司、有限责任公司等）、实行企业化管理的事业单位，以及财务收支数额较大、会计业务较多的行政事业单位、社会团体和其他组织，必须设置由本单位负责人直接领导的财务会计机构，并配备一定数量符合专业的会计人员；财务收支数额不大、业务比较简单、会计核算不太复杂的单位，如民营经济、个体经济组织，可以不设置专门的会计机构，只要在有关机构中配备若干专职和兼职会计人员处理会计事务即可；没有设置会计机构和配备会计人员的小型经济组织，应当根据《代理记账管理办法》委托会计师事务所或持有代理记账许可证书的其他代理记账机构进行代理记账。

从事代理记账业务的机构，除会计师事务所以外，其他机构从事代理记账业务的，应当经县级以上人民政府财政部门批准，领取由财政部统一规定样式的代理记账许可证书，专职从业人员不得少于三人，且主管代理记账业务的负责人必须具有会计师以上的专业技术职务资格或从事会计工作不少于三年。委托人与代理记账机构应当在相互协商的基础上签订书面委托合同。代理记账机构按照委托合同约定，定期派人到委托人所在地，根据委托人提供的原始凭证和其他资料，按照国家统一会计制度的规定开展会计核算业务，包括审核原始凭证、填制记账凭证、登记会计账簿、编制财务会计报告等。编制的财务会计报告，经代理记账机构负责人和委托人审阅签章后，按照规定报送有关部门，并由委托人、受托人对会计资料的合法性、真实性和完整性承担责任。

会计机构的名称没有统一的规定，由各单位根据自己的具体情况确定，如会计（或财务）处、科等。对会计机构存在着多种不同的命名方式，诸如"财务部（处、科）""会计部（处、科）""计财部（处、科）""财会部（处、科）"，等等。这反映出各企事业单位会计职能部门的业务范围和职责存在着一定的差异。会计工作、财务工作和计划工作都是综合性的经济管理工作，它们的联系非常密切，因而许多单位都把会计部门和财务部门两者合并在一起，设置一个"财会部"来统一开展会计工作和财务管理工作。有的单位将计划部门也加入进来，成立"计财部"。不管这些职能部门如何命名，它们都涵盖了会计工作的范围，因而在它们内部，仍应设置一个职责相对独立的会计机构，负责单位的会计工作。

## 三、会计工作岗位的设置要求

会计工作岗位是指一个单位会计机构内部根据业务分工而设置的职能岗位。会计工作岗位的设置一般应满足以下几项要求。

（1）通常，业务活动规模大、业务过程复杂、业务量大和管理严格的单位，会计机构规模会相应较大，会计人员相应较多，会计机构内部的岗位职责分工也相应较细；相反，业务活动规模小、业务过程简单、业务量小和管理要求不高的单位，会计机构规模就会相应较小，会计人员相应较少，会计机构内部的岗位职责分工也相应较粗。

（2）会计工作岗位，可以一人一岗、一人多岗或一岗多人。通常，在小型企业中，一岗一人、一人多岗的现象较多，而在大中型企业中，一岗多人的现象较多。

（3）在手工记账方式下，会计人员的工作岗位，一般可分为会计机构负责人或会计主管人员、出纳、财产物资核算、工资核算、成本费用核算、财务成果核算、资金核算、往来结算、报税、总账报表、稽核、档案管理等岗位。开展会计电算化和管理会计的单位，可以根据业务需要设置相应工作岗位，也可以与其他工作岗位相结合，由一人兼任多个工作岗位。规模小的单位，可由会计主管兼任电算主管和审核记账岗位，由会计人员担任操作员和电算维护员，但还应单独设立出纳员岗位。

（4）不论会计工作岗位如何分工，在设立会计工作岗位时，都必须遵循“不相容职务相互分离”的原则，实行钱、账、物分管，出纳、记账、采购或销售三方面的工作，应由不同人员分别担任，不能由一人包办，出纳人员不得兼任稽核、会计档案保管和收入、费用、债权债务账目的登记工作，会计人员不得兼管现金收付、有价证券的保管等专项工作，以确保不同岗位之间权责分明、相互制约、相互监督。总之，正确区分会计工作和出纳工作是把握工作重点，切实做好会计工作的前提。

（5）有条件的单位应对会计人员的工作岗位进行定期轮岗，以促进会计人员全面熟悉业务和不断提高业务素质。

（6）要建立岗位责任制，做到事事有人管，人人有专责。

> **视野拓展**
>
> 《企业会计准则》《企业财务通则》等法律法规均会随时代发展和环境变化进行补充和修订，需要查阅原文时建议通过财政部“财政法规数据库”进行查询，平时建议多从财政部条法司、税政司的网页关注相关政策、法规的变化。

## 四、会计人员的岗位职责

不同岗位会计人员的岗位职责也有所不同。

### （一）会计机构负责人或会计主管人员

会计机构负责人或会计主管人员的岗位职责有以下几项。

（1）根据《企业财务通则》和《企业会计准则》，结合本单位的生产经营特点，主持起草本单位的各项财务会计制度及实施办法，领导、督促会计人员贯彻执行，并随时检查各项财务会计制度的执行情况，若发现存在违反财经纪律、财务会计制度的情况，要及时制止和纠正，总结经验，不断地修订和完善各项财务会计制度。

（2）对各项财务会计工作要定期研究、布置、检查、总结，积极宣传并严格遵守财经纪律和各项规章制度，把专业核算与经济管理紧密结合起来，不断改进财务会计工作。

（3）根据生产经营发展的需要和节约资金的要求，结合本单位的经营预测和决策以及生产、经营、供应、销售、劳动、技术措施等计划，组织有关人员核定资金定额，按年、按季、按月编制资金的筹集计划和使用计划，拟订资金管理与核算实施办法，督促有关部门贯彻执行。

（4）对于应该上缴的各种税金、费用等款项，应按照国家税法等规定严格审查，督促办理解缴手续，做到按期足额上缴，不挤占、不挪用、不拖欠、不截留，积极组织完成各项上缴任务。

（5）按月、按季、按年分析财务成本计划和资金计划的完成情况，找出管理中的漏洞，提出改善经营管理的建议，进一步挖掘增收节支的潜力。

（6）审查或参与拟订经济合同、协议及其他经济文件，对于违反国家法规，有损国家和集体利益以及没有资金来源的经济合同和协议，应拒绝执行，并向单位领导报告。

（7）参加生产经营管理会议，充分运用会计资料，分析经济效果，预测经济前景，为领导决策提供依据。

（8）定期或不定期地向企业管理层、职工代表大会或股东大会报告各项财务收支和盈亏情况，以便高层管理人员进行决策。

（9）按照会计制度规定，认真审查对外提供的会计报表，及时报送真实可靠的会计报表和其他会计资料，以满足财务报告使用者对会计信息的需求。

（10）组织会计人员学习财税政策和业务技能，不断提高会计人员的政策及业务水平。

（11）负责会计人员的考核，制定对会计人员的考核办法，定期进行考核，对不适合从事会计工作的人员，要提出建议，进行调整；对不能胜任会计工作的人员，要帮助其提高业务水平，或者对其另行安排适当的工作。

### （二）出纳

出纳的岗位职责有以下几项。

（1）认真审查各种报销或支出的原始凭证，对违反国家规定或不符合要求的，拒绝办理报销手续。

（2）根据已审批的手续齐备的各种收付款票据办理现金收付和银行结算业务，并在收付后的记账附件上加盖“收讫”和“付讫”戳记，及时登记现金和银行存款日记账，做到书写整洁、数字准确、日清月结。对于重大的开支项目必须经过主管人员或单位领导审核签章后，方可办理支付手续。

（3）严格执行现金管理制度，不坐支，不挪用，不在所辖现金中存放私人现金、账外现金，不以白条抵充现金，保证现金实存与现金账面一致，超过银行核定库存限额的现金要及时存入银行。

（4）严格执行银行对使用支票结算的各项规定，随时掌握银行存款余额，不签发空头支票和远期支票，按规定设立和登记支票领用登记簿；逾期未使用的空白转账支票，要及时收回注销；填写错误的支票，要加盖“作废”戳记，与存根一并保存，并督促支票领用人办理支票注销手续；遗失的支票，应立即向银行办理挂失手续；检查原始发票上经办人与有关领导是否签字，手续是否完备。

（5）加强安全防范意识和安全防范措施，严格执行安全制度，严守保险柜密码，妥善保管保险柜钥匙，不随意转交他人，管理好现金、各种印章及有价证券；严格管理空白支票和空白收据，不将空白支票转借给其他单位或个人。

（6）不将银行账户出租、出借给其他单位或个人办理结算。

（7）配合财务经理等做好不定期的库存现金盘点，根据每月的货币资金收支计划，认真做好每月的资金收支工作，分清资金渠道，有计划地领取和支付有关款项，定期向领导汇报收支情况，为领导决策提供依据。

（8）每天下班前确认好各个银行账户的存款余额并向有关领导报告。

（9）要按时对银行存款日记账和银行对账单进行核对，对未达账款及时查询，编制“银行存款余额调节表”，使账面余额与对账单上的余额相符。

### （三）会计

会计的岗位职责可概括为以下几个方面：①协助主管编制并执行单位预算；②认真审核原始凭证，对违反规定或不合格的凭证拒绝入账，严格遵照费用开支范围和开支标准；③按要求设置会计科目和会计账簿，并做好记账、结账、对账工作，做到手续完备、数字准确、书写整洁、登记及时、账面清楚、账证相符、账账相符、账实相符；④对财产物资的管理、使用情况进行监督和检查；⑤编制月、季、年终决算和有关报表；⑥上级财务机关检查工作时，负责提供相关资料和反映情况；⑦定期收集、整理和装订会计凭证、账簿、表册等，妥善保管、移交和存档；⑧协助出纳做好工资、奖金的发放工作；⑨掌管财务印章，严格控制支票的签发；⑩按期填报审计报表，认真自查，按时报送会计资料；⑪对会计数据进行财务分析，提供有关信息资料。

#### 1. 固定资产核算岗位

固定资产核算岗位的岗位职责有以下几项。

（1）会同有关部门拟定固定资产核算与管理办法，正确划分固定资产与低值易耗品的界限，编制固定资产目录，对固定资产进行分类、编号，加强管理。

（2）会同有关部门根据生产经营需要，认真核定固定资产需用量，并根据生产变化情况进行调整。

（3）经常深入实际，了解固定资产的新旧程度和完好状况，参与编制固定资产更新改造和大修计划。

（4）负责对工程物资及在建工程的核算、监督与管理。

（5）负责固定资产的明细核算，对购置、调入、内部转移、租赁、封存、调出的固定资产，督促有关部门或人员办理会计手续，填写固定资产卡片与登记台账，定期进行核对，做到账、卡、物相符。

（6）编制折旧计划，按月准确计算提取固定资产折旧，同时做好固定资产折旧费用的分配，并向成本费用核算岗位提供折旧费用分配的明细资料。

（7）会同有关部门定期对固定资产进行清查盘点，年终进行全面清查，发现盘盈、盘亏和毁损等情况，查明原因，分清责任，按规定的审批权限和程序办理报批手续，及时进行相关账务处理。发现有多余、闲置以及保管、使用、维护不当的固定资产，要及时向领导报告，并提出处理和改进意见。

（8）会同有关部门对固定资产的使用情况进行分析，促进固定资产的合理使用，加强维护保养，挖掘潜力，以提高固定资产的利用率。

#### 2. 材料物资核算岗位

材料物资核算岗位的岗位职责有以下几项。

（1）对于原材料、燃料、包装物、低值易耗品、委托加工材料等各类材料物资的收发、领退和保管，会同材料物资管理部门规定手续制度，明确责任。

（2）根据生产经营计划和财务成本计划，结合材料物资库存和供应情况，认真审核材料物资供应计划和供货合同，并结合核定的资金定额，审查汇编材料物资采购用款计划，严格执行，防止盲目采购，宽打窄用，控制材料物资的采购成本。

（3）负责材料物资入库的明细核算和有关的往来结算业务，对购入的材料物资，认真审核发票、账单等结算凭证，及时办理结算手续，核算采购成本和费用；对在途材料督促有关部门清理催收；对已验收入库的材料物资，及时填制入库凭证，分别按材料物资的保管地点、类别、品种、规格登记有关明细账；对已验收入库但尚未收到发票账单的材料物资，月末编制发票催收单，交相关部门，年底与供应商进行全面对账。

（4）负责材料物资出库的明细核算和材料物资费用分配的核算，对领发的材料物资，认真审核并填制出库凭证，分别按材料物资的保管地点、类别、品种、规格登记有关明细账，按照领料部门和用途以及成本核算的要求，编制材料物资费用分配表，并向成本费用核算岗位提供材料物资费用分配的明细资料。

（5）配合有关部门制定材料物资消耗定额，编制材料物资计划成本目录，当材料物资的实际成本与计划成本相差较大时，及时调整计划成本。

（6）经常深入仓库了解材料物资的储备情况，对于超过正常储备和呆滞积压的材料，分析原因，提出处理意见和建议；对于因材料物资保管不善和挪用材料物资而造成损失或浪费的，及时向领导报告，以便追查相关人员的责任。

（7）定期或不定期地对材料物资组织清查盘点，年终进行全面清查。发现盘盈、盘亏和毁损等情况，查明原因，分清责任，按照规定的审批权限和程序办理报批手续，及时进行相关账务处理。

（8）负责对购进材料物资价格变动及升降水平的分析。

### 3. 工资核算岗位

工资核算岗位的岗位职责有以下几项。

（1）根据已批准的工资基金计划，会同劳动人事部门，严格按照规定掌握工资基金和各种奖金的支付，分析工资基金计划的执行情况，对违反工资政策和工资基金计划，滥发津贴、奖金的，予以制止并向领导及有关部门报告。

（2）根据在职职工人数、工资等级和工资标准等审核工资、奖金计算表，办理代扣款项（包括个人所得税、住房公积金、社会保险费等），按照生产单位和部门归类，编制工资、奖金汇总表，经审核后，协助出纳人员发放工资、奖金，发放完毕，填制记账凭证，进行账务处理，并将工资、奖金计算表装订成册，妥善保管。

（3）按照工资支付对象和成本核算的要求，编制工资费用分配表，并向成本费用核算岗位提供工资费用分配的明细资料。

（4）按照工资总额的组成和支付工资的资金来源，根据有关凭证，进行工资、奖金的明细核算。

（5）按照规定基数和比例计算提取住房公积金、社会保险费等，并交付给有关部门和机构。

### 4. 成本费用核算岗位

成本费用核算岗位的岗位职责有以下几项。

（1）根据成本核算的有关规定，结合生产经营的特点和管理的需要，拟订成本核算办法。

（2）根据生产经营计划和成本降低的任务，编制成本和费用计划，并按年、按季、按月将指标进行分解，层层落实到班组或个人，采取多种形式，开展部门、车间、班组的群众性经济核算，贯彻经济责任制，挖掘降低成本费用的潜力，完成成本费用计划。

（3）会同有关部门建立健全各项原始记录、定额管理和计量检验等制度，加强成本管理的基础性工作，为正确计算成本和加强成本管理提供可靠的依据。

（4）严格按照成本核算办法的规定，正确归集和分配生产费用，计算产品的实际成本。采用计划成本、定额成本进行日常核算的，正确计算和分析成本差异，按照规定办法调整为实际成本，不以计划成本、估计成本、定额成本代替实际成本。

（5）根据账簿记录、成本计划和上年度的成本费用等有关资料，编制各种成本费用报表，并分析成本费用计划的执行情况和升降的原因，预测未来成本发展趋势，对照同行业的成本费用资料，提出降低成本费用的途径和加强成本管理的建议。

（6）协助有关部门建立在产品台账和半成品登记簿，对在产品的内部转移和半成品的出入库，进行认真登记，定期盘点，核对产成品（完工产品）、半成品、在产品入库领用事项及收付金额，做到账实相符。

### 5. 财务成果核算岗位

财务成果核算岗位的岗位职责有以下几项。

（1）根据上级下达的利润控制指标和单位的销售计划、成本计划等有关资料，按年、按季、按月编制利润计划，并落实到有关部门，经常督促检查，保证利润计划的实现。

（2）认真审查销售业务的有关凭证，严格按照销售合同、国家规定和银行结算制度，及时办理销售款项的结算，催收销售货款，对任意提价、削价等非法行为加以制止，并及时向领导报告，当发生销售纠纷或货款被拒付的情况时，通知有关部门及时处理。

（3）负责销售核算，核实销售往来，根据销货发票等有关凭证，正确计算销售收入及劳务等其他各项收入、成本、费用、税金。

（4）建立投资台账，按期计算收益。

（5）严格审查营业外支出，结转收入、成本与费用，正确核算利润和利润分配，登记销售、利润和税金明细账。

（6）根据账簿记录和有关资料，编制有关的利润表，分析考核利润计划的执行情况，找出偏离计划的原因，预测市场销售情况和增加利润的前景，提出扩大销售、增收节支和增加利润的建议和方案。

（7）建立健全产成品的出入库和保管制度，经常深入仓库，协助有关部门定期和不定期地对库存产品进行清查盘点，年终进行全面清查，发现产成品的盘盈、盘亏和毁损等情况，查明原因，分清责任，按照规定的审批权限和程序办理报批手续，及时进行相关账务处理。

### 6. 资金核算岗位

资金核算岗位的岗位职责有以下几项。

（1）划清各项资金的界限，根据管用结合和资金归口分级管理的要求，拟订资金管理与核算实施办法，并组织有关部门贯彻执行。

（2）根据生产经营计划和加速资金周转的要求，会同有关部门核定各项资金定额，并层层落实。

（3）根据供、产、销等各项计划，按照“以销定产、以产定购、以购定资”的原则，在审核平衡的基础上，按年、按季、按月编制资金预算和银行借款计划。

（4）经常深入有关部门、车间和仓库，了解资金占用情况，掌握资金动态，定期召开资金调度会议，研究筹措资金的措施，合理供应资金，定期考核各个环节资金的占用情况和周转状况，分析资金预算的执行及控制情况，提出挖掘资金潜力的建议，加速资金周转。

（5）对应该上缴或支付的各种税金和款项，及时办理解缴和支付手续。

（6）及时记录和了解资金的增减变动情况，按期编制资金报表，正确反映资金动态。

### 7. 往来结算岗位

往来结算岗位的岗位职责有以下几项。

（1）制定购销业务以外的暂收、暂付、应收、应付、备用金等其他往来款项结算的程序与规定。

（2）负责往来结算的明细核算，对购销业务以外的各项往来款项，按照单位和个人分户设置明细账，根据审核后的记账凭证逐笔登记，并定期与往来单位、个人进行对账，做到记账清楚、余额准确，掌握往来账户的变动情况。

（3）办理往来款项的结算业务，及时催收结算购销业务以外的各种应收、暂付款项，抓紧清偿应付、暂收款项。

（4）对于确实无法收回的应收款项和无法支付的应付款项，认真查明原因，及时进行账务处理，并针对存在的问题和原因，提出加强往来款项管理的建议或方案。

（5）定期对应收账款进行账龄分析，对快到和超出合同付款期的账款督促责任部门和经办人与付款单位联系付款事宜，规避财务风险。

（6）建立客户信誉评价系统，评定客户的信誉等级，据以修订原来的信用政策，调整销售策略和结算方式，减少或避免坏账损失。

（7）定期对应收款项进行减值测试，计提坏账准备，并协助清欠小组做好呆账和死账的清理工作。

（8）制定备用金的领用和报销制度，督促有关部门和个人及时办理报销或还款手续。

（9）在接到人事部门调离和离职员工的查询单时，要查明调离和离职员工有无欠款，收回欠款后才能在查询单上签字。

（10）年终对往来款项进行全面清查核对，抄列清单，并向领导或有关部门报告。

### 8. 总账报表岗位

总账报表岗位的岗位职责有以下几项。

（1）根据规定的会计科目设置总账，按照采用的会计核算组织形式及时记账，月末核对总账与有关明细账，保证账账相符，按期结账。

（2）每月终了，根据总账和有关明细账的记录，编制试算平衡表和资产负债表、利润表、现金流量表等会计报表，并将不同会计报表相互核对，有对应关系的数字必须保持一致，核对无误后，将各种会计报表连同附注加具封面、装订成册，提交领导审核签名或盖章，及时报出。

（3）分析会计报表，并写出综合分析报告。

（4）按季、按年编写财务情况说明书，说明报告期内财务收支情况和经营成果，连同会计报表一并上报。

（5）负责保管总账和明细账，年底按会计档案管理的要求整理与装订总账及明细账。

（6）会同有关部门定期进行财产清查。

（7）会同有关部门拟定固定资产、材料等的管理与核算实施办法。

### 9. 稽核岗位

稽核岗位的岗位职责有以下几项。

（1）审查各项计划指标的计算是否正确、指标之间是否衔接平衡、计划是否切实可行。

（2）根据财务收支计划和财务会计制度，逐笔审核各项收支是否合理合法、是否符合政策规定，对计划外或不符合规定的收支，及时向领导汇报，采取措施，及时处理。

（3）复核凭证是否合法、内容是否真实、手续是否完备、数字是否正确、记账分录是否符合制度规定。

（4）复核账簿记录是否符合记账要求、各种会计报表是否符合编报要求，发现问题和差错时，及时通知有关人员查明、更正和处理。

（5）对审核签署的凭证、账簿和报表的正确性负责。

### 10. 报税岗位

报税岗位的岗位职责有以下几项。

（1）根据税法和税务程序的规定，负责本单位所有税务的计算及申报工作，按时足额纳税，保障单位的利益和国家权益。

（2）办理单位税务上的缴纳、查对、复核等事项，包括按时申报各种税款并填报税务调查表，按规定时间抄报防伪税控调查表，报送重点纳税企业月度调查表、增值税防伪税控开具增值税进项发票认证，以及开具各种增值税专用发票、普通发票及其他票据，并保证将所开具的发票及时交到客户手中，正确计算月、季、年应纳税种的税款。

（3）办理有关的免税申请及退税冲账等事项，包括进行外销增值税的免税申报及退税、根据进出口情况核销进出口业务、领取进出口所需的业务单据、到税务局开具出口货物专用缴款书，月底办理增值税留抵税退税。

（4）办理税务登记及变更等有关事项。

（5）及时、准确地完成月度、季度和年度的纳税申报工作。

（6）编制有关的税务报表及相关分析报告。

（7）办理其他与税务有关的事项，包括发票的领取、使用和保管工作，填制涉税凭证，登记应交税金明细账。

### （四）会计电算化管理岗位

会计电算化岗位是指直接管理、操作、维护计算机及会计核算软件的工作岗位，一般包括以下一些岗位。

（1）电算主管岗位。负责协调计算机及会计软件系统的运行工作。

（2）软件操作岗位。负责输入记账凭证和原始凭证等会计数据，输出记账凭证、会计账簿、会计报表和进行部分会计数据处理工作。

（3）审核记账岗位。负责对输入计算机的会计数据（记账凭证和原始凭证等）进行审核，操作会计软件登记机内账簿，对打印输出的账簿和报表进行确认。

（4）电算维护岗位。掌握计算机的性能和财务软件的特点，负责财务软件的升级，确保病毒防护软件的及时更新和自动扫描，定期查杀病毒，保障计算机硬件、软件的正常运行，管理会计软件系统内的财务数据，对财务数据进行备份。

（5）电算审查岗位。负责监督计算机及会计软件系统的运行，防止有人利用计算机进行舞弊。此岗位可由会计稽核人员兼任。

（6）数据分析岗位。负责对会计软件系统内的会计数据进行分析。此岗位可由电算主管兼任。

上述电算化会计岗位中，软件操作岗位与审核记账岗位、电算维护岗位、电算审查岗位为不相容岗位。

### （五）会计档案管理岗位

会计档案管理岗位的岗位职责有以下几项。

（1）认真执行有关会计档案工作的法律法规及相关标准，确保会计档案安全与完整。

（2）负责对本单位形成的会计档案的归档工作进行业务指导，做好会计档案的查阅、复制和利用工作，为单位经营管理工作服务。

（3）严格执行安全和保密制度，档案不随意堆放，严防毁损、散失和泄密。

（4）外单位人员因公需要查阅会计档案时，档案管理人员要详细登记查阅会计档案人员的工作单位、查阅日期、会计档案名称及查阅理由。

（5）负责接收、编目、保管、查阅、鉴定、销毁与统计本单位形成的会计档案，做到保管妥善、存放有序、查阅方便。

（6）接收会计档案时，须按照移交清册所列内容逐项交接，交接完毕后，交接双方经办人在会计档案移交清册上签名或盖章。

（7）定期检查库存会计档案，对会计档案进行防蛀、防霉、防腐等处理。

（8）确保档案室环境整洁，发现可疑情况或发生意外时，及时提出处理意见，并报告主管领导。

（9）根据计算机档案管理程序的要求，对已归档的会计档案，按会计名称、案卷号的顺序，逐卷、逐字段地输入到计算机中。

（10）已归档的会计档案，原则上应当保持原卷册的封装，个别需拆封重新整理的，档案人员应会同财务部门经办人共同拆封整理。

（11）对保管期满的会计档案或无保存价值的会计档案提出销毁意见，并编制销毁清册，监督经批准可销毁的会计档案的销毁工作，销毁后，在会计档案销毁清册上签字盖章，将监督销毁情况向领导报告。

（12）使用标准档案装具、装盒，填写好装具脊背和装盒盒面各栏项目的内容后，按“年度—会计档案名称—案卷号”的顺序排架。

（13）编制会计档案案卷目录（如会计凭证目录、会计账簿目录、会计报表目录等）。

## 五、会计人员

设置会计部门的单位，应当配备一定数量掌握专业技能的会计人员；不设置会计部门的单位，应当在有关部门中配备若干办理会计事务的专职和兼职会计人员。会计人员是从事会计工作、处理会计业务、完成会计任务的人员。企业、事业、行政机关等单位，都应根据实际需要配备一定数量的会计人员。

### （一）会计人员的任职要求

一个单位会计工作的优劣，取决于会计人员素质的高低。为了保证会计工作的顺利完成，充分发挥会计管理在单位生产经营中的应有作用，会计人员应当具备必要的专业知识和专业技能，熟悉国家有关法律、法规、规章和统一会计制度，遵守职业道德，并按国家有关规定参加会计业务的培训。

#### 1. 具备必要的专业知识和专业技能

业务技术过硬是会计人员应具备的最基本的条件，一般来说，会计人员需具备如下四个方面的业务能力。

（1）掌握现代会计的专业知识和基本技能以及记账、算账、报账等会计基本业务。

（2）熟悉财务会计制度和各项财务、税收法规。

（3）熟悉本单位、本部门的经济活动情况，具备一定的经济管理知识和生产技术业务知识，具有一定的分析能力，能为改进经营管理提出行之有效的建议。

（4）要不断补充和更新自己的知识，提高自己的理论水平，拓宽知识领域，学会运用计算机处理业务，不断掌握业务方面的新技术。

至于如何考核和确认会计人员的专业知识和业务技能，从目前来说，主要是通过会计专业技术资格考试和设置会计专业职务来进行的。

会计专业技术资格考试是一种通过考试确认担任会计专业职务任职资格的制度。1992 年 3 月财政部和人事部制定发布了《会计专业技术资格考试暂行规定》和《〈会计专业技术资格考试暂行规定〉实施办法》，对考试的种类、科目设置、报考要求等做出了具体规定。根据这一规定，会计专业技术资格实行全国统一考试，资格考试分为会计员、助理会计师和会计师。从事会计工作的人员按其所掌握专业知识和专业技能的熟练程度，以及在单位会计工作中所承担的职责，考试合格，经有关部门批准，获得相应的专业技术职务。国家规定的会计专业技术职称有会计员、助理会计师、会计师和高级会计师。目前，除对已取得中级职称的会计人员采用评聘制来认证其高级会计师职称外，其他三个档次均采用考试与聘任相结合的考聘制。

会计专业职称是区分会计人员从事业务工作的技术等级。要从事会计工作首先必须获得专业技术职称，然后由各单位根据单位会计工作需要和此人的实际工作表现聘用为一定的专业职务。可以说会计人员的专业技术职称在一定程度上说明了此人的会计水平及可以胜任的工作。单位在设置会计专业岗位和聘用会计人员时，应该充分考虑其所获得的专业技术职称，以做到人尽其才，充分发挥会计人员的积极性。根据《会计专业职务试行条例》的规定，高级会计师为高级职务，会计师为中级职务，助理会计师和会计员为初级职务。各级国家机关对会计专业职务实行任命制，各企事业单位对会计专业职务一般实行聘任制。担任各级会计专业职务的基本条件如下。

（1）会计员。初步掌握财务会计知识和技能；熟悉并能认真执行有关会计法规和财务会计制度；能担任一个岗位的财务会计工作；大学专科或中等专业学校毕业，在财务会计工作岗位上见习期满1年。

（2）助理会计师。掌握一般的财务会计基础理论和专业知识；熟悉并能正确执行有关的财经方针、政策和财务会计法规、制度；能担负一个方面或某个重要岗位的财务会计工作；取得硕士学位或取得第二学士学位或研究生班结业证书，具备履行助理会计师职责的能力，或者大学本科毕业后在财务会计工作岗位上见习期满1年，或者大学专科毕业并担任会计员职务2年以上，或者中等专业学校毕业并担任会计员职务4年以上。

（3）会计师。较系统地掌握财务会计基础理论和专业知识；掌握并能正确贯彻执行有关的财经方针、政策和财务会计法规、制度；具有一定的财务会计工作经验，能担负一个单位或管理一个地区、一个部门、一个系统某个方面的财务会计工作；取得博士学位并具有履行会计师职责的能力，或者取得硕士学位并担任助理会计师职务2年左右，或者取得第二学士学位或研究生班结业证书并担任助理会计师职务2～3年，或者大学本科或专科毕业并担任助理会计师职务4年以上。

（4）高级会计师。较系统地掌握经济、财务会计理论和专业知识；具有较高的政策水平和丰富的财务会计工作经验，能担负一个地区、一个部门或一个系统的财务会计管理工作；取得博士学位并担任会计师职务2～3年，或者取得硕士学位、第二学士学位或研究生班结业证书，或者大学本科毕业并担任会计师职务5年以上。

#### 2. 具备较高的职业道德素质

会计人员职业道德是会计人员在会计工作中应当遵循的与其特定职业活动相适应的行为规范。会计职业道德要求会计人员在其工作中能正确处理人与人之间、个人与社会之间的关系。会计人员的职业道德包括以下几个方面。

（1）敬业爱岗。热爱自己的职业，是做好一切工作的出发点。会计人员只有为自己确立了这个出发点，才会努力钻研业务技能，使自己的知识和技能满足从事会计工作的要求。敬业爱岗，要求会计人员要有强烈的事业心、进取心和过硬的基本功。在实际工作中经常会出现不是由于业务能力差，而是由于粗心大意和缺乏良好的工作作风而造成的一些失误。会计工作政策性很强，涉及面较广，有的问题同社会上出现的各种经济倾向和不良风气有着密切的联系，因而有些问题处理起来十分复杂。这就要求会计人员要有强烈的“追根求源”意识，凡事要多问几个为什么，要有认真负责的态度。由于会计工作的性质和任务，致使一些会计人员长年累月、周而复始地从事着记账、算账、报账等事务性工作，天天与数字打交道，工作细致而烦琐，如果缺乏职业责任感，就会觉得工作枯燥、单调，甚至讨厌会计工作，就谈不上热爱会计工作，更谈不上精通会计业务，也就搞不好会计工作。

（2）熟悉法规。会计工作不只是单纯地记账、算账和报账，会计工作时时、事事、处处涉及遵法守纪方面的问题。会计人员不但应熟悉财经纪律、法规和国家统一的会计制度，还要能结合会计工作进行广泛宣传，做到在自己处理各项经济业务时知法依法、知章循章，依法把关守口。

（3）依法办事。严格实行会计监督，依法办事，是会计人员职业道德的前提。会计人员应当按照会计法律、法规、规章规定的程序和要求进行会计工作，保证所提供的会计信息合法、真实、准确、及时和完整。会计信息的合法、真实、准确、及时和完整，不但要体现在会计凭证和会计账簿的记录上，而且要体现在财务会计报告上，使单位外部的投资者、债权人、社会公众以及社会监督部门能依照法定程序得到可靠的会计信息资料。虽然要做到这一点并不容易，但这是对会计人员的职业道德要求，会计人员应该在这一点上树立自己的职业形象和职业人格的尊严，敢于抵制歪风邪气，同一切违法乱纪的行为作斗争。

（4）客观公正。会计人员在办理会计事务中，应当实事求是、客观公正。这是一种工作态度，也是会计人员所追求的一种境界。做好会计工作，无疑需要一定的专业知识和专业技能，但这并不足以保证会计工作的质量，实事求是的精神和客观公正的态度同样重要。否则，就会把知识和技能用错了地方，甚至参与弄虚作假。

（5）搞好服务。会计工作的特点决定了会计人员要熟悉本单位的生产经营和业务管理情况，以便运用所掌握的会计信息和会计方法，为改善单位的内部管理和提高学位的经济效益服务。

（6）保守秘密。会计人员应当保守本单位的商业秘密，除法律规定和单位领导同意外，不能私自向外界提供或泄露单位的会计信息。会计人员由于工作性质的原因，有机会了解到本单位的重要机密，如关键技术、工艺流程、配方、控制手段和成本资料等，这些机密一旦泄露给竞争对手，就可能给本单位的经济利益造成重大的损失，对被泄密的单位是非常不公正的。所以，泄露本单位的商业秘密，是一种很不道德的行为。会计人员要确立泄露商业秘密是大忌的观念，对于自己知悉的内部秘密，在任何时候、任何情况下都要严格保守，不能信口吐露，也不能为了自己的私利而向外界泄露秘密。

### 3. 按照规定参加会计业务培训

《会计基础工作规范》第十四条规定："会计人员应当按照国家有关规定参加会计业务的培训。"这是因为，会计人员即使是具备了规定的学历，也还有知识更新的问题，有适应法律的、经济的、政治的或技术上的新的要求的问题，这需要通过在职培训来解决。

一般说来，会计人员大多是能认识到这一点的，关键在于单位的支持。对此，《会计基础工作规范》第十四条还进一步有针对性地规定："各单位应当合理安排会计人员的培训，保证会计人员每年有一定的时间用于学习和参加培训。"这既是对会计人员的关心和爱护，也与各单位的根本利益一致。

## （二）会计专业职务的基本职责

会计员的基本职责是负责具体审核和办理财务收支，编制记账凭证，登记会计账簿，编制会计报表和办理其他会计事项；助理会计师的基本职责是负责草拟一般的财务会计制度、规定和办法，解释和解答财务会计法规、制度中的一般规定，分析和检查某一方面或某些项目的财务收支和预算的执行情况；会计师的基本职责是负责草拟比较重要的财务会计制度、规定和办法，解释和解答财务会计法规、制度中的重要问题，分析和检查财务收支和预算执行情况，培养初级会计人才；高级会计师的基本职责是负责草拟、解释和解答一个地区、一个部门、一个系统或在全国施行的财务会计法规、制度和办法，组织和指导一个地区或一个部门、一个系统的经济核算和财务会计工作，培养中级以上会计人才。

### （三）会计人员的继续教育

会计人员作为特殊从业人员，既要有良好的业务素质，也要有较强的政策观念和职业道德水平。《会计法》第三十九条规定："对会计人员的教育和培训工作应当加强。"应该如何加强对会计人员的教育培训，财政部在 2018 年 5 月发布的《会计专业技术人员继续教育规定》对此做了具体规定。

#### 1. 关于会计人员继续教育的对象及层次

根据规定，会计人员继续教育的对象为在职会计人员，具体包括在国家机关、社会团体、企业、事业单位和其他组织从事会计工作的会计人员。

具有会计专业技术资格的人员应当自取得会计专业技术资格的次年开始参加继续教育，并在规定时间内取得规定学分。不具有会计专业技术资格但从事会计工作的人员应当自从事会计工作的次年开始参加继续教育，并在规定时间内取得规定学分。

#### 2. 关于会计人员继续教育的管理部门

财政部负责制定全国会计专业技术人员继续教育政策，会同人力资源和社会保障部监督指导全国会计专业技术人员继续教育工作的组织实施，人力资源和社会保障部负责对全国会计专业技术人员继续教育工作进行综合管理和统筹协调。

除另有规定外，县级以上地方人民政府财政部门、人力资源和社会保障部门共同负责本地区会计专业技术人员的继续教育工作。

新疆生产建设兵团按照财政部、人力资源和社会保障部有关规定，负责所属单位的会计专业技术人员继续教育工作。中共中央直属机关事务管理局、国家机关事务管理局（以下统称中央主管单位）按照财政部、人力资源的社会保障部有关规定，分别负责中央在京单位的会计专业技术人员继续教育工作。

会计人员在参加继续教育工作遇到难题需要咨询反映的，可以向上述管理部门以及县级以上财政部门会计管理机构反映、咨询和投诉。

#### 3. 关于会计人员继续教育的形式

会计专业技术人员可以自愿选择参加继续教育的形式。会计专业技术人员继续教育的形式有以下四种。

（1）参加县级以上地方人民政府财政部门、人力资源和社会保障部门，新疆生产建设兵团财政局、人力资源和社会保障局，中共中央直属机关事务管理局，国家机关事务管理局（以下统称继续教育管理部门）组织的会计专业技术人员继续教育培训、高端会计人才培训、全国会计专业技术资格考试等会计相关考试、会计类专业会议。

（2）参加会计继续教育机构或用人单位组织的会计专业技术人员继续教育培训。

（3）参加国家教育行政主管部门承认的中专以上（含中专，下同）会计类专业学历（学位）教育；承担继续教育管理部门或行业组织（团体）的会计类研究课题，或在有国内统一刊号的经济、管理类报刊上发表会计类论文；公开出版会计类书籍；参加注册会计师、资产评估师、税务师等继续教育培训。

（4）继续教育管理部门认可的其他形式。

4. 关于会计人员继续教育的学时

会计专业技术人员参加继续教育实行学分制管理，每年参加继续教育取得的学分不少于90学分。其中，专业科目一般不少于总学分的三分之二。

会计专业技术人员参加继续教育取得的学分，在全国范围内当年有效，不得结转以后年度。

参加前述规定形式的继续教育，其学分计量标准如下。

（1）参加全国会计专业技术资格考试等会计相关考试，每通过一科考试或被录取的，折算为90学分。

（2）参加会计类专业会议，每天折算为10学分。

（3）参加国家教育行政主管部门承认的中专以上会计类专业学历（学位）教育，通过当年度一门学习课程考试或考核的，折算为90学分。

（4）独立承担继续教育管理部门或行业组织（团体）的会计类研究课题，课题结项的，每项研究课题折算为90学分；与他人合作完成的，每项研究课题的课题主持人折算为90学分，其他参与人每人折算为60学分。

（5）独立在有国内统一刊号的经济、管理类报刊上发表会计类论文的，每篇论文折算为30学分；与他人合作发表的，每篇论文的第一作者折算为30学分，其他作者每人折算为10学分。

（6）独立公开出版会计类书籍的，每本会计类书籍折算为90学分；与他人合作出版的，每本会计类书籍的第一作者折算为90学分，其他作者每人折算为60学分。

（7）参加其他形式的继续教育，学分计量标准由各省、自治区、直辖市、计划单列市财政厅（局）（以下称省级财政部门）、新疆生产建设兵团财政局会同本地区人力资源和社会保障部门、中央主管单位共同制定。

5. 关于会计人员继续教育的内容

会计专业技术人员继续教育内容包括公需科目和专业科目。

公需科目包括专业技术人员应当普遍掌握的法律法规、政策理论、技术信息等基本知识。专业科目包括会计专业技术人员从事会计工作应当掌握的财务会计、管理会计、财务管理、内部控制与风险管理、会计信息化、会计职业道德、财税金融、会计法律法规等相关专业知识。

财政部会同人力资源和社会保障部根据会计专业技术人员能力框架，定期发布继续教育公需科目指南、专业科目指南，对会计专业技术人员继续教育内容进行指导。

6. 关于对培训单位的管理

会计继续教育机构必须同时符合下列条件。

（1）具备承担继续教育相适应的教学设施，面授教育机构还应有相应的教学场所。

（2）拥有与承担继续教育相适应的师资队伍和管理力量。

（3）制定完善的教学计划、管理制度和其他相关制度。

（4）能够完成所承担的继续教育任务，保证教学质量。

（5）符合有关法律法规的规定。

应当充分发挥国家会计学院、会计行业组织（团体）、各类继续教育培训基地（中心）等在开展会计专业技术人员继续教育方面的主渠道作用，鼓励、引导高等院校、科研院所等单位参与会计专业技术人员继续教育工作。

会计继续教育机构应当认真实施继续教育教学计划，向社会公开继续教育的范围、内容、收费项目及标准等情况。

会计继续教育机构应当按照专兼职结合的原则，聘请具有丰富实践经验、较高理论水平的业务骨干和专家学者作为兼职教师，建立继续教育师资库。

7. 关于对会计人员继续教育情况的考核与评价

用人单位应当建立本单位会计专业技术人员继续教育与使用、晋升相衔接的激励机制，将参加继续教育情况作为会计专业技术人员考核评价、岗位聘用的重要依据。

会计专业技术人员参加继续教育的情况，应当作为聘任会计专业技术职务的重要条件。

继续教育管理部门应当加强对会计专业技术人员参加继续教育情况的考核与评价，并将考核、评价结果作为参加会计专业技术资格考试或评审、先进会计工作者评选、高端会计人才选拔等的依据之一，并纳入其信用信息档案。

对未按规定参加继续教育或者参加继续教育未取得规定学分的会计专业技术人员，继续教育管理部门应当责令其限期改正。

### （四）会计机构负责人或会计主管人员

会计机构负责人或会计主管人员是在企事业单位中负责会计工作的中层领导人员，承担着具体组织和管理单位会计工作的职责。因此，设置单独会计机构的单位，应当配备会计机构负责人，在有关机构中设置专职会计人员的单位，应当在专职会计人员中指定会计主管人员。

1. 任职资格

《会计法》第三十六条规定：“各单位应当根据会计业务的需要，设置会计机构，或者在有关机构中设置会计人员并指定会计主管人员。”依据这一规定，单独设置会计机构的单位，负责组织管理会计事务、行使会计核算与监督职权的负责人可称为会计机构负责人；不单独设置会计机构的单位，由单位指定的负责组织管理会计事务、行使会计核算与监督职权的负责人可称为会计主管。

会计机构负责人或会计主管人员的政治素质、政策业务水平、组织能力和身体状况，直接关系到整个单位会计工作的水平和质量，并进一步影响该单位经营管理活动的其他方面。依据《会计基础工作规范》的规定，会计机构负责人或会计主管人员应具备以下基本条件。

（1）坚持原则，廉洁奉公。如果不能坚持原则，就不可能维护国家的财经法规，不可能坚持单位的规章制度，也不会去制止和纠正违反财经法规和会计制度的行为；如果没有廉洁奉公的品质和良好的职业道德，就有可能经不住金钱的诱惑，徇私舞弊，甚至走上违法犯罪的道路。

（2）具备一定的专业技术资格。会计工作具有很强的专业性和技术性，要求会计人员必须具备必要的专业知识和专业技能。由于会计机构负责人或会计主管人员要全面负责和组织一个单位的会计工作，所以对其专业技术方面的要求也就更加严格了。《会计法》规定，担任会计机构负责人或会计主管人员的，还应当具备会计师以上专业技术职务资格或者从事会计工作 3 年以上经历。

（3）工作经历。作为会计机构的负责人或会计主管人员，没有一定的实践经验显然是不行的，因而主管一个单位或单位内一个重要方面财务会计工作的时间应不少于 2 年。否则，既会“误人子弟”（不能对下级实施有效的指导），更会贻误工作，造成经济损失。

（4）政策业务水平。应熟悉国家的财经法律、法规、规章制度、方针、政策，掌握本行业业务管理的有关知识，具备出色的职业判断能力和丰富的财会项目分析处理经验。由于会计工作政策性较强，作为会计机构负责人或会计主管人员，如果对国家的有关法律、法规、规章制度、方针、政策以及业务管理方面的理论知识不够熟悉或理解不够透彻，就有可能错失国家给予的优惠政策，也有可能将单位的经营管理工作和会计工作引入法律的“盲区”或“误区”，给单位和个人带来严重的后果。

（5）组织能力。作为会计机构负责人或会计主管人员，不仅要处理具体的会计业务，还要组织和领导好本单位的会计工作，因而需要具备一定的领导才能和组织才能。

（6）身体状况。会计工作劳动强度大、技术难度高，因而作为会计机构负责人或会计主管人员要保持身心健康，以适应和胜任本职工作。

2. 任免

会计机构负责人或会计主管人员的任免，应符合《会计法》和有关法律规定。国有企业、事业单位会计机构负责人或会计主管人员的任免，由单位行政领导（厂长、经理）提名报上级主管单位，上级主管单位人事部门与财务会计部门对所属单位上报的任免人员协商考核，并经上级主管单位的行政领导同意后，单位行政领导人方可正式任免。

### （五）财务总监

财务总监是指由企业的所有者或全体所有者代表决定的，体现所有者意志的，全面负责对企业的财务、会计活动进行全面监督与管理的高级管理人员。

1. 任职资格

担任财务总监的人员需要满足以下条件。

（1）身体素质。具备健康的体魄，是财务总监能够认真履行工作职能，发挥其作用的前提条件。

（2）道德修养。首先，要为人正直，作风正派；其次，要具有良好的人品和性格，热爱本职工作，把工作视为一种需要和自我价值的实现途径；最后，要对企业忠诚，能认真贯彻执行上级命令，做到个人服从团队，企业利益至上。

（3）心理素质。要具有良好的心理素质，勇于承担责任，能够承受各种压力并妥善处理各种危机和冲突等。

（4）专业知识的掌握及运用。一是以正确的思维方式，把握国家政策，分析经济环境，正确判断经济形势对企业经营的影响；二是熟练掌握财务会计、财经法规等专业知识；三是熟练掌握金融、贸易、法律、管理学、社会学、心理学以及信息技术等方面的知识。

（5）具有丰富的工作经验。在本企业或其他企业已积累的丰富经验，到工作岗位上马上就可以发挥作用。不断创新的管理经验，日臻完备的配置模式、推陈出新的操作方法都是源于对工作经验的总结。

（6）分析判断能力。一是具备对风险敏锐的分析判断能力，将企业的风险控制在一定的范围中；二是具备对整个宏观国民经济的发展趋势以及市场环境变化的分析判断能力，根据市场上的财务机会和财务风险为企业提出财务决策建议；三是具备会计政策的职业判断能力，能从企业各种财务活动中，找出存在的问题并提出解决方案。

（7）沟通协调能力。财务总监的工作决定了他需要与企业的很多员工打交道，而且要经常与企业外部的股东、债权人等利益相关者进行交流、沟通、协调。因此，财务总监需具备良好的人际沟通能力，能协调好各利益集团间的利益关系，包括：①主动与政府职能部门沟通，以了解政府在宏观经济政策方面的动态，使企业把握政策上的优惠措施，针对不利于企业生存及发展的政策提出应对策略；②协调好与债权人间的关系，保持自己的信用等级，与其建立良好的合作伙伴关系；③协调好与会计、采购、生产、销售部门间的关系，能与其他部门有效地进行交流与沟通，减少彼此的分歧，从而获得其他部门的支持，这直接关系到其职能的有效发挥。

（8）组织能力。作为企业财务部门的最高管理者，为获得理想的社会效益和经济效益，应具有对被管理者实行有效管理和控制的能力。它包括两层含义：一是管理，即熟悉各种组织形式，并善于运用组织的力量协调各方面的人力、物力、财力，使其达到动态上的平衡，从而获得最佳的社会效益和经济效益；二是控制，即采取有效的控制手段，使被管理者按照领导者的意图开展工作，达到预期的效果。

（9）改革创新能力。作为企业变革的主要推动者，要能够从表面的“平静”中及时发现新情况、新问题，从中探索新路子，总结新经验，提出新设想、新方案。

（10）团队精神。作为企业的高级管理者，应具备培养企业员工集体荣誉感的能力，把员工组织成为一个有较强凝聚力和战斗力的团体，形成合力，以实现团体目标，并领导他们完成既定任务和企业最高决策层所要求的工作。

（11）实施内部控制能力。在工作中要进行财务监督和检查，发现偏离时，要找出原因，及时采取有效措施，这些都需要财务总监具备较高的组织控制能力，也只有这样，整个企业才能有条不紊地高效运行。

（12）决策能力。决策能力来源于渊博的知识和丰富的实践，是由其个人素养、文化素养、所掌握的社会与自然科学知识等各种综合技能以及直接和间接经验有机结合而成的，主要表现在分析、预测未来的能力，发现问题、提出目标的能力和判断能力。财务总监会经常参与企业的各种决策活动，其主要职责是当好参谋，为最高决策层的决策提供建议和资金、财务方面的支持。财务总监具备决策能力有双重意义，一方面是对具体财务管理工作的体现；另一方面是帮助企业最高管理者实现经营管理的目标。

（13）表达能力。表达能力是财务总监的一项重要能力，尤其是财务总监在对企业最高管理层的决策提出不同意见时，更需要超强的表达能力去说服其他高层管理人员，以使其他高层管理人员支持自己的建议。无论是语言表达能力，还是书面表达能力，对于财务总监来说都是缺一不可的。

（14）使用人及培养人的能力。作为企业的高层管理者，要有效地培养和使用骨干人员，并借助于骨干的力量，使每一个人的智慧和才能汇成集体的智慧和才能，从而带动整个单位财务工作的顺利开展；同时，要适当分权，让下属分管部分工作，使他们“各尽其能、各司其职”，能够采取有效控制手段，对他们的行为方向和行为效果实施“遥控”，使自己从琐碎的具体事务中解脱出来，集中精力做好全局性的财务管理方面的工作。

（15）学习能力。当今的时代是一个信息爆炸的时代，知识的保鲜期越来越短，文凭的时效性越来越差，新知识的涌现越来越多。财务总监总是与最新的事物打交道，需要在艰苦的跋涉中寻找坦途，在政策的边缘劈开利益最大化的蹊径。这种职业的博弈对个人的知识和技能要求越来越苛刻，孤陋寡闻的“账房先生”已适应不了日新月异的经济环境。企业面对的是一个飞速变化的世界，新事物层出不穷，因而财务总监具备学习和接受新事物的能力非常重要，只有树立终身学习的观念，不断地学习新知识，掌握新本领，增加自身的“含金量”，才能紧跟时代发展的潮流，使自己立于不败之地。随着资本的国际流动和世界经济一体化的发展趋势，财务总监的职能岗位以及企业发展战略与财务的有效联结日益受到重视，具有国际视野，具备会计学、财务学、金融学、市场学、管理学、社会关系学等多学科知识背景，以及良好的职业道德和较强的组织协调能力正逐渐成为当今社会对一个优秀财务总监的基本要求。

2. 职责

一般而言，财务总监的职责有以下几项。

（1）审核会计报告。会计核算的所有工作最终是以会计报告综合反映出来的，财务总监通过审核财务报告来监管企业会计核算和经营过程中执行各项制度、政策的情况，监控企业预算执行过程与结果，签审企业会计报告是财务总监必不可少的工作之一。

（2）进行企业经济活动分析。企业财务报告的专业性、综合性比较强，很多财务数据也比较笼统，它只能综合反映企业的某些经营状况，至于其间包含的许多具体经济信息无法一一反映，为保证管理者能读懂其中的内容，财务总监应当根据对企业经营活动过程各方面的了解，运用自己的专业知识和专业分析方法，对企业经济活动情况进行综合分析，写出比较系统、让其他管理者都读得懂的分析报告，为企业最高决策者提供决策所需要的相关财务信息。

（3）负责组织企业财务预算的编制、日常检查等工作。随着企业规模的扩大，预算管理在企业管理中的重要性愈显突出，财务管理主要是围绕财务预算来进行的。财务总监作为财务管理方面的最高组织者，组织企业财务预算的编制是天经地义的事。当然预算编制只是财务管理的初始，关键还在于执行，如何使执行不偏离原定规划，在执行过程中时刻进行预算的日常检查必不可少。只有这样，才能真正做到事前有规划、事中有管理，事后有分析，预算管理是财务总监必不可少的一项工作。

（4）组织企业成本管理，压缩企业成本。在现代经济社会，做独家生意的企业是很少的，绝大部分产品在市场上都能找到相同或相似的替代品，产品的质量和成本因此就显得十分重要。成本在很大程度上决定了企业的赢利水平和命运，成本控制是企业财务管理的重点，也是企业财务总监工作的重点之一。对企业进行成本核算与管理，压缩企业支出，是财务总监必须做好的一项工作。

（5）管理企业财务制度。企业是一个以营利为目标的经济组织，组织管理具有共性，那就是法制化，以法治管理替代人治管理是企业发展的必然趋势。财务管理作为经济组织管理中的一个重要组成部分，而且是核心部分，体系化和法制化必不可少。作为企业财务工作的最高组织者和责任人，财务总监是这一法制化体系建设的组织者，要组织好对企业内部财务制度的制定与贯彻执行，组织好对国家财政、财务、税收等相关法规的学习与执行，并对企业内部财务制度的执行进行检查，以确保企业守法经营。

（6）调配企业营运资金。企业的经营过程其实就是一项资金转化成另一项资金的过程，从货币资金开始，经过储备资金、生产资金、销售资金这几个阶段，最后再回到货币状态，不断往复。在企业资金的循环过程中，为满足资金需求、确保资金流动顺畅，需要合理调配资金。对营运资金进行管理是企业财务管理的重要内容之一，也是难度比较大的一项工作。合理调配企业的营运资金，保证企业营运资金的顺畅流动，是财务总监的日常工作之一。

（7）为企业生产与发展融资。资金对企业的重要性不用多说，在企业生产经营过程中，资金的需求量是随着生产经营的变化而不断变化的，然而由于种种原因，较少企业能随时拿出经营所需要的全部资金，绝大多数企业需要通过资本市场、金融市场和经营市场去筹措企业经营所需要的资金。筹措企业生产经营、发展所需要的资金，是财务总监的重要工作之一。

（8）进行企业纳税筹划。依法纳税是每个企业应承担的法定义务，但无论如何，交税都会引起企业资金净流出。企业资金流出一点，留给企业自用的资金就会少一点，这对企业并没有益处，特别是当企业急需资金时。企业既要做到依法纳税，又要避免资金过快和集中流出，就应当进行业务调节、纳税筹划。通过纳税筹划，在遵守国家法规的基础上，合理调节企业税负和资金流动，是企业财务总监的工作之一。

（9）参与企业投资决策。企业除生产经营外，投资也是决定企业命运的一项重要工作，如果说日常生产经营决定了企业短期生存状况的话，投资则决定了企业长远生存与发展。企业作为一个以持续经营、追求发展为目标的营利性组织，为了长远发展投资必不可少。财务总监作为企业财务管理方面的最高组织者和财务方面的专业人士，积极参与企业投资决策，对企业投资承受力和投资经济效益进行分析，并筹措投资所需要的资金，是财务总监必不可少的一项职责。

（10）协调各方面的财务关系。财务部门作为企业组织中的一个部分，财务管理作为企业管理体系的重要内容之一，财务部门不可能独立于组织和管理体系之外，必然要与相关部门和单位发生各种关系。财务总监要最大限度地发挥财务管理的效用，与各部门和各单位密切配合必不可少。与财务发生关系的部门非常多，除企业内部采购、生产、经营等各个部门外，企业的外部联系也很多，如市场监督、税务、财政、海关、政府等，财务部门要与这么多部门发生直接关系，少不了要有人从中进行必要的协调，协调财务部门与其他各方面的关系也是财务总监必不可少的重要工作内容之一。

**3．职权**

要充分发挥财务总监的作用，就必须对财务总监的职责和权限进行科学、明确的界定和规范。在确保实现财务总监工作目标的前提下，既不盲目扩大财务总监的职权，同时也要防止财务总监有责无权。

（1）审核企业的重要财务报表和报告，与企业最高管理者共同对财务报表和报告的质量负责。

（2）参与审定企业的财务管理规定及其他经济管理制度，监督检查下级单位的财务运作和资金收支情况。

（3）与企业最高管理者联合审批规定限额范围内的企业经营性、融资性、投资性支出和汇往境外的资金以及担保贷款事项。

（4）参与审定企业重大财务决策，包括审定企业财务预、决算方案，审定企业重大经营性、投资性、融资性的计划和合同以及资产重组和债务重组方案，参与拟订企业的利润分配方案和弥补亏损方案。

（5）对最高决策层批准的企业重大经营计划、方案的执行情况进行监督。

（6）依法检查企业财务会计活动及相关业务活动的合法性、真实性和有效性，及时发现和制止违反国家财经法律法规的行为和可能造成出资者重大损失的经营行为，并向企业最高决策层报告。

（7）组织企业各项审计工作，包括对企业及下级单位的内部审计和年度报表审计工作。

（8）依法审定企业及下级单位的财务、会计、审计机构负责人的任免、晋升、调动、奖惩事项。

### （六）会计人员回避制度

回避制度是指为了保证执法或执业的公正性，对由于某种原因可能影响其公正执法或执业的人员实行任职回避和业务回避的一种制度。回避制度已成为我国人事管理的一项重要制度。事实表明，在会计工作中，由于亲情关系而通同作弊和违法违纪的不在少数，在会计人员中实行回避制度，其必要性已经十分明显。《会计基础工作规范》第十六条规定："国家机关、国有企业、事业单位任用会计人员应当实行回避制度。单位领导人的直系亲属不得担任本单位的会计机构负责人或会计主管人员。会计机构负责人或会计主管人员的直系亲属不得在本单位会计机构中担任出纳工作。"

亲属关系是指因婚姻、血缘或收养而产生的社会关系。亲属关系作为一种基本的社会关系，他们之间通过父、母、夫、妻、儿、女、兄、弟、姐、妹、姑、舅、侄等称谓来表示，他们之间在法律上和道义上都相互具有一定的权利义务关系。这种权利义务关系，在家庭生活中表现为相互抚养的权利和义务；在一般事情上表现为比他人更为紧密的合作与支持；在工作和个人事业上，这种密切关系往往表现为相互提携、相互支持，因此容易滋生用人唯亲、相互利用甚至徇私枉法的弊端，因而要实行回避制度。需要回避的主要有以下三种亲属关系。

（1）夫妻关系。夫妻关系是血亲关系和姻亲关系的基础和源泉，它是亲属关系中最核心和最重要的部分，是亲属回避的主要内容之一。

视野拓展

《会计专业技术资格考试暂行规定》

（2）直系血亲关系。法律上讲的直系血亲关系有两种情况：第一种是有血缘关系的亲属，如祖父母、父母、子女等；第二种是指本来没有自然的或直接的血缘关系，但法律上确定其地位与血亲等同，如养父母和养子女之间的关系。直系血亲关系是亲属关系中最为紧密的关系之一，也应当列入回避范围。

（3）三代以内旁系血亲以及近姻亲关系。旁系血亲是指源于同一祖辈的非直系的血亲。所谓三代，就是从自身往上或往下数三代以内，除了直系血亲以外的血亲，就是三代以内旁系血亲，实际上就是自己的兄弟姐妹及其子女与父母的兄弟姐妹及其子女；所谓近姻亲，主要是指配偶的父母、兄弟姐妹，儿女的配偶及其父母。因为三代以内旁系血亲以及近姻亲关系在亲属中也是比较亲密的关系，所以也需要回避。

## 六、会计工作交接

会计人员工作交接是会计工作中的一项重要内容。《会计基础工作规范》第二十五条和第二十六条规定："会计人员工作调动或因故离职，必须将本人所经管的会计工作全部移交给接替人员，没有办清交接手续的，不得调动或离职。""接替人员应当认真接管移交工作，并继续办理移交的未了事项。"《会计基础工作规范》第三十三条和第三十五条规定：会计人员临时离职或因病不能工作且需要接替或代理的，会计机构负责人、会计主管人员或单位领导人必须指定有关人员接替或代理，并办理交接手续。临时离职或因病不能工作的会计人员恢复工作的，应当与接替或代理人员办理交接手续。移交人员因病或其他特殊原因不能亲自办理移交的，经单位领导人批准，可由移交人员委托他人代办移交，但委托人应当对所移交的会计凭证、会计账簿、会计报表和其他有关资料的合法性、真实性承担法律责任。这些都是对会计人员工作交接问题做出的法律规定。做好会计交接工作，可以使会计工作前后衔接，保证会计工作连续进行，防止因会计人员的更换出现账目不清、财务混乱等现象，也是分清移交人员和接管人员责任的有效措施。按照《会计基础工作规范》的规定，各单位办理会计工作交接，应遵循以下程序。

### 1. 交接前的准备工作

会计人员办理移交手续前，必须及时做好以下工作。

（1）已经受理的经济业务尚未填制会计凭证的，应当填制完毕。

（2）尚未登记的账目，应当登记完毕，并在最后一笔余额后加盖经办人员印章。

（3）整理应该移交的各项资料，对未了事项写出书面材料。

（4）编制移交清册，列明应当移交的会计凭证、会计账簿、会计报表、印章、现金、有价证券、支票簿、发票、文件、其他会计资料和物品等内容；企业用网银支付的账户，涉及移交的也应将密码、密钥等登记在册；实行会计电算化的单位，从事该项工作的移交人员还应当在移交清册中列明会计软件及账号密码、会计软件数据及有关资料、实物等内容。

（5）会计机构负责人或会计主管人员移交时，必须将全部财务会计工作、重大财务收支和会计人员的情况等，向接替人员详细介绍。对移交的遗留问题，应当写出书面材料。

### 2. 移交点收

移交人员在办理移交时，要按移交清册逐项移交；接替人员要逐项核对点收。具体要求如下。

（1）现金、有价证券要根据会计账簿有关记录进行点交。库存现金、有价证券必须与会计账簿记录保持一致。不一致时，移交人员必须限期查清。

（2）会计凭证、会计账簿、会计报表和其他会计资料必须完整无缺，如有短缺，必须查清原因，并在移交清册中注明，由移交人员负责。

（3）银行存款账户余额要与银行对账单核对，如不一致，应当编制银行存款余额调节表调节相符。

（4）各种财产物资和债权债务的明细账余额要与总账有关账户余额核对相符，必要时，要抽查个别账户的余额，与实物核对相符，或者与往来单位、个人核对清楚。

（5）移交人员经管的票据、印章和其他实物等，必须交接清楚。

（6）移交人员从事会计电算化工作的，交接双方应在计算机上对有关数据进行实际操作，确认有关数字正确无误后，方可交接。

**3. 监交**

为了明确责任，会计人员在办理工作交接时，必须有专人负责监交。一般会计人员办理交接手续，由单位会计机构负责人或会计主管人员负责监交；会计机构负责人或会计主管人员交接，由单位领导人负责监交，必要时可由上级主管部门派人会同监交。通过监交，保证双方都按照国家有关规定认真办理交接手续，防止流于形式，保证交接双方处在平等的法律地位上享有权利和承担义务，避免任何一方以大压小，以强凌弱，或者采取非法手段进行威胁。

**4. 交接后的衔接工作**

会计工作交接完毕后，交接双方和监交人员要在移交清册上签名或盖章，并在移交清册上注明单位名称、交接日期，交接双方和监交人员的职务、姓名，移交清册页数以及需要说明的问题和意见等。移交清册一般填制一式三份，交接双方各执一份，存档一份。

接替人员应继续使用移交的会计账簿，不得自行另立新账，以保持会计记录的连续性。

# 第五节　内部会计控制制度

内部会计控制是单位为了保证各项业务活动的有效进行，保护资产的安全完整和有效运用，发现和纠正错误，防止舞弊与欺诈行为，保证会计信息和其他相关信息的真实、完整，控制各种风险，提高管理水平和效益，实现单位管理目标而制定的各种组织、分工、程序、方法、标准、守则和规程等。它由一系列具体的控制环节和控制措施组成。

内部会计控制的基本目标有以下几个：①规范单位会计行为；②堵塞漏洞、消除隐患，防止并及时发现、纠正错误及舞弊行为；③确保国家有关法律法规和单位内部规章制度的贯彻执行。

## 一、内部会计控制的方法

内部会计控制主要包括不相容职务相互分离控制、授权批准控制、会计系统控制、预算控制、财产保全控制、风险控制、内部报告控制、电子信息技术控制等方法。

（1）不相容职务相互分离控制。要求按照不相容职务相分离的原则，合理设置会计及相关工作岗位，明确职责权限，形成相互制衡机制。不相容职务主要包括授权批准、业务经办、会计记录、财产保管、稽核检查等职务。

（2）授权批准控制。要求明确规定涉及会计及相关工作的授权批准的范围、权限、程序和职责等内容，单位内部的各级管理层必须在授权范围内行使职权和承担责任，经办人员也必须在授权范围内办理业务。

（3）会计系统控制。要求依据《会计法》和国家统一的会计制度，制定适合本单位的会计制度，明确会计凭证、会计账簿和财务会计报告的处理程序，建立和完善会计档案保管和会计工作交接办法，实行会计人员岗位责任制，充分发挥会计的监督职能，包括会计凭证控制、会计账簿控制、财务报告控制。

（4）预算控制。要求加强对预算编制、执行、分析和考核等环节的管理，明确预算项目，建立预算标准，规范预算的编制、审定、下达和执行程序，及时分析和控制预算差异，采取改进措施，确保预算的执行。预算内资金实行责任人限额审批，限额以上资金实行集体审批，严格控制无预算的资金支出。

（5）财产保全控制。要求未经授权的人员不得直接接触财产，采取定期盘点、财产记录、账实核对、财产保险等措施，确保各种财产的安全与完整。

（6）风险控制。要求树立风险意识，针对各个风险控制点，建立有效的风险管理系统，通过风险预警、风险识别、风险评估、风险分析、风险报告等措施，对财务风险和经营风险进行全面防范和控制。

（7）内部报告控制。要求建立和完善内部报告制度，全面反映经济活动情况，及时提供业务活动中的重要信息，增强内部管理的时效性和针对性，如货币资金收入报告等。

（8）电子信息技术控制。要求运用电子信息技术手段建立内部会计控制系统，减少和消除人为操纵因素，确保内部会计控制的有效实施；同时还要加强对财务会计电子信息系统开发与维护、数据输入与输出、文件存储与保管、网络安全等方面的控制。

## 二、内部会计控制的检查

单位应当重视内部会计控制的监督检查工作，由专门机构或指定专门人员具体负责内部会计控制制度执行情况的监督检查，确保内部会计控制制度的贯彻实施。内部会计控制检查的主要内容有以下几项：①对内部会计控制制度的执行情况进行检查和评价；②写出检查报告，对涉及会计工作的各项经济业务、内部机构和岗位在内部控制上存在的缺陷提出改进建议；③对执行内部会计控制制度成效显著的内部机构和人员提出表彰建议，对违反内部会计控制制度的内部机构和人员提出处理意见。

## 三、内部会计控制的内容

内部会计控制实质上就是通过单位内部各部门、各岗位、各成员在经济业务上相互牵制、相互监督，以保证会计信息的可靠性，最终实现会计工作的真实有效运行，包括货币资金、采购与付款、销售与收款、仓储管理、存货、成本费用、工程项目、固定资产、对外投资、筹资等经济业务的会计控制。

### （一）货币资金控制

#### 1. 岗位分工及授权批准

（1）实行权、账、钱分管，审批、出纳、记账应实行岗位分离。

（2）出纳人员不得兼任稽核、会计档案管理和收入、费用、债权债务账目的登记工作。

（3）根据具体情况对办理货币资金业务的人员进行岗位轮换。

（4）对货币资金业务建立严格的授权批准制度，审批人在授权范围内进行审批，不得超越审批权限，经办人应当在职责范围内，按照审批人的批准意见办理货币资金业务，对于审批人超越授权范围审批的货币资金业务，经办人员有权拒绝办理，并及时向审批人的上级授权部门报告。

2. 支付程序

（1）支付申请。有关部门或个人用款时，应当提前向审批人提交货币资金支付申请，注明款项的用途、金额、用款日期、支付方式等内容，并附有效经济合同或可行性研究报告、董事会决议、会议通知等相关证明。

（2）支付审批。审批人根据其职责、权限和相应程序对支付申请进行审批。对不符合规定的货币资金支付申请，审批人应当拒绝批准。

（3）支付复核。财务部门应当对批准后的货币资金支付申请进行复核，复核货币资金支付申请的批准范围、权限、程序是否正确，手续及相关单证是否齐备，金额计算是否准确，支付方式、支付单位是否妥当等，复核无误后，交由出纳人员办理支付手续。

（4）办理支付。出纳人员应当根据复核无误的支付申请，按规定办理货币资金支付手续，及时登记现金和银行存款日记账。

（5）对于重要的货币资金支付业务，应当实行集体决策和审批，并建立责任追究制度，防范贪污、侵占、挪用货币资金等行为。

3. 现金和银行存款的管理

（1）对现金实行限额管理，超限额的现金，应及时送存银行，以保证现金安全完整。

（2）根据《现金管理暂行条例》的规定，结合本单位的实际情况，确定本单位现金的开支范围，不属于现金开支范围的业务必须通过银行办理转账结算。

（3）现金收入应当及时存入银行，不得用于直接支付单位自身的支出。因特殊情况需“坐支”现金的，应事先报经开户银行审查批准。“坐支”也不是一律都禁止，按照规定，下列单位允许坐支：①基层供销社、粮店等销售兼营收购的单位，以收入款项支付向个人收购物资的款项；②医院以收入款项退还病人的住院押金、伙食费等；③饮食店等服务行业以收入款项找零等；④其他有特殊情况而需要坐支的单位。

（4）借出款项必须执行严格的授权批准程序，严禁擅自借出货币资金。

（5）取得的货币资金收入必须及时入账，不得私设“小金库”，不得账外设账，严禁收款不入账。

（6）加强银行账户的管理，严格按照规定开立账户，办理存款、取款和结算。

（7）定期检查、清理银行账户的开立及使用情况，发现问题后要及时处理。

（8）加强对银行结算凭证的填制、传递及保管等环节的管理与控制。

（9）严格遵守银行结算纪律，不准签发没有资金保证的票据或远期支票，套取银行信用；不准签发、取得和转让没有真实交易和债权债务的票据，套取银行和他人资金；不准无理由拒绝付款，任意占用他人资金；不准违反规定开立和使用银行账户。

（10）严禁出借银行账户供外单位或个人使用，严禁为外单位或个人代收代支、转账套现。

（11）指定专人定期核对银行账户，每月至少核对一次，编制银行存款余额调节表，使银行存款账面余额与银行对账单调节相符，如调节不符，应查明原因，及时处理。

（12）财务部门必须定期或不定期对库存现金进行抽查，以保证现金账实相符，如发现不符，应及时查明原因，进行处理。

#### 4. 票据及有关印章的管理

（1）加强与货币资金相关的票据的管理，明确各种票据的购买、保管、领用、背书转让、注销等环节的职权和程序，并专设登记簿进行记录，防止空白票据的遗失和被盗用。

（2）领用支票要填写“支票申请单”，注明用途和预计使用金额，并按审批权限审批。

（3）支票领取人不得擅自将支票转借、改变用途，由此造成单位经济损失的，由经办人负责赔偿全部损失。

（4）已签发支票如果不慎丢失，丢失人应立即报告财务部门并由财务部门向开户行申请挂失止付。

（5）加强银行预留印鉴的管理，财务专用章应由专人保管，个人名章必须由本人或其授权人员保管，严禁由一人保管支付款项所需的全部印章，企业有网银账户的，必须申请两把密钥，由出纳员和财务负责人分别持有。

（6）按规定需要有关负责人签字或盖章的经济业务，必须严格履行签字或盖章手续。

### （二）采购与付款控制

采购业务必须经过请购、批准、订货（或采购）、验收、货款结算等环节。

#### 1. 岗位分工与授权批准

（1）采购业务的全过程不得完全由一个部门办理。采购与付款业务不相容岗位至少包括：①请购与审批；②询价与确定供应商；③采购合同的订立与审计；④采购与验收；⑤采购与验收业务的相关会计记录；⑥付款审批与付款执行。

（2）根据具体情况对办理采购与付款业务的人员进行岗位轮换。

（3）对采购与付款业务建立严格的授权批准制度，经办人应当按照审批人的批准意见办理采购与付款业务，但对于审批人超越授权范围审批的采购与付款业务，经办人有权拒绝办理。

（4）对于重要和技术性较强的采购业务，应当组织专家进行论证，实行集体决策和审批，防止出现决策失误而造成严重损失。

（5）应按照请购、审批、采购、验收、付款等规定的程序办理采购与付款业务，并在采购与付款各环节做好相关的记录、填制相应的凭证，建立完整的采购登记制度，加强请购手续、采购订单（或采购合同）、验收证明、入库凭证、采购发票等文件和凭证的相互核对工作。

#### 2. 请购、采购与验收控制

（1）计划部门应该根据生产经营的需要，依据单位的授权，向采购部门发出采购通知单，同时将采购通知单报送财务部门作为将来付款的依据。

（2）采购部门根据采购通知单填制订购单，订购单应正确填写所需物品的名称、规格、数量、价格、时间、厂商名称和地址等，预先予以编号，并经被授权的采购员签字，同时将订购单送交仓储部门作为将来验收的依据。

（3）根据物品或劳务的性质及其供应情况确定采购方式，一般物品或劳务等的采购应采用订单采购或合同订货等方式；小额零星物品或劳务等的采购可采用直接购买方式。

（4）充分了解和掌握供应商的信誉、供货能力等有关情况，采取由采购、使用等部门共同参与比质比价的程序，并按规定的授权批准程序确定供应商。

（5）批量物资采购，应采取竞价方式确定供应商，以保证供货的质量和经济性。

（6）授权有关人员与供应商签订订货合同，金额较大的订货合同的订立应当要求财务部门参加会签，合同一经签订，必须及时将合同副本送财务部门备案。

（7）采购物资到达之后，采购部门要及时通知仓储部门验收入库，仓储部门根据规定的验收制度和经批准的订购单、合同等采购文件，由独立的验收部门或指定专人对所购物品的品种、规格、数量、质量和其他相关内容进行验收，填制验收单，并及时送交财务部门进行记账。

（8）验收过程中发现异常情况的，负责验收的部门或人员应当立即向有关部门报告，有关部门应查明原因，及时处理。

### 3. 付款控制

（1）财务部门应该根据采购通知单、采购合同、验收单等有效的付款文件，确认负债或支付货款。在确认负债或支付货款之前，应进行以下检查：①与采购有关的采购通知单、采购合同、订购单、验收单、发票、货运文件等原始凭证是否齐全、是否合法；②合同、验收单、订购单、发票、货运文件等相关凭证的内容是否一致；③是否有单位负责人批准签字的付款通知单；④其他有关人员在单证上的签字是否齐全；⑤折扣是否与合同要求相符，采购数量、价格、加总合计、税金的计算等是否正确。

（2）按照《现金管理暂行条例》《支付结算办法》和《内部会计控制规范——货币资金》等的规定办理采购付款业务。

（3）除了不足转账起点金额的采购可以支付现金外，购货款必须通过银行办理转账，任何部门和个人不得以任何借口，以现金或现金支票支付货款。

（4）建立预付账款和定金的授权批准制度，加强对预付账款和定金的管理。

**视野拓展**

**《支付结算办法》**
**《现金管理暂行条例》**

（5）加强应付账款和应付票据的管理，由专人按照约定的付款日期、折扣条件等管理应付款项，已到期的应付款项须经有关授权人员审批后方可办理结算与支付。

（6）建立退货管理制度，对退货条件、退货手续、货物出库、退货款回收等做出明确规定，及时收回退货款。

（7）定期与供应商核对应付账款、应付票据、预付账款等往来款项，如有不符，应查明原因，及时处理。

## （三）销售与收款控制

销售业务通常包括接受订单、批准赊销、开具发货票、仓库发货、发运、确认销售与记录应收账款、催收货款等环节。

1. 岗位分工与授权批准

（1）销售业务的全过程不得由一个部门完全办理，应当分别设立办理销售、发货、收款三项业务的部门（或岗位），实行销售、发货、收款人员的岗位分离，销售部门（或岗位）主要负责处理订单、签订合同、执行销售政策和信用政策、催收货款；发货部门（或岗位）主要负责审核销售发货单据是否齐全并办理发货的具体事宜；财务部门（或岗位）主要负责销售款项的结算和记录、监督管理货款回收。

（2）有条件的单位应当建立专门的信用管理部门或岗位，负责制定单位信用政策，监督各部门信用政策的执行情况，信用管理岗位与销售业务岗位应分开设置。

（3）根据具体情况对办理销售与收款业务的人员进行岗位轮换。

（4）对销售与收款业务建立严格的授权批准制度，经办人应当按照审批人的批准意见办理销售与收款业务，但对于审批人超越授权范围审批的销售与收款业务，经办人有权拒绝办理。

（5）对于超过单位既定销售政策和信用政策规定范围的特殊销售业务，应当进行集体决策，以防止决策失误而造成严重损失。

2. 销售和发货控制

（1）对销售业务建立严格的预算管理制度，制定销售目标，确立销售管理责任制。

（2）建立销售定价控制制度，制定价目表、折扣政策、付款政策等并予以执行。

（3）在选择客户时，应当充分了解和考虑客户的信誉、财务状况等有关情况，降低账款回收中的风险。

（4）赊销业务应遵循规定的销售政策和信用政策，对符合赊销条件的客户，经审批人批准后办理赊销业务，超出销售政策和信用政策规定的赊销业务，应当实行集体决策、审批。

（5）销售部门收到客户的订货要求后，应该依据单位的授权，及时决定是否接受订单。对于没有受理的订单，销售部门应该向客户说明原因；对于接受的订单，销售部门应该填制销售通知单，并要求客户在收款部门办理款项结算手续。

3. 销售和发货业务须按照规定的程序办理

（1）销售谈判。在销售合同订立前，应当指定两名以上谈判人员就销售价格、信用政策、发货及收款方式等具体事项与客户进行谈判，并形成完整的书面记录。

（2）合同订立。授权有关人员与客户签订销售合同，金额较大的销售合同的订立应当征询法律顾问或专家的意见，并要求财务部门参加会签。对非合同销售及门市销售要建立定期检查制度。

（3）合同审批。建立健全销售合同审批制度，审批人员应对销售价格、信用政策、发货及收款方式等严格把关。

（4）组织销售。销售部门按照经批准的销售合同编制销售计划，向发货部门下达销售通知单，同时编制销售发票通知单，并经审批后下达给财务部门，由财务部门根据销售发票通知单向客户开具发票。

（5）组织发货。发货部门对销售发货单据进行审核，严格按照销售通知单所列的发货品种和规格、发货数量、发货时间、发货方式组织发货，并建立货物出库、发运等环节的岗位责任制，确保货物的安全发运。

（6）销货退回。建立销售退回管理制度，销售退回必须经销售主管审批后方可执行，销售退回的货物应由质检部门检验和仓储部门清点后方可入库，质检部门对客户退回的货物进行检验并出具检验证明；仓储部门应在清点货物、注明退回货物的品种和数量后填制退货接收报告；财务部门对检验证明、退货接收报告以及退货方出具的退货凭证等进行审核后办理相应的退款事宜。

（7）在销售与发货各环节进行相关的记录并填制相应的凭证，建立完整的销售登记制度，加强销售合同、销售计划、销售通知单、发货凭证、货运凭证、发票等文件和凭证的相互核对工作。

（8）销售部门设置销售台账，以及时反映各种商品、劳务等销售的开单、发货、收款情况，销售台账应当附有客户订单、销售合同、客户签收回执等相关购货单据。

4. 收款环节控制

（1）财务部门在确认收入、应收款项或收取货币资金等之前，应进行以下必要的检查：①销售收入的确认必须符合《企业会计准则》的要求；②与销售有关的合同、销售单、发货凭证、货运凭证等原始凭证是否齐全、是否合法；③合同、销售单、发货凭证、货运凭证等相关凭证的内容是否一致；④是否有批准部门批准赊销或折扣与折让的书面文件或收款部门的收款凭据：⑤其他有关人员在单证上的签字是否齐全；⑥发票的折扣是否与合同、销售单的要求一致，销售数量、价格、加总合计、税金的计算等是否正确。

（2）按照《现金管理暂行条例》《支付结算办法》和《内部会计控制规范——货币资金》等的规定，及时办理销售收款业务，并将销售收入及时入账，不得账外设账，不得擅自坐支现金，且销售人员不得接触销售现款。

（3）建立应收账款账龄分析制度和逾期应收账款催收制度，销售部门负责应收账款的催收，财务部门应督促销售部门加紧催收，对催收无效的逾期应收账款可通过法律程序予以解决。

（4）按客户设置应收账款台账，及时登记每一客户应收账款余额增减变动情况和信用额度使用情况。

（5）对长期往来客户建立完善的客户资料，并对客户资料实行动态管理，及时更新。

（6）对于可能成为坏账的应收账款报告有关决策机构，由其进行审查，确认是否为坏账。发生的各项坏账，在履行规定的审批程序后进行会计处理。

（7）对注销的坏账进行备查登记，做到账销案存，已注销的坏账又收回时应当及时入账，防止形成账外款。

（8）应收票据的取得和贴现必须经票据保管人员以外的主管人员书面批准。

（9）应当由专人保管应收票据，对于即将到期的应收票据，应及时向付款人提示付款；已贴现票据应在备查簿中进行登记，以便日后追踪管理。

（10）制定逾期票据的冲销管理程序和逾期票据追踪监控制度。

（11）定期与往来客户核对应收账款、预收账款等往来款项，如有不符，应交销售部门查明原因，及时处理，销售部门应将造成差异的原因及处理结果报告财务部门。

## （四）仓储管理控制

仓储管理包括验收、储存、发货等环节。保证物资的品质完好与安全完整是仓储部门的责任。

（1）企业应当采用先进的仓储管理技术和方法，依据仓储管理的特点，仓储管理应当实行仓库保管员专人负责制。

（2）采购物资到达之后，仓储部门要及时按订购单上的名称、规格、数量、质量、到货时间等进行验收，并填制验收单。

（3）物资验收入库时，仓库保管员必须依据其物理特点进行适当的分类管理。

（4）仓储部门必须严格出库管理，仓库保管员只有在收到经批准的发货单，并将发货单与客户的提货单核对无误后，才能进行发货。

（5）对于销售退回的物资，仓储部门应当依据有效的批准文件，及时办理退货入库手续。

（6）仓库保管员应该对其所保管的物资经常进行安全检查、定期盘点（至少每季一次），并主动与财务部门进行核对，防止物资霉烂变质、毁损丢失。

（7）财务部门应该不定期地对仓库保管的物资进行抽查，发现账实不符的，应交有关部门查明原因，及时处理。

（8）下列情况造成的物资损失，由仓储部门及仓库保管员负责赔偿：①未按规定程序分类保管物资而使物资霉烂变质或降低品质的；②未按规定程序保管物资而使物资毁损丢失的；③未按规定程序进行发货造成损失的；④其他不能说明原因的物资损失。

### （五）存货控制

#### 1. 岗位分工与授权批准

（1）不得由同一部门或个人办理存货的全过程业务。存货业务不相容岗位至少包括：①存货的采购、验收与付款；②存货的保管与清查；③存货的销售与收款；④存货处置的申请、审批与执行；⑤存货业务的审批、执行与相关会计记录。

（2）建立存货业务的授权批准制度，经办人应当按照审批人的批准意见办理存货业务，但对于审批人超越授权范围审批的存货业务，经办人有权拒绝办理。

（3）制定科学规范的存货业务流程，明确存货的取得、验收与入库，仓储与保管，领用、发出与处置等环节的控制要求，并设置相应的记录或凭证，如实记载各环节业务的开展情况，确保存货业务全过程得到有效控制。

#### 2. 取得、验收与入库控制

（1）根据存货的不同取得方式，采取相应的控制方法实施有效控制，确保存货取得真实、合理、透明。要求：①外购存货，采购批量和采购时点的确定应当符合市场状况、行业特征和单位经营管理的实际需要；②投资者投入的存货，其实有价值和质量状况应当经过评估和检查，并与单位筹资合同或协议的约定相一致；③因对方单位抵顶债务取得的存货，应经单位有关部门和人员审核批准，其实有价值和质量状况应当符合双方的有关协议。

（2）组织有关部门和人员对所取得的存货的品种、规格、数量、质量和其他相关内容进行验收，出具验收证明。对于验收合格的存货，应及时办理入库手续；对于验收过程中发现的异常情况，负责验收的部门和人员应当立即向有关部门报告，有关部门应及时查明原因，根据存货的不同取得方式做出相应处理。

（3）财务部门应当按照国家统一会计制度的规定，根据验收证明对验收合格的存货及时办理入账手续，正确登记入库存货的数量与金额。

（4）对会计期末发票未到的已入库货物，应暂估入账。

（5）存货管理部门设置实物明细账，详细登记经验收合格入库的存货的类别、编号、名称、规格、型号、计量单位、数量、单价等内容，并定期与财务部门核对，对代管、代销、暂存、受托加工的存货，应单独记录，避免与本单位存货相混淆。

### 3. 仓储与保管控制

（1）根据销售计划、生产计划、采购计划、资金筹措计划等制定仓储计划，合理确定库存存货的结构和数量。

（2）生产部门要加强对生产现场的材料、低值易耗品、半成品等物资的管理与控制，并根据生产特点、工艺流程等对转入、转出、废弃存货的品种、数量等进行登记。

（3）仓储、保管部门应当建立岗位责任制，明确各岗位在值班轮班、入库检查、货物调运、出入库登记、仓场清理、安全保卫、情况记录等各方面的职责任务，并定期或不定期地进行检查。

（4）建立存货的分类管理制度，对贵重物品、生产用关键备件、精密仪器、危险品等重要存货，应当采取额外控制措施，确保重要存货的保管、调用、转移等经过严格授权批准，且在同一环节须有两人或两人以上同时经办。

（5）按照国家有关法律法规要求，结合存货的具体特征，建立健全存货的防火、防潮、防鼠、防盗和防变质等措施，并建立相应的责任追究机制。

（6）建立健全存货清查盘点制度，定期或不定期地对各类存货进行实地清查和盘点，及时发现并掌握存货的灭失、损坏、变质和长期积压等情况，对盘盈、盘亏的存货，及时报告有关部门。

（7）创造条件，逐步实现存货的信息化管理，确保相关信息及时传递，提高存货运营效率。

（8）建立健全存货成本会计核算系统，加强对存货跌价的会计核算，及时掌握存货价值变动情况，正确计算和结转存货成本。

### 4. 领用、发出与处置控制

（1）加强对存货领用与发出的控制。要求：①各业务部门因生产、管理、基本建设等需要领用存货的，应当履行审批手续，填制领料凭证；②销售存货，应当符合《内部会计控制规范——销售与收款》的规定；③对外捐赠存货，应当有捐赠协议，捐赠对象应当明确，捐赠方式应当合理，捐赠程序应当可监督检查；④对外投资存货，应当与投资合同或协议等核对一致。

（2）加强对存货处置环节的控制。要求：①单位应当建立存货处置环节的控制制度，明确存货处置的范围、标准、程序、审批权限和责任；②处置残、次、冷、废存货，应由仓储、质检、生产和财务等部门共同提出处置方案，经单位负责人或其授权人员批准后实施；③组织相关部门或人员对存货的处置方式、处置价格等进行审核，重点审核处置方式是否适当，处置价格是否合理，处置价款是否及时、足额收取并入账。

（3）建立健全存货取得、验收、入库、保管、领用、发出及处置等各环节凭证、资料的保管制度，并定期与财务部门核对，发现问题后要及时处理。

### （六）成本费用控制

#### 1. 岗位分工及授权批准

（1）成本费用支出业务的全过程不得完全由一个部门办理。成本费用支出不相容岗位至少包括：①成本费用预算的编制与审批；②成本费用支出的审批；③成本费用支出的执行与相关会计记录。

（2）对成本费用业务建立严格的授权批准制度，经办人应当按照审批人的批准意见办理成本费用业务，但对于审批人超越授权范围审批的成本费用业务，经办人有权拒绝办理。

#### 2. 支出控制

（1）建立严格的成本费用预算制度，成本费用预算应当符合单位的发展目标和成本效益原则。

（2）根据成本费用预算内容，分解成本费用指标，落实成本费用责任主体，考核成本费用指标的完成情况，制定奖惩措施，实行成本费用责任追究制度。

（3）采用标准成本、定额成本或作业成本等成本控制方法，利用现代信息技术，结合生产工艺特点，实施对成本的控制与管理，提高成本管理效率。

（4）加强对材料采购和耗用的成本控制，将材料成本控制在预算范围内。要求：①根据《内部会计控制规范——采购与付款》的规定，确定材料供应商和采购价格，并采用经济批量等方法确定材料采购批量，控制材料的采购成本和储存成本；②生产必须依计划进行，领用材料必须办理领料手续；③只有依据计划部门下达的"生产通知单"，仓储部门才能发料；④根据《内部会计控制规范——存货》的规定，并按照生产计划或耗用定额，确定材料物资耗用的品种与数量，月末对未用完的材料应办理退料或"假退料"手续，控制材料耗用成本；⑤建立人工成本控制制度，合理设置工作岗位，以岗定责，以岗定员，以岗定酬，通过实施严格的绩效考评与激励机制控制人工成本；⑥明确制造费用支出范围和标准，采用弹性预算等方法，加强对制造费用的控制；⑦明确费用的开支范围、标准，制定费用支出的申请、审批、支付程序，根据费用预算和经济业务的性质，按照授权批准制度所规定的权限，对费用支出申请进行审批；⑧会计机构或相关会计人员根据经批准的费用支出申请，对费用的开支是否合理、有无相关人员的批准签字、是否超出开支标准或预算范围、超标准或超范围开支是否经特别授权、相关发票是否真实及计算是否正确等进行严格审核，并据以办理费用支出业务；⑨建立的成本费用核算制度应当符合国家统一会计制度的规定，不得随意改变成本费用的确认标准或计量方法，不得多列、不列或少列成本费用；⑩建立成本费用内部报告制度，实时监控成本费用的支出情况，对于实际发生的成本费用与成本费用预算的差异，应及时查明原因，并做出相应处理，对需追加的成本费用预算，应当重新办理审批手续。

### （七）工程项目控制

#### 1. 岗位分工及授权批准

（1）工程项目业务的全过程不得由完全一个部门办理。工程项目业务不相容岗位一般包括：①项目建议、可行性研究与项目决策；②概预算编制与审核；③项目实施与价款支付；④竣工决算与竣工审计。

（2）对工程项目相关业务建立严格的授权批准制度，经办人应当按照审批人的批准意见办理工程项目业务，但对于审批人超越授权范围审批的工程项目业务，经办人有权拒绝办理。

（3）制定工程项目业务流程，明确项目决策、概预算编制、价款支付、竣工决算等环节的控制要求，取得或填制有关凭证，设置相应的记录，如实记载各环节业务的开展情况，确保工程项目全过程得到有效控制。

2. 项目决策控制

（1）建立工程项目决策环节的控制制度，对项目建议书和可行性研究报告的编制、项目决策程序等做出明确规定，确保项目决策科学、合理。

（2）组织工程、技术、财务等部门的相关专业人员对项目建议书和可行性研究报告的完整性、客观性进行技术经济分析和评审，出具评审意见。

（3）建立工程项目的集体决策制度，决策过程应有完整的书面记录，严禁任何个人单独决策工程项目或擅自改变集体决策意见。

（4）建立工程项目决策及实施的责任制度，明确相关部门及人员的责任，定期或不定期地进行检查。

3. 概预算控制

（1）建立工程项目概预算环节的控制制度，对概预算的编制和审核等做出明确规定，确保概预算编制科学、合理。

（2）组织工程、技术、财务等部门的相关专业人员对编制的概预算进行审核，重点审查编制依据、项目内容、工程量的计算、定额套用等是否真实、完整、准确。

4. 价款支付控制

（1）建立工程进度价款支付环节的控制制度，对价款支付的条件、方式以及会计核算程序做出明确规定，确保价款支付及时、正确。

（2）支付工程项目价款，应当符合《内部会计控制规范——货币资金》的规定。

（3）工程项目采购业务，应当符合《内部会计控制规范——采购与付款》的规定。

（4）会计人员应对工程合同约定的价款支付方式、有关部门提交的价款支付申请及凭证、审批人的批准意见等进行审查和复核，审核无误后，方可办理价款支付手续。

（5）会计人员在办理价款支付业务过程中发现拟支付的价款与合同约定的价款支付方式及金额不符，或者与工程实际完工情况不符等异常情况的，应当及时向领导报告。

（6）因工程变更等原因造成价款支付方式及金额发生变动的，应提供完整的书面文件和其他相关资料，会计人员应对工程变更价款支付业务进行审核。

（7）加强对工程项目资金筹集与运用、物资采购与使用、财产清理与变动等业务的会计核算，真实、完整地反映工程项目资金流入流出情况及财产物资的增减变动情况。

5. 竣工决算控制

（1）建立竣工决算环节的控制制度，对竣工清理、竣工决算、竣工审计、竣工验收等做出明确规定，确保竣工决算真实、完整、及时。

（2）建立竣工清理制度，明确竣工清理的范围、内容和方法，如实填写并妥善保管竣工清理清单。

（3）依据国家法律法规的规定及时编制竣工决算，并组织有关部门及人员对竣工决算进行审核，重点审查决算依据是否完备、相关文件资料是否齐全、竣工清理是否完成、决算编制是否正确。

（4）建立竣工决算审计制度，及时组织竣工决算审计，未实施竣工决算审计的工程项目，不得办理竣工验收手续。

（5）及时组织工程项目竣工验收，并对竣工验收进行审核，重点审查验收人员、验收范围、验收依据、验收程序等是否符合国家有关规定，确保工程质量符合设计要求。

（6）验收合格的工程项目，应当及时编制财产清单，办理资产移交手续，并加强对资产的管理。

### （八）固定资产控制

#### 1. 岗位分工及授权批准

（1）固定资产业务的全过程不得由完全一个部门办理。固定资产业务的不相容岗位至少包括：①固定资产投资预算的编制与审批；②固定资产的取得、验收与款项支付；③固定资产投保的申请与审批；④固定资产的保管与清查；⑤固定资产处置的申请、审批与执行；⑥固定资产业务的审批、执行与相关会计记录。

（2）建立固定资产业务的授权批准制度，经办人应当按照审批人的批准意见办理固定资产业务，但对于审批人超越授权范围审批的固定资产业务，经办人有权拒绝办理。

（3）制定固定资产业务流程，明确固定资产的取得与验收、日常保管、处置与转移等环节的控制要求，取得或填制有关凭证，设置相应的记录，如实记载各环节业务的开展情况，确保固定资产业务全过程得到有效控制。

#### 2. 取得与验收控制

（1）购置固定资产：①固定资产的购置必须经过请购、批准、订购、验收、货款结算等环节；②固定资产的购置必须按照预算进行，每年第四季度，财务部门应会同设备管理部门编制下年度的固定资产投资预算，经企业最高管理层批准后应遵照执行；③设备使用部门应当根据经营管理的需要，提前向设备管理部门提出请购申请，并填写请购理由、设备名称、数量、规格、预计金额、需用日期等；④设备管理部门收到请购申请后，应当根据固定资产投资预算及批准权限，对请购申请进行审批，超越设备管理部门权限的，设备管理部门应及时报请有权批准的部门进行审批；⑤请购申请被批准后，设备管理部门或采购部门应填制订购单，并经被授权的采购员签字；⑥固定资产的采购，需要预付款项的，必须与供应单位签订合同，并及时将合同副本送财务部门备案；⑦固定资产的批量采购，应采取招标方式确定供应商，以保证供货的质量、及时性和经济性；⑧购置的固定资产到达之后，设备管理部门要及时通知设备验收部门进行验收，设备管理部门、使用部门、财务部门及验收部门要严格按订购单上的要求进行验收，并由验收部门填制验收单；⑨需要安装的固定资产，设备管理部门要及时组织固定资产的安装与调试工作，安装完毕达到预定可使用状态后，设备管理部门应及时将固定资产移交给设备使用部门，并填制设备移交清单；⑩设备管理部门必须设置固定资产卡片，详细记录固定资产的使用单位和使用人、存放地点、固定资产名称、取得方式、原值、预计使用年限、已使用年限、已提折旧等。

（2）以其他方式取得固定资产：①自行建造固定资产，应当符合《内部会计控制规范——工程项目》的规定和固定资产验收制度；②投资者投入、接受捐赠、外单位调入以及通过其他方式获取的固定资产应当符合会计制度规定和固定资产验收制度；③对于经营性租入、借用、代管的固定资产，应当设立备查登记簿进行专门登记，避免与本单位固定资产相混淆。

（3）支付外购、自行建造固定资产款项，应当符合《内部会计控制规范——采购与付款》《内部会计控制规范——工程项目》和《内部会计控制规范——货币资金》等的规定。

### 3. 日常保管控制

（1）建立固定资产归口分级管理制度，明确固定资产管理部门、使用部门和财务部门的职责权限，确保固定资产管理权责明晰、责任到人。

（2）根据国家统一会计制度的要求，结合本单位经营管理特点，建立健全固定资产账簿登记制度和固定资产卡片管理制度，确保固定资产账账、账实、账卡相符。要求：①财务部门、固定资产管理和使用部门应当定期核对相关账簿、记录、文件和实物；②加强对固定资产折旧、减值的会计核算，及时掌握固定资产价值变动情况，确认、计量固定资产减值的依据应当充分，方法正确。

（3）建立固定资产维修保养制度，保证固定资产正常运行，控制固定资产维修保养费用，提高固定资产使用效率。要求：①对固定资产进行定期检查、维修和保养，及时消除安全隐患，降低固定资产故障率和使用风险；②制定固定资产维修保养计划，并按计划规定的步骤和方式实施固定资产的日常维修和保养；③固定资产需要大修的，应由财务部门、固定资产管理和使用部门共同组织评估，提出修理方案，经单位负责人或其授权人员批准后实施；④固定资产维修保养费用，应当纳入单位预算，并在经批准的预算额度内执行；⑤因管理不善或使用不当等人为责任而引起的固定资产维修，设备管理部门要查明原因，进行相应处理。

（4）建立固定资产投保制度，明确应投保固定资产的范围和标准，由固定资产管理部门会同财务部门等拟订投保方案，经单位负责人或其授权人员批准后办理投保手续，防范和控制固定资产的意外风险。

（5）建立固定资产清查盘点制度，明确固定资产清查的范围、期限和组织程序，组成清查小组对固定资产定期或不定期地进行清查、盘点，根据盘点结果详细填写固定资产盘点报告表，并与固定资产账簿和卡片相核对，如账实不符，应编制固定资产盘盈、盘亏表并及时向领导报告，由固定资产管理部门、使用部门查明原因，提出初步处理意见，经单位负责人或其授权人员批准后做出相应处理。固定资产至少每年盘点一次，由设备管理部门会同财务部门进行。

（6）启封使用固定资产或将固定资产由使用状态转入封存状态，应当履行审批手续，涉及变更固定资产保管地点的，应当登记在案。

（7）根据固定资产的性质和消耗方式，合理地确定固定资产的预计使用年限和预计净残值，并根据科技发展、环境及其他因素，合理地选择固定资产的折旧方法。固定资产的预计使用年限、预计净残值和折旧方法一经确定，不得随意变更。

4. 处置与转移控制

（1）建立固定资产处置环节的控制制度，明确固定资产处置的范围、标准、程序、审批权限和责任，重大固定资产的处置，应当实行集体审议联签制度。

（2）根据固定资产的实际使用情况和不同类别，在处置环节采取相应的控制程序和措施。要求：①对使用期满正常报废的固定资产，应由固定资产管理部门填制固定资产报废单，经单位授权部门或人员批准后进行报废清理；②对未使用、不需用的固定资产，要及时办理封存手续或由固定资产管理部门提出处置申请，经授权部门或人员批准后进行处置；③对拟出售或投资转出的固定资产，应由有关部门或人员填制固定资产清理单，经单位授权部门或人员批准后予以出售或转作投资；④毁损和非正常报废的固定资产，应由设备管理部门查明原因，进行相应处理；⑤出租、出借固定资产，应由固定资产管理部门会同财务部门确定方案，经单位负责人或其授权人员批准，签订出租、出借合同，明确固定资产出租、出借期间的修缮保养、租金及运杂费的收付、归还期限等事项；⑥内部调拨固定资产，应当填制固定资产内部调拨单，由调入和调出部门、固定资产管理部门和财务部门的负责人及有关管理人员签字后，方可办理固定资产交接手续。

（3）组织相关部门或人员对固定资产的处置依据、处置方式、处置价格等进行审核，及时、足额地收取固定资产处置价款，并及时入账。

（4）财务部门在进行会计处理时，应进行以下检查：①与购置固定资产有关的合同、验收单、订购单、发票、货运凭证等原始凭证是否齐全、合法；②调拨申请单、内部转移清单等相关凭证的内容是否一致；③其他有关人员在单证上的签字是否齐全。

（5）固定资产明细账须定期与设备管理部门进行对账，做到账卡相符。

### （九）对外投资控制

对外投资业务通常包括立项申请、可行性分析、企业最高管理层决议、投入资本、会计记录、投资监督、收益计算、投资收回等环节。

1. 岗位分工及授权批准

（1）对外投资不相容岗位一般包括：①对外投资预算的编制与审批；②对外投资项目的分析论证与评估；③对外投资的决策与执行；④对外投资处置的审批与执行；⑤对外投资业务的执行与相关会计记录。

（2）根据具体情况对办理对外投资业务的人员定期进行岗位轮换。

（3）建立严格的对外投资业务授权批准制度，经办人应当按照审批人的意见办理对外投资业务，但对于审批人超越授权范围审批的对外投资业务，经办人有权拒绝办理。

（4）制定对外投资业务流程，明确投资决策、资产投出、投资持有、投资处置等环节的内部控制要求，取得或填制有关凭证，设置相应的记录，如实记载各环节业务的开展情况，确保对外投资全过程得到有效控制。

2. 决策控制

（1）投资管理部门编制对外投资建议书，及时组织相关业务部门和财务部门进行调查论证，提出可行性研究报告，并报企业最高管理层审批。

（2）企业最高管理层及时对投资建议项目的可行性研究报告进行论证，根据分析与论证情况以及资信调查和实地考察结果，决定对投资项目是否立项。

（3）投资项目立项后，组织相关部门或人员对投资项目所需资金、预期现金流量、投资收益以及投资的安全性等进行测算和分析，比较选择投资方案，提出对外投资决策建议。

（4）建立对外投资的集体决策制度，一般投资项目可由授权的相关部门或人员在职责权限范围内批准；重大投资项目决策应当实行集体审议联签制度。

### 3. 资产投出控制

（1）加强对外投资资产投出业务的控制，对投资合同的签订、投资计划的编制和实施、资产投出等做出明确规定。

（2）对需要签订合同的对外投资业务，应当根据对外投资决策内容，以对外投资分析与论证或可行性研究为依据与被投资单位进行谈判（必须有 2 人以上参加），并经授权部门或人员审查批准后签订合同。

（3）投资执行部门会同财务部门和其他相关部门编制投资计划，并且按照投资计划所确定的项目、进度、时间、金额和方式投出资产。

（4）对外投资以货币资金作为出资方式的，应当严格按照《内部会计控制规范——货币资金》的规定办理付款事宜。

（5）对外投资以非货币性资产作为出资方式的，应当严格按照《内部会计控制规范——固定资产》《内部会计控制规范——存货》等的规定办理资产投出事宜。投出资产的价值应当采用合理方式确定并经有关授权部门审批。

（6）财务部门依据企业最高管理层决议、投资计划书，协助有关部门办理财产转移手续，并进行相应的会计处理。财务部门在进行会计处理时，应进行以下检查：①与投资项目有关的企业最高管理层决议、投资合同、国有资产管理部门批文、资产评估证明、财产转移清单等文件是否齐全、是否合法；②投资计划书、财产转移清单等相关文件、账单的内容是否一致；③其他有关部门和人员在单证上的签字是否齐全。

### 4. 持有控制

（1）根据不同的投资种类和投资方式采用相应的管理方法，加强对持有投资项目的安全完整、投资收益的收取、有关凭证的保管和记录、会计核算等方面的控制。

（2）指定专门部门或人员对投资项目进行跟踪管理，及时掌握被投资单位的财务状况和经营情况，并组织对外投资质量分析。发现异常情况时，应及时向有关部门和人员报告，以便采取相应措施。

（3）加强对外投资收益收取的控制，按时足额收取对外投资持有期间获取的利息、股利及其他收益，及时入账。

（4）加强对外投资有关权益证书的管理，指定专门部门或人员保管权益证书，建立详细的记录，对有价证券应记录其名称、面值、数量、编号、取得日期、期限、利率等；对其他投资应记录被投资单位的名称、投资合同与协议的编号、出资方式、股权比例、投资收益分配方式等。财务部门应定期与相关管理部门和人员清点核对有关权益证书。

（5）加强对外投资业务的会计核算，将对外投资业务的所有收支纳入单位会计核算体系。财务部门进行相关会计处理时，应当对投资计划、审批文件、合同协议、资产评估证明、投资获取的权益证书等相关凭证的真实、合法、准确、完整情况进行严格审核。

5. 处置控制

（1）加强对外投资处置的控制，对投资收回、转让、核销等的授权批准程序做出明确规定。

（2）转让对外投资应经集体审议决策，由相关机构或人员合理确定转让价格，并报授权批准机构或部门批准，必要时可聘请具有相应资质的专门机构进行评估。

（3）核销对外投资，应取得因被投资单位破产等不能收回投资的法律文书和证明文件，并经集体审议批准。

（4）财务部门在进行对外投资处置的相关会计处理时，应当认真审核与对外投资处置有关的审批文件、会议记录及相关资料，以确保对外投资处置的真实、合规；认真审验对外投资处置后的资产回收清单和验收报告，审核对外投资转让的作价，保证回收资产的安全和完整；对需要办理产权转移手续的资产，应查验其产权转移情况。

（5）对处置投资收回的资产，应及时入账。提前或延期收回对外投资的，应经集体审议批准；收回货币资金的，应及时办理收款业务；收回实物资产的，应编制资产回收清单并由相关部门验收；收回无形资产的，应检查核实被投资单位未在继续使用；收回债权的，应确认其真实性和价值。

（6）加强对审批文件、投资合同或协议、投资计划书、对外投资处置等文件资料的管理，明确各种文件资料的取得、调阅、保管、归档等各个环节的管理规定及相关人员的职责权限。

## （十）筹资控制

筹资业务通常包括立项申请、可行性分析、企业最高管理层决议、借入款项、会计记录、借款使用监督、归还借款等环节。

1. 岗位分工与授权批准

（1）筹资业务的全过程不得由完全一个部门办理。筹资业务的不相容岗位至少包括：①筹资方案的制定与决策；②筹资合同或协议的订立与审核；③与筹资有关的各种款项偿付的审批与执行；④筹资业务的执行与相关会计记录。

（2）对筹资业务建立严格的授权批准制度，经办人应当按照审批人的批准意见办理筹资业务，但对于审批人超越授权范围审批的筹资业务，经办人有权拒绝办理。

（3）制定筹资业务流程，明确筹资决策、执行、偿付等环节的内部控制要求，取得或填制有关凭证，设置相应的记录，如实记载各环节业务的开展情况，确保筹资全过程得到有效控制。

2. 决策控制

（1）筹资业务由单位财务部门统一管理，各业务部门应当根据本单位的经营管理需要，向财务部门提出立项申请。

（2）财务部门收到立项申请后，依据其管理权限及时组织相关业务部门调查论证，提出可行性研究报告，并报企业最高管理层审批。

（3）企业最高管理层应及时对筹资项目可行性研究报告进行论证，并根据分析与论证情况，决定对筹资项目是否立项。

3. 决策执行控制

（1）筹资项目获企业最高管理层批准后，财务部门应当依据企业最高管理层决议，按照规定程序与筹资对象、中介机构订立筹资合同或协议，编制筹资计划书，办理银行筹资手续。

（2）按照筹资合同或协议的约定，取得的资产是货币资金的，应当按照实际取得的数额及时入账；取得的资产为非货币资金，且需要对该资产进行验资、评估的，应当按照规定在验资、评估后合理确定其价值，进行会计记录，并办理有关产权转移手续。

（3）财务部门在进行会计处理时，应进行以下检查：①与银行借款有关的企业最高管理层决议、借款合同、银行进账单等文件是否齐全、是否合法；②借款申请、借款合同等相关文件、账单的内容是否一致。

（4）对已核准但尚未对外发行的有价证券应妥善保管，或者委托专门机构代为保管，建立相应的保管制度，明确保管责任，定期或不定期地进行检查。

（5）加强对筹资费用的计算、核对工作，确保筹资费用符合筹资合同或协议的规定。

（6）按照筹资方案所规定的用途使用对外筹集的资金，由于市场环境变化等特殊情况导致确需改变资金用途的，应当履行审批手续，并对审批过程进行完整的书面记录。

4. 偿付控制

（1）建立筹资业务偿付环节的控制制度，对利息、租金、股利（利润）及本金等的计算、核对、支付作出明确规定，确保各项款项偿付符合筹资合同或协议的规定。

（2）指定专人严格按照合同或协议规定的本金、利率及币种计算利息和租金，经有关人员审核、确认后，与债权人进行核对。

（3）支付利息、租金，经授权人员批准后方可支付；委托代理机构对外支付债券利息的，应清点、核对代理机构的利息支付清单。

（4）按照股利（利润）分配方案发放股利（利润），股利（利润）分配方案应经企业最高权力机构审议批准，并经授权人员批准后方可发放；委托代理机构支付股利（利润）的，应清点、核对代理机构的股利（利润）支付清单。

（5）财务部门在办理筹资业务款项偿付过程中，发现已审批拟偿付的各种款项的支付方式、金额或币种等与有关合同或协议不符的，应及时向有关部门报告。

（6）银行借款必须按期归还，不能如期归还的，财务部门应及时向银行提出延期申请，办理延期手续。

（7）财务部门、内审部门应定期对筹资项目的资金投向、投资效益等情况进行检查，并向企业最高管理层提出书面报告。

# 第六节　违反会计法规行为的法律责任

## 一、法律责任的形式

法律责任是指违反法律规定的行为应当承担的法律后果，也就是对违法者的制裁。它是一种通过对违法行为进行惩罚来实施法律规则的要求。

为了保证会计法规的有效实施，惩治会计违法行为，《会计法》对违法行为的法律责任进行了明确的规定。《会计法》主要规定了两种责任形式：一种是行政责任；另一种是刑事责任。

（1）行政责任，是指行政法律关系主体在国家行政管理活动中因违反了行政法律规范，未履行行政上的义务而产生的责任。《会计法》规定的行政责任的形式又有两种，即行政处罚和行政处分。

行政处罚的形式有警告、罚款、没收违法所得、没收非法财物、责令停产停业、暂扣或吊销许可证、暂扣或吊销执照、行政拘留；行政处分的形式有警告、记过、记大过、降级、撤职、开除。

（2）刑事责任，是指犯罪人因实施犯罪行为应当承担的法律责任，即对犯罪分子依照刑事法律的规定追究的法律责任。刑事责任与行政责任的不同之处：一是追究的违法行为不同，追究行政责任的是一般违法行为，追究刑事责任的是犯罪行为；二是追究责任的机关不同，追究行政责任由国家特定的行政机关依照有关法律的规定决定，追究刑事责任只能由司法机关依照《刑法》的规定决定；三是承担法律责任的后果不同，追究刑事责任是最严厉的制裁，可以判处刑罚，比追究行政责任严厉得多。

## 二、违反会计法规行为

（1）未依法设置会计账簿的行为，是指依法应当设置会计账簿的单位和个人，未设置会计账簿、设置虚假会计账簿或设置不符合规定的会计账簿及设置多套会计账簿的行为。

（2）私设会计账簿的行为，是指依法应当建账的单位和个人，在法定的会计账簿之外私自设置会计账簿的行为，这是对第一种违法行为的补充，俗称“两本账”“账外账”。

（3）未按照规定填制、取得原始凭证或填制、取得的原始凭证不符合规定的行为，是指出具原始凭证的单位、个人违反法律、行政法规的规定，出具的原始凭证不合法，或者取得原始凭证的单位、个人违反法律、行政法规的规定，取得的原始凭证不合法。

（4）依据未经审核的会计凭证登记会计账簿，或者登记会计账簿不符合规定的行为。

（5）随意变更会计处理方法的行为。

（6）向不同的会计资料使用者提供的财务会计报告编制依据不一致的行为。

（7）未按照规定使用会计记录文字或记账本位币的行为。

（8）未按照规定保管会计资料，致使会计资料毁损、灭失的行为。

（9）未按照规定建立并实施单位内部会计监督制度，或者拒绝依法实施监督，或者不如实提供有关会计资料及有关情况的行为。

（10）任用会计人员不符合《会计法》规定的行为。

## 三、违反会计法规行为的法律责任

（1）责令限期改正。

（2）罚款。县级以上人民政府财政部门根据上述所列行为的性质、情节及危害程度，在责令限期改正的同时，可以对单位并处3 000元以上50 000以下的罚款，对其直接负责的主管人员和其他直接责任人员，可以处2 000元以上20 000元以下的罚款。

（3）给予行政处分。

（4）其中的会计人员，5年内不得从事会计工作。

（5）依法追究刑事责任。

## 四、伪造、变造会计资料的法律责任

伪造会计凭证是指以虚假经济业务或资金往来为前提，编制虚假会计凭证的行为，包括：①伪造根本不存在的经济事项的原始凭证；②以存在的经济事项为基础，用夸大、缩小或隐匿事实的手法伪造原始凭证，如制作假发票、假收据、假工资表等假的原始凭证；③由于会计人员审核不严或玩忽职守、丧失原则，依据伪造的原始凭证填制记账凭证，如根据假发票凭空编制记账凭证的行为等。

变造会计凭证是指利用涂改、拼接、挖补或其他方法，改变会计凭证的真实内容的行为，包括：①涂改原始凭证中的日期、数量、单价、金额等内容；②利用计算机、复印机等先进工具，对原始凭证进行二次处理；③由于会计人员审核不严或玩忽职守、丧失原则，依据变造的原始凭证填制记账凭证，如根据涂改后的发票编制记账凭证的行为等。

伪造会计账簿是指未按照国家统一会计制度的规定，根据伪造或变造的虚假会计凭证登记会计账簿，或者未按要求记账，或者对内和对外采用不同的计算口径、计算方法、计算依据登记会计账簿的手段，制造虚假的会计账簿的行为。

变造会计账簿是指利用涂改、拼接、挖补或其他手段改变会计账簿的真实内容的行为，如改变会计账簿所记录的日期、单位名称、摘要、数量、金额等。

编制虚假财务报告是指未按照国家统一会计制度规定，未以真实、合法的会计凭证、会计账簿为基础，擅自虚构有关数据、资料，编制财务报告的行为。

### （一）伪造、变造会计资料的行政责任

伪造、变造会计凭证、会计账簿或编制虚假财务报告，情节较轻，社会危害不大，根据《刑法》的有关规定，尚不构成犯罪的，按照《会计法》第四十三条第二款的规定承担行政责任，包括以下内容。

（1）由县级以上人民政府财政部门采取通报的方式对违法行为人予以批评、公告。通报决定由县级以上人民政府财政部门送达被通报人，并通过一定的媒介在一定的范围内公布。

（2）县级以上人民政府财政部门对违法行为视情节轻重，在予以通报的同时，可以对单

位并处 5 000 元以上 100 000 元以下的罚款；对其直接负责的主管人员和其他直接责任人员，可以处 3 000 元以上 50 000 元以下的罚款。

（3）对上述所列违法行为直接负责的主管人员和其他直接责任人员中的国家工作人员，由其所在单位或其上级单位或行政监察部门给予撤职、留用察看直至开除的行政处分。

（4）上述所列违法行为中的会计人员，5 年内不得从事会计工作。

### （二）伪造、变造会计资料的刑事责任

对于伪造、变造会计凭证、会计账簿的行为，或者编制虚假财务报告的行为，我国《刑法》明确为犯罪的，主要有以下几种情况。

（1）根据《刑法》第二百零一条的规定，纳税人采取伪造、变造账簿、记账凭证，在账簿上多列支出或不列、少列收入等手段，不缴或少缴应纳税款，偷税数额占应纳税额的 10%以上不满 30%，并且偷税数额在 10 000 元以上不满 100 000 元的，或者因偷税被税务机关给予二次行政处罚又偷税的，处 3 年以下有期徒刑或拘役，并处偷税数额 1 倍以上 5 倍以下的罚金；偷税数额占应纳税额的 30%以上并且偷税数额在 100 000 元以上的，处 3 年以上，7 年以下有期徒刑，并处偷税数额 1 倍以上 5 倍以下的罚金。扣缴义务人采取前述手段，不缴或少缴已扣、已收税款，数额占应缴税额的 10%以上，并且数额在 10 000 元以上的，依照前述规定处罚。对多次犯有上述行为，未经处理的，按照累计数额计算。

（2）根据《刑法》第一百六十一条的规定，公司、企业向股东和社会公众提供虚假或隐瞒重要事实的财务报告，严重损害股东或其他人利益的，对其直接负责的主管人员和其他直接责任人员，处 3 年以下有期徒刑或拘役，并处或单处 20 000 元以上 200 000 元以下罚金。

（3）根据《刑法》第二百二十九条的规定，承担资产评估、验资、验证、会计、审计、法律服务等职责的中介组织的人员故意提供虚假证明文件（包括虚假财务报告），情节严重的，处 5 年以下有期徒刑或拘役，并处罚金。上述人员，索取他人财物或非法收受他人财物，犯本罪的，处 5 年以上 10 年以下有期徒刑或拘役，并处罚金。

此外，如果行为人为虚报注册资本、虚假出资、抽逃出资、贪污、挪用公款、侵占企业财产、私分国有资产、私分罚没财物，实施伪造、变造会计凭证、会计账簿或编制虚假财务报告的行为，按照《刑法》的有关规定定罪、处罚。

## 五、隐匿、销毁会计资料的法律责任

隐匿会计资料是指用隐藏、转移、封锁等手段掩盖会计资料，不使他人知道的行为。这种行为的特点就是采用秘密手段将会计资料隐藏起来，以防止他人发现或知道，其目的就是为了躲避执法部门的监督检查，掩盖犯罪事实。

故意销毁会计资料是指明知销毁会计资料的后果而仍然采取烧毁、撕毁等手段，有意识地毁坏、消灭会计凭证、会计账簿、财务报告的行为。这种行为的特点是行为人在主观上确有故意，而不是过失；在客观上必须实施了销毁行为。否则，不构成违法行为。故意销毁会计资料的具体表现有以下几个。

（1）故意销毁保管期未满，应当保存的会计凭证、会计账簿、财务报告。

（2）故意销毁保管期满，但尚未结清债权债务的原始凭证和涉及其他未了事项的原始凭证。

（3）故意不按照有关销毁会计档案规定销毁会计凭证、会计账簿、财务报告。

### 1. 隐匿、故意销毁会计资料的行政责任

隐匿、故意销毁依法应当保存的会计凭证、会计账簿、财务报告的行政责任适用《会计法》第四十四条第二款的规定。

### 2. 隐匿、故意销毁会计资料的刑事责任

隐匿、故意销毁依法应当保存的会计凭证、会计账簿、财务报告的刑事责任适用《刑法》第二百零一条的规定。如果行为人为贪污、挪用公款、侵占企业财产及其他非法目的，实施隐匿、故意销毁依法应当保存的会计凭证、会计账簿、财务报告的行为，构成犯罪的，可以按照《刑法》的有关规定，定罪、处罚。

## 六、授意、指使、强令他人伪造、变造或隐匿、销毁会计资料的法律责任

授意是指行为人通过暗示方式使他人伪造、变造会计凭证、会计账簿，编制虚假财务报告或隐匿、故意销毁依法应当保存的会计凭证、会计账簿、财务报告的违法行为。这里讲的“他人”应作广义的理解，既包括法人、自然人，又包括单位及其会计机构、会计人员。就是说只要有条件实施违法行为的单位和个人，都应理解为他人（下同）。

指使是指行为人利用职权或特殊的地位通过明示方式，要求他人伪造、变造会计凭证、会计账簿，编制虚假财务报告或隐匿、故意销毁依法应当保存的会计凭证、会计账簿、财务报告的行为。

强令是指行为人明知其命令是违反法律的，而利用职权强迫他人执行其命令，实施伪造、变造会计凭证、会计账簿，编制虚假财务报告或隐匿、故意销毁依法应当保存的会计凭证、会计账簿、财务报告的行为。

### 1. 授意、指使、强令他人伪造、变造或隐匿、故意销毁会计资料的行政责任

授意、指使、强令他人伪造、变造或隐匿、故意销毁会计资料行为，情节较轻，社会危害不大，根据《刑法》的有关规定，尚不构成犯罪的，按照《会计法》第四十五条第二款的规定予以处罚。

（1）县级以上人民政府财政部门可以视违法行为的情节轻重，对违法行为人处以 5 000 元以上 50 000 元以下的罚款。

（2）对违法行为中的国家工作人员，还应当由其所在单位或其上级单位或行政监察部门给予降级、撤职或开除的行政处分。

### 2. 授意、指使、强令他人伪造、变造或隐匿、故意销毁会计资料的刑事责任

根据我国《刑法》的有关规定，授意、指使、强令会计机构、会计人员及其他人员伪造、变造会计凭证、会计账簿，编制虚假财务报告或隐匿、故意销毁依法应当保存的会计凭证、会计账簿、财务报告的，应当作为伪造、变造会计凭证、会计账簿，编制虚假财务报告或隐匿、故意销毁依法应当保存的会计凭证、会计账簿、财务报告的共同犯罪，定罪处罚，对情节严重的，可处 5 年以下有期徒刑或拘役，并处或单处 20 000 元以上 200 000 元以下罚金。

# 第二章 实训必备知识

## 第一节 银行账户的开立、使用与管理

### 一、银行账户的开立

按照支付结算相关法规的规定，除了规定可以使用现金结算的以外，所有企事业单位和机关、团体、部队等相互之间发生的商品交易、劳务供应、资金调拨、信用往来等，均应通过银行实行转账结算。

通过银行办理转账结算有一个先决条件，就是必须到银行开立账户。正确开立和使用银行账户是做好资金结算工作的基础，企事业单位只有在银行开立了存款账户，才能通过银行同其他单位进行结算，办理资金的收付。银行账户是各单位为办理结算和申请贷款在银行开立的户头，也是单位委托银行办理信贷和转账结算以及现金收付业务的工具，它具有监督和反映国民经济各部门、各单位活动的作用。

按照国家现金管理和结算制度的规定，每个企业应根据业务需要，在其所在地银行开立账户，即结算户存款，用来办理存款、取款和转账结算。企事业单位向银行申请开立账户之前，应在下列几种情况中权衡利弊，选择好开户银行，并了解开立银行账户的程序和条件：①单位与银行的远近；②银行服务设施及项目是否先进、齐全，能否直接办理异地快速结算；③银行信贷资金是否雄厚，能否在企业困难时期提供一定的贷款支持。

《人民币银行结算账户管理办法》(以下简称《银行账户管理办法》)将企事业单位的存款账户分为基本存款账户、一般存款账户、临时存款账户和专用存款账户四类。上述各类账户有不同的开户条件。

#### （一）基本存款账户的开立

基本存款账户是指存款人办理日常转账结算和现金收付的账户。一般企事业单位只能选择一家银行的一个营业机构开立一个基本存款账户。企事业单位的工资、奖金等现金的支取，只能通过该账户办理。

**1. 开立基本存款账户的条件**

根据《人民币银行结算账户管理办法》的规定，下列存款人可以申请开立基本存款账户：①企业法人；②非法人企业；③机关、事业单位；④团级（含）以上军队、武警部队及分散

执勤的支（分）队；⑤社会团体；⑥民办非企业组织；⑦异地常设机构；⑧外国驻华机构；⑨个体工商户；⑩居民委员会、村民委员会、社区委员会；⑪单位设立的独立核算的附属机构；⑫其他组织。

#### 2. 开立基本存款账户所需的证明文件

存款人申请开立基本存款账户，应向银行出具下列证明文件：①企业法人，应出具企业法人营业执照正本。②非法人企业，应出具企业营业执照正本。③机关和实行预算管理的事业单位，应出具政府人事部门或编制委员会的批文或登记证书和财政部门同意其开户的证明；非预算管理的事业单位，应出具政府人事部门或编制委员会的批文或登记证书。④军队、武警团级（含）以上单位以及分散执勤的支（分）队，应出具军队军级以上单位财务部门、武警总队财务部门的开户证明。⑤社会团体，应出具社会团体登记证书，宗教组织还应出具宗教事务管理部门的批文或证明。⑥民办非企业组织，应出具民办非企业登记证书。⑦外地常设机构，应出具其驻在地政府主管部门的批文。⑧外国驻华机构，应出具国家有关主管部门的批文或证明；外资企业驻华代表处、办事处应出具国家登记机关颁发的登记证。⑨个体工商户，应出具个体工商户营业执照正本。⑩居民委员会、村民委员会、社区委员会，应出具其主管部门的批文或证明。⑪独立核算的附属机构，应出具其主管部门的基本存款账户开户登记证和批文。⑫其他组织，应出具政府主管部门的批文或证明。存款人为从事生产、经营活动纳税人的，还应出具税务部门颁发的税务登记证。

#### 3. 基本存款账户的开立程序

首先，持上述证件向银行申请开户，填写开户申请书；其次，持开户行签注“同意在我行（社）开户”的申请书与印章、营业执照正本与副本等，银行据此立户，并按银行要求在备查印鉴卡上预留印鉴；最后，向开户银行购买一定数量的转账支票与现金支票，并按银行要求，在开立的账户内转入或存入一定数量的资金以备使用，便可合法使用新开立的银行账户了。

需要特别说明的是，印鉴卡片上填写的户名必须与单位名称一致，同时要加盖开户单位财务专用章、单位负责人或财务机构负责人、出纳人员三枚印章。它是开户单位与银行事先约定的一种具有法律效力的付款依据，银行在为单位办理结算业务时，根据开户单位在印鉴卡片上预留的印鉴审核支付凭证的真伪。如果支付凭证上加盖的印章与预留的印鉴不符，银行就会拒绝办理付款业务，以保障开户单位款项安全。

### （二）一般存款账户、临时存款账户、专用存款账户的开立

#### 1. 开立一般存款账户所需的证明文件

一般存款账户是指存款人在基本存款账户开户银行以外的银行营业机构开立的辅助账户。存款人可以通过一般存款账户办理转账结算和现金缴存，但不能办理现金支取。一般存款账户不能在存款人基本存款账户的开户银行（指同一营业机构）开立。

存款人申请开立一般存款账户，应向银行出具其开立基本存款账户规定的证明文件、基本存款账户开户登记证和下列证明文件：①存款人因向银行借款需要，应出具借款合同。②存款人因其他结算需要，应出具有关证明。

2. 开立临时存款账户所需的证明文件

临时存款账户是指存款人因临时经营活动需要开立的账户，最长使用年限不超过两年。存款人可以通过临时存款账户办理转账结算和根据国家现金管理规定办理现金收付。

存款人申请开立临时存款账户，应向银行出具下列证明文件：①临时机构，应出具其驻在地主管部门同意设立临时机构的批文。②异地建筑施工及安装单位，应出具其营业执照正本或其隶属单位的营业执照正本，以及施工及安装地建设主管部门核发的许可证或建筑施工及安装合同；基本存款账户开户登记证。③异地从事临时经营活动的单位，应出具其营业执照正本以及临时经营地工商行政管理部门的批文；基本存款账户开户登记证。

3. 开立专用存款账户所需的证明文件

专用存款账户是指存款人因特定用途需要开立的账户。

根据《银行账户管理办法》的规定，存款人对特定用途的资金，由存款人向开户银行出具经有关部门批准立项的文件或国家有关文件即可开立专用存款账户。特定用途的资金范围包括：基本建设资金；更新改造资金；其他特定用途、需要专户管理的资金，如财政预算外资金、信托基金、政策性房地产开发资金、社会保障基金等。

4. 一般存款账户、临时存款账户、专用存款账户的开立程序

填写开户申请书，出具基本存款账户的存款人同意其开户的证明及上述有关证明文件，送交盖有存款人印章的印鉴卡片，经银行审核同意后，即可开立一般存款账户、临时存款账户和专用存款账户。

## 二、银行账户管理的基本原则

根据《银行账户管理办法》的规定，银行账户管理应遵守以下基本原则。

（1）一个基本账户原则，即存款人只能在银行开立一个基本存款账户，不能多头开立基本存款账户。

（2）自愿选择原则，即存款人可以自主选择银行开立账户，银行也可以自愿选择存款人开立账户。任何单位和个人不得强制干预存款人和银行开立或使用账户。

（3）存款保密原则，即银行必须依法为存款人保密，维护存款人资金的自主支配权。除国家法律规定和授权银行总行的监督项目外，银行不代任何单位和个人查询、冻结、扣划存款人账户内的存款。

（4）不垫款原则，即银行在办理结算时只负责办理结算双方单位的资金转移，不为任何单位垫付资金。

## 三、银行账户的更户、并户、迁户和销户

为了搞好银行存款新旧账户的衔接，不影响结算工作的顺利进行，出纳员应当勇于承担起更户、并户、迁户、销户的全部或部分“跑腿”工作。

（1）更户，是指更换银行账户的名称。它分两种情况：一种是在单位资金来源或所有制性质未发生变化的前提下变更账户名称，不变更账号；另外一种是在单位资金来源或所有制

性质发生变化时，变更账户名称和账号，如体制改革中某些事业单位变成了企业，某些个体经营户经过联合变成了合伙经营户。单位因某些原因变更账户名称，应当向银行交验上级主管部门批准的正式函件，企业单位和个体工商户需交验市场监督行政管理部门登记注册的新营业执照，经银行审查核实后，变更账户名称，或者撤销原账户，重立新账户。

开户单位由于人事变动或其他原因需要变更单位财务专用章、财务主管印鉴或出纳人员印鉴的，应填写“更换印鉴申请书”，并出具有关证明，经银行审查同意后，重新填写印鉴卡片，并注销原预留的印鉴卡片。

（2）并户，是指开户单位向银行申请合并其相同资金来源和相同资金性质的账户，或是两个单位合并后随之合并银行存款账户。合并账户大体要做四方面的工作：一是依据并户理由向开户银行出示有关证件；二是主动与银行核对账目，包括存款余额与贷款余额；三是经银行同意撤销被并账户，并将被并账户余额划转到保留账户；四是将被并账户未用完的各种重要空白凭证交给银行注销，经开户银行同意可继续使用的，并户后继续使用（只限同一开户银行并户）。

（3）迁户，是指开户单位因办公或经营地点搬迁等原因，向原开户银行提出申请，要求将账号迁往异地或他行。迁户分两种情况：一种是在同城内迁户，要经原银行同意，在新选择的银行开立账户；另一种是异地迁户，应当由单位按规定程序向迁入地银行重新办理开户手续。在迁户过程中，如有需要可要求原开户银行暂时保留原账户，待新账户开立且已在当地开始生产经营后，原账户应在一个月内结清，并注销。

（4）销户，是指开户单位因关、停、并、转等原因，向银行提出撤销账户申请，并注销原账户。销户申请经银行审查同意后，首先要同开户银行核对存、贷款账户的余额并结算全部利息，核对无误后开出支取凭证结清余额，同时将未用完的各种重要空白凭证交给银行注销，然后才可办理销户手续。由于撤销账户单位未交回空白凭证而产生的一切问题应当由撤销单位自己承担责任。开户银行在 7 日内向当地人民银行申报。现行《银行账户管理办法》还规定：开户银行对一年（按对月对日计算）未发生收付活动的账户，应通知存款人自发出通知起 30 日内来行办理销户手续，逾期视同自愿销户，未划转款项列入久悬未取专户管理。

## 四、对违反银行账户管理行为的处罚

为了加强对基本存款账户的管理，企事业单位只能开立一个基本存款账户。企事业单位不得为还贷、还债和套取现金而多头开立基本存款账户；不得出租、出借账户；不得为了在异地存款和贷款而违反规定开立账户；任何单位和个人不得将单位的资金以个人名义开立账户存储。

根据《银行账户管理办法》和《违反银行结算制度处罚规定》，存款人出租和转让账户的，除责令其纠正外，按规定对该行为发生的金额处以 5%，但不低于一千元罚款，并没收出租账户的非法所得；存款人违反规定开立基本存款账户的，责令其限期撤销账户，并处以五千元至一万元罚款；开户银行违反规定，对已开立基本存款账户的存款人开立基本存款账户以及强拉单位开户的，要限期撤销，并对其处以五千元至一万元罚款；开户银行违反规定，对一般存款账户的存款人支付现金或从单位开立、撤销账户之日起 7 日内未向人民银行申报的，对其处以两千元至五千元罚款。

**视野拓展**

读者如需查询《银行账户管理办法》等法规，可通过网络搜索引擎进行查找。

# 第二节　会计核算的一般要求和会计处理程序

## 一、会计核算的一般要求

会计核算是会计的基本职能之一，是会计工作的重要环节。根据《会计法》和国家统一的会计制度的规定，企业进行会计核算应遵循以下一般要求。

（1）各单位应当按照《会计法》和国家统一会计制度的规定建立会计账册，进行会计核算，及时提供合法、真实、准确、完整的会计信息。

（2）各单位发生的下列事项，应及时办理会计手续、进行会计核算：①款项和有价证券的收付；②财物的收发、增减和使用；③债权债务的发生和结算；④资本、基金的增减；⑤收入、支出、费用、成本的计算；⑥财务成果的计算和处理；⑦其他需要办理会计手续、进行会计核算的事项。

（3）各单位的会计核算应当以实际发生的经济业务事项为依据，按照规定的会计处理方法进行，保证会计指标的口径一致、相互可比和会计处理方法的前后各期相一致。

（4）会计年度自公历 1 月 1 日起至 12 月 31 日止。

（5）会计核算应当以人民币为记账本位币，收支业务以外国货币为主的单位，也可以选定某种外国货币作为记账本位币，但编制的会计报表应折算为人民币反映。境外单位向国内有关部门编报的会计报表，应折算为人民币反映。

（6）各单位应根据国家统一会计制度的要求，在不影响会计核算要求、会计报表指标汇总和对外统一会计报表的前提下，可以根据实际情况自行设置和使用会计科目。

（7）会计凭证、会计账簿、会计报表和其他会计资料的内容和要求必须符合国家统一会计制度的规定，不得伪造、变造会计凭证和会计账簿，不得设置账外账，不得报送虚假会计报表。

（8）各单位对外报送的会计报表格式由财政部统一规定。

（9）对使用的会计软件及其生成的会计凭证、会计账簿、会计报表和其他会计资料的要求，应符合财政部关于会计电算化的有关规定。

（10）各单位的会计凭证、会计账簿、会计报表和其他会计资料，应建立会计档案，妥善保管。会计档案建档要求、保管期限、销毁办法等依据《会计档案管理办法》的规定进行。实行会计电算化的单位，有关电子数据、会计软件资料等应作为会计档案进行管理。

（11）会计记录的文字应使用中文，在民族自治地方，可以同时使用少数民族文字。中国境内的外商投资企业、外国企业和其他外国组织也可以同时使用某种外国文字。

## 二、会计处理程序

会计处理程序又称“会计核算组织形式”，是指账簿组织、记账程序和记账方法有机结合的形式和步骤。账簿组织是指会计凭证、会计账簿和会计报表的种类、格式以及会计凭证与会计账簿、会计账簿与会计报表之间的关系；记账程序是指对发生的经济业务事项，运用一定的记账方法，从审核原始凭证开始，经过填制记账凭证、设置和登记账簿，直到编制出财务会计报告的步骤与过程；记账方法是指企业反映和监督经济业务事项所必须采用的技术手段或工具。

事实上，不同种类与格式的会计凭证、会计账簿、会计报表与一定的记账程序和记账方法相结合，形成了在做法上有着一定区别的记账凭证会计处理程序、日记总账会计处理程序、科目汇总表会计处理程序和汇总记账凭证会计处理程序四种，它们的区别主要在于登记总分类账的程序和方法不同。在实际工作中，大多数企业通常采用科目汇总表会计处理程序或汇总记账凭证会计处理程序。

科目汇总表会计处理程序和汇总记账凭证会计处理程序的手工操作程序，如图 2.1 所示。

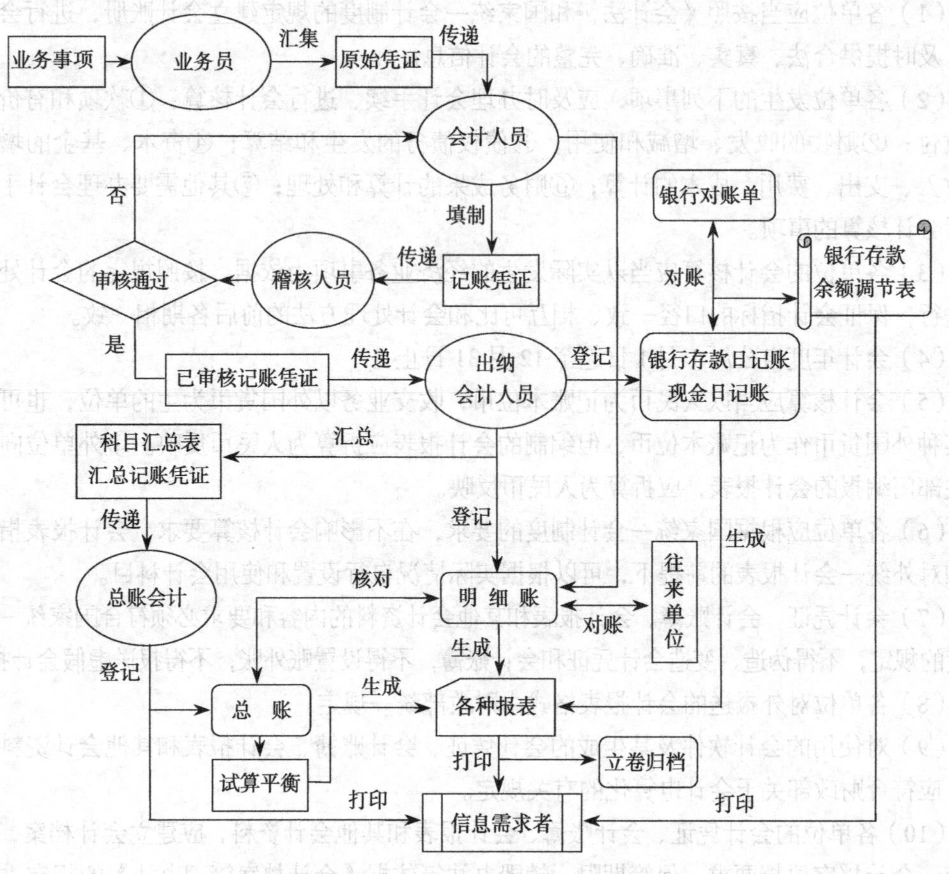


图 2.1　科目汇总表会计处理程序和汇总记账凭证会计处理程序

会计处理程序在实际工作中具体体现为建账、制票或制单、记账、审核、调账、对账、试算平衡、结账、报账、会计资料的整理与归档等几个会计工作环节。

# 第三节　建　账

建账是会计核算工作的基本方法和基础环节之一，是会计信息加工处理的中枢，是企业查账、对账、结账以及随时了解财务状况和经营成果的关键前提。建账就是新建单位和原有单位在年度开始时，会计人员根据核算工作的需要购买、设置和应用所需要的账簿。其基本程序如下。

第一步，按需用的各种账簿的格式要求，预备各种账页，并将活页账的账页以账夹固定下来。

第二步，启用账簿，在账簿封面上写明单位名称和账簿名称，并填写账簿扉页上的“启用表”或“经管人员一览表”。

第三步，按照会计科目表的顺序、名称，在总账账页上建立总账，并根据总账明细核算的要求，在各个所属明细账上建立二级、三级……明细账。原有单位在年度开始建立各级账的同时，应将上年余额结转过来。

第四步，启用订本式账簿，从第一页起到最后一页顺序编定号码，不得跳页、缺号；使用活页式账簿，按账户顺序编列本账户页次号码。各账户编列号码后，填写“账户目录”，将账户名称、页次登入目录内，并粘贴口取纸（账户标签），写明账户名称，以便于检索。

建账是会计工作的开始。每个独立核算单位都应在成立时或每年初，结合本单位实际，建立满足单位管理需要、便于提取会计信息的会计账簿。因此，企业建账分两种情况：一种是新建单位建账，另一种是年初建账。

## 一、新建单位建账

由于会计按年度、季度、月度进行分期核算，新建企业一般以本月末或下月初作为建账基准日。

### （一）购买账簿

企业规模与业务量是成正比的，规模大的企业，会计人员的数量也多，其分工较细，会计账簿也较复杂，册数也多；有的企业规模小，业务量也少，一个会计可以处理所有经济业务，没有必要开设多本账，所有的明细账可以合成一两本即可。但无论企业规模大小，无论会计水平高低，会计信息流的加工都来自以下“四本账”的汇集，即现金日记账、银行存款日记账、总账和明细账。

#### 1. 现金日记账

一般企业只设 1 本现金日记账，如有外币，应就不同的币种分设现金日记账。

#### 2. 银行存款日记账

一般应根据每个银行账号单独设立 1 本银行存款日记账。如果企业只设了基本账户，则设 1 本银行存款日记账即可；如果企业开立了两个以上的银行账户，则账本需要量就要视企业具体情况确定了。

日记账必须采用订本式账簿，不得用银行对账单或其他方法代替日记账。根据单位业务量大小的不同，可以选择购买 100 页或 200 页的账簿。

#### 3. 总账

一般单位只设 1 本总账，这 1 本总账包含企业所设置的全部账户的总括信息。

各单位可依据会计处理程序的需要自行选择总账的格式，总账的格式主要有三栏式、多栏式（日记总账）和棋盘式等，其中三栏式是普遍采用的基本格式。有些单位还可以采用具有期初余额、本期发生额和期末余额的科目汇总表代替总账，但只有本期发生额的科目汇总表不能代替总账。为保护总账记录的安全完整，总账应采用订本式。用计算机打印的总账必须连续编号，经审核无误后装订成册，并由记账人、会计机构负责人或会计主管人员签字或盖章，以防散失。

#### 4. 明细账

明细账应使用活页账，主要是使用方便，便于账页的重新排列和记账。明细账根据不同的科目性质可以采用不同格式的账页，如收发存三栏式、借贷余三栏式、多栏式、数量金额式和横线登记式等。数量金额式明细账适用于实物资产（如材料、库存商品、包装物、低值易耗品等，下同）的明细账；收发存三栏式明细账只记数量，不记金额，适用于实物资产的保管账；多栏式明细账则是根据经济业务的特点和经营管理的需要，在账页上设置专栏，主要适用于明细项目多、借贷方向单一的经济业务，如采购、材料成本差异、生产成本、费用（制造费用、管理费用、销售费用、财务费用）、工资、销售、收入、利润分配等明细账；横线登记式明细账将每一相关业务登记在一行，从而可依据每一行各个栏目的登记是否齐全来判断该项业务的进展情况，适用于登记材料采购、应收票据、应付票据和一次性备用金业务；应交增值税的明细账单有账页；其他的基本全用借贷余三栏式账页。因此，单位至少要购买5种格式的账页，根据所需每种格式账页的大概页数分别取部分出来，外加明细账封皮及经管人员一览表，再以绳系上即可。明细账本数的多少取决于单位业务量的多少。业务简单且业务量很少的单位可以把所有的明细账设在1本账上；业务多的单位可根据需要分别就资产、负债、权益和损益设4本明细账；也可单独就存货、往来账项各设1本明细账，明细账的设立没有固定要求，完全视单位管理需要来设。需要强调的是，辅助生产成本明细账一般也采用多栏式账页，如果不需要分设项目，也可以采用借贷余三栏式账页。

另外，固定资产明细账一般采用卡片的形式，也叫固定资产卡片。固定资产卡片一般一式两份，一份由使用部门登记保管；另一份由财务部门保管。为防止固定资产卡片丢失，固定资产管理部门还应设立“固定资产卡片登记簿”，逐一登记卡片的开设和注销情况；为分类反映固定资产的使用、保管和增减变动情况，并控制固定资产卡片，财务部门还应设置“固定资产登记簿”，即固定资产二级账，并按固定资产的类别开设账页。

#### 5. 备查账

建立备查账时，一般应注意以下几个问题。

（1）每个单位应根据管理的需要来决定是否设置备查账簿，但对于会计制度规定必须设置备查账簿的科目，如“应收票据”“应付票据”等，必须设置备查账簿。

（2）对所有权不属于本单位，但由本单位暂时使用或代为保管的财产物资，应设置相应的备查账簿，如租入固定资产登记簿、受托加工材料登记簿、代销商品登记簿等。

（3）对同一业务需要进行多方面登记的备查账簿，一般适用于大宗、贵重物资，如固定资产卡片登记簿。

（4）出于管理上的需要，对必须予以反映的事项，应设置相应的备查账簿，如经济合同执行情况记录、还贷情况记录、重要空白凭证记录等。

（5）备查账簿没有固定的格式，与其他账簿之间也不存在严密的勾稽关系，其格式可由单位根据内部管理的需要自行确定。

（6）为使用方便，备查账簿一般采用活页式，与明细账一样，使用时应按顺序编号并装订成册，注意妥善保管，以防账页丢失。

### （二）确定会计科目

可以参照《企业会计准则应用指南》中的会计科目，结合本单位所属行业及单位管理需要，确定可能使用的会计科目，依次从资产类、负债类、所有者权益类、成本类、损益类中选出应设置的会计科目，不要全部照搬，否则很多用不到的科目会造成空页码，有碍翻查。科目名称应当与《企业会计准则应用指南》规定的会计科目名称一致。

### （三）启用账簿

启用账簿应当按照以下程序和要求进行。

（1）封面上写明单位名称和账簿名称。

（2）填写账簿扉页上的“启用表”或“经管人员一览表”，填写要求如下：①填写单位名称和使用者名称，即会计主体名称要与公章上的名称一致。②加盖单位财务专用章，以示严肃。③填写启用日期和启用账簿的起止页数。启用订本式账簿，起止页数已经印好，不需再填；启用活页式账簿，起止页数可等到装订成册时再填写。④填写记账人员、会计机构负责人或会计主管人员姓名，并加盖名章，以示慎重和负责。当记账人员、会计机构负责人或会计主管人员调动工作时，应注明交接日期、接办人员及监交人员姓名，并由交接双方人员签名或盖章。⑤粘贴印花税票并画线注销。

（3）填写总账的账户目录。总账采用订本式，印刷时已事先在每页的左上角或右上角印好页码。只要是单位涉及的会计科目，就要有相应的总账账簿（账页）与之对应。由于所有账户均须在 本总账上体现，会计人员应估计每 种业务的业务量大小，给每个账户预先留好页码（注意留有余地，做到有前瞻性，防止出现新业务新设科目造成顺序错乱），并把科目名称及其页次填在账户目录中，同时将每一种业务用口取纸分开，并在口取纸上写明每一种业务的会计科目名称，以便登记时能够及时找到应登记的账页。为了便于登记，总账账页最好按资产、负债、所有者权益、收入、费用的顺序分页使用，并选择使用不同颜色的口取纸。例如，总账账页从第 1 页到第 8 页登记现金业务，我们就在目录中写明“库存现金……1～8”，并且在总账账页的第一页贴上口取纸，口取纸上写“库存现金”字样；从第 9 页到 18 页登记银行存款业务，我们就在目录中写明“银行存款……9～18”，并且在总账账页的第 9 页贴上写有“银行存款”字样的口取纸，以此类推，总账就建好了。明细账由于采用活页式账页，在年底归档前可以增减账页，故不用预留账页，装订成册后再按账户和实际使用的账页顺序编定页码，另加目录，记明每个账户的名称和页次。现金或银行存款日记账各自登记在一本账簿上，故不存在预留账页的情况。

（4）填写账页（不存在期初余额）信息，要求如下：①日记账不用对账页特别设置；②总账账页，按资产、负债、所有者权益、成本、收入、费用的顺序把所需会计科目名称写在左（右）上角的横线上，或者直接加盖科目章；③明细账账页，按资产、负债、所有者权益、成本、收入、费用的顺序把所需会计科目名称写在左（右）上角或中间的横线上，或者直接加盖科目章，包括根据单位具体情况分别设置的明细科目名称。另外，对于成本、收入、费用类明细账还应分栏分项列示，如“管理费用”明细账的借方要分成办公费、差旅费、水电费、工资等项列示，费用的分项列示，每个单位可以不相同。

为了查找、登记方便，在设置明细账账页时，每一账户的第一张账页外侧应粘贴口取纸，各账户应错开粘贴。口取纸上也要写明会计科目名称，一般只写一级科目。粘贴口取纸要有选择性和针对性，明细科目较多的账本需要粘贴口取纸，而明细科目较少的账本不需要粘贴口取纸，列明账簿目录即可。

## 二、年初重新建账

### 1. 应该重新建账的

为了便于账簿的使用和管理，总账、日记账和大部分明细账应在年结后，以新账代替旧账，每年更换一次，即新的年度开始时都需要重新建账。

### 2. 可以不重新建账的

由于材料的品种、规格和往来单位较多，如果更换新账，重抄一遍的工作量相当大，因而材料明细账和债权、债务明细账可以跨年度连续使用，不必每年更换一次；对于在年度内业务发生量较少，变动不大的部分明细账，如固定资产卡片、固定资产登记簿等卡片式账簿及备查账簿，也都可以跨年度连续使用。

### 3. 重新建账的具体做法

年初重新建账的方法与新建企业建账方法基本一致，但还需要登记期初余额。为了衔接，直接将上年该账户的余额抄入所建新账第一页的首行，也就是直接“过账”，“日期”栏内写上“1 月 1 日”，“摘要”栏内写上“上年结转”或“期初余额”或“年初余额”字样，并在余额栏前的“借或贷”栏内注明“借”或“贷”字，以示余额方向。值得注意的是，将上年有关账户的余额抄入新账时不填写人民币符号“¥”。

# 第四节 原始凭证的填制与保管

原始凭证又称“单据”，是在经济业务发生或完成时所取得或填制的，用以记录或证明经济业务的发生或完成情况，明确经济责任的书面证明，是进行会计核算工作的原始资料和重要依据，是会计资料中最具法律效力的一种文件。原始凭证按照取得的来源不同，分为自制原始凭证和外来原始凭证两种；按填制手续及内容的不同，又可分为一次凭证、累计凭证、汇总原始凭证三类。原始凭证必须具备凭证名称，填制凭证的日期，填制凭证的单位名称和填制人姓名，经办人员的签名或盖章，接受凭证单位的名称，经济业务的内容、数量、单价和金额等内容。

## 一、证明各种经济业务的原始凭证

### （一）证明货币资金收付业务的主要原始凭证

货币资金收付的主要原始凭证有支票、委托收款结算凭证、汇兑结算凭证、银行汇票结算凭证、托收承付结算凭证、收款收据等。

1. 支票

现金支票一般只有一联，分为存根和取款凭证，单位签发现金支票后留下存根，作为现金收入和银行存款付出的原始凭证。

转账支票也只有一联，分为存根和付出凭证，付款单位签发转账支票后留下存根，作为银行存款付出的原始凭证。

申购支票后，开户银行根据客户支付需求，签发现金支票或转账支票，并在支票指定位置加盖预留银行印鉴，填写日期、金额等事项，需要凭支付密码支取的，还需在指定位置填写支付密码。签发支票应注意以下几点：①付款银行名称一定要写上开户行的全称；②现金支票收款人即可以填写收款人个人姓名，也可以填写本单位名称（提取现金的支票），而转账支票收款人则应填写对方单位名称；③支票正面要加盖财务专用章和法人章（一般盖章都是财务专用章在左，法人章在右），缺一不可，印泥为红色，印章必须清晰，如果印章模糊只能将本张支票作废，换一张支票重新填写并盖章；④现金支票的用途有一定限制，一般填写“备用金”“差旅费”“工资”“劳务费”等，而转账支票的用途没有具体规定，可填写“货款”“代理费”等。

收款人收到支票后提交开户银行要求兑付，银行审核支票，对有效支票办理支票兑付。现金支票的收款人为个人的，收款人在支票背面填上身份证件名称、号码和发证机关名称，之后凭身份证件和现金支票签字领款；现金支票的收款人为本单位的，收款人在支票背面“收款人签章”栏内加盖本单位的财务专用章和法人章，之后凭现金支票直接到廾户银行提取现金（由于有的银行各营业点联网，也可到联网营业点取款，具体要看联网覆盖范围而定）；收款单位对受理的转账支票审查无误后，在支票背面“背书人签章”栏内加盖本单位的财务专用章和法人章，在加盖财务专用章与法人章的空白处记载“委托收款”字样，填写背书日期，在“被背书人”栏内记载开户银行名称，附加信息不用填写，然后将填制的一式两联进账单和支票一并交其开户银行办理转账收款，根据银行加盖“转讫”章退回的进账单第一联编制银行存款收款凭证。

2. 委托收款结算凭证

“委托收款结算凭证”一式五联，第一联为回单；第二联为委托收款凭证；第三联为支款凭证；第四联为收账通知；第五联为支款通知。收款单位填制委托收款结算凭证向银行办妥委托收款手续后，银行将第一联回单退给收款单位；第二联和第三联分别留存收款单位开户行和付款单位开户行；第五联由银行交给付款单位，作为货币资金付出的原始凭证；第四联在付款单位同意付款后，由银行转给收款单位，作为货币资金收入的原始凭证。

### 3. 汇兑结算凭证

“汇款委托书”一式四联，第一联为回单，在付款单位办妥汇款手续后，由银行退给汇款单位，作为货币资金付出的原始凭证；第二联为支款凭证，由付款单位开户行留存；第三联为收款凭证，由收款单位开户行留存；第四联为收账通知，由收款单位开户银行转给收款单位，作为货币资金收入的原始凭证。

### 4. 银行汇票结算凭证

“汇票委托书”一式三联，第一联为存根，由付款单位留存，作为转存货币资金的原始凭证；第二联为支款凭证和第三联收款凭证，送交银行，作为银行的记账凭证。

“汇出汇款卡片”留存汇出银行；“汇票”和“汇票解讫通知”交汇款人自带，到指定地点采购材料，办理结算；收款单位接受汇票后，将实际结算金额和多余金额填入“汇票”和“汇票解讫通知”的有关栏内，并在汇票背面加盖单位财务专用章，连同“进账单”一并送交开户银行办理转账；收款单位开户银行接到收款单位提交的“汇票”“汇票解讫通知”和“进账单”，审核无误后，将“汇票”“汇票解讫通知”留存，作为银行内部办理结算的凭证，而将“进账单”回单退给收款单位，作为货币资金收入的原始凭证。银行内部划转款项后，由汇款单位开户银行将“多余款项收账通知”转给汇款单位，作为银行汇票存款付出和多余金额转回的原始凭证。

### 5. 托收承付结算凭证

“托收承付结算凭证”一式五联，与“委托收款结算凭证”相比，其格式基本相同，各联的用途也相同。

### 6. 收款收据

企业收到外单位开具的“收款收据”时，如符合现金支付范围，则可用现金支付；如不符合现金开支范围，则必须进行转账结算。

## （二）证明财产物资收发业务的主要原始凭证

证明财产物资收发业务的主要原始凭证有以下几类。

### 1. 证明材料收入的原始凭证

按材料的来源渠道不同，证明材料收入的原始凭证可分为材料采购原始凭证和其他材料入库凭证。材料采购原始凭证主要有“银行结算凭证”（如支票存根、委托收款结算凭证的支款通知）、供货方开出的“发货单”或“增值税专用发票”、运输部门开出的“运单”以及企业自制的“收料单”等；其他材料入库凭证主要有“委托加工材料入库单”、自制材料完工交库和废料交库时填制的“材料交库单”等。为了简化手续，会计部门平时不必根据每张“收料单”或“材料交库单”填制记账凭证，而是定期或于月末根据各种入库凭证汇总编制“收料凭证汇总表”，然后根据“收料凭证汇总表”填制记账凭证。

### 2. 证明材料发出的原始凭证

证明材料发出的原始凭证主要有“领料单（或出库单）”“限额领料单”“配比领料单”等。

为了简化手续，会计部门平时不必根据每张“领料单”或“领料登记表”填制记账凭证，而是定期或于月末根据各种领料凭证汇总编制“发料凭证汇总表”，并据以编制“材料费用分配表”，然后根据“发料凭证汇总表”和“材料费用分配表”填制记账凭证。

3. 证明库存商品收入的原始凭证

库存商品收入的原始凭证主要有“银行结算凭证”、供货方开出的“发货单”或“增值税专用发票”、运输部门开出的“运单”以及企业自制的“产品入库单”等。产成品或外购商品检验合格后，由检验人员填写检验结果再送交库存商品仓库点收，仓库保管员填写实收数量，最后由车间（或采购部门、销售部门，下同）和仓库双方经手人签章。“产品入库单”一式三联，一联退回车间，一联留存仓库，一联交财务部门。

4. 证明库存商品发出的原始凭证

库存商品发出的原始凭证主要是“发货通知单（即提货单）”，作为通知仓库和运输部门办理产品出库或发运手续的凭证。如果是车间因生产需要而领用本企业生产的产品，可以填制“产品出库单”，办理库存商品的领发手续；如果是本企业在建工程领用本企业生产的产品，也可以使用“提货单”或“产品出库单”办理出库手续。

5. 证明固定资产收发的原始凭证

证明固定资产收入的原始凭证主要有“银行结算凭证”“固定资产验收单”“发货单”或“增值税专用发票”、运输部门开出的“运单”以及企业自制的“固定资产盘盈盘亏报告单”等。“固定资产验收单”由固定资产管理部门、使用部门和财务部门共同验收签证，作为固定资产管理部门存查和财务部门入账的依据。

证明固定资产发出的原始凭证主要有“调拨单”“报废单”等，这些原始凭证必须经企业领导及有关部门批准后，才能作为会计核算的合法凭证。

### （三）证明工资结算的主要原始凭证

证明工资结算的自制原始凭证主要有“工资结算表”“工资结算汇总表”等。

“工资结算表”又称“工资表”，是按车间、部门编制的，每月一张。在工资结算表中，要根据工资卡、考勤记录、产量记录及代扣款项等资料，按人名填列“应付工资”“代扣款项”“实发金额”三大部分。“工资结算表”一般一式三份，一份由劳动工资部门存查，作为统计劳动工资的依据；一份按职工裁成“工资条”，连同工资一起发给职工；一份在发放工资时由职工签章后交财务部门作为工资核算的凭证，并用以代替工资的明细核算。由于“工资结算表”是按各车间、部门分别编制的，因而只能反映各车间、部门工资结算和支付的情况。

“工资结算汇总表”是由财务部门根据各车间、部门的工资结算表加以汇总编制的，用来反映整个企业工资结算和支付情况，并据以记账的原始凭证。

### （四）证明成本核算的主要原始凭证

证明成本核算的原始凭证主要有“发料凭证汇总表”“材料费用分配表”“外购动力费计

提和分配表”“工资费用分配表”“应付福利费计提表”“辅助生产费用分配表”“制造费用分配表”等。

“发料凭证总表”是为了简化核算手续，月末根据各种材料的领发料凭证汇总编制的原始凭证。

“材料费用分配表”是财务部门根据各种产品的产量记录、材料消耗或其他资料，将本月生产车间及其他各部门所耗用各种材料费用编制的原始凭证。财务部门据此登记生产成本明细账的有关成本项目和费用明细账的有关费用项目。

“外购动力费计提和分配表”是财务部门根据各车间、部门耗用外购动力的数量、单价以及各种产品产量等资料，在各车间、部门以及各种产品之间分配外购动力费用时编制的原始凭证。

“工资费用分配表”是财务部门根据“工资结算汇总表”编制的，作为工资费用分配的原始凭证。

“辅助生产费用分配表”是财务部门根据辅助生产车间对外提供的劳务总量，在各个受益车间和部门之间分配辅助生产费用时编制的原始凭证。

“制造费用分配表”是财务部门根据各种产品所耗用的生产工时、机器工时、产品产量或工资等比例，在各种产品之间分配制造费用时编制的原始凭证。

## 二、原始凭证的填制

### 1. 基本要求

（1）真实可靠，即符合国家有关政策、法规、制度的要求，原始凭证上填列的内容、数字必须真实可靠，符合有关经济业务的实际情况，不得弄虚作假，更不得伪造凭证。

（2）内容完整，即应填写的项目必须逐项填写，不可缺漏，尤其要注意：年、月、日要写实际日期；名称要写全，不能简化；品名或用途要填写明确，不能含糊不清；有关人员的签章必须齐全。

（3）手续完备，即从外单位取得的原始凭证，如发票、收据等，必须盖有填制单位的财务专用章或发票专用章，同时具有套印的税务部门或有权监制部门的专用章以及填制人员的签名或盖章；从个人取得的原始凭证，必须有填制人员的签名或盖章，同时应写明住址，必要的应注明身份证号码；自制原始凭证，如“入库单”“领料单”等，必须有经办部门负责人和经办人签名或盖章；对外开出的原始凭证，必须加盖本单位的公章。

（4）书写格式要规范。其要求有以下几个方面。

1）原始凭证要用蓝、黑墨水书写，文字要简要，字迹要清楚，易于辨认，不得使用未经公布的简化汉字。

2）填写支票必须使用炭素笔。

3）属于需要套写的凭证，必须一次套写清楚，不串格，不串行，不模糊。

4）阿拉伯数字应一个一个地写，不得连笔写，阿拉伯金额数字前面应书写货币币种符号或货币名称简写，如“¥”“HK$”“US$”等，币种符号与阿拉伯金额数字之间不得留有空白。所有以元为单位（其他货币种类为货币基本单位）的阿拉伯数字，除表示单价等情况外，一律填写到角分，无角分的，角位和分位可写“00”或符号“—”，有角无分的，分位应写“0”，不得用符号“—”代替。

5）汉字大写数字金额，如零、壹、贰、叁、肆、伍、陆、柒、捌、玖、拾、佰、仟、万、亿、元、角、分、整（或正）等，一律用正楷或行书体书写，不得用令（另）、一、二（两）、三、四、五、六、七、八、九、十、毛等简化字代替，不得任意自造简化字。汉字大写数字金额书写中使用繁体字的，如貳、陸、億、萬、圓，银行也受理。大写金额数字到“元”或“角”为止的，在“元”或“角”字之后应写“整”字或“正”字；大写金额数字有分的，分字后面不写“整”或“正”字。大写金额数字前未印有货币名称的，应加填“人民币”“美元”“港币”等货币名称。在票据和结算凭证大写金额栏内不得预印固定的“仟、佰、拾、万、仟、佰、拾、元、角、分”字样。

6）阿拉伯金额数字中间有“0”时，汉字大写应当按照汉语语言规律、金额数字构成和防止涂改的要求进行书写。举例如下：①阿拉伯金额数字中间有“0”时，汉字大写金额要写“零”字，如¥101.50，应写成人民币壹佰零壹元伍角整；②阿拉伯金额数字中间连续有几个“0”时，汉字大写金额中可以只写一个“零”字，如¥6 007.14，应写成人民币陆仟零柒元壹角肆分；③阿拉伯金额数字元位是“0”，或者数字中间连续有几个“0”、元位也是“0”但角位不是“0”时，汉字大写金额中可以只写一个“零”字，也可以不写“零”字，如¥1 320.56，应写成人民币壹仟叁佰贰拾元零伍角陆分，或者写成人民币壹仟叁佰贰拾元伍角陆分；又如¥107 000.53，应写成人民币壹拾万柒仟元零伍角叁分，或者写成人民币壹拾万零柒仟元伍角叁分；④阿拉伯金额数字角位是“0”，而分位不是“0”时，汉字大写金额“元”后面要写“零”字，如¥16 409.02，应写成人民币壹万陆仟肆佰零玖元零贰分；又如¥325.04，应写成人民币叁佰贰拾伍元零肆分。

7）票据的出票日期必须使用汉字大写。为防止变造票据的出票日期，在填写月、日时，月为壹、贰和壹拾的，日为壹至玖和壹拾、贰拾和叁拾的，应在其前加“零”；日为拾壹至拾玖的，应在其前加“壹”。如2月15日，应写成零贰月壹拾伍日；再如10月20日，应写成零壹拾月零贰拾日。票据出票日期使用阿拉伯数字填写的，银行不予受理。大写日期未按要求规范填写的，银行可予受理，但由此造成损失的，由出票人自行承担。

（5）连续编号。各种原始凭证都必须连续编号，以备查考。一些事先印好编号的重要凭证作废时，在作废的凭证上要加盖“作废”戳记，连同存根一起保存，不得随意撕毁。

（6）填制及时。各种原始凭证一定要及时填写，并按规定的程序及时送交会计机构和会计人员进行审核。

**2. 附加要求**

（1）凡填有大写和小写金额的原始凭证，大写与小写金额必须相符。

（2）购买实物的原始凭证，必须有验收证明；支付款项的原始凭证，必须有收款单位和收款人的收款证明。

（3）一式几联的原始凭证，必须注明各联的用途，并且只能以一联用作报销凭证；不具备复写功能的一式几联的发票和收据，必须用双面复写纸（发票和收据本身具备复写纸功能的除外）套写。

（4）一张原始凭证所列支出需要几个单位共同负担的，应当由保存该原始凭证的单位开给其他单位原始凭证分割单，进行结算。原始凭证分割单必须具备原始凭证的基本内容。

（5）发生销货退回的，除填制退货发票外，还必须有退货验收证明；退款时，必须取得对方的收款收据或汇款银行的凭证以及当地主管税务机关开具的“开具红字增值税专用发票通知单”，不得以退货发票代替收据。

（6）职工外出借款时，应当由本人按照规定填制借款单，由所在单位领导人或其指定的人员审核，并签名或盖章，然后办理借款。职工外出借款凭据必须附在记账凭证之后，收回借款时，应另开收据或退还借据副本，不得退还原借款收据。

（7）经上级有关部门批准的经济业务，应将批准文件作为原始凭证附件，如果批准文件需要单独归档，应在凭证上注明批准机关名称、日期和文件字号。

（8）附在办理收付款项的记账凭证之后的原始凭证，必须加盖“收讫”“付讫”戳记。

## 三、发票管理

发票是指一切单位和个人在购销商品，提供或接受劳务、服务以及从事其他经营活动所开具或收取的收付款书面证明，是财务收支的法定凭证，也是会计核算的原始依据，还是审计机关、税务机关执法检查的重要依据。

### （一）发票的内容

目前，有权征税的机关有税务局和海关，海关由海关总署垂直管理，海关负责征收进出口关税，代征进出口货物应缴纳的其他税费。

#### 1. 发票的种类

发票种类繁多，主要按行业特点和纳税人的生产经营项目分类，每种发票都有特定的使用范围。下面主要介绍普通发票和增值税专用发票。

（1）普通发票。普通发票主要由增值税小规模纳税人使用，增值税一般纳税人在不能开具增值税专用发票的情况下也可以使用普通发票。普通发票分为行业发票和专用发票。前者适用于某个行业和经营业务，后者仅适用于某一经营项目。普通发票的基本联次为两联，第一联为记账联，销货方用作记账凭证；第二联为发票联，购货方用作记账凭证。

（2）增值税专用发票。增值税专用发票是国家税务部门根据增值税征收管理需要而设定的，专用于纳税人销售或提供增值税应税项目的一种发票。增值税专用发票既具有普通发票所具有的内涵，同时还具有比普通发票更特殊的作用。它不仅是记载商品销售额和增值税税额的财务收支凭证，而且是兼记销货方纳税义务和购货方进项税额的合法证明，是购货方据以抵扣税款的法定凭证，对增值税的计算起着关键性作用。

#### 2. 票面内容

发票内容一般包括票头、字轨号码、联次及用途、客户名称、银行开户账号、商（产）品名称或经营项目、计量单位、数量、单价，以及大小写金额、经手人、单位印章、开票日期等。实行增值税的单位所使用的增值税专用发票还有税种、税率、税额等内容。2019 年 1 月 1 日国地税合并后，发票监制章形状为椭圆形，发票监制章的长轴为 3 厘米，短轴为 2 厘米，边宽为 0.1 厘米，内环加一细线。上环刻有“全国统一发票监制章”字样，中间刻有“国家税务总局监制”字样，下环刻制“×××税务局”字样，如“广东省税务局”“广州市税务局”等，监制章全部字体为正楷 7 磅，印色为大红。

### （二）发票的领购

发票购领的基本流程如图 2.2 所示。需要领购发票的单位和个人，应当持营业执照副本原件、经办人身份证明（居民身份证、护照或者其他能证明经办人身份的证件）、发票章、按照国家税务总局规定式样制作的发票专用章的印模（税务机关留存备查），向主管税务机关办理发票领购手续。主管税务机关根据领购单位和个人的经营范围和规模，确认领购发票的种类、数量以及领购方式（批量供应、交旧购新或验旧购新等），在 5 个工作日内发给发票领购簿。发票领购簿的内容应当包括用票单位和个人的名称、所属行业、购票方式、核准购票种类、开票限额、发票名称、领购日期、准购数量、起止号码、违章记录、领购人签字（盖章）、核发税务机关（章）等内容。

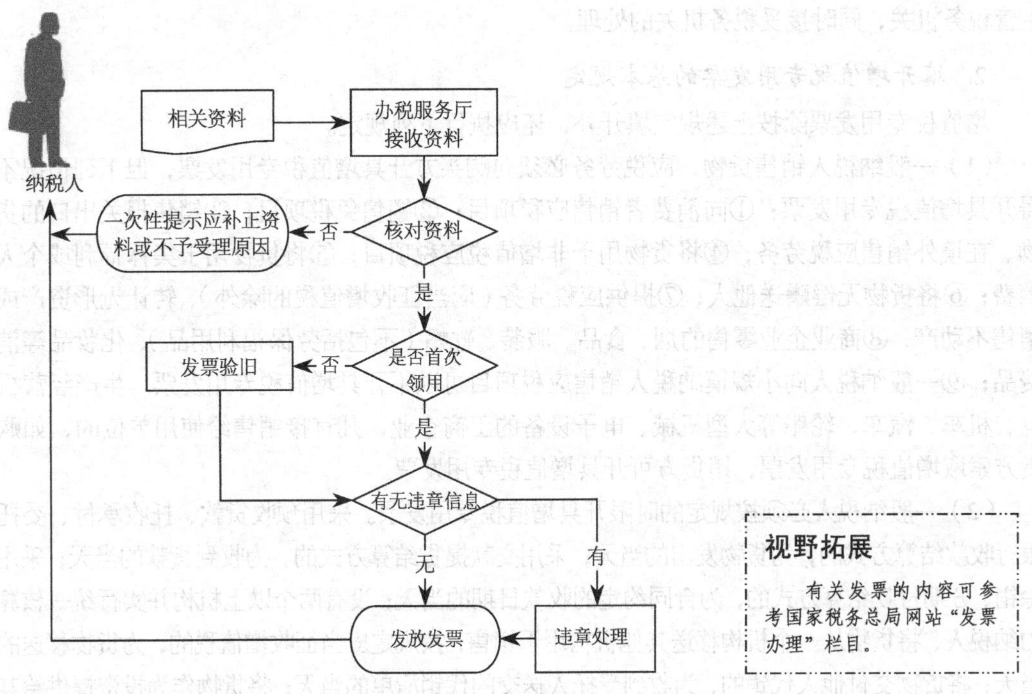


图 2.2　发票领购基本流程

> **视野拓展**
>
> 有关发票的内容可参考国家税务总局网站“发票办理”栏目。

### （三）发票的填开

#### 1. 填开发票的基本规定

（1）发票只限于用票单位和个人自己填开使用，不得转借、转让、代开发票；未经税务机关批准，不准拆本使用发票。

（2）单位和个人只能使用税务机关批准印制或购买的发票，不得用“白条”和其他票据代替发票使用，也不得自行扩大发票的使用范围。

（3）发票只准在购领发票所在地填开，不准携带到外县（市）使用。到外县（市）从事经营活动，需填开普通发票的，应按规定到经营地税务机关申请购买发票或申请填开。

（4）销售商品、提供服务以及从事其他经营业务活动的单位和个人，对外发生经营业务收取款项的，收款方应如实向付款方填开发票，但收购单位和扣缴义务人支付个人款项时，可按规定由付款单位向收款个人填开发票；向消费者个人零售小额商品或提供零星劳务服务的，可以免予逐笔填开发票，但应逐笔登记日记账。

（5）使用发票的单位和个人必须在实现经营收入或发生纳税义务时填开发票，未发生经营业务，一律不准填开发票。

（6）单位和个人填开发票时，必须按照规定的时限、号码顺序填开，填写时必须项目齐全、内容真实、字迹清楚，全份一次复写，各联内容完全一致，并加盖单位发票专用章。填开发票应使用中文，也可以使用中外两种文字。对于填开发票后发生销货退回或折价的，在收回原发票或取得对方税务机关的有效证明后，方可填开红字发票。用票单位和个人填错发票，应书写或加盖“作废”字样，完整保存各联备查。用票单位和个人丢失发票应及时报告主管税务机关，同时接受税务机关的处理。

2. 填开增值税专用发票的基本规定

增值税专用发票除按上述规定填开外，还应执行下列规定。

（1）一般纳税人销售货物、应税劳务必须向购买方开具增值税专用发票，但下列情况不得开具增值税专用发票：①向消费者销售应税项目；②销售免税项目；③销售报关出口的货物、在境外销售应税劳务；④将货物用于非增值税应税项目；⑤将货物用于集体福利或个人消费；⑥将货物无偿赠送他人；⑦提供应税劳务（应当征收增值税的除外）、转让无形资产或销售不动产；⑧商业企业零售的烟、食品、服装、鞋帽（不包括劳保福利用品）、化妆品等消费品；⑨一般纳税人向小规模纳税人销售应税项目可以不开具增值税专用发票。生产经营机电、机车、汽车、轮船等大型机械、电子设备的工商企业，凡直接销售给使用单位的，如购货方索取增值税专用发票，销货方可开具增值税专用发票。

（2）一般纳税人必须按规定的时限开具增值税专用发票。采用预收货款、托收承付、委托银行收款结算方式的，为货物发出的当天；采用交款提货结算方式的，为收到货款的当天；采用赊销、分期付款结算方式的，为合同约定的收款日期的当天；设有两个以上机构并实行统一核算的纳税人，将货物从一个机构移送其他机构用于销售，按规定应当征收增值税的，为货物移送的当天；将货物交付他人代销的，为收到受托人送交的代销清单的当天；将货物作为投资提供给其他单位或个体经营者的，为货物移送的当天；将货物分配给股东的，为货物移送的当天。

（3）一般纳税人经税务机关批准采用汇总方式填开增值税专用发票的，应附有税务机关统一印制的销货清单。

（4）凡具备使用电子计算机开具增值税专用发票条件的一般纳税人，经主管税务机关批准，可购领由税务机关监制的机外发票填开使用。

（5）负数发票不允许附带销货清单，也不能再添加折扣；正数发票可以多次红冲，但所开全部负数发票的总金额、总税额必须小于或等于对应的正数发票；开具负数发票时，如果对应正数发票的行数大于当前使用的发票允许行数时，相应的负数发票只汇总金额和税额，不转换明细。

（6）每张发票只允许带一张销货清单，填开发票时，只打印发票，不打印清单，清单可在查询中打印。

（7）若当前发票已经填写，则复制后，所填内容将被覆盖。发票复制后，其内容仍可以修改。

（8）负数发票不可以复制。

（9）当某一行商品加折扣之后，便不允许修改。若需要修改，应先将折扣行删除，待修改完毕再加折扣，商品行与折扣行之间不允许插入其他记录。

（10）每一个商品行都可以加折扣，也可以对多行商品统一加折扣。

### 3. 填开增值税专用发票的步骤

（1）发票号码确认。核对计算机中自动给出的发票号码及代码是否与当前打印机上的实际发票号码、代码一致，只有两者一致才能开票。填开发票对应检查开票窗口是否处于编辑状态。

（2）填写购货方信息。填写购货方信息的方法有三种：一是直接填写；二是从客户编码库中选取客户单位、账号等；三是当连续填开发票时，上一张发票的购货方信息会自动传给下一张发票。

（3）填写商品信息。商品信息从商品编码库中选取，其中的单价信息可以修改，只要填入数量，即可由系统自动算出金额和税额，单价可保留到小数点后十位，金额和税额经四舍五入保留小数点后两位。填写完一栏商品后，点击工具条上的“√”以表示生效。选择了第一栏商品后，便确定了本张发票的税率。

（4）复核人、收款人的填写。复核人、收款人的填写方法有两种：一种是直接从键盘输入；另一种是点击下拉菜单，选择开票人。

（5）打印发票。打印发票的方法有两种：一种是点击工具条上的打印按钮，系统首先将所开发票信息记入金税盘与硬盘，随后弹出发票打印的对话框，在此处，可以设置纸张打印边距，预览打印效果，实施打印，也可以取消打印，留待以后进行发票查询时打印；另一种是快捷键方式“Ctrl + P”。

（6）加盖印章。打印的发票要加盖发票专用章，不得加盖其他财务印章。税务机关代开增值税专用发票的，除加盖纳税人发票专用章外，还必须加盖税务机关代开增值税专用发票章，专用章加盖在增值税专用发票底端的中间位置，使用红色印泥。凡未加盖上述印章的，购货方一律不得作为抵扣凭证。

### 4. 填开增值税专用发票的方法

填开增值税专用发票的方法如下。

（1）开票子系统基本操作流程：注册→登录→系统初始化→结束初始化→登记企业税务信息→编码设置→从金税盘读入新发票→发票填开与作废→抄税处理→报税。

（2）从金税盘读入新购发票：持金税盘到税务局购票→进入系统→发票管理→发票领用管理→从金税盘读入新购发票。

（3）开具发票：平时开具的增值税销项发票主要有正数发票、负数发票、带有销货清单的发票、带有销售折扣的发票，可以从工具条中选取。①开具正数增值税专用发票：进入系统→发票管理→发票开具管理→发票填开→发票号码确认→进入“专用发票填开”界面→填写购货方信息→填写商品信息→填写销货方信息→打印发票。②开具带销货清单的增值税专用发票：进入系统→发票管理→发票开具管理→发票填开→发票号码确认→进入“专用发票填开”界面→填写购货方信息→点击“清单”按钮→进入销货清单填开界面→填写各条商品信息→点击“退出”返回发票界面→打印发票→在“已开发票查询”中打印销货清单。③开具带折扣的增值税专用发票：进入系统→发票管理→发票开具管理→发票填开及销货清单填开→选择相应商品行→设置折扣行数→设置“折扣率”或“折扣金额”→打印发票。④开具负数增值税专用发票：进入系统→发票管理→发票开具管理→发票填开→发票号码确认→进入“专用发票填开”界面→点击“负数”按钮→填写相应的正数发票的号码和代码→系统弹出相应的正数发票的信息，确定→系统自动生成负数发票→打印发票。

（4）作废增值税专用发票。①已开发票作废：进入系统→发票管理→发票开具管理→已开发票作废→选择欲作废的发票号码→点击“作废”按钮→系统弹出“作废确认”提示框→确定→作废成功；②未开发票作废：进入系统→发票管理→发票开具管理→未开发票作废→系统弹出“未开发票作废号码确认”提示框→确定→作废成功。

（5）抄税。正常抄税处理：进入系统→报税处理→抄报税管理→抄税处理→系统弹出“确认对话框”→插入金税盘，确认→正常抄写金税盘成功。

### 5. 填开红字增值税专用发票的要求

新修订的《增值税暂行条例实施细则》第十一条规定：增值税一般纳税人销售货物或应税劳务，开具增值税专用发票后，发生销售货物退回或折让、开票有误等情形，应当按照国家税务总局的规定开具红字增值税专用发票。未按照规定开具红字增值税专用发票的，进项税额不得从销项税额中扣减。

（1）一般纳税人在开具增值税专用发票时就发现有误的，可即时作废；在开具增值税专用发票当月，发生销货退回、开票有误等情形，收到退回的发票联、抵扣联符合作废条件的，按作废处理，不需开具红字增值税专用发票。作废条件是指同时具有下列情形：收到退回的发票联、抵扣联时间未超过销售方开票当月；销售方未抄税且未记账；购买方未认证或认证结果为“纳税人识别号认证不符”“专用发票代码、号码认证不符”。

（2）纳税人开具增值税专用发票后，发生销货退回、开票有误、应税服务中止以及发票抵扣联、发票联均无法认证等情形但不符合作废条件，或者因销货部分退回及发生销售折让，需要开具红字增值税专用发票的，需取得税务机关系统校验通过的“开具红字增值税专用发票信息表”（以下简称“信息表”）。

此过程中纳税人应注意的事项：纳税人对所报送材料的真实性和合法性承担责任。文书表单可在省（自治区、直辖市和计划单列市）税务局网站“下载中心”栏目查询下载或到办税服务厅领取。

购买方取得增值税专用发票已用于申报抵扣的，购买方可在增值税发票管理系统中填开并上传“信息表”，在填开“信息表”时不填写相对应的蓝字增值税专用发票信息，应暂依“信息表”所列增值税税额从当期进项税额中转出，待取得销售方开具的红字增值税专用发票后，与“信息表”一并作为记账凭证。购买方取得增值税专用发票未用于申报抵扣、但发票联或抵扣联无法退回的，购买方填开“信息表”时应填写相对应的蓝字增值税专用发票信息。销售方开具的增值税专用发票尚未交付购买方，以及购买方未用于申报抵扣并将发票联及抵扣联退回的，销售方可在增值税发票管理系统中填开并上传“信息表”。销售方填开“信息表”时应填写相对应的蓝字增值税专用发票信息。

纳税人已使用增值税发票管理系统的，可在开票系统中申请并获取校验结果，即在开票系统中通过上传“信息表”（也可凭“信息表”电子信息或纸质资料到税务机关申请校验），系统自动校验通过后，生成带有“红字发票信息表编号”的“信息表”，并将信息同步至纳税人端系统中。

销售方凭税务机关系统校验通过的“信息表”开具红字增值税专用发票，在增值税发票管理系统中以销项负数开具。红字增值税专用发票应与“信息表”一一对应。

（3）自行开具增值税专用发票的小规模纳税人以及税务机关为小规模纳税人代开增值税专用发票，需要开具红字增值税专用发票的，按照一般纳税人开具红字专用发票的方法处理。

#### 6. 小规模纳税人申请代开增值税专用发票的规定

已办理税务登记的小规模纳税人（包括个体经营者）以及国家税务总局确定的其他可以代开增值税专用发票的纳税人发生增值税应税行为，需要开具增值税专用发票的，主管税务机关依据纳税人申请，为其开具增值税专用发票或货物运输业增值税专用发票。

### （四）发票的鉴别

审查发票是经济法律监督人员的经常性工作。判断发票的真伪是经济法律监督人员必备的业务技能。审查判断发票真伪要有深入细致的精神和高度的责任感，要对发票的形式和内容、现象和本质认真分析，善于探索问题，辨伪析疑，见微知著。鉴别发票真伪的具体方法如下。

（1）用发票防伪鉴别仪器识别防伪油墨是否为统一的防伪油墨。

（2）对照光线审查增值税专用发票的发票联和抵扣联，看是否使用国家税务总局统一规定带有水印图案的防伪专用纸印制。

（3）不同时期有不同的发票版式，发票实行不定期换版制度，如果发现逾期使用旧版发票报销的，应查清情况，判断是否存在问题。

（4）看发票台照、日期、品名、数量、单价、大小写金额的字迹、笔体、笔画的精细程度、压痕是否一致，有无用药剂褪色、用橡皮擦、用小刀刮等涂改痕迹。

（5）看复写的字迹颜色是否相同，发票的正面和反面都应仔细看一看，本应一式多份复写的，是否符合复写的实际情况，背面有无局部复写的痕迹，发票的第二联如果不是复写的而是用钢笔或圆珠笔填写的，说明存在问题。

（6）税务机关指定的企业在印制装订发票时，各联次的纵横行列都是对齐的，有固定位置，如果发票各联填写的字迹有不正常的位移，可能存在问题。

（7）看发票报销联的抬头、时间、数量、单价、金额是否填写齐全；看发票物品名称是否具体、正确、清楚，如果写的是生产用品、办公用品、交电、百货、日杂、土产等类名称，而且金额较大，不论付款用现金还是转账，都可能存在问题。

（8）审查物品名称是否为用票单位的经销范围，如家电维修部、加工门市部的发票，物品名称却是煤炭，显然存在问题。

（9）审查用票单位同发货单位、收款单位的名称是否相符。

（10）审查发票台照写的购货单位同实际收货单位、付款单位的名称是否相符。

（11）审查同一供货单位，特别是个体工商户，是否使用了不同单位的发票。

（12）看同一个单位的发票，是否多次在某单位报销，而且发票号码顺序相连，却时间颠倒。

对上述发现的问题，一要调查发票报销后实物的去向；二要调查购货付款单位的发票报销联同开票单位或发货收款单位的发票存根、记账联、现金银行账，实物明细账的物品名称、数量、单价、金额是否相符；三要调查是否有偷梁换柱、移花接木、无中生有的情况，查明事实真相。

取得增值税发票的单位和个人也可登录国家税务总局全国增值税发票查验平台对所收到的增值税发票的发票信息进行查验。其他各类发票可在当地税务机关提供的专业平台上进行查验。

## （五）发票的保管

保管发票的具体需求包括以下几项。

（1）单位和个人应建立发票使用登记制度，设置发票登记簿，并定期向主管税务机关报告发票使用情况。

（2）单位和个人应在办理变更或注销税务登记的同时，办理发票和发票领购簿的变更、缴销手续。

（3）使用发票的单位和个人应妥善保管发票，不得丢失。发票丢失的，应于丢失当日书面报告主管税务机关，接受税务机关的处罚。

（4）开具发票的单位和个人应当按照税务机关的规定存放和保管发票，不得擅自损毁。已经开具的发票存根联和发票登记簿应保存五年。保存期满，报经主管税务机关查验后销毁。

## （六）发票丢失后的处理

纳税人因发票管理不善或安全措施不力，增值税专用发票和普通发票发生丢失、被盗时，应于当日书面报告主管税务机关，并接受税务机关处罚。使用防伪税控系统开票的一般纳税人，还应持金税盘到税务机关办理电子发票退回手续。

### 1. 发票开出未认证

（1）丢失发票联的，可持增值税专用发票抵扣联到主管税务机关正常认证，将增值税专用发票抵扣联作为记账凭证，将增值税专用发票抵扣联复印件留存备查，开票方和税务局无须特殊处理。

（2）丢失抵扣联的，可持增值税专用发票发票联到主管税务机关认证，将增值税专用发票发票联作为记账凭证，将增值税专用发票发票联复印件留存备查，开票单位无须做任何处理，税务局在认证时以发票联作为抵扣认证依据。

（3）丢失发票联和抵扣联的，购买方凭销售方提供的相应增值税专用发票记账联复印件到主管税务机关进行认证，认证相符的该增值税专用发票记账联复印件及销售方所在地主管税务机关出具的"丢失增值税专用发票已报税证明单"，经购买方主管税务机关审核同意后，可作为增值税进项税额的抵扣凭证。

（4）丢失记账联的，如果发票开出后尚未寄出，开票单位可将增值税专用发票发票联复印件作为记账凭证；若已寄出，则从金税盘中重新打印一次作为记账凭证，税务机关和收票单位无须做任何处理。

（5）丢失全联次的，一般是结合（3）和（4）的处理方式合并进行处理。

2. 发票开出已认证

（1）丢失发票联的，将增值税专用发票抵扣联作为记账凭证，增值税专用发票抵扣联复印件留存备查，其他无须做单独处理。

（2）丢失抵扣联的，将增值税专用发票发票联复印件留存备查，其他无须做单独处理。

（3）丢失发票联和抵扣联的，开票方需要复印增值税专用发票记账联，并由开票方税务机关开具"丢失增值税专用发票已报税证明单"，再由收票方主管税务机关审核同意后，才可作为增值税进项税额的抵扣凭证。

（4）丢失记账联的，如果发票开出后尚未寄出，开票单位可将增值税专用发票发票联复印件作为记账凭证；若已寄出，则从金税盘中重新打印一次作为记账凭证，税务机关和收票单位无须做任何处理。

（5）丢失全联次的，一般是结合（3）和（4）的处理方式合并进行处理。

开票方和收票方应完善发票管理和保管传递制度，选择适当的发票传递方式，如专门送达或其他安全的邮递方式进行传送并及时跟踪，保证发票在传递过程中的安全，同时保证发票在传递过程中不致丢失。

### （七）发票的缴销

发票缴销是指对纳税人已领用发票的缴销，分日常缴销、注销、变更税务登记的发票缴销，改版、换版发票的缴销，次版发票的缴销，超期限未使用空白发票的缴销，霉变、水浸、鼠咬、火烧等其他情况的缴销，税务机关代开发票缴销，税务违法行为收回发票的缴销。在发票缴销过程中发现纳税人有违法行为时，按税务违法、违章工作程序进行处理。

需要缴销发票的纳税人应当向主管税务机关提供发票领用簿、需缴销的空白发票、税控金税盘。纳税人因注销、变更税务登记进行发票缴销的，按《中华人民共和国税收征收管理法实施细则》规定的注销、变更税务登记时限，向主管税务机关申请办理；纳税人因上述其他情况进行发票缴销的，应当自相关情况发生之日，向主管税务机关申请办理。纳税人需缴销的发票经税收管理员初审后，交办税服务厅发票管理窗口复审。对实行交旧购新方式的，经审核无误后，收缴已填用的发票存根联；对实行验旧购新方式的，对填用的发票存根联进行签封后交纳税人保管。发票审验过程中发现有不按规定使用、保管发票等违法、违规情况的，按《发票管理办法》第三十六条的规定给予处罚。

发票缴销的基本流程如图 2.3 所示。

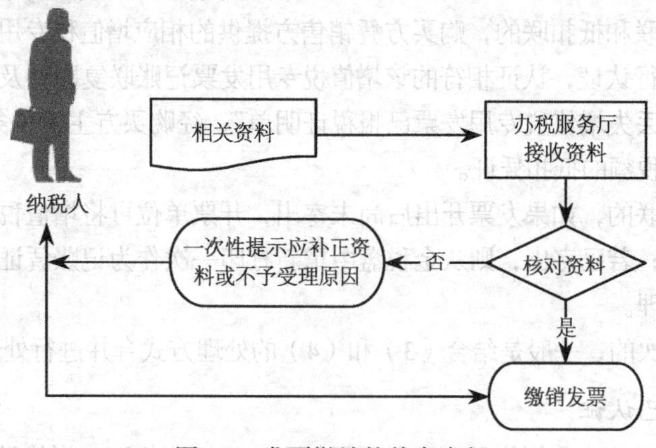


图 2.3 发票缴销的基本流程

## （八）发票的检查内容及要求

### 1. 检查内容

税务机关在发票管理中有权进行下列检查：①检查印制、领购、开具、取得和保管发票的情况；②调出发票查验；③查阅、复制与发票有关的凭证、资料；④向当事各方询问与发票有关的问题和情况；⑤查处发票案件时，对与案件有关的情况和资料，可以记录、录音、录像、照相和复制。

### 2. 对被检查对象的要求

（1）印制、使用发票的单位和个人，必须接受税务机关依法检查，如实反映情况，提供有关资料，不得拒绝、隐瞒。税务人员进行检查时，应出示税务检查证。

（2）税务机关需要将已开具的发票调出查验时，应向当地被查验的单位和个人开具发票换票证。发票换票证与所调出查验的发票有同等效力，被调出查验发票的单位和个人不得拒绝接受。税务机关需要将空白发票调出查验时，应开具收据，经查无问题的，应及时返还。

（3）单位和个人从我国境外取得与纳税有关的发票或凭证，税务机关在纳税审查时有疑义的，可以要求其提供境外公证机构或注册会计师的确认证明，经税务机关审核认可后，方可作为记账核算的凭证。

（4）税务机关在发票检查中需要核对发票存根联与发票联填写情况时，可以向持有发票或发票存根联的单位发出发票填写情况核对卡，有关单位应如实填写，按期报回。

## （九）违反发票管理法规的行为

（1）未按规定印制发票的行为，包括：①未经省国家税务机关批准，私自印制发票的；②伪造、私刻发票监制章，伪造、变造发票防伪专用品的；③印制发票的企业未按“发票印制通知书”印制发票，转借、转让发票监制章和发票防伪专用品的；④生产发票防伪专用品的企业未按“发票防伪专用品生产通知书”的要求生产发票防伪专用品的；⑤印制发票和生产发票防伪专用品的企业未按规定保管发票成品、发票防伪专用品、发票监制章，以及未按规定销毁废（次）品而造成流失的；⑥用票单位私自印制发票的；⑦未按国家税务机关的规定制定印制发票管理制度的；⑧其他未按规定印制发票的行为。

（2）未按规定购领发票的行为，包括：①向国家税务机关或国家税务机关委托单位以外的单位和个人取得发票的；②私售、倒买倒卖发票的；③贩卖、窝藏假发票的；④借用他人发票的；⑤盗取（用）发票的；⑥私自向未经国家税务机关批准的单位和个人提供发票的；⑦其他未按规定取得发票的行为。

（3）未按规定填开发票的行为，包括：①单联填开或上下联金额、内容不一致的；②填写项目不齐全的；③涂改、伪造、变造发票的；④转借、转让、代开发票的；⑤未经批准拆本使用发票的；⑥虚构经济业务活动，虚开发票的；⑦填开票物不符发票的；⑧填开作废发票的；⑨未经批准，超出规定的使用范围开具发票的；⑩以其他票据或白条代替发票填开的；⑪扩大增值税专用发票填开范围的；⑫未按规定填报“发票购领用存申报表”的；⑬未按规定设置“发票购领用存登记簿”的；⑭其他未按规定开具发票的行为。

（4）未按规定取得发票的行为，包括：①应取得而未取得发票的；②取得不符合规定的发票的；③增值税专用发票只取得发票联或抵扣联的；④取得发票时，要求开票方或自行变更品名、金额或增值税税款的；⑤擅自填开发票入账的；⑥其他未按规定取得发票的行为。

（5）未按规定保管发票的行为，包括：①丢失发票的；②损（撕）毁发票的；③丢失或擅自销毁发票存根联的；④未按规定缴销发票的；⑤印制发票的企业丢失发票或发票监制章及发票防伪专用品等的；⑥未按规定建立发票管理制度的；⑦未按国家税务机关规定设专人保管增值税专用发票的；⑧未按国家税务机关规定设置专门存放增值税专用发票的场所的；⑨未经国家税务机关查验擅自销毁增值税专用发票的基本联次的；⑩其他未按规定保管发票的行为。

（6）不接受税务机关检查的行为，包括：①拒绝检查，隐瞒真实情况的；②刁难、阻挠税务人员依法进行检查的；③拒绝接受“发票换票证”的；④其他未按规定接受税务机关检查的行为。

**（十）违反发票管理法规行为的处罚**

（1）有违反发票管理规范行为的单位和个人，由税务机关责令其限期改正，没收其非法所得，并处一万元以下的罚款，有上列两种或两种以上行为的，可以分别进行处罚。

（2）非法携带、邮寄、运输或存放空白发票的，由税务机关收缴发票，没收其非法所得，并处一万元以下的罚款。

（3）私自印制、伪造、变造、倒买倒卖发票，私自制作发票监制章、发票防伪专用品的，由税务机关依法予以查封、扣押或销毁，没收非法所得和作案工具，并处一万元以上五万元以下的罚款，构成犯罪的，由司法机关依法追究刑事责任。

（4）违反发票管理法规，导致纳税人、扣缴义务人以及其他单位或个人未缴、少缴或骗取税款的，由税务机关依法进行查处，没收其非法所得，并处未缴、少缴或骗取的税款一倍以下的罚款。

（5）当事人对税务机关的处罚决定不服的，可以依法向上一级税务机关申请复议或向人民法院起诉；逾期不申请复议，也不向人民法院起诉，又不履行的，做出处罚决定的机关可以申请人民法院强制执行。

（6）税务人员利用职权之便，故意刁难印制、使用发票的单位和个人，或者有违反发票管理法规行为的，依照国家有关规定给予行政处分，构成犯罪的，由司法机关依法追究刑事责任。

（7）单位或个人有下列行为之一的，应承担刑事责任：①虚开增值税专用发票的（虚开是指为他人虚开、为自己虚开、让他人自己虚开、介绍他人虚开增值税专用发票行为之一的，下同）；②伪造或出售伪造的增值税专用发票的；③非法出售增值税专用发票的；④非法购买增值税专用发票或购买伪造的增值税专用发票的；⑤虚开用于骗取出口退税、抵扣税款的其他发票的；⑥伪造、擅自印制或出售伪造、擅自印制的可以用于骗取出口退税、抵扣税款的增值税专用发票的，以及以营利为目的，伪造、擅自印制或出售伪造、擅自印制的上述规定以外的其他发票的；⑦非法出售可以骗取出口退税、抵扣税款的增值税专用发票的，以及以营利为目的非法出售上述规定以外的其他发票的；⑧盗窃增值税专用发票或其他发票的。

### 四、原始凭证的保管

对重要原始凭证，如合同、契约、涉外文件以及需要随时查阅的收据等需要单独保管时，应另行编制目录，单独登记保管，并在有关的记账凭证上注明“附件另行保管”，以便查核。

原始凭证不得外借，其他单位如因特殊原因需要使用原始凭证时，经本单位会计机构负责人或会计主管人员批准，可以复制。向外单位提供的原始凭证复制件，应在专设的登记簿上登记，并由提供人员和收取人员共同签名或盖章。

## 第五节　记账凭证的填制、装订与保管

记账凭证又称“记账凭单”或“分录凭单”，是会计人员根据审核无误的原始凭证或原始凭证汇总表，按照经济业务事项的内容加以归类，记载经济业务的简要内容，并据以确定会计分录后所填制的，作为记账直接依据的一种会计凭证。记账凭证按其适用的经济业务和填制方式，分为专用记账凭证和通用记账凭证两类。专用记账凭证是用来专门记录某一类经济业务的记账凭证，按其所记录的经济业务与现金和银行存款的收付有无关系，又分为收款凭证、付款凭证和转账凭证三种，收款凭证一般用红色，付款凭证一般用蓝色，转账凭证一般用黑色；通用记账凭证是用以记录各种经济业务的记账凭证，为各类经济业务所共同使用，因而也称标准凭证，其格式一般和转账凭证相同。尽管记账凭证种类甚多，格式不一，但其主要作用都在于对原始凭证进行分类、整理，按照复式记账的要求，运用会计科目，编制会

计分录，据以登记账簿。因此，记账凭证必须具备凭证名称、填制日期、凭证编号、经济业务事项的内容摘要、会计科目、记账方向及金额、记账标记、所附原始凭证张数，会计主管、记账、审核、出纳、制单等有关人员的签章。

## 一、填制要求

（1）收款凭证或付款凭证是用于记录货币资金收款业务或付款业务的凭证，是根据有关现金和银行存款收入业务或支付业务的原始凭证填制的，并用来登记现金日记账、银行存款日记账以及有关明细账和总账的依据，也是出纳人员收讫款项或付讫款项的依据。在借贷记账法下，凭证左上角“借方科目”处或“贷方科目”处，应按照业务内容选填“库存现金”或“银行存款”科目；凭证上方的“年　月　日”处，应填写实际收款日期或付款日期；凭证右上角的“字第　号”处，应填写“现收”“现付”“银收”“银付”等字和凭证的顺序编号；凭证内“摘要”栏填写能反映经济业务性质和特征的简要说明；“借方科目”或“贷方科目”栏应填写与收付现金或银行存款相对应的会计科目；“金额”栏应填写与同一行科目对应的发生额；“合计”栏应填写各发生额的合计数；“记账”栏登记账簿后应画“√”符号，表示已经入账；凭证右边“附件　张”处应填写所附原始凭证的张数；凭证下边应由相关人员签字或盖章。

（2）只涉及现金和银行存款之间收入或付出的经济业务，应当以付款业务为主，只填制付款凭证，不填制收款凭证，以免重复。

（3）在发生业务人员出差回来后报销差旅费并退回余款、支付部分货款或收到部分货款的购销业务等特殊经济业务时，要同时填制收款凭证和转账凭证或同时填制付款凭证和转账凭证。

（4）转账凭证是用于记录与货币资金收付无关的转账业务的凭证，是根据转账业务的原始凭证填制的，是用来登记有关明细账和总账的依据。在借贷记账法下，将经济业务事项所涉及的全部会计科目，按照先借后贷的顺序记入“会计科目”栏中的“一级科目”和“二级及明细科目”，并按应借、应贷方向分别记入“借方金额”和“贷方金额”栏，借、贷方金额合计数应该相等，其他项目的填列与收、付款凭证相同。

（5）通用记账凭证的填制方法与转账凭证基本相同，只是凭证的编号方法有所不同。

（6）会计科目应填写全称，包括一级科目、二级科目和三级科目，不得简写、任意改动或不写，更不得用“…”或“-”等符号代替，而且要先填写借方科目后再填写贷方科目（收付款记账凭证除外）。

（7）记账凭证可以根据每一张原始凭证填制，也可以根据若干张同类原始凭证汇总填制，还可以根据原始凭证汇总表填制，但不得将不同内容和类别的原始凭证汇总填制在一张记账凭证上。否则，就会造成摘要无法填写，会计科目失去对应关系，容易造成记账错误（会计差错）。

（8）机制记账凭证应符合对记账凭证的一般要求，并应认真审核，做到会计科目使用正确，数字准确无误，打印出的机制记账凭证要加盖制单人员、审核人员、记账人员及会计机构负责人或会计主管人员印章或签字，以明确责任。

（9）以自制的原始凭证或原始凭证汇总表代替记账凭证的，也必须具备记账凭证应有的项目。

## 二、填制方法

（1）记账凭证的日期一般填写填制记账凭证的日期，也可以根据管理需要填写业务发生的日期或月末日期。报销差旅费的记账凭证填写报销当日的日期；现金收付记账凭证填写办理收付现金的日期；银行收款业务的记账凭证一般按财务部门收到银行进账单的日期或银行受理回执的戳记日期填写；银行付款业务的记账凭证，一般以财务部门开出银行付款单据的日期或承付的日期填写；月末结转、计提和分配费用等转账业务的记账凭证，按当月最后一天的日期填写。

（2）填制记账凭证时，应对记账凭证进行连续编号。记账凭证的编号方法有总字编号法、三类编号法、五类编号法、双重编号法和分数编号法。会计人员要根据不同的记账凭证采用相应的编号方法。总字编号法是指将所有的记账凭证不分业务内容顺序编号，适用于采用通用记账凭证的单位；三类编号法是指按照收款业务、付款业务和转账业务分别顺序编号，如收字第××号、付字第××号、转字第××号，适用于采用专用记账凭证的单位；五类编号法是指按照现金收款、现金付款、银行存款收款、银行存款付款、转账业务分别顺序编号，如现收字第××号、银收字第××号、现付字第××号、银付字第××号、转字第××号，适用于采用专用记账凭证且收付款业务较多的单位；双重编号法是指将总字顺序编号与类别顺序编号相结合进行编号，如某收款凭证为“总字第××号，收字第×号”；分数编号法适用于一笔经济业务需要填制一张以上记账凭证的情况，如第8号记账凭证需要填制三张记账凭证时，第一张、第二张和第三张的编号应分别为“第8 1/3”“第8 2/3”“第8 3/3”，两张凭证之间不得填写“过次页、承上页”字样。无论采用哪一种编号方法，每月都应该从1号起按自然数1、2、3……顺序连续编号。通常，一张记账凭证编一个号，不得跳写、重号。

（3）记账凭证的摘要填写应简明扼要，不能单纯追求“简单”。对于收付款业务要写明收付款对象的名称、款项内容，如“收××厂销货款”“收××公司投资款”“付××公司货款”“收回××公司欠款”“收到××厂退款”“付包装物押金”等，不能只写“收款”“付款”“收欠款”“收退款”“付押金”，使用支票的，还应填写支票种类和号码；对于转账业务，应写明转账内容，如“结转材料成本差异”“结转入库材料成本”“将收益转入本年利润”等，不能只写“转差异”“转成本”“转收益”；对于购买物资业务，要填写供货单位名称和所购物资的品种、数量等内容，如“从××公司购汽车未付款”“从××公司购钢板已付款”等，不能只写“购汽车”“购钢板”；对于盈亏事项，要写明发生部门、原因及责任人；对于冲销、更正和补充业务要填写被冲销、更正和补充的记账凭证的日期及编号，如“冲减退货进项税额”“更正某年某月某号记账凭证”等，不能写成“冲减进项税额”“更正错账”。另外，对于需要注明时间、人数、数量的业务，摘要中需要反映必要的数字。

（4）记账凭证的金额必须与原始凭证的金额相符。填写金额时，要对准借贷栏次和科目栏次，防止错栏、串行；金额要填写到分位，如果角位、分位都没有数字要填写“00”字样；每笔经济业务填写金额后，要在记账凭证的合计栏填写合计金额，合计金额最高位数字前应填写人民币符号“¥”，如果不是合计数，则金额前不填写人民币符号。一笔经济业务因涉及会计科目较多，需填写多张记账凭证的，只在最末一张记账凭证的“合计”行填写合计金额。记账凭证填制完经济业务事项后，如有空行，应当自金额栏最后一笔金额下的空行处至合计数上的空行处画斜线（自右上角向左下角）注销，要注意斜线两端都不能画到有金额的行次上。

（5）填制记账凭证后，需要将来自不同单位、种类繁多、数量庞大、格式大小不一的原始凭证加以归类、整理，附在记账凭证后面。更正错误或结账、调账的记账凭证，可以不附原始凭证，但应对调整事项说明清楚，其他记账凭证必须附有原始凭证，并以阿拉伯数字注明其张数。收付款业务的记账凭证，必须有附件，附件张数的计算，以自然张数为准，汇总表及所附的原始凭证或说明性质的材料均应算在张数内，有一张算一张（原始凭证汇总表应计算在内，原始凭证粘贴纸不应计算），但对差旅费、医药费等报销单据，可粘在一张票据粘贴纸上，作为一张原始凭证附件，如某职工填报的差旅费报销单后面附有火车票、汽车票、住宿费结算单等原始凭证共计 50 张，将 50 张原始凭证粘在一张票据粘贴纸上并注明所附原始凭证为 50 张，在计算记账凭证附件张数时，这一张票据粘贴纸连同其所附的 50 张原始凭证只能算一张；转账业务的记账凭证，以原始凭证汇总表的张数为准，汇总表所附的原始凭证只作为附件的附件处理；对简单的摊提转账业务，可以在摘要栏注明计算依据，不附原始凭证；需经上级批准的经济业务，应将批准文件作为原始凭证的附件。

当一张原始凭证涉及几张记账凭证时，可以将原始凭证附在一张主要的记账凭证后面，并在摘要栏内注明“本凭证附件包括××号记账凭证业务”字样，在其他有关记账凭证的摘要栏内注明“原始凭证附于××号记账凭证后面”的字样。

（6）对于数量过多的原始凭证，如“收料单”“发料单”等，可以不附在记账凭证后面，单独装订成册，加上封面和封底，并在封面上注明记账凭证日期、编号，存放在其他类会计档案中，同时在记账凭证上注明“附件另订”及原始凭证名称和编号。

（7）现金收款凭证后面的附件有支票存根、收取现金的发票记账联等；现金付款凭证后面的附件有现金进账（存款）单、现金支付的报销单据、发票、工资表等；银行存款收款凭证后面的附件有银行进账（存款）单、发票的记账联等；银行存款付款凭证后面的附件有支票存根、发票、委托银行付款的单据等；转账凭证和调整凭证后面，根据业务的不同，附不同的原始凭证。

（8）记账凭证填完后，填制人应签名或盖章，经稽核人审核后，由记账人员根据审核无误的记账凭证登记账簿，在记账符号栏内画“√”符号，同时在记账凭证上签名或盖章，表示已经记账，以免重记或漏记。对于发生的收款和付款业务必须坚持先审核后办理的原则，出纳人员要在有关收款凭证和付款凭证上签名或盖章，以示出纳人员已对收付款记账凭证的款项进行了收付，以明确责任。

## 三、会计凭证的传递及应考虑的问题

会计凭证的传递是指从原始凭证的填制或取得时开始，经过填制、稽核、记账，直到归档保管为止的整个过程中，在单位内部有关职能部门和人员之间的传递路线、传递时间和处理程序。为了能够利用会计凭证及时反映各项经济业务并提供会计信息，充分发挥会计监督的作用，在会计凭证的传递过程中应注意以下事项。

（1）要根据经济业务的特点、企业机构的设置和人员分工的情况及经营管理的需要，恰当地规定各种会计凭证的格式、份数、传递的程序，使会计凭证的传递既能满足会计核算的要求，也能兼顾计划、统计、管理上的需要；既能避免不必要的传递环节，又不影响按规定手续进行处理和审核。

（2）要根据有关部门和人员对经济业务办理必要手续（如计量、检验、审核、登记等）的需要，确定会计凭证在各个环节停留的时间，保证业务手续的完成，但又要防止不必要的耽搁，从而使会计凭证以最快速度传递，以充分发挥及时传递经济信息的作用。

（3）为了确保会计凭证的安全和完整，在会计凭证传递的各个环节中都应指定专人办理交接手续，做到责任明确，手续完备、严密、简便易行。

## 四、会计凭证的整理与保管

会计凭证作为重要的会计资料，应妥善保管。每月记账完毕，要将本月各种记账凭证加以整理，检查有无缺号、附件是否齐备，然后按顺序号排列装订成册，并由装订人在装订线封签处盖章，防止任意拆装。

### 1. 会计凭证的整理

会计凭证的整理主要是指对记账凭证进行排序、粘贴和折叠。在实际工作中，记账凭证所附的原始凭证种类繁多，为了便于日后装订和保管，财务人员在装订记账凭证之前，应对其所附原始凭证进行必要的外形加工，即对记账凭证所附原始凭证进行排序、粘贴和折叠。

（1）对于纸张面积大于记账凭证的原始凭证，应当按照记账凭证的尺寸，先自右向左、再自下向后或自下向前两次折叠。注意要把凭证的左上角或左侧面让出来，以便装订后还可以展开查阅；附件本身不必保留的部分可以裁掉，但不得因此影响原始凭证内容的完整。

（2）对于纸张面积过小的原始凭证，一般不能直接装订，可先按一定次序和类别排列，再粘在一张同记账凭证大小相同的白纸或特制的票据粘贴纸上。纸上可先印一个合适的方框，各种不能直接装订的原始凭证，如飞机票、船票、汽车票、地铁车票、市内公共汽车票、火车票、出租车票等小票，都应按类别整齐地粘贴于粘贴纸的方框之内。原始票据的粘贴是一项日常化的工作，所有票据一般都使用液体胶水粘牢左方或上方的票头，两张票据不能完全重合，以便于翻找核对金额。粘贴票据时应横向或纵向进行，从右至左或从下至上，并粘在原始凭证的左边或上方，逐张左移或上移，后一张票据的右边压前一张票据的左边或后一张票据的下边压前一张票据的上边，每张附件只粘左边或上边的 0.6～1 厘米长，粘牢即可。粘好票据后要捏住记账凭证的左上角向下抖几下，看是否有未粘住或未粘牢的，最后还要在粘贴纸的空白处或一旁分别写出每一类原始凭证的张数和合计金额。

（3）对于纸张面积略小于记账凭证的原始凭证，可先用回形针或大头针别在记账凭证后面，待装订凭证时再抽去回形针或大头针。

（4）有的原始凭证不仅面积大，而且数量多，可以单独装订和保管，如工资单、领料单等，但在记账凭证上应注明保管地点。

（5）原始凭证附在记账凭证后的顺序应与记账凭证所记载内容的顺序一致，不应按原始凭证的面积大小来排序。

**2. 装订方法、要求及保管**

期末，应将会计凭证装订成册，以便保管和利用。会计凭证的装订方法，从方向上来说，有左边装订线处装订法和左上角包角装订法。左上角包角装订法做起来比较美观，但也比较麻烦。为了不看账本也能知道会计科目当月的发生额，在装订会计凭证时，应将科目汇总表装订进去。

（1）装订前，要确定一个月的记账凭证究竟订成几册为好，每册的厚度应基本保持一致，不能把几张应属一份记账凭证附件的原始凭证拆开装订在两册之中。

（2）一本会计凭证的厚度一般以 1.5～2.0 厘米为宜。过薄，不利于矗立放置；过厚，不便于翻阅核查。会计凭证的装订一般以月份为单位，每月装订成一册或若干册。如果一个月内会计凭证的数量过多，可分装为若干册。会计凭证少的单位，可以将若干个月份的会计凭证合并装订成一册，在封皮上注明该册所含的会计凭证月份。

（3）由于原始凭证的尺寸往往大于记账凭证，从而折叠过多，这样一本会计凭证就会显得中间厚，装订线的位置薄，装订出的会计凭证不美观。这时可以将一些纸折成三角形，均匀地垫在装订线的位置，这样装订出来的会计凭证显得整齐、美观。

（4）装订前，要以会计凭证的左上侧为准对齐，准备好装订机或锥子、线绳、铁夹、胶水、凭证封皮、包角纸等。

（5）将凭证封皮和封底裁开，分别附在凭证前面和后面，再拿一张质地相同的纸（可以再找一张凭证封皮，裁下一半用，另一半为订下一本凭证备用）放在封皮左上角，做护角线。

（6）在凭证的左上角画每边长为 5 厘米的等腰三角形，并在底线上分布均匀地打两个孔儿，用大针引线绳穿过两个孔，然后两端折向同一个方向，折叠时将线绳夹紧，再在凭证的背面打结。接下来，将护角向左侧面折，并将一侧剪开至凭证的左上角，抹上胶水，再向上折叠，将侧面和背面的线绳粘死，待晾干后，在封皮上填写单位名称、年度、月份、本月共几册、本册是第几册、记账凭证的起讫编号等，由装订人在装订线封签处盖章，并在凭证本的侧脊上写上“某年某月共几册第几册”的字样。

（7）将装订好的凭证装入凭证盒，凭证盒的正面应写明单位名称、起止时间、本月共几册、本盒是第几册，记账凭证的起讫编号、保管期限等，由会计主管、立卷人分别签名或盖章；凭证盒的侧面应写明哪年、几月、共几册、本盒是第几册、记账凭证从第几号到第几号、保管期限等。

（8）凭证盒应集中保管，并指定专人负责。查阅会计凭证时，要有一定的手续和制度。会计凭证的保管期限和销毁手续必须严格按照会计制度执行。保管期间，会计凭证不得外借，对超过所规定期限（一般是 15 年）的会计凭证，要严格依照有关程序销毁。需要永久保留的会计凭证，不能销毁。

# 第六节 记 账

记账又叫“过账”，是指登记账簿。为了全面、连续、系统地反映各项经济业务，会计人员应根据审核无误的各种记账凭证（有需时结合原始凭证）登记各种会计账簿。会计账簿是会计信息的“存储器”，使会计资料得到进一步的集中。由于各个单位的经济业务和经营管理的要求不同，会计账簿的种类也有所不同。会计账簿按其用途可分为分类账簿、序时账簿和备查账簿三种；按其格式可分为三栏式账簿、多栏式账簿、数量金额式账簿和横线登记式账簿四种；按其外形可分为订本式账簿、活页式账簿和卡片式账簿三种。

## 一、记账要求

（1）记账时要用蓝黑墨水或碳素墨水书写，不得使用圆珠笔或铅笔书写。下列情况，可以用红色墨水记账：①以红字冲账的记账凭证，冲销错误记录的；②在不设借贷等栏的多栏式账页中，登记减少数的；③在账页的余额栏前未印“借或贷”栏的，在余额栏内登记负数余额的；④根据国家统一会计制度的规定可以用红字登记的其他会计记录，如结账、更正账簿记录等情况的。

（2）记账时，每一笔账都应将会计凭证日期、编号、业务内容摘要、金额和其他有关资料逐项记入账内，做到数字准确、摘要清楚、登记及时、字迹工整。但是，在金额数字前不得填写币种符号。

（3）账簿中书写的文字和数字上面要留有适当空格，不要写满格，一般应占 1/2 格，以便更正错误。

（4）各种账簿必须按页次顺序连续登记，不得跳行、隔页。发生跳行、隔页的，应当将空行、空页画线注销，或者注明“此行空白”“此页空白”等字样，并由记账人员签名或盖章，不得随便更换账页和撕掉账页，作废的账页也要留在账簿中。

（5）现金日记账和银行存款日记账应当由出纳员根据记账凭证（收付款凭证）随时逐笔登记，如不能随时登记，也应保证每天登记一次，并每天结出余额。

（6）各种明细账，可以根据原始凭证、原始凭证汇总表和记账凭证逐日逐笔登记或定期（3 天或 5 天）汇总登记，如收入、费用明细账，但债权债务明细账和财产物资明细账应逐日逐笔登记，以便随时与对方单位结算和对账，核对余额。如果明细账的账页只有借方发生额栏，则发生贷方金额时，可在借方用红字登记。

（7）总账可以根据记账凭证逐日逐笔或定期（3 天或 5 天）汇总登记，也可以根据汇总编制的科目汇总表或汇总记账凭证定期或于月末登记。在实务中，总账通常根据科目汇总表定期或于月末登记。

1）科目汇总表是定期（如每天或每隔 3 天、5 天、10 天、15 天）或于月末将所有的记账凭证按相同科目加以汇总后编制的，所以总账可以每天或三五天登记一次，也可以按旬登记，又可以在月中、月末进行登记。在依据科目汇总表登记总账的情况下，“凭证字”栏内写上“科汇”字样，“凭证号”栏内写上其编号，“摘要”栏内写上“某月某日科目汇总表”字样。科目汇总表上的科目排列顺序应当按照总分类账上的科目排列顺序来定，以便汇总和登记总账。

2）汇总记账凭证按每个科目的借方或贷方分别设置，根据汇总期内的收款凭证、付款凭证、转账凭证，按与设置科目相对应的贷方或借方科目归类汇总，定期（一般为三五天或十天）填制一次，每月填制一张，月终，将汇总记账凭证的合计数计算出来，分别记入总账中有关账户的贷方和设置账户的借方或有关账户的借方和设置账户的贷方。为了避免汇总时出现重汇和漏汇，平时填制转账凭证时，只能按一个贷方科目与一个或几个借方科目相对应来填制，而不能以几个贷方科目同几个借方科目相对应来填制。在依据汇总记账凭证登记总账的情况下，“凭证字”栏内应写上“现（银）汇收”“现（银）汇付”“汇转”等字样，“凭证号”栏内应写上其编号，“摘要”栏内应写上“某月某日汇总记账凭证”字样。

3）在依据多栏式日记账登记总账的情况下，“凭证字”栏内应写上“现收账”“现支账”“银收账”“银支账”等字样，“凭证号”栏内应写上其编号，“摘要”栏内应写上“某月某日多栏式日记账”字样。

4）在依据记账凭证登记总账的情况下，应尽可能地根据原始凭证编制原始凭证汇总表，再根据原始凭证汇总表填制记账凭证。

（8）借方或贷方发生额，应登记在“借方”或“贷方”栏内，会计人员同时在记账凭证上签名或盖章，并注明已经登账的符号（如“√”）。凡需要结出余额的账户，结出余额后，应在“借或贷”栏内写明“借”或“贷”等字样，表明余额方向，并在“余额”栏内用蓝黑墨水写清余额；没有余额的账户，应在“借或贷”栏内写“平”字，并在余额栏的“元”位处填列“θ”符号。

（9）每一账页登记完毕结转下页时，应结出本页合计数及余额，写在本页最后一行和下页第一行有关栏内，并在摘要栏内注明“过次页”和“承前页”字样；也可以将本页合计数及余额只写在下页第一行有关栏内，并在摘要栏内注明“承前页”字样。对需要结计本月发生额的账户，结出“过次页”的本页合计数应为自本月初起至本页末止的发生额合计数，这样做便于月末结账时加出“本月合计”数；对需要结计本年累计发生额的账户，结出“过次页”的本页合计数应为自年初起至本页末止的累计数，这样做便于年终结账时加出“本年累计”数；对既不需要结计本月发生额也不需要结计本年累计发生额的账户，可以只将每页末的余额结转次页。

（10）订本式账簿的账页都编有顺序号，不得任意撕毁；活页式账簿也不得随便抽换账页。

（11）账簿记录发生错误，不准涂改、挖补、刮擦或用药水消除字迹，不准重新抄写，必须按照下列方法进行更正：①登记账簿时发生错误的，应将错误的文字或数字画红线注销，但必须使原有字迹仍可辨认，然后在上方填写正确的文字或数字，并由记账人员在更正处盖章。对于错误的数字，应全部画红线更正，不得只更正其中的错误数字；对于文字错误，可只画去错误的部分。②由于记账凭证错误而使账簿记录发生错误的，应根据更正的记账凭证登记账簿。

（12）为了便于总账与明细账相互核对，及时发现错误，予以更正，保证账簿记录的准确性，总账与明细账应采用平行登记法进行登记。所谓平行登记，就是对每一项经济业务，根据会计凭证，一方面在有关的总账进行总括登记，另一方面在所属明细账进行详细登记。总账与明细账平行登记的要点有以下三个方面：①登记的期间和依据相同，即对于每一笔经济业务，根据审核无误的同一凭证，在同一期间内，一方面记入有关的总账，另一方面记入该总账所属有关各明细账；②登记的方向一致，即登记总账及所属明细账的方向相同；③登记的金额相等，即记入总账的金额与记入其所属各明细账的金额相等。

## 二、电算化后会计账簿的输出

实行会计电算化后，所有账簿数据的形成均是由系统自动将记账凭证汇总过账产生的，用户对账簿的操作主要是对各类账簿的查询、输出，以获得有用的会计信息。

账簿的输出方式，一般有磁盘输出、屏幕显示输出和打印输出等。磁盘输出是将账簿和报表以标准数据文件的形式输出到磁盘，以便保存、传递和查询有关的信息；屏幕显示输出是将用户需要的信息在屏幕上按用户要求显示出来，用户利用显示输出可以进行各种查询；打印输出是指将用户需要的输出信息按规定的格式打印出来。

日记账必须及时打印，而明细账和总账可根据需要按月、按季或按年打印，不满页时，可以满页后再打印。打印出的账页应连续编号，经审核无误后作为正式账页装订成册，并由记账人员和会计机构负责人或会计主管人员签名或盖章。

## 三、会计账簿的整理立卷与装订

### 1. 整理立卷

会计账簿的整理立卷比较简单，这是由于会计账簿在形成时一般都有固定的格式和明确的分类，所以在年终结账、决算后稍加整理，一本账簿就可以成为一个案卷。整理立卷时应注意以下几点：①订本账中的空白页不能拆账去掉，应保持账簿本身的完整性；②活页账可以拆账，会计人员将账中的空白账去掉后可重新组织，并在账页的右上角编上页码，账页较少的活页账，可将科目内容相近的账页按类别排列编号；③会计账簿案卷封面应写明单位名称、内部机构名称、账簿名称、所属年度、卷内张数、保管期限、档案号，并由会计机构负责人、立卷人签名或盖章；④跨年度使用的固定资产账簿，应于使用完的那一个年度立卷。

### 2. 装订

各种会计账簿年结后，除跨年使用的账簿外，其他账簿应按时整理立卷。会计账簿装订的基本要求如下。

（1）账簿装订前，首先按账簿启用表的使用页数，核对各个账户是否相符，账页是否齐全，序号排列是否连续，然后按会计账簿封面、账簿启用表、账户目录、排序的账页、会计账簿封底的顺序装订。

（2）活页账簿装订要求：①保留已使用过的账页，将账页数填写齐全，去除空白页，撤掉账夹，用坚固耐磨的牛皮纸做封面、封底，装订成册；②多栏式活页账、三栏式活页账、数量金额式活页账等不得混装，应按同类业务、同类账页装订在一起；③在账簿的封面上写明账目的种类、编好卷号，由会计主管人员和装订人（经办人）签章。

（3）账簿装订后的其他要求：①会计账簿应牢固、平整，不得有折角、缺角、错页、掉页、加空白纸的现象；②会计账簿装订的封口处，应加盖装订人印章；③账簿封面应注明所属年度及账簿名称、编号，编号为一年一编，编号顺序为总账、现金日记账、银行存款日记账、分户明细账；④会计账簿应当按照保管期限分别编制卷号，如现金日记账全年按顺序编制卷号。

## 四、会计账簿的保管

会计账簿是重要的经济档案，必须按规定妥善保管，不得丢失和任意销毁。会计账簿的保管，既要安全、完善、机密，又要保证使用时能迅速查到。年度终了更换新账后，旧账页应清点整理，所有活页账归档保管。账簿归档保管要做到五防，即防火、防盗、防潮、防霉烂变质、防虫蛀鼠咬。存档后的会计账簿，调阅时必须提出理由，经会计主管人员批准，在保管员陪同下方可查阅，原则上不得借出。

# 第七节 算账、对账、调账和结账

## 一、算账

算账是指在记账的基础上，计算反映单位的经营活动及成果或行政事业单位预算资金的收、支、余。比如，资产减值损失的计算、固定资产折旧的计算、工资的计算、各种流转税的计算、费用的归集与分配、产品成本的计算、利润的计算、应纳税所得额与应纳所得税额的计算等。

## 二、对账

对账就是核对账目，是指为保证账簿记录正确，定期或于月末核对账簿记录与会计凭证、总账与日记账和明细账以及财产物资与有关明细账，如有不符，应及时调整账簿记录，做到账证、账账、账实三相符。对账工作每年至少进行一次。对账的内容主要包括账证核对、账账核对、账实核对、账表核对。

### 1. 账证核对

会计账簿是根据会计凭证登记的，两者之间存在内在联系，因而通过账证核对，可以检查、验证会计账簿和会计凭证的内容是否正确无误，以保证会计资料真实、完整。账证核对是指将各种账簿记录与记账凭证及其所附原始凭证进行核对，即核对会计账簿记录与记账凭证及其所附原始凭证的时间、凭证字号、内容、金额是否一致，记账方向是否相符。如果发现有不一致之处，应及时查明原因，并按照规定予以更正。

### 2. 账账核对

由于会计账簿之间，包括总账各账户之间、总账与明细账之间、总账与日记账之间、会计部门的财产物资明细账与保管部门、使用部门的有关财产物资明细账之间等相对应的记录存在着内在联系，通过定期核对，可以检查、验证会计账簿记录的正确性，便于发现问题，纠正错误，保证会计资料的真实、完整和准确无误。账账核对是指对各种账簿之间的有关数字进行核对，包括总账与有关账户的余额核对、总账与明细账核对、总账与日记账核对、会计部门的财产物资明细账与财产物资保管和使用部门的有关明细账核对等。账账核对一般有以下几种方法。

（1）检查总账的记录是否有差错。可以通过编制试算平衡表进行检查，如果借贷双方金额试算平衡，一般说来没有错误，如果借贷双方金额不平衡，则说明记账有错误，要做进一步的检查。

（2）检查总账与所属明细账之间的记录是否有差错。有如下两种方法：①通过编制明细账本期发生额及余额明细表或财产物资的收发结存表与总账核对，如有不符，应进一步查找产生差错的原因；②加计各明细账中的本期发生额或余额合计数，直接与总账的相应数字核对。

3. 账实核对

由于会计账簿记录是实物款项使用情况的价值量反映，实物款项的增减变化情况必须在会计账簿中如实记录、登记。因此，通过会计账簿记录的正确性，发现财产物资和现金管理中存在的问题，有利于查明原因，明确责任，改进管理。账实核对是指各种财产物资的账面余额与实存数额相互核对，包括现金日记账账面余额与现金实际库存数核对，银行存款日记账账面余额与银行对账单核对，各种财物明细账账面余额与财物实存数额核对，各种应收、应付款明细账账面余额与有关债务、债权单位或个人核对等。核对的方法是财产清查。对固定资产、材料、在产品、产成品、现金等，都应通过盘点实物，与账存数核对，看其是否相符。

造成账实不符的原因有很多，如财产物资保管过程中发生的自然损耗；财产物资收发过程中由于计量或检验不准造成的多收或少收；由于管理不善、制度不严造成的财产物资损坏、丢失、被盗；在账簿记录中发生的重记、漏记、错记；由于有关凭证未到，形成未达账项，造成结算双方账务不符；由于发生意外灾害造成的财产物资损失。根据以上情况，主要进行以下处理。

（1）先采用实地盘点的方法确定库存现金的实存数，然后与现金日记账的账面余额核对，以查明账实是否相符及盈亏情况。现金清查后应填写“现金盘点报告表”，并据以调整现金日记账的账面记录。

（2）通过与开户银行转来的对账单进行核对，来查明银行存款的实有数额。银行存款日记账与开户银行转来的对账单不一致的原因有两个方面：一是双方或一方记账有错误；二是存在未达账项。对于未达账项，应通过编制“银行存款余额调节表”进行调整。

（3）对各项财产物资的盘点结果应逐一填制“盘存单”，并同账面余额核对，确认盘盈盘亏数，填制实存账存对比表，作为调整账面记录的原始凭证。

（4）有关债权债务明细账账面余额一般采用发函询证的方法进行核对。在保证往来账户记录完整、正确的基础上，编制“往来款项对账单”，寄往各有关往来单位。对方单位核对后退回，盖章表示核对相符；不相符的，请对方单位说明情况。据此编制“往来款项清查表”，注明核对相符与不相符的款项，对不相符的款项按有争议、未达账项、无法收回等情况归类合并，针对具体情况及时采取措施予以解决。

4. 账表核对

会计报表主要是以单位的账簿核算资料为依据编制的，账表中的项目或内容发生直接或间接的对应勾稽关系，因而通过检查账表之间的相互关系，可以发现或查证账表不符或虽相符却不合理、不合法的会计错弊。账表核对是指将会计报表与有关的账簿记录进行核对，包括将总账和明细账的记录与报表进行核对，也包括报表与日记账之间的核对。其目的在于查明账表记录是否一致、会计报表之间的勾稽关系是否正常。账表核对的内容有：①核对会计报表中某些数字是否与有关总账的期末余额相符；②核对会计报表中某些数字是否与有关明细账的期末余额相符；③核对会计报表中某些数字是否与有关明细账的发生额相符。

## 三、调账

调账是账务调整的简称，是指按照国家法律、行政法规和会计制度的要求，或者在特定情况下，按照会计制度规定，对原采用的会计政策、会计估计以及发现的会计差错和发生的资产负债表日后事项等做出的会计账务调整。

### （一）账务调整的作用

（1）根据审查结果，正确、及时地调整账务，既可防止明补暗退，又可避免重复征税。

（2）纳税审查后及时对企业的错漏账务进行调整，既可以保证企业会计核算资料的真实性，又可以使税务部门的征收管理资料与企业会计核算资料保持一致。

### （二）账务调整的基本方法

根据各种法律规范的规定，更正会计差错的方法可以分为两大类：一是是否追溯的方法；二是更正的技术方法。

1. 是否追溯的方法

账务调整的方法按是否追溯到差错发生的当期或尽可能的早期，可分为追溯调整法和未来适用法。

追溯调整法是指某项交易或事项涉及会计政策变更时，视同该交易或事项初次发生时就开始采用新的会计政策，并以此对相关项目进行调整的方法，即计算会计政策变更的累积影响数，相应调整变更年度的期初留存收益以及会计报表的相关项目，并在财务报告附注中进行说明。在会计制度中，对于累积影响数，从三个不同角度给出了三种定义：①它是变更后的会计政策对以前各项追溯计算的变更年度期初留存收益应有的金额与现有的金额之间的差额；②它是假设与会计政策相关的交易或事项在初次发生时即采用新的会计政策，而得出的变更年度期初留存收益应有的金额与现有金额之间的差额；③它是变更会计政策所导致的对净损益的累积影响，以及由此导致的对利润分配及未分配利润的累积影响金额，不包括已分配利润或股利。

未来适用法是指某项交易或事项涉及会计政策变更时，新的会计政策适用于变更当期及未来期间发生的交易或事项，即不计算会计政策变更的累积影响数，也不调整变更当年年初的留存收益，只在变更当年采用新的会计政策，计算确定会计政策变更对当期净利润的影响数。

2. 更正的技术方法

账务调整的方法从技术角度看，包括画线更正法、补记差额法、差额红字更正法、红字更正法、不能按错误金额直接调整的调账方法等。

（1）画线更正法又称“只更正账簿的方法”，是指将错账的数字画一条红线注销，然后在红线上方记录正确的数字，并在红线末端加盖记账人印章。如果记账凭证正确，总账未记错，只是在登记入账时某一明细账记错了数字，在月末结账前可以采用画线更正法进行更正，不得采用红字更正法或补记差额法进行更正。如果采用红字更正法或补记差额法进行更正，势必引起总账发生变动，即将原来的正确数更正为错误数。

（2）补记差额法又称“补充登记法”或“蓝字更正法”，是指在记账后发现记账凭证的会计科目正确，但所记金额小于应记金额的情况下，将少记的金额用蓝字或黑字填制与原会计科目相同的记账凭证，在摘要栏内注明“补充某月某日某号凭证少记数”，并据以用蓝字或黑字登记入账的一种更正错账的方法。

（3）差额红字更正法又称“差额红字冲销法”，是指在记账后发现记账凭证的会计科目正确，但所记金额大于应记金额的情况下，将多记的金额用红字填制与原会计科目相同的记账凭证，在摘要栏内注明“注销某月某日某号凭证多记数”，并据以用红字登记入账的一种更正错账的方法。

（4）红字更正法又称“红字冲销法”或“综合调整法”，是指记账凭证的会计科目发生错误且已入账的情况下，先用红字填制与原内容相同的记账凭证，在摘要栏中注明“注销某月某日某号凭证错误”，并据以用红字登记入账，冲销原有错误的账簿记录，同时再用蓝字或黑字重新填制正确的记账凭证，在摘要栏内注明“订正某月某日某号凭证”字样，并据以用蓝字或黑字登记入账的一种更正错账的方法。

（5）不能按错误数额直接调整的调账方法，是指根据错误发生的环节，计算出各环节应分摊的错误数额，并分别调整有关账户的一种方法。

在检查过程中审查出的错误数额，有的直接表现为实现的利润，不需进行计算分摊，直接调整利润账即可；有的需要经过计算分摊，将错误的数额分别摊入有关账，才能确定应调整的利润数额。后一种情况主要是在材料采购成本的计量、原材料成本的结转、生产成本的核算中发生的错误，如果尚未完成一个生产周期，其错误金额会依次转入原材料、在产品、产成品、产品销售成本及利润中，导致虚增或虚减利润。因此，应将错误金额按期末原材料、在产品、产成品、产品销售成本等核算环节的程序，一步一步地往下分配，在期末原材料、在产品、产成品和本期产品销售成本之间进行合理分摊，并根据计算出的各环节应分摊的成本数额，分别调整有关账，在期末结账后，用当期销售产品应分摊的错误数额直接调整利润数额。

原则上讲，分摊时应当按照产品成本核算过程逐步调整，但具体操作起来困难很大，计算麻烦，效率很低，不易推广。因此，在实际工作中一般较多地采用“按比例分摊法”。其计算步骤如下。

第一步，计算分摊率。

查出的错误数额分摊率=查出的错误数额÷（期末材料成本+期末在产品成本+期末产成品成本+本期销售产品成本）

说明

上式是一个基本计算公式，具体运用时，应根据错误发生的环节，相应选用某几个项目进行计算分摊，不涉及的项目不参加分摊。一般说来，应在出错环节或由出错以后的各环节进行分摊。如果是在“原材料”账借方查出的问题，即多计或少计材料成本，应在上边公式中分母的四个项目之间分摊；如果是在“原材料”账贷方查出的问题，即多转或少转成本的错误，应在上边公式中分母的后三个项目之间分摊，如果是在“生产成本”账借方查出的问题，也应在上述三个项目之间分摊；如果是在“生产成本”账贷方或“库存商品”账借方查出的问题，只需在期末产成品成本和本期销售产品成本之间分摊。

第二步，计算分摊额。

期末材料应分摊的数额=期末材料成本×分摊率

期末在产品应分摊的数额=期末在产品成本×分摊率

期末产成品应分摊的数额=期末产成品成本×分摊率

本期销售产品应分摊的数额=本期销售产品成本×分摊率

第三步，调账。

根据计算出的各环节应分摊的成本数额，分别调整有关账簿，使企业的错误账务处理改正过来。当期销售产品应分摊的错误数额，应用来直接调整利润。

## 四、结账

各单位应当按照规定定期结账。结账是指在期末将本期内发生的经济业务事项全部登记入账以后，结计本期发生额及余额，将余额结转下期或新的账簿并画出结账标志的程序和方法。结账期是由会计期间决定的，会计期间起讫时间的“讫”就是会计人员通常所称的“结账期”。

### （一）结账的前提

（1）检查本期发生的经济业务事项是否已全部登记入账，若发现漏账、错账，应及时补记、更正，保证其正确性。

（2）根据权责发生制的要求，调整有关账项，合理确定本期的成本、费用、收入和财务利润。

（3）期末，将损益类账的发生额反方向转入“本年利润”账，结平损益类账。

（4）年末，将“本年利润”账的贷方或借方差额反方向转入“利润分配——未分配利润”账，结平“本年利润”账。

（5）年末，将“利润分配”账所属各明细账的借方或贷方发生额反方向转入“未分配利润”账，结平“利润分配”账所属各明细账。

### （二）结账的注意事项与方法

在确认本期发生的经济业务事项、调整账项及有关转账业务全部登记入账后，可办理结账手续，结计总账、现金日记账、银行存款日记账、各明细账的本期发生额和余额，并结转至下期账簿记录。结账画线的目的是突出本月合计数及月末余额，表示本会计期的会计记录已经截止或结束，并将本期与下期的记录明显分开。结账线画红线，月结线画单红线，年结线画双红线，画线应画通栏线，不得只将金额部分画线。

**1. 结账的注意事项**

（1）全月最后一笔账都应结计余额。

（2）现金日记账和银行存款日记账必须逐日结出余额。日结可自然进行，既可逐笔结出余额，也可每隔几笔结出一次余额，每天的最后一笔自然结出当天余额，不必另起一行，每月最后一笔余额即为月末余额。

（3）结算类、资本类、财产物资类明细账，平时通常逐笔结出余额，每月最后一笔余额即为月末余额；其他明细账，通常逐笔结出余额，如果业务量较大，笔数较多，平时也可每隔几笔或每隔几天结出一次余额，月末再结出月末余额。

（4）结账时，需要结计本月发生额但不需要结计本年累计发生额的结算类、资本类、财产物资类、生产成本、制造费用等明细账，只进行本月发生额的月结；需要结计本月发生额和本年累计发生额的日记账和损益类明细账，既要进行本月发生额的月结，又要进行年度累计发生额的月结，但每年的第一个月末，只需结计本月发生额，进行本月发生额的月结，12 月末的“本年累计”为全年累计发生额；材料采购明细账不需要结计本月发生额和本年累计发生额。

**2. 结账方法**

（1）本月没有发生额的账户，不必进行月结，不画结账红线。但是，如果为年结，仍然要画年结线。

（2）需要结计本月发生额但不需要结计本年累计发生额的结算类、资本类、财产物资类、生产成本、制造费用等明细账，月结时，先在本月最后一笔记录的下一行紧靠上线画通栏单红线，同时在该行内结计本月发生额及余额，在日期栏内填写本月最后一天的号数，在摘要栏内用红字居中注明“本月合计”字样，在“借方”“贷方”和“余额”栏内分别填写本月发生额合计数和月末余额，然后在下一行紧靠上线画通栏单红线，表示“本月记录到此结束”；年结时，在 12 月末“本月合计”的下一行紧靠上线画通栏双红线（年结线），以示封账。

（3）需要结计本月发生额和本年累计发生额的日记账和损益类明细账，月结时，还应在“本月合计”的下一行结计本年累计发生额和月末余额，在摘要栏内用红字居中注明“本年累计”字样，在“借方”“贷方”和“余额”栏内分别填写本年累计发生额和月末余额，并在下一行紧靠上线画通栏单红线，表示“本月记录到此结束”；年结时，在 12 月末“本年累计”的下一行紧靠上线画通栏双红线（年结线），以示封账。

（4）不需要结计本月发生额和本年累计发生额的材料采购明细账，月结时，只需在本月最后一笔记录的下一行紧靠上线画通栏单红线，表示“本月记录到此结束”；年结时，只需在本年最后一笔记录的下一行紧靠上线画通栏双红线（年结线），以示封账。

（5）全月只发生一笔业务事项的账簿，由于这笔记录的金额就是本月发生额，月结时，无须结计本月合计数，只需在该笔记录的下一行紧靠上线画通栏单红线，以示与下月业务分开即可。但是，如果为年结，仍然要画通栏双红线（年结线）。如果需要结计本年累计发生额的账簿，年结时，还应结计全年累计发生额，在摘要栏内用红字居中注明“本年累计”字样，在“借方”“贷方”和“余额”栏内分别填写全年累计发生额和年末余额，再在下一行紧靠上线画通栏双红线（年结线），以示封账。

（6）总账平时可根据业务量的大小，每隔几笔或每隔几天结出一次余额，月末再结出月末余额，也可月末一次结出余额。月结时，只需结计本月发生额及月末余额，在日期栏内填写本月最后一天的号数，在摘要栏内用红字居中注明“本月合计”字样，在“借方”“贷方”和“余额”栏内分别填写本月发生额合计数和月末余额，同时在下一行紧靠上线画通栏单红线，表示“本月记录到此结束”；年结时，为了反映全年各项资产、负债及所有者权益增减变动的全貌，便于核对账目，所有总账还应在 12 月末“本月合计”的下一行结计全年累计发生额和年末余额，在摘要栏内用红字居中注明“本年累计”字样，在“借方”“贷方”和“余额”栏内分别填写全年累计发生额和年末余额，再在下一行紧靠上线画通栏双红线（年结线），以示封账。

### （三）结转下年

年结时，有余额的账簿，应在年结线下面摘要栏内用红字居中注明“结转下年”字样，发生额及结转的余额均不再抄写，不需要填制记账凭证，也不必将余额以相反的方向记入该行的发生额栏内，使本来有余额的账户没有余额，但必须把年末余额转入下年新账第一页第一行的“余额”栏内，并在摘要栏内用红字居中注明“上年结转”字样，同时将“结转下年”行以下的空行自余额栏的右上角至日期栏的左下角用红笔画对角斜线注销；没有余额的账户，应在“借或贷”栏内写“平”字，并在余额栏的“元”位处填列“θ”符号，以示账目已结平，年结线（双红线）下面空置不填。

# 第八节　试算平衡和报账

## 一、试算平衡

试算平衡是指利用“资产＝负债＋所有者权益”的会计恒等式，按照记账规则的要求，通过汇总、计算和比较，来检查会计账务处理和账簿记录的正确性、完整性的一种方法。试算平衡通过编制试算平衡表方式进行，既可以采用发生额试算平衡法，也可以采用余额试算平衡法。

（1）发生额试算平衡法，是根据本期所有账户借方发生额合计与贷方发生额合计的恒等关系，检验本期发生额记录是否正确的方法。

（2）余额试算平衡法，是根据本期所有账户借方余额合计与贷方余额合计的恒等关系，检验本期账户记录是否正确的方法。根据余额时间不同，又分为期初余额平衡与期末余额平衡两类。期初余额平衡是指期初所有账户借方余额合计与贷方余额合计相等；期末余额平衡是指期末所有账户借方余额合计与贷方余额合计相等。

## 二、报账

报账是指编制各种财务报表和办理纳税申报事宜。这是会计工作的最后一环，也是最重要的一个阶段。单位在没有营业活动之前，不存在申报问题，同时投资者和债权人一般对投资情况及财务状况比较了解，因而单位在这个时候，不论筹建期长短，一般不编制财务报告，会计人员主要是根据会计凭证编制试算平衡表，来验证发生额及余额是否平衡；单位在生产经营期间，必须按照国家统一会计制度的规定，定期编制财务报告，报告企业财务状况和经营成果。财务报告包括财务报表和其他应在财务报告中披露的相关信息和资料，即财务报表及其说明。财务报表由报表本身及其附注两部分构成，报表应包括资产负债表、利润表、现金流量表、所有者权益变动表四张会计报表。

### （一）财务报告的编报要求

（1）各单位对外报送的财务报告应根据国家统一会计制度规定的格式和要求编制。单位内部使用的财务报告，其格式和要求由各单位自行规定。

（2）会计报表应根据登记完整、核对无误的会计账簿记录和其他有关资料编制，做到数字真实、计算准确、内容完整、说明清楚。任何人不得篡改或授意、指使、强令他人篡改会计报表的有关数字。

（3）会计报表之间、会计报表各项目之间，凡有对应关系的数字，应相互一致。本期会计报表与上期会计报表之间有关的数字应相互衔接。不同会计年度会计报表中各项目的内容和核算方法有变更的，应在年度会计报表中加以说明。

（4）各单位应当按照国家统一会计制度的规定认真编写会计报表附注及其说明，做到项目齐全、内容完整。

（5）各单位应当按照国家规定的期限对外报送财务报告。对外报送的财务报告，应依次编定页码，加具封面，装订成册，加盖公章。封面上应注明单位名称，单位地址，财务报告所属年度、季度、月度，送出日期，并由单位领导人、财务总监、会计机构负责人或会计主管人员签名或盖章。单位领导对财务报告的合法性、真实性负法律责任。

（6）根据法律和国家有关规定应对财务报告进行审计的，财务报告编制单位应先行委托注册会计师进行审计，并将注册会计师出具的审计报告随同财务报告按照规定的期限报送有关部门。

（7）如果发现对外报送的财务报告有错误，应及时办理更正手续。除更正本单位留存的财务报告外，还应同时通知接受财务报告的单位进行更正。错误较多的，应重新编报。

### （二）财务报告的整理与装订

月度、季度、年度财务报告应分别装订立卷，一本为一卷。

决算审核意见书、审计报告等应分别附在该期财务报告后一起装订，卷内须逐页顺序编写页码。

财务报告案卷封面应写明单位名称、内部机构名称、报告名称、所属年度、卷内张数、保管期限、档案号，并由会计机构负责人、立卷人分别签名或盖章。

财务报告编制完成并及时报送后，留存的报告应按月装订成册，谨防丢失。小企业可按季装订成册。装订财务报告应注意如下事项：①装订前要按编报目录核对是否齐全，整理报告页数，上边和左边对齐压平，防止折角，如有损坏，应进行修补；②按照财务报告封面、财务报告编制说明、按编号顺序排列的各种会计报表、财务报告封底的顺序装订；③按保管期限编制卷号。

# 第三章 实训指导

## 第一节 会计人员的工作日志

有很多会计新人不知道自己需要做哪些工作，什么时候做以及如何做。要成为一名称职的会计人员，首先要弄清自己要做的事情，做出合理安排，然后分清主次、轻重缓急，按部就班地去做好每一项工作，不要因其他的人其他的事打乱自己的工作节奏，要做一个有主见的会计人员，只有这样才可以做好自己的工作。会计人员每年的工作要点如下。

（1）每月25日至月底前对当月准备抵扣的增值税专用发票抵扣联进行认证。

（2）每月月末编制各种费用分配表，进行费用的归集与分配，计算产成品成本并结转。

（3）每月月末在账务调整的基础上结出各账户的余额及发生额，办理月结。

（4）每月月初在核对银行存款日记账与银行对账单的基础上，编制银行存款余额调节表。

（5）每月8日之前报送统计报表给统计局。

（6）每月1～10日（各地抄税日按照当地税务机关的要求办理）一般纳税人要抄税、填报并打印增值税申报表等一系列报表，做好报税前的准备工作。

（7）每月10～15日纳税申报。一般纳税人可采用远程电子申报形式；小规模纳税人可采用电话申报形式。申报个人所得税的要带上工资明细表复印件。

（8）每年3月进行上年度各项保险的结算。

（9）每年4月15日、7月15日、10月15日、1月15日前申报上季度企业所得税，预缴税款。

（10）每年4月30日前，在年度会计利润的基础上，通过纳税调整计算出应纳税所得额和应纳所得税额，申报上年度企业所得税并进行汇算清缴，同时对资产负债表日后发生的调整事项和非调整事项进行会计处理，调整报告年度会计报表有关项目的年初数，并在报表附注中说明。

（11）每年6月30日之前要办理企业年度报告公示。

（12）每年6月之前到银行金融部门办理贷款证年检。

（13）每年9～11月到银行办理基本户和一般户年检（咨询自己的开户行或相关银行）。

（14）年末，进行年终决算，结平“本年利润”账户和“利润分配”账户所属明细账户（除未分配利润明细账户外），同时办理年结，并编制年度财务报告。

# 第二节　会计岗位的工作流程及账务处理

## 一、出纳岗位

### （一）现金收付

#### 1. 收现

根据会计岗位开具的收据（销售岗位开具的发票）收款→检查收据开具的金额是否正确、大小写是否一致、是否有经手人签名→在收据（发票）上签字并加盖财务专用章→将收据第②联（或发票联）给交款人→登记现金日记账→将记账联连同票据传给工资、固定资产、管理费用、销售、成本等相关岗位签收制证。

说明

①原则上只有收到现金才能开具收据，在收到银行存款或下账时需开具收据的，核实收据上已写有"转账"字样后，加盖"转账"图章和财务专用章，并登记票据传递登记本后，传给相应会计岗位；②在发放工资时代收、代扣的款项，由工资及固定资产岗位开具收据，可以没有交款人签字。

#### 2. 付现

（1）费用报销：审核各会计岗位传来的现金付款凭证金额与原始凭证是否一致→检查并督促领款人签名→根据记账凭证付款→在原始凭证上加盖"现金付讫"图章→登记现金日记账→将记账凭证及时传给主管岗位复核。

（2）人工费、福利费发放：人力资源部门或人事部门开具的支出证明单（包括工资、需以现金形式发放的奖金等款项）→在支出证明单上加盖"现金付讫"图章→登记现金日记账→将支出证明单连同票据传给工资福利岗位制证。

说明

①下午下班后，现金库存应在限额内；②从银行提取现金以及将现金送存银行时都应通知保安人员跟随，并注意保密，确保资金安全。

#### 3. 现金存取及保管

每天上午按用款计划凭开具的现金支票（或存折）提取现金并登记支票使用登记簿→妥善保管现金、准确支付现金→及时盘点现金→下午将多余现金送存银行。

#### 4. 登记现金日记账

登记现金日记账，做到日清月结。

### （二）银行存款收付

#### 1. 银收

（1）销货款：整理销售岗位传来的支票、汇票，并登记支票使用登记簿或票据登记簿→填写进账单→传给主管岗位背书→送银行进账并取回回单→将进账单回单传给销售岗位制证。

（2）其他项目收款：收到除货款以外项目的支票、汇票→填写进账单→传给主管岗位背书→送银行进账并取回回单→传给相关岗位制证。

（3）贷款：收到银行贷款上账回单→传给相关岗位制证。

说明

①银行进账单是持票人或收款人将票据款项存入收款人在银行账户的凭证，也是银行将票据款项记入收款人账户的凭证；②银行进账单分为二联式和三联式两种，不同的持票人应当按照规定使用不同的银行进账单；③二联式银行进账单的第一联为给持票人的回单（即收账通知），第二联为银行的贷方凭证；④三联式银行进账单是付款人在自己的开户行交存支票（即“倒提”）时使用的，第一联是付款人的回单，第二联为收款人银行的贷方凭证，第三联是收款人的收账通知；⑤倒提是指客户在支票出票行（即客户购买支票时，支票卖出行在支票的右上角加盖银行名称及该客户名称）办理的转账支票转款业务，资金流向是从支票出票行到客户在其他银行所开立的存款账户；⑥一般进账单是两联的，将进账单填写完毕，不用盖预留印鉴，连同票据交给银行，银行核对支票信息和进账单审核无误后，在进账单第一联加盖受理章后退给收款人，进账单的第二联和支票由银行留存办理。

2. 银付

（1）日常性业务款项：审核付款审批单（计划内费用经相关岗位审核，超计划费用或计划外费用经财务负责人或财务总监审核）→开具支票（汇票、电汇）并登记支票使用登记簿或票据登记簿→送银行转账并取回回单（划款凭条）→将支票、汇票存根粘贴到付款审批单上（注明支票号及银行名称）→加盖“转账”图章→传给材料、成本费用、销售、工资福利、固定资产（相关部门费用、固定资产购建）等相关岗位制证。

说明

①开出的支票应填写完整，禁止签发空白金额、空白收款单位的支票；②开出的支票（汇票、电汇）收款单位名称应与合同、发票一致；③有前期未报账款项的个人及所在部门，一律不办理付款业务。

（2）打卡工资：根据工资岗位开具的付款审批单（经财务负责人签字）开具支票并登记支票使用登记簿→连同工资表送银行转账并取回回单（划款凭条）→将支票存根粘贴到付款审批单上→加盖“转账”图章→传给工资福利岗位制证。

说明

①每月根据工资发放时间提前 2 天将工资所需款调入银行，并按时将工资款划入工资卡账户；②打卡工资的支票须于工资发放日前 1 天连同工资表送达银行。

（3）还贷及银行结算：收到银行还贷凭证及手续费结算凭证→传给相关岗位制证。

（4）及时将各银行对账单交有关岗位编制银行存款调节表，掌握各银行户头（单位名称、开户银行名称、银行账号），避免空头。

## 二、销售费用岗位

### （一）部门日常费用

审核原始凭证→审核部门费用支出进度（如超计划，可拒绝报销）→编制记账凭证→涉及现金的凭证传给出纳岗位付款，不涉及现金的凭证传给主管岗位复核。

借：销售费用——相关费用项目

贷：库存现金、银行存款、其他应收款

说明

①非工资性费用支出原则上应取得税务局监制的发票或收据，填写规范，大小写金额应一致，无涂改痕迹。②计划内费用应经部门负责人、分管领导、财务负责人审批；计划外费用应有总经理批示的报告。③市内交通费、通信费应经总经办登记；差旅费应附审批后的行程安排表；招待费应附经审批的招待费用明细表。④准确使用明细科目，正确选取费用项目。⑤报销人有前期欠款时，报销费用一律先冲抵欠款，在编制记账凭证时应附开具的还款收据。⑥付款凭证编制完毕后，若遇出纳无现金时，应暂时保存记账凭证，待出纳取回现金后通知领款。

**（二）购置固定资产**

审核是否附有申请报告→审核发票→审核是否有行政事务部门开具的固定资产验收单→审核审批手续是否完备→编制记账凭证→传给出纳岗位付款。

借：固定资产——相关明细科目

贷：库存现金、银行存款

**（三）房租、仓租**

审核是否附有租赁合同→审核是否附有发票或合法收据→审核签字手续是否完备→编制记账凭证→涉及现金的凭证传给出纳岗位付款，不涉及现金的凭证传给主管岗位复核。

借：销售费用——租赁费

贷：库存现金、银行存款、其他应付款

**（四）运费**

审核运输发票→审核审批手续是否完备→编制记账凭证→涉及现金的凭证传给出纳岗位付款，不涉及现金的凭证传给主管岗位复核。

借：销售费用——运输费

应交税费——应交增值税（进项税额）

贷：库存现金、银行存款、其他应付款

说明

①计算抵扣进项税额以运费金额作为基数，不包括包装费、装卸费、保险费等附加费；②准予抵扣进项税额的运输发票上需标注凭证号和抵扣金额。

**（五）赞助费**

审核是否附有申请报告→审核是否附有发票或合法收据→审核审批手续是否完备→编制记账凭证→传给出纳岗位付款。

借：销售费用——宣传费（赞助费）

贷：银行存款、库存现金

说明

①销售部门费用报销，原始凭证需分类规范粘贴；②各项非工资性费用支出原则上应取得合法原始凭证，如不能取得合法原始凭证一律代扣个人所得税。

**（六）广告费用**

**1. 审核月度资金计划**

月底根据预付账款等情况审核策划部门下月资金使用计划→汇总资金计划→报财务负责人审批。

**2. 审核付款**

根据月度资金计划核查付款项目→审核广告合同、发票、照片等→审核“付款审批单”审批手续是否完备→登记资金计划→传给出纳岗位付款→签收出纳岗位传来的“付款审批单”及银行付款凭证→编制记账凭证→传给主管岗位复核。

借：预付账款——客户单位

贷：银行存款

说明

①首次付款时，需留存一份合同复印件。②付款金额在计划内的，直接传给出纳岗位付款；付款金额超计划或计划外款项应经财务负责人或财务总监批准。③支付广告款时应凭发票，并审核下一项所列附件后方能办理，编制记账凭证。④媒体广告应审核发票、报样等；户外广告（车体、墙体、广告牌等）应审核发票、照片等；宣传品、礼品应审核发票、入库单等。

**3. 费用报账**

（1）媒体及宣传品：审核策划部门传来的发票及入库单（宣传品）→审核审批手续是否完备→对照合同编制记账凭证→在合同上登记发票金额、收受日期及凭证编号→分品种登记明细账→传给主管岗位复核。

借：销售费用——宣传品（策划部）

应交税费——应交增值税（进项税额）

贷：预付账款——客户单位

说明

①根据预付账款余额及合同执行情况及时督促策划部门报账，每月与策划部门相关岗位核对各客户账簿余额。②媒体广告包括电台、网站、报纸、车体、墙体、广告牌、条幅等；宣传费包括宣传品、礼品的设计、制作、发送等费用。③收到发票时与策划部门相关岗位一同确认广告费用是否归属销售部门及企业形象宣传广告，不能明确归属销售部门及企业形象的宣传广告则归入策划部门。④宣传品入库时先计入策划部门费用，销售部门领用时冲减策划部门费用。

（2）宣传品发出：审核宣传品仓库明细账→审核仓库传来的当月宣传品领用汇总表和出

库单→编制记账凭证→传给主管岗位复核。

借：销售费用——广告费

贷：销售费用——宣传品（策划部）

说明

审核推广会费用时，应查询是否为借款支出；若为借款，则开具还款收据，冲抵欠款。

（3）推广会：审核推广会申请报告及照片等相关材料→审核原始凭证→编制记账凭证→涉及现金的凭证传给出纳岗位付款，不涉及现金的凭证传给主管岗位复核。

借：销售费用——推广费

贷：库存现金、其他应收款

## 三、管理费用岗位

### （一）部门日常费用

审核原始凭证→审核部门费用支出进度（如超季度计划除分管领导审批外，还应报总经理审批；如超年度计划，可拒绝报销）→编制记账凭证→涉及现金的凭证传给出纳岗位付款，不涉及现金的凭证传给主管岗位复核。

借：管理费用——相关费用项目

贷：库存现金、银行存款、其他应收款

### （二）资金付出

#### 1. 审核月度资金计划

月底根据年度费用计划、相关往来账及合同，审核管理部门下月资金使用计划→汇总资金计划→报财务负责人审批。

说明

研究开发中心的合同执行费、行政事务部门的维修购置费、人力资源部门的大型培训费等预见性较强的专项费用，需在月度资金计划中报出。

#### 2. 审核付款及报账

根据月度资金计划核查付款项目→审核“付款审批单”审批手续是否完备→登记资金计划→传给出纳岗位付款→签收出纳岗位传来的“付款审批单”及银行付款凭证（或附发票）→收受管理部门交来的发票→审核发票上的审批手续是否完备→审核银行票据存根上是否有领用或收款人签字→编制记账凭证→传给主管岗位复核。

说明

①付款时除预付款项或临时外出采购外，均须凭发票付款；②款项付出后，督促相关人员将支票和汇票在规定期内报账。

借：管理费用——相关费用项目

贷：银行存款

### （三）特殊费用核算

#### 1. 办公用品入库与领用

（1）入库：审核支票存根与发票是否对应→审核发票金额、数量是否与入库单一致→编制记账凭证→涉及现金的凭证传给出纳岗位付款，不涉及现金的凭证传给主管岗位复核。

借：低值易耗品——相关明细科目

应交税费——应交增值税（进项税额）

贷：库存现金、银行存款、应付账款

（2）领用：月末审核办公用品明细账→审核办公用品的领用汇总表→编制记账凭证→传给主管岗位复核。

借：管理费用——办公费

贷：低值易耗品——相关明细科目

说明

①办公用品由行政事务部门按部门上报计划控制并统一购进，办理入库手续后，由各部门按月领用；②年末对办公用品进行盘点。

2. 修理费

（1）汽车维修：审核车队核算员传来的车辆运行费用→审核车队核算员辅助账并签章→编制记账凭证→涉及现金的凭证传给出纳岗位付款，不涉及现金的凭证传给主管岗位复核。

说明

若已通过银行付出款项，应当将支票存根与出纳传来的付款审批单匹配。

借：管理费用——修理费

应交税费——应交增值税（进项税额）

贷：库存现金、银行存款、其他应付款

（2）零星维修：行政事务部门传来的修理发票→审核发票是否注明修理项目及承担部门（如有承担部门，须经部门负责人签字认可）→编制记账凭证→涉及现金的凭证传给出纳岗位付款，不涉及现金的凭证传给主管岗位复核。

借：管理费用——修理费

贷：库存现金、银行存款、其他应付款、原材料

说明

由于由行政事务部门统一组织厂房设施的维修与结算，维修费用也可能涉及制造费用等。

（3）维修物资收发。①入库：审核支票存根与发票是否对应→审核发票金额、数量是否与入库单一致→编制记账凭证→涉及现金的凭证传给出纳岗位付款，不涉及现金的凭证传给主管岗位复核。

借：工程物资——相关明细科目

贷：库存现金、银行存款、应付账款

②领用：季末审核维修物资明细账→审核仓库传来的领用汇总表→编制记账凭证→传给主管岗位复核。

借：管理费用——修理费

贷：工程物资——相关明细科目

说明

①维修物资指由行政事务部门根据修理需要购入的各种物资，如钢筋、水泥、木材、沥青、砖瓦等；②审核时具体依据《维修物资核算管理办法》；③年末对维修物资进行盘点。

说明

研究开发费包括产品开发中心购买的相关工具、器具（按固定资产管理的除外）、材料等支出。

3. 研究开发费

审核产品开发中心传来的发票→编制记账凭证→涉及现金的凭证传给出纳岗位付款，不涉及现金的凭证传给主管岗位复核。

借：研发费用

贷：库存现金、银行存款、其他应付款

4. 无形资产摊销

月末摊销无形资产→编制记账凭证→传给主管岗位复核。

借：管理费用——无形资产摊销

　　贷：累计摊销——相关明细科目

## 四、资金岗位

1. 财务费用

签收出纳岗位传来的利息收入、利息支出、手续费结算单→登记资金计划→编制记账凭证→传给主管岗位复核。

说明

根据利息支出时间、金额及时向出纳员查询余额是否足够支付利息，提醒出纳员及时划转资金保证付息。

借：财务费用——利息支出

　　贷：银行存款、应付利息

2. 贷款、还贷

签收出纳岗位传来的银行贷款上账凭证或还款凭证→登记贷款期限、还款日期、利率→编制记账凭证→传给主管岗位复核。

（1）贷款：

借：银行存款

　　贷：短期借款、长期借款——相关明细科目

（2）还贷：

借：短期借款、长期借款——相关明细科目

　　贷：银行存款

说明

①凭证摘要栏应注明贷款起止日期、利率；②根据还款时间、金额编入财务部门月度资金计划，及时提醒财务负责人安排还贷资金。

## 五、往来岗位

1. 借款

审核是否已还清欠款→审核借款额度→登记还款时间→编制记账凭证→传给出纳岗位付款。

说明

①前欠不清者，拒绝再借；②摘要栏中应注明借款用途、还款日期。

借：其他应收款——相关明细科目

　　贷：库存现金

2. 还款

开具还款收据→传给出纳岗位收款→根据出纳岗位传来的收据第三联编制记账凭证→传给主管岗位复核。

借：库存现金

　　贷：其他应收款——相关明细科目

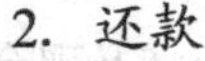

3. 清理、催收

（1）直接从借款人报销费用中扣还，并及时将欠款人名单通知其他岗位。

（2）月底前清理各部门人员借款情况→编制“部门借款情况明细表”（列明借款人、借款金额、是否逾期）→下发各部门提醒借款人归还→截至规定日期仍有未还款者→编制“扣款明细表”（列明扣款人、本月扣款金额）→通知工资福利岗位从借款人工资中扣除。

## 六、固定资产岗位

### （一）固定资产

1. 购进

审核付款→督促报账→审核发票和固定资产验收单→查询已付款情况→编制记账凭证→传给主管岗位复核。

借：固定资产——相关明细科目

　　应交税费——应交增值税（进项税额）

　　贷：银行存款、预付账款

说明

①款项付出应严格遵守《资金付出管理办法》；②根据合同及付款情况及时督促相关部门办理报账手续；③购进固定资产后应凭发票、验收单、调拨单办理固定资产调拨手续，生产用固定资产由生产部门负责，非生产用固定资产由行政事务部门负责；④固定资产入账时，记账凭证摘要栏应注明固定资产名称、型号及使用部门；⑤固定资产在各车间、部门之间调拨应进行相应账务处理，以便加强对固定资产的管理和准确提取折旧。

2. 提取折旧

根据固定资产明细账查询上月增减固定资产→对应固定资产原值及折旧政策计算增减变动的累计折旧→编制折旧计算表→编制记账凭证→传给主管岗位复核。

借：管理费用、制造费用、销售费用——折旧费

　　贷：累计折旧

说明

①月初根据固定资产卡片计算各部门、各类固定资产每月应提折旧金额，每月根据固定资产增减变动情况及时调整，编制折旧计算表；②月度提取折旧金额发生变动时，应将提取折旧的依据传递一份给各车间核算员，由车间核算员对应固定资产清单核实固定资产的存在及折旧提取的准确性；③年末根据固定资产明细表计算全年折旧，冲回由于净值低于全年应提折旧的个别固定资产多提的折旧，并确定下一年度提取折旧的基数。

3. 固定资产清理——盘点

年中、年末组织行政事务部门及生产部门相关人员对固定资产进行盘点→整理固定资产明细表→出具盘点报告。

（1）盘盈。

1）属于因某种原因尚未入账的，应补办手续登记入账，其账务处理如下。

第一步，登记入账：

借：固定资产——相关明细科目

贷：应付账款等

第二步，补提折旧：

借：以前年度损益调整

贷：累计折旧

说明

盘点过程中出现的固定资产盘盈、盘亏情况应及时上报，督促相关部门进行处置。

第三步，调整应交所得税：

借：应交税费——应交所得税

贷：以前年度损益调整

第四步，将“以前年度损益调整”科目余额转入“利润分配”科目：

借：利润分配——未分配利润

贷：以前年度损益调整

第五步，调整利润分配有关数据：

借：盈余公积——相关明细科目

贷：利润分配——未分配利润

2）属于无法查明原因的，其账务处理如下。

第一步，登记入账并补提折旧：

借：固定资产——相关明细科目

贷：累计折旧

以前年度损益调整

第二步，调整应交所得税：

借：以前年度损益调整

贷：应交税费——应交所得税

第三步，将“以前年度损益调整”科目余额转入“利润分配”科目：

借：以前年度损益调整

贷：利润分配——未分配利润

第四步，调整利润分配有关数据：

借：利润分配——未分配利润

贷：盈余公积——相关明细科目

（2）盘亏

第一步，报批前，调整账面记录：

借：待处理财产损溢——待处理固定资产损溢

累计折旧

贷：固定资产

应交税费——应交增值税（进项税额转出）

第二步，报批后，结转损失：

借：营业外支出——盘亏损失

　　贷：待处理财产损溢——待处理固定资产损溢

4. 固定资产清理——清理报废

定期组织行政事务部门及生产部门相关人员对固定资产进行核查→督促处置已报废及长期闲置的固定资产→核实报废及长期闲置的固定资产原值、已使用年限及折旧提取情况→审核固定资产清理转出报告→编制记账凭证→传给主管岗位复核。

（1）转销固定资产时：

借：固定资产清理——相关明细科目

　　累计折旧

　　贷：固定资产

（2）收到清理收入时：

借：库存现金、银行存款

　　贷：固定资产清理——相关明细科目

（3）支出清理费用时：

借：固定资产清理——相关明细科目

　　贷：库存现金、银行存款

（4）结转损益时：

借：固定资产清理——相关明细科目

　　贷：营业外收入——处置非流动资产利得

或者：

借：营业外支出——处置非流动资产损失

　　贷：固定资产清理——相关明细科目

### （二）在建工程

1. 日常费用

审核原始凭证→审核部门费用支出进度（如超计划支出，可拒绝报销）→编制记账凭证→涉及现金的凭证传给出纳岗位付款，不涉及现金的凭证传给主管岗位复核。

借：在建工程——相关明细科目

　　应交税费——应交增值税（进项税额）

　　贷：库存现金、银行存款、其他应收款

2. 在建工程核算

（1）工程立项：确定工程项目→向相关部门索取核准后的立项报告及工程预算→设立明细科目。

（2）工程招标：阅读招标文件→开具投标保证金收据并制证→参与议标、评标、定标→参与合同条款的订立→保留合同复印件。

1）收到投标保证金时：

借：银行存款

　　贷：其他应付款——投标保证金

2）退还投标保证金时：

借：其他应付款——投标保证金

贷：银行存款

（3）支付工程款：①月底核查工程合同及在建工程款项付出情况→审核工程项目资金月度计划→汇总资金计划→报财务负责人审批；②根据月度资金计划核查付款项目→审核工程合同、进度款收据或发票等→审核“付款审批单”审批手续是否完备→登记资金计划→传给出纳岗位付款→签收出纳岗位传来的“付款审批单”及银行付款凭证→编制记账凭证→传给主管岗位复核。

借：在建工程——建筑工程（工程名称）

在建工程——安装工程（客户单位）

在建工程——在安装设备（设备名称）

在建工程——待摊支出（费用项目）

在建工程——更改工程（工程名称）

在建工程——装饰装修（客户单位）

在建工程——大修工程（工程名称）

工程物资——相关明细科目（物资名称）

贷：银行存款

（4）领用工程物资：领用购置的有关物资→编制记账凭证→传给主管岗位复核。

借：在建工程——相关明细科目

贷：工程物资——相关明细科目（物资名称）

说明

①付出款项时应凭收据或发票付款，账务处理具体依据《基建工程核算管理办法》；②支付尾款时应取得全额发票，发票金额作为工程支出，质保金应在其他应付款中核算，并在摘要中注明工程名称；③收到发票转入在安装设备时，摘要栏中应注明设备名称、型号等。

（5）转入固定资产：清查完工工程的各项支出→组织完工工程审计→编制工程明细表→分摊待摊基建费用支出→向相关部门提供竣工决算表→审查固定资产调拨单→编制记账凭证→传给主管岗位复核。

借：固定资产——相关明细科目

贷：在建工程——建筑工程、更改工程、大修工程

## 七、材料岗位

### （一）材料采购

根据应付账款余额及收料单第二联督促采购员报账→审核签收采购员传来的购货发票、运费发票→编制记账凭证并取下第四联副联留作配单用→将可以抵扣的发票抵扣联注明凭证号后抽出→传给主管岗位复核。

借：原材料、包装物、低值易耗品——相关明细科目

应交税费——应交增值税（进项税额）

贷：应付账款——客户单位

说明

①采购发票必须真实、合法、有效，原则上应取得增值税专用发票；②货物运输增值税专用发票应按运费金额（不包括包装费、装卸费、保险费等）和9%扣除率计算进项税额，扣税后的运费应计入采购成本中；③收料单填写应规范完整，且“收料仓库”栏的填写与材料所属账本名称一致，收料单数量、金额与发票必须一致；④记账凭证摘要栏应注明材料名称及数量，并正确选取应付账款明细科目，同科目中相近客户名称和相同客户名称应位于不同的科目中。

**（二）采购付款**

**1. 审核月度资金计划**

根据下月生产计划、采购计划、客户单位应付账款余额、原材料入库、发票所到时间等相关情况审核生产部门下月资金使用计划→汇总资金计划→报财务负责人审批。

**2. 审核付款**

根据月度资金计划审查付款项目→审核“付款审批单”审批手续是否完备→登记资金计划→传给出纳岗位付款→月末统计本月资金计划使用情况→与下月资金计划一同报财务负责人→签收出纳岗位传来的“付款审批单”及银行付款凭证→编制记账凭证→传给主管岗位复核。

借：应付账款——客户单位

贷：银行存款

**3. 应付账款**

督促采购员报账→月末打印应付账款科目余额表传给采购员对账→保证应付账款的真实与正确。

说明

应当熟悉客户供货品种、各客户对应的采购员，以便于账务清理和催促报账。

**（三）审核仓库明细账**

**1. 收料**

（1）入库：定期审核仓库材料明细账→核查入库材料的数量、单价、金额→抽出收料单第二联（稽核联）→登记财务部门原辅材料明细账。

（2）配单：月末收料单第二联与第四联副联配对→清查货已到但发票未到情况→凭未配上的第二联编制记账凭证→传给主管岗位复核并督促采购员报账→下月初用红字冲回此凭证→月末凭未配上的第二联收料单重新挂账。

借：原材料、包装物、低值易耗品——相关明细科目

贷：应付账款——应付暂估料款

说明

仓库明细账涉及原料库、包装库、低耗库、自制半成品库等包含的所有明细账。

说明

①未配上的第二联收料单为仓库已验收入库，但采购员还未到财务部门报账，此时财务部门按收料单金额暂作入库处理，以便与仓库账保持一致；②未配上的第四联为材料已入库，且已收到发票，但仓库未记账，这种情况只有在仓库与财务轧账时间不一致时才存在，如有其他问题应及时查明原因。

（3）暂估入库：在发票未到、价格暂时无法确定时，先由采购员按合同价、最近历史价或市价等估价填写在收料单上，待收到发票后，如暂估价与实际价不一致，采购员应按发票金额补填蓝字或红字收料单调整原收料单，经仓库保管员签字，将第二联留仓库记账，第三联和第四联与估价收料单第三联和第四联一并附在发票后报账，保证发票和所附收料单金额之和一致。

**2. 发料**

（1）车间部门领料：审核领料单→审核仓库管理员登记发出数量是否准确→抽出领料单→录入计算机发出模块→编制分车间部门分品种领料单明细表（附后）→登记领料单金额（=发出数量×单价）→在仓库明细账中登记发料金额→分类汇总各车间部门费用→打印车间领料单明细表传给车间核算员→核对领料数量，传递发出成本数据→核对无误后，按各车间部门、各发料仓库编制发料凭证汇总表→编制记账凭证→传给成本岗位审核。

借：基本生产成本——车间（品名及直接材料）

辅助生产成本——（品名及直接材料）

制造费用——车间（相关费用项目）

管理费用——相关费用项目

销售费用——相关费用项目

贷：原材料、包装物、低值易耗品——相关明细科目

说明

部门领料单应经部门负责人审核，分管领导签字，车间领料单应经车间主任签字。

（2）零星对外销售。

1）结转销售材料成本：领料单分类汇总完毕→凭分类汇总表编制零星出售材料记账凭证→传给成本岗位审核。

借：其他业务成本——相关明细科目

贷：原材料、包装物、低值易耗品——相关明细科目

2）销售材料收入：审核对外销售材料批件→开具收据或督促开票岗位开具发票→传给出纳岗位收款→凭发票记账联或收据编制记账凭证→传给销售岗位审核。

说明

实际账务处理中应将此笔业务与部门领料单合编一张记账凭证。

借：库存现金、银行存款

贷：其他业务收入——相关明细科目

应交税费——应交增值税（销项税额）

说明

①仓库发出材料应经生产部长签字，经材料岗位审核，并有财务部门收款凭据（盖有“现金收讫”或“银行收讫”的发票或收据复写联）；②售出材料需开具发票的，开票岗位应凭材料岗位审核后的报告开具发票，记账联交给材料岗位编制记账凭证；③无须开具发票的，由材料岗位开具收据，并同时复写两份传给仓库管理员记账、发货。

**3. 结材料仓库明细账**

材料仓库明细账审核登记完毕，结出各种材料余额，督促仓库管理员与实物核对，并将账本余额分类汇总与财务账核对。

4. 盘点

每季度组织相关人员对原材料、包装、低耗仓库实物盘点一次→督促仓库管理员编制盘存表并及时提供盘点结果→协助仓库管理员报告有关问题事项→根据公司处理决定编制记账凭证。

（1）盘盈。

1）报批前，调整账面记录：

借：原材料、包装物、低值易耗品——相关明细科目

贷：待处理财产损溢——待处理流动资产损溢

2）报批后，结转收益：

借：待处理财产损溢——待处理流动资产损溢

贷：管理费用——存货盘盈

（2）盘亏。

1）报批前，调整账面记录：

借：待处理财产损溢——待处理流动资产损溢

贷：原材料、包装物、低值易耗品——相关明细科目

2）报批后，结转损失：

借：管理费用——存货盘亏

营业外支出——非常损失

贷：待处理财产损溢——待处理流动资产损溢

## 八、成本岗位

### （一）生产部门日常费用报销

审核原始凭证→审核部门费用支出进度（如超计划支出，可拒绝报销）→编制记账凭证→涉及现金的凭证传给出纳岗位付款，不涉及现金的凭证传给主管岗位复核。

借：制造费用——车间（相关费用项目）

贷：库存现金、银行存款、其他应收款

### （二）其他支出

1. 水（电）费

收到出纳岗位传来的水、电费委托收款凭证→分出非生产用水、电费发票→将生产用水、电费发票传给生产部门相关岗位换取增值税专用发票→编制记账凭证→传给主管岗位复核。

借：辅助生产成本——车间（品名及相关成本费用项目）

制造费用——车间（水电费）

管理费用——水电费

应交税费——应交增值税（进项税额）

贷：银行存款

2. 审核材料领用

月末收到材料岗位传来的当月原材料领料汇总表、记账凭证→对照领料单审核发料凭证

汇总表→对照汇总表审核记账凭证→传给主管岗位复核。

说明

材料领用涉及基本生产成本、辅助生产成本、制造费用等，因而只有此凭证编制后才可以结转制造费用、辅助生产费用。

### （三）制造费用及辅助生产成本归集与分配

#### 1. 辅助生产成本

月末查询并打印当月辅助生产成本科目余额表→传给辅助生产车间核算员编制辅助生产成本分配明细表→编制记账凭证→传给主管岗位复核。

借：基本生产成本——车间（品名及相关成本项目）

制造费用——车间（相关费用项目）

管理费用——相关费用项目

销售费用——相关费用项目

贷：辅助生产成本——车间（品名及相关成本费用项目）

#### 2. 车间制造费用

月末查询并打印当月制造费用→向生产部门统计岗位取得各车间产量和工时记录→编制制造费用分配表→编制记账凭证→传给主管岗位复核。

借：基本生产成本——品名（制造费用）

贷：制造费用——车间（相关费用项目）

说明

①必要时应向各车间提供制造费用明细账相关情况；②月末结转制造费用，结转后不能再有该项费用发生，因而月末应将此项当月费用凭证全部编制完毕。

### （四）生产成本核算

#### 1. 归集基本生产成本

检查制造费用和辅助生产成本是否结转完毕→检查工资薪金分配、原材料领用、产成品入库凭证是否已编制→月末打印各车间生产成本汇总表及制造费用汇总表→传给各车间成本核算员。

#### 2. 计算产品成本

车间成本核算员根据当月车间生产的产品品种和数量、各产品耗用的工时及成本岗位提供的生产成本汇总表等，将车间当月生产成本在完工产品、半成品和在产品之间进行分配，编制产品成本计算表传给成本岗位。

说明

审定辅助生产车间统计分摊的工时，确保摊入各车间部门的费用准确合理。

#### 3. 产成品入库

（1）审核产成品明细账：定期审核仓库产成品、自制材料明细账→核对入库单（第四联）数量与仓库管理员登记的明细账借方的数量是否一致→取下入库单第四联→分车间分品种暂时保存。

（2）审核成本计算表：检查车间成本核算员编制的成本计算表→核对完工产品、半成品数量和入库单第四联数量是否一致→根据成本计算表及入库单第四联编制记账凭证→成本计算表及入库单传给销售岗位，记账凭证传给主管岗位复核。

借：库存商品——××产品

贷：基本生产成本——车间（品名及直接材料、直接工资、制造费用）

（3）编制完工产品成本汇总表：将每月完工产品成本资料输入“完工产品成本汇总表”，以汇总反映产成品的成本情况。

（4）登记仓库产成品（自制材料）明细账借方金额：根据已审核成本计算表，将入库产成品（自制材料）成本金额登记在仓库产成品（自制材料）明细账借方。

#### 4. 计算加权平均单价

产成品（自制材料）加权平均单价 =（期初结余金额 + 本期入库金额）÷（期初结余数量 + 本期入库数量），为本期产成品（自制材料）发出单价。

#### 5. 产成品出库

审核仓库产成品明细账登记的发出数量→抽出产成品发出凭证并编制分类汇总表→计算发出金额（= 数量 × 产成品加权平均单价）→在仓库明细账中登记发出金额→将产成品发出分类汇总表传给销售岗位。

#### 6. 结仓库产成品明细账

仓库明细账审核登记完毕，结出各种产品余额，督促仓库管理员与实物核对，并将账本余额分类汇总结果与财务账核对。

#### 7. 盘点

每半年应组织相关人员对仓库实物盘点一次：督促仓库管理员编制盘存表并及时提供盘点结果→协助仓库管理员报告有关问题和事项→根据公司处理决定编制记账凭证。账务处理可比照材料进行。

## 九、销售岗位

### （一）库存商品核算

月末根据成本计算表及入库单分品种登记“库存商品”账的借方→计算库存商品账加权平均单价→根据销售单汇总表的数量及成本分品种登记“库存商品”账的贷方，结库存商品账。

### （二）发出商品的核算

月末根据销售单汇总表的数量及成本分品种登记“发出商品”账的借方→根据“主营业务成本明细表”登记“发出商品”账的贷方，结发出商品账→编制记账凭证→传给主管岗位复核。

借：发出商品——××产品

贷：库存商品——××产品

### （三）主营业务收入核算

1. 正常销售

根据本月销售发票记账联，分品种汇总销售数量及金额→与销售部门核对→编制“主营业务收入明细表”→编制记账凭证→传给主管岗位复核。

借：应收账款——客户单位

　　贷：主营业务收入——××产品

　　　　应交税费——应交增值税（销项税额）

2. 退货

发生退货时，开票岗位可以要求客户单位退回原发票进行作废处理，也可以向客户单位开具红字销货发票。退货的账务处理通常与销售的账务处理相反。

### （四）主营业务成本核算

1. 正常销售

根据“主营业务收入明细表”，计算当月主营业务成本→编制“主营业务成本明细表”→编制记账凭证→传给主管岗位复核。

借：主营业务成本——××产品

　　贷：库存商品——××产品

　　　　发出商品——××产品

2. 退货

月末根据销售单备注及单号，确定退货品种的数量→根据库存商品账和发出商品账上月结存单价或本月末加权平均单价，算出退货成本，形成退货一览表→根据退货一览表分品种登记库存商品账和发出商品账。退货的账务处理通常与销售的账务处理相反。

### （五）回款的核算

根据业务员提供的交款明细中的客户名称和金额开具收款收据→将收据传给出纳岗位收款→收回出纳收款盖章后的收据存根→编制记账凭证→传给主管岗位复核。

借：库存现金、银行存款

　　贷：应收账款——客户单位

### （六）编制产品销售利润表

各品种产品的销售数量、销售收入、销售成本应根据当月“主营业务收入及成本明细表”相关数量、金额进行填列，加工收入应纳入“其他”中；销售税金、销售费用根据当月“利润表”的税金及附加、销售费用本月发生额进行填列。

## 十、工资福利岗位

### （一）工资发放

1. 编制正式工资表

月度工资表→编制正式工资表→打印工资明细表→传给人力资源部门作档案保存。

2. 编制记账凭证

每月固定日期前填写付款审批单→传给财务负责人审批→连同工资数据传给出纳岗位划款，保证固定日的下一日到账→根据正式工资明细表开具扣款收据→根据工资结算汇总表、出纳岗位传来的付款资料编制记账凭证→传给主管岗位复核。

借：应付职工薪酬——工资

　　贷：应付职工薪酬——相关明细科目

　　　　其他应收款——代扣相关明细科目

　　　　其他应收款——冲借款相关明细科目

　　　　应交税费——应交所得税（个人所得税）

　　　　银行存款

3. 装订工资信息资料

工资发放完毕，将各种信息资料分类装订成册，妥善保管。

4. 退休人员补贴发放

根据人力资源部门退休人员补贴变动通知调整补贴明细表→打印补贴明细表送人力资源部门复核→复核无误，填写付款审批单→传给财务负责人审批→根据出纳岗位传来的付款资料编制记账凭证→传给主管岗位复核。

借：管理费用——劳保（退休人员补贴）

　　贷：银行存款

注意

①退休人员工资由社保发放，企业只负责发放退休人员补贴；②新增退休人员时，应向人力资源部门询问退休人员账号及社保号，以便向退休人员账号中划入补贴。

（二）工资分配

月末打印当月应付工资明细汇总表→编制工资分配明细表，工资薪金总额及计算的社保费用等→编制记账凭证→传给主管岗位复核。

借：管理费用——工资及福利

　　销售费用——工资及福利

　　制造费用——车间（工资及福利）

　　基本生产成本——车间（品名及直接人工）

　　辅助生产成本——车间（品名及直接人工）

　　在建工程——相关明细科目

　　研发费用——相关明细科目

　　贷：应付职工薪酬——工资

　　　　应付职工薪酬——社保费用

　　　　应付职工薪酬——公积金

### （三）福利性费用支出

审核行政事务部门签批的托幼费、医药费及困难补助等支出→编制记账凭证→传给出纳岗位付款。

借：应付职工薪酬——职工福利

　　贷：库存现金、银行存款

借：管理费用——职工福利

　　贷：应付职工薪酬——职工福利

## 十一、税务岗位

### （一）抄税

按《发票使用明细表》格式录入当月已开具的发票→与销售岗位核对收入金额→整理并装订发票存根联→打印《发票使用明细表》并按月装订成册→每月10日前抄税。

说明

①销售部门对外开具的普通发票，在核算收入当月进行抄税；②保证所录入的销售发票税款金额与财务系统中的销项税额一致，并且当月增值税销项税额＝（销售收入＋其他业务收入）×13%；③增值税专用发票存根按每本25张装订，并计算每本销售额和税额与“发票使用明细表”对应，普通发票不必重新装订；④整理装订发票存根联过程中须注意作废发票是否所有联次齐全，红字发票是否附合法依据；⑤抄税前须做到金税盘抄税数据、开具的全部增值税专用发票存根联数据、财务软件中相关数据等内容相符。

### （二）抵扣

收受主管岗位传来的抵扣联→与财务系统核对当月进项税额→将抵扣联及抵扣联清单装订成册。在次月纳税申报期内，登录增值税发票综合服务平台统一认证（抵扣认证操作流程按税控软件操作要求进行）。

### （三）申报税款

每月10日前填写各类税款申报表→传给主管岗位审核→传给财务负责人审批→申报→登记税票→申报表归类保存。

说明

①填写税款申报表时，应查询并扣除提前开具税票的税款金额，如出口交税、预交的其他税款应在已交税金栏中反映；②各类税款申报金额应以相关税法为依据；③领到申报开具的各类税票后，应分税种在税票登记本中登记；④全年申报表应按税种分类装订成册。

### （四）代办出口退税相关手续

复印开给出口贸易单位的发票记账联→填写出口交税申报表→传给主管岗位审核→传给财务负责人审批→申报→登记税票。

### （五）税款缴纳

1. 申报月度资金计划

月末根据当月开票及抵扣情况、税款缴纳计划等，预计下月税款所需资金→填写月度资金计划表→传给财务负责人审批。

2. 税款缴纳

填写付款审批单→传给财务负责人审批→连同税票和付款审批单交出纳办理银行结算手续→登记资金计划表→签收出纳岗位传来的银行转账回执→在税票登记簿中注销相应的税票→编制记账凭证。

（1）完税：

借：应交税费——应交增值税（已交税金）

应交税费——未交增值税

应交税费——应交所得税（企业所得税、个人所得税）

应交税费——应交城市维护建设税

应交税费——应交教育费附加

贷：银行存款

（2）企业公积金是当月缴纳当月的，签收公积金缴款凭证→填写付款审批单→传给财务负责人审批→传给出纳岗位缴款→签收出纳岗位传来的公积金缴款凭证存根→编制记账凭证→登记公积金辅助账→传给主管岗位复核。

借：应付职工薪酬——住房公积金

其他应收款——代扣公积金

贷：银行存款

（3）企业社会保险费是当月缴纳当月的，签收出纳岗位传来的养老金缴纳凭证→编制记账凭证→传给主管岗位复核。

借：应付职工薪酬——社会保险费

其他应收款——代扣社会保险费

贷：银行存款

说明

①向税卡中凭税票划款时，应同时将相应的税票交给征管员，从税卡入库后，收到征管员传来的完税税票和付款凭证时，编制记账凭证，并在税票登记本中注销该税票；②编制完税记账凭证时，应在摘要栏中注明票号和所属期。

### （六）发票的领购及使用

根据发票需求量及时填写票据领购凭证→传给财务负责人盖章→去税务局购领→登记所购票据→放入保险柜→登记发放情况→领用人签名→编制当月票据领用情况表。

说明

①应及时购买所需的票据，随时满足领用需求；②票据按本发放，领用人应交回用完后的票据存根，换领新的票据；③领购的空白票据应妥善保管。

## 十二、主管岗位

### （一）月末结转及提取相关税金

#### 1. 结转当月地方小税

查询当月地方小税种的明细账→记录当月地方小税种存在借方发生额的金额→编制相应的记账凭证将其转平。

借：税金及附加——房产税、土地使用税、车船使用税

贷：应交税费——应交房产税、应交土地使用税、应交车船使用税

#### 2. 结转当月未交增值税

查询当月应交增值税明细账→计算当月应交增值税明细账余额→编制相应的记账凭证将余额转出。

借：应交税费——应交增值税（转出未交增值税）

贷：应交税费——未交增值税

#### 3. 计提当月税金及附加

查询当月增值税及消费税的应交数和营业收入→根据国家及地方税收政策计算出各附加税费金额→编制相应的记账凭证。

借：税金及附加

贷：应交税费——应交城市维护建设税

应交税费——应交教育费附加

### （二）复核会计凭证

对出纳岗位传来的涉及现金的凭证以及所有核算岗位传来的不涉及现金的凭证逐个进行复核→发现会计凭证有差错→提请各核算岗位改正（其中出现的异常差错应先征求相关负责人的意见后才能予以改正）→将需要抵扣进项税额的增值税专用发票抵扣联和货物运输业增值税专用发票抵扣联抽出并在发票右上角写上该税票的月份及凭证号→传给税务岗位验票并编制抵扣联清单→将已复核的会计凭证按凭证号顺序清理整齐。

### （三）编制以及出具会计报表

将所有已经过人工复核的会计凭证在计算机的账务系统逐个进行复核→将所有账务系统中已经复核的凭证进行计算机记账→通过计算机中的账务系统进行所有结转凭证的生成→复核所有已生成的结转凭证是否正确→对已核准无误的结转凭证进行计算机记账→出具会计报表→传给财务负责人审定→审定无误后将其复印若干份→填写用章审批单并加盖公司章→再盖上法定代表人、财务总监或总会计师、财务部门负责人三人的私章→发给其他各相关部门和单位并在发文签收本上签下接收人的姓名和日期。

如果还是手工记账，则没有将数据输入计算机这一过程。

### （四）编制以及出具会计报表附注

将各核算岗位提供的资料收齐→编制会计报表附注→复印→在财务系统内部下发。

> 说明
>
> 每月的财务会计报表附注，应在下月的15日之前出具。

### （五）编制财务分析报告

季末财务报表出具之后向相关核算岗位收集财务分析报告所需资料和信息→编写财务分析报告→传给账务负责人审定→将审定后的财务分析报告打印→复印若干份→向单位负责人请示后发给相关人员。

> 说明
>
> 3月和9月为季度财务分析；6月和12月为半年和年度财务分析；每季的财务分析报告应在下月的20日之前出具，经领导审定无误才能予以下发。

### （六）编制现金流量预测表

季度终了，应当将上季度编制的"现金流量预测表"与资金实际发生数予以核对→逐个查询经营活动、投资活动、筹资活动各自的现金流入和现金流出明细→编制上季度预测数与实际发生数对比分析表→再根据下一季度的资金使用计划和经营规划编制下一季度的现金流量预测表→传给财务负责人审定→将审定后的"现金流量预测表"打印→复印若干份→盖章后下发给相关人员。

> 说明
>
> "现金流量预测表"应在下一季度开始月份的25日之前出具，经领导审核无误才能予以下发。

# 第三节　原始凭证中的错弊及鉴别

原始凭证的差错是导致会计核算中许多差错的源头。原始凭证的差错一方面可能是由于别有用心的人出于个人投机的目的或私心伪造导致的，另一方面也可能是由于单位内部的管理制度不够严密存在漏洞而导致的。一个单位如果出现人为操作原始凭证的现象，会对社会和单位产生很大的危害，对会计人员来说，也具有很大的风险。

## 一、原始凭证中的舞弊

原始凭证舞弊是指篡改、伪造、窃取、不如实填写原始凭证，或者利用废旧原始凭证将个人所花费用伪装为单位的日常开支，借以达到损公肥私的目的。原始凭证中的舞弊行为主要有以下几种。

（1）篡改原始凭证的接受单位和人员，掩盖事情真相，进行贪污作弊。例如，某企业领导通过篡改凭证接受人将自己子女上学的费用作为企业的职工培训费入账。

（2）某些人员从不法分子手中购得假空白发票填上后到单位报销入账。

（3）开具阴阳发票，进行贪污。例如，开具增值税专用发票时，在复写纸下垫一张白纸，使原始凭证的正、副联的数字内容不一致，将客户持有的抵扣联的数额写大，让其可以抵扣的进项税额变大，而企业持有的存根联上则据实记录，保持正常的增值税销项税额，客户单位弄虚作假多抵扣进项税额的“好处”则与开票单位分享。

（4）在整理和粘贴原始凭证过程中作弊。例如，利用单位原始凭证粘贴、整理不规范的弱点，在粘贴、整理时，采用移花接木的手法，故意将个别原始凭证抽出，等以后再重复报销；或者在汇总原始凭证金额时，故意多汇或少汇，达到贪污其差额的目的。

（5）模仿领导笔迹签字冒领。

（6）涂改原始凭证上的时间、数量、单价、金额，或者添加内容和金额。

（7）打白条，即以个人或单位的名义，在白纸上书写证明收支款项或领发货物的字样，作为发票来充当原始凭证。

（8）以收据代替发票，即一些个体私营业主，当面对消费者为个人时，只开具收据来证明此项经济业务的发生，而不开发票，以避免税务机关的检查而偷逃税款。

（9）自制假的支出单据，开支一些正常业务无法报销的费用。

（10）用自行印制的专用收据隐瞒收入。

（11）未按国家规定和有关计划使用资金。

（12）多计或少计成本费用。

（13）未按规定的渠道、标准、比例提取费用或摊销费用。

## 二、原始凭证中的错误

原始凭证中的错误主要是把原始凭证中各项内容错记。例如，把原始凭证的接受单位和人员弄错；或者把日期记错，造成会计分期中出现跨期事项，使得不符合权责发生制原则；或者把数量、价格的小数、位数、单价弄错，使得金额出现偏差；或者使用不符合规定的原始凭证，不按要求使用印鉴，原始凭证编号不连续等。原始凭证中的错误可能不是故意行为，但其危害很大，如原始凭证的印鉴错误会使单位财务人员对其真实性和合法性产生怀疑；原始凭证中的金额、计量单位错误会导致多付或少付货币；错误的日期会影响该项业务的正确归属期。

## 三、原始凭证错弊的鉴别

不论原始凭证舞弊采用什么方式，其原始凭证上都会直接或间接地表现出以下特点中的一点或几点。

（1）刮、擦、用胶带拉扯的原始凭证，其表面总会有毛糙的感觉，可用手摸、背光目视的方法检查出来；用“消字灵”等化学试剂消退字迹而涂改的原始凭证，会出现表面光泽消失，纸质变脆，有淡黄色污斑和隐约可见的文字笔画残留，纸张格子线和保护花纹受到破坏，新写的字迹由于药剂作用而变淡等情形。

（2）添加改写的原始凭证，其文字分布位置不合比例，字体不是十分一致，有时出现不必要的重描和交叉笔画。

（3）冒充签字的原始凭证，其冒充签字常常在笔迹熟练程度、字形、字的斜度、字体方向和形态、字与字的间隔、行与行的间隔、字的大小、压力轻重、字的基本结构等方面存在差异，有时可以通过肉眼观察发现。

（4）伪造的原始凭证可以通过对比原始凭证的防伪标志来鉴别。

（5）凭证明显不规范，要素不全，经常缺少部分要素，其关键要素经常出现模糊，让人对其经济业务活动的全貌感到模糊。例如，购买办公用品（实为购买个人消费品）的假凭证，往往只注明“办公用品”，而不注明到底购买了什么办公用品，其规格、型号、品种、数量如何。

对于以上四种舞弊手法，如有必要，可请公安部门运用特定的技术进行鉴别。

（6）金额往往只有一个总数，而没有分项目的明细，经不起推敲。

（7）原始凭证的经手人经常含而不露，或有名无姓或有姓无名，如果仔细追问很可能查无此人。

（8）原始凭证上的时间与业务活动发生的时间及以后的入账时间相距甚远。

（9）主要业务凭证与其他相关的凭证不配套，有时只有其中一部分，而没有另一部分。例如，销售货物只有销售发票而无发货单据、托运证明、出门单、结算凭证等。

（10）凭证的形式不规则，以非正规的票据凭证代替正规的原始凭证。例如，用货币收付凭证代替实物收付凭证；以自制凭证代替外来凭证；以非购销凭证代替购销凭证等。

（11）原始凭证的内容、结算方式、资金流向与对方单位等处都可能存在着异常。

## 四、有问题原始凭证的处理

原始凭证错弊的处理包括以下六项内容。

（1）对于违反财经纪律的一切开支，会计人员有权拒绝支付和报销；对不符合法规的经济业务，有权拒绝执行并及时向有关部门和领导汇报。例如，对违反国家规定的收支，超过计划、预算或超过规定标准的各项支出，违反制度规定的预付款项，非法出售材料、物资，任意出借、变卖、报废和处理财产物资以及不按国家关于成本开支范围和费用划分的规定乱挤乱摊成本费用的凭证，会计人员应拒绝办理。

（2）对弄虚作假、营私舞弊、伪造、涂改等违法乱纪的原始凭证，应予扣留，报告领导处理。

（3）原始凭证记载的内容有错误或无法辨认的，不得涂改、挖补，应当由开具单位重开或更正，更正工作必须由原始凭证出具单位进行，并在更正处加盖出具单位印章，以明确责任；重新开具原始凭证也应当由原始凭证开具单位进行；原始凭证金额出现错误的不得更正，只能由原始凭证出具单位或经手人重新开具，不得在原始凭证上更正。

（4）对于真实、合法、合理，但填写项目不齐全、手续不完备、书写不规范、数字计算不准确、文字说明不完整的原始凭证，会计人员有权退给填制单位或经办人员，要求其及时补充完整、补齐手续、更正错误，否则不予受理。例如，发票没有相关人员签字、发票抬头空白等。

（5）从外单位取得的原始凭证如有遗失，应当取得原开出单位盖有公章的证明，并注明原来凭证的号码、金额和内容等，如果确实无法取得相关证明（如火车、轮船、飞机票等），应当由当事人写出详细情况，然后由经办单位负责人、会计机构负责人和单位领导人批准后，才能代作原始凭证。

（6）已经入账的有错误的原始凭证，不能抽出，应另外以正确原始凭证进行更正。

# 第四节 记账凭证中的错弊及检查

记账凭证的错误在许多方面与原始凭证有类似之处，记账凭证错误也可能是要素方面的错误，诸如日期错误、金额错误、计算错误、摘要错误、格式错误、编号错误等差错。但是，在审核时更要注意记账凭证错误的特点，查找其特殊之处。记账凭证的错误可能是来源于原始凭证，是原始凭证错误的继续，如会计人员取得伪造的原始凭证，而对其真伪未能鉴别，将其填制记账凭证、登记入账；也可能是填制记账凭证时操作失误，与原始凭证的正确性无关，如凭证制作人员基本素质较差，将有关经济业务的会计分录编错，使之不能反映经济业务活动的本来面目等。

## 一、记账凭证中的错弊

记账凭证中常见的错误与舞弊主要有以下几种情况。

（1）摘要记录错误。记账凭证的摘要过于简单；或者记录反映的内容和形式不规范，不能最低限度地说明经济业务活动的情况；或者用语不准确，容易造成误解；或者文字说明词不达意，与实际情况相距甚远；或者空置不写，给舞弊者造成可乘之机。

（2）科目运用错误。没有正确运用有关会计科目，发生了性质运用错误（如将应收与应付、预收与预付、应收账款与其他应收款、应付账款与其他应付款、虚账户与实账户、固定资产与低值易耗品混淆）、内容错误（将科目所包括的业务内容弄错，如混淆了支票、汇票和本票的区别，将汇票、本票列入银行存款之中，将销售费用列入财务费用或管理费用之中等）、对应关系错误（将科目借方与贷方关系列错，出现对应关系不明或不正常的现象）等。

（3）凭证使用错误。对从银行提取现金或向银行存入现金，未按规定填制付款凭证，而是分别填制收款和付款凭证，出现重复记账。

（4）记账凭证无编号或编号错误。

（5）合计金额计算错误。

（6）附件数量和金额错误。记账凭证所附的原始凭证的张数和内容与记账凭证不符，或者各张原始凭证所记金额的合计数与记账凭证记录金额不符。

（7）在汇总凭证中进行作弊。例如，在汇总若干费用报销单据时，故意多汇总，使付款凭证上的金额大于所附原始凭证的合计金额，或者在汇总若干张收款原始凭证时，故意少汇总，使收款凭证上的金额小于所附原始凭证的实际金额，以达到贪污其差额的目的。

（8）印鉴错误。对已入账记账凭证未加盖有关印章，或者加盖印章不全，使已入账的凭证与未入账凭证难以区分；有效的记账凭证与出错作废的凭证难以区分；记账凭证中没有记账、审核等人员的签章等。

（9）虚构经济业务，编造虚假记账凭证。有的单位为了享受国家税法规定的可用税前利润补亏的税收政策，而编造虚假的经济业务来体现亏损，也有的单位为了体现业绩而虚构一些经济业务来为大众呈现一种“虚盈实亏”的繁华景象。

（10）无原始凭证而凭空填制记账凭证，或在填制记账凭证时，让其金额与原始凭证不符，并将原始凭证与记账凭证不符的凭证混杂于众多凭证之中。

## 二、记账凭证错弊的检查

记账凭证的检查要与原始凭证及会计账簿的检查合理配合。如果只是独立地对记账凭证进行检查，往往只能发现其中存在的某些疑点或异常，却不能找到错误的根源和依据，所以对记账凭证的检查一般既不是终点，也不是起点。

### 1. 检查的内容

（1）记账凭证的基本要素是否完备，有无缺项。

（2）检查会计科目的运用是否符合经济业务的性质和内容，借贷方向与金额是否正确。

（3）复核记账凭证的各明细科目金额、合计金额是否正确。

（4）检查记账凭证的数量、金额、摘要等是否与所附原始凭证一致。

（5）检查记账凭证与对应的账簿记录是否一致。

### 2. 检查的方法

检查的方法有顺查法和逆查法两种。在采用顺查法的情况下，对记账凭证的检查应建立在原始凭证检查的基础之上，根据原始凭证中的错弊追踪到记账凭证，视其有无“假账真做”“真账假做”；记账凭证的检查应当是原始凭证检查的继续，而记账凭证的检查也为账簿的检查提供了方向和条件。逆查法与顺查法相反，是在会计账簿检查中发现问题的前提下，再通过对记账凭证和原始凭证的检查得以落实，即凭证的检查是账簿检查的深入和延伸。所以对记账凭证的检查应当作为查账工作过程中的一环，查账人员要注意这一环与其他环节的连接和互动，从而容易把握有关问题发生、发展的来龙去脉，取得事半功倍之效。

## 三、有问题记账凭证的处理

如果在填制记账凭证时发生错误，应当重新填制。在记账之前发现记账凭证有错误的，也要重新填制正确的记账凭证，并将错误凭证作废或撕毁。已经登记入账的记账凭证，在当年内发现填写错误时，应当用红字填制一张与原内容相同的记账凭证，在摘要栏注明“注销某月某日某号凭证”，同时再用蓝字重新填制一张正确的记账凭证，在摘要栏注明“订正某月某日某号凭证”。如果会计科目没有错误，只是金额错误，也可以将正确数字与错误数字之间的差额，另填一张调整的记账凭证，调增金额用蓝字，调减金额用红字。发现以前年度记账凭证有错误的，应当用蓝字填制一张更正的记账凭证，在摘要栏注明“订正某年某月某日某号凭证”，其中的“某年”不可漏掉。

## 四、记账凭证填制示例

### （一）填制不规范的记账凭证

## 示例 3.1　明细科目错误

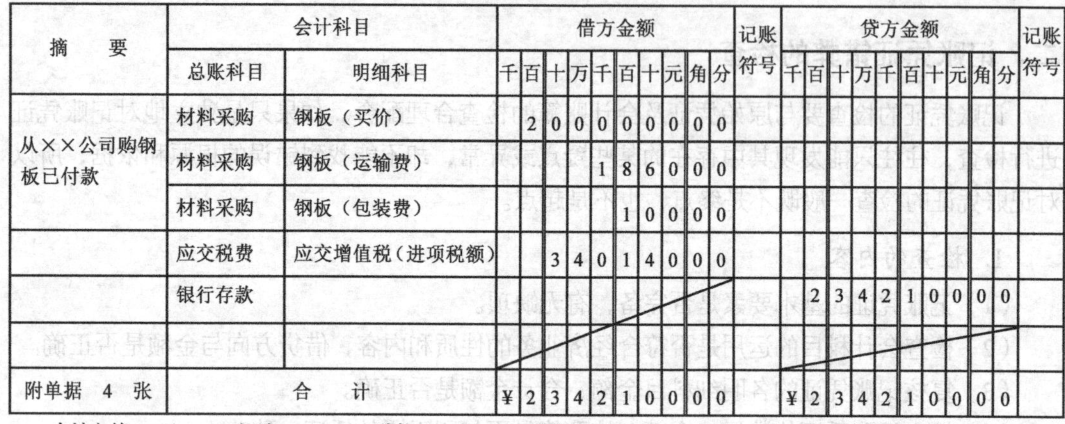

**记账凭证**

20××年 12 月 5 日　　　　凭证编号 27

| 摘　　要 | 会计科目 | | 借方金额 | | | | | | | | | | 记账符号 | 贷方金额 | | | | | | | | | | 记账符号 |
|---|---|---|---|---|---|---|---|---|---|---|---|---|---|---|---|---|---|---|---|---|---|---|---|---|
| | 总账科目 | 明细科目 | 千 | 百 | 十 | 万 | 千 | 百 | 十 | 元 | 角 | 分 | | 千 | 百 | 十 | 万 | 千 | 百 | 十 | 元 | 角 | 分 | |
| 从××公司购钢板已付款 | 材料采购 | 钢板（买价） | | 2 | 0 | 0 | 0 | 0 | 0 | 0 | 0 | 0 | | | | | | | | | | | | |
| | 材料采购 | 钢板（运输费） | | | | | 1 | 8 | 6 | 0 | 0 | 0 | | | | | | | | | | | | |
| | 材料采购 | 钢板（包装费） | | | | | | 1 | 0 | 0 | 0 | 0 | | | | | | | | | | | | |
| | 应交税费 | 应交增值税（进项税额） | | | 3 | 4 | 0 | 1 | 4 | 0 | 0 | 0 | | | | | | | | | | | | |
| | 银行存款 | | | | | | | | | | | | | | 2 | 3 | 4 | 2 | 1 | 0 | 0 | 0 | 0 | |
| | | | | | | | | | | | | | | | | | | | | | | | | |
| 附单据 4 张 | 合　计 | | ¥ | 2 | 3 | 4 | 2 | 1 | 0 | 0 | 0 | 0 | | ¥ | 2 | 3 | 4 | 2 | 1 | 0 | 0 | 0 | 0 | |

会计主管：　　记账：　　稽核：　　制单：××　　出纳：××　　交领款人：

## 示例 3.2　货币符号使用不当及会计科目空置不填

**记账凭证**

20××年 12 月 8 日　　　　凭证编号 30

| 摘　　要 | 会计科目 | | 借方金额 | | | | | | | | | | 记账符号 | 贷方金额 | | | | | | | | | | 记账符号 |
|---|---|---|---|---|---|---|---|---|---|---|---|---|---|---|---|---|---|---|---|---|---|---|---|---|
| | 总账科目 | 明细科目 | 千 | 百 | 十 | 万 | 千 | 百 | 十 | 元 | 角 | 分 | | 千 | 百 | 十 | 万 | 千 | 百 | 十 | 元 | 角 | 分 | |
| 缴纳税金 | 应交税费 | 应交房产税 | | | | ¥ | 3 | 0 | 0 | 0 | 0 | 0 | | | | | | | | | | | | |
| | | 应交车船使用税 | | | | ¥ | 1 | 0 | 0 | 0 | 0 | 0 | | | | | | | | | | | | |
| | | 应交土地使用税 | | | | ¥ | 1 | 5 | 0 | 0 | 0 | 0 | | | | | | | | | | | | |
| | 银行存款 | | | | | | | | | | | | | | | | ¥ | 5 | 5 | 0 | 0 | 0 | 0 | |
| | | | | | | | | | | | | | | | | | | | | | | | | |
| | | | | | | | | | | | | | | | | | | | | | | | | |
| 附单据 2 张 | 合　计 | | | | | ¥ | 5 | 5 | 0 | 0 | 0 | 0 | | | | | ¥ | 5 | 5 | 0 | 0 | 0 | 0 | |

会计主管：　　记账：　　稽核：　　制单：××　　出纳：××　　交领款人：

## 示例 3.3　以不当符号代替会计科目

**记账凭证**

20××年 12 月 8 日　　　　凭证编号 30

| 摘　　要 | 会计科目 | | 借方金额 | | | | | | | | | | 记账符号 | 贷方金额 | | | | | | | | | | 记账符号 |
|---|---|---|---|---|---|---|---|---|---|---|---|---|---|---|---|---|---|---|---|---|---|---|---|---|
| | 总账科目 | 明细科目 | 千 | 百 | 十 | 万 | 千 | 百 | 十 | 元 | 角 | 分 | | 千 | 百 | 十 | 万 | 千 | 百 | 十 | 元 | 角 | 分 | |
| 缴纳税金 | 应交税费 | 应交房产税 | | | | | 3 | 0 | 0 | 0 | 0 | 0 | | | | | | | | | | | | |
| | — | 应交车船使用税 | | | | | 1 | 0 | 0 | 0 | 0 | 0 | | | | | | | | | | | | |
| | … | 应交土地使用税 | | | | | 1 | 5 | 0 | 0 | 0 | 0 | | | | | | | | | | | | |
| | 银行存款 | | | | | | | | | | | | | | | | | 5 | 5 | 0 | 0 | 0 | 0 | |
| | | | | | | | | | | | | | | | | | | | | | | | | |
| | | | | | | | | | | | | | | | | | | | | | | | | |
| 附单据 2 张 | 合　计 | | | | | ¥ | 5 | 5 | 0 | 0 | 0 | 0 | | | | | ¥ | 5 | 5 | 0 | 0 | 0 | 0 | |

会计主管：　　记账：　　稽核：　　制单：××　　出纳：××　　交领款人：

## 示例 3.4　画线注销不当

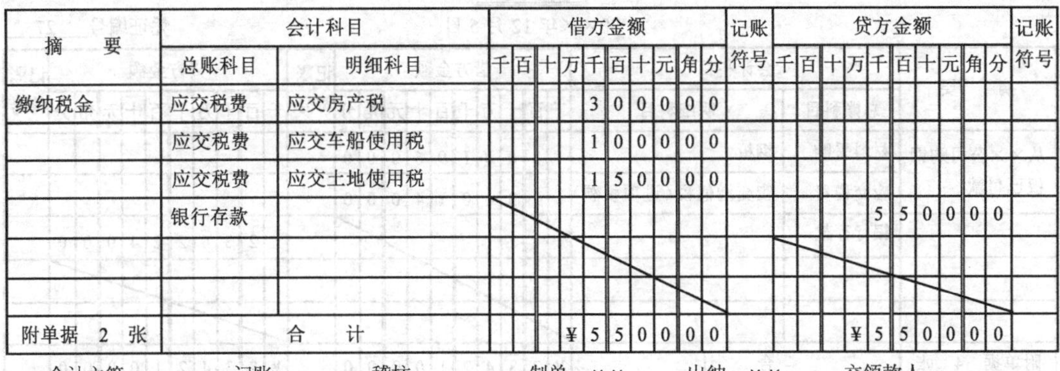

**记账凭证**

20××年 12 月 8 日　　　　凭证编号 30

| 摘　要 | 会计科目 | | 借方金额 | | | | | | | | | | 记账符号 | 贷方金额 | | | | | | | | | | 记账符号 |
|---|---|---|---|---|---|---|---|---|---|---|---|---|---|---|---|---|---|---|---|---|---|---|---|---|
| | 总账科目 | 明细科目 | 千 | 百 | 十 | 万 | 千 | 百 | 十 | 元 | 角 | 分 | | 千 | 百 | 十 | 万 | 千 | 百 | 十 | 元 | 角 | 分 | |
| 缴纳税金 | 应交税费 | 应交房产税 | | | | | 3 | 0 | 0 | 0 | 0 | 0 | | | | | | | | | | | | |
| | 应交税费 | 应交车船使用税 | | | | | 1 | 0 | 0 | 0 | 0 | 0 | | | | | | | | | | | | |
| | 应交税费 | 应交土地使用税 | | | | | 1 | 5 | 0 | 0 | 0 | 0 | | | | | | | | | | | | |
| | 银行存款 | | | | | | | | | | | | | | | | | 5 | 5 | 0 | 0 | 0 | 0 | |
| | | | | | | | | | | | | | | | | | | | | | | | | |
| | | | | | | | | | | | | | | | | | | | | | | | | |
| 附单据 2 张 | 合　计 | | | | | ¥ | 5 | 5 | 0 | 0 | 0 | 0 | | | | | ¥ | 5 | 5 | 0 | 0 | 0 | 0 | |

会计主管：　　记账：　　稽核：　　制单：××　　出纳：××　　交领款人：

## 示例 3.5　结计合计不当

**记账凭证**

20××年 12 月 31 日　　　　凭证编号 89 1/2

| 摘　要 | 会计科目 | | 借方金额 | | | | | | | | | | 记账符号 | 贷方金额 | | | | | | | | | | 记账符号 |
|---|---|---|---|---|---|---|---|---|---|---|---|---|---|---|---|---|---|---|---|---|---|---|---|---|
| | 总账科目 | 明细科目 | 千 | 百 | 十 | 万 | 千 | 百 | 十 | 元 | 角 | 分 | | 千 | 百 | 十 | 万 | 千 | 百 | 十 | 元 | 角 | 分 | |
| 分配职工工资 | 基本生产成本 | 铸造（甲产品、直接人工） | | | 1 | 0 | 0 | 0 | 0 | 0 | 0 | 0 | | | | | | | | | | | | |
| | 基本生产成本 | 铸造（乙产品、直接人工） | | | 2 | 0 | 0 | 0 | 0 | 0 | 0 | 0 | | | | | | | | | | | | |
| | 基本生产成本 | 锻造（甲产品、直接人工） | | | | 8 | 0 | 0 | 0 | 0 | 0 | 0 | | | | | | | | | | | | |
| | 基本生产成本 | 锻造（乙产品、直接人工） | | | 1 | 5 | 0 | 0 | 0 | 0 | 0 | 0 | | | | | | | | | | | | |
| | 辅助生产成本 | 机修（直接人工） | | | | 2 | 5 | 0 | 0 | 0 | 0 | 0 | | | | | | | | | | | | |
| 附单据　张 | 合　计 | | | ¥ | 5 | 5 | 5 | 0 | 0 | 0 | 0 | 0 | | | | | | | | | | | | |

会计主管：　　记账：　　稽核：　　制单：××　　出纳：××　　交领款人：

**记账凭证**

20××年 12 月 31 日　　　　凭证编号 89 2/2

| 摘　要 | 会计科目 | | 借方金额 | | | | | | | | | | 记账符号 | 贷方金额 | | | | | | | | | | 记账符号 |
|---|---|---|---|---|---|---|---|---|---|---|---|---|---|---|---|---|---|---|---|---|---|---|---|---|
| | 总账科目 | 明细科目 | 千 | 百 | 十 | 万 | 千 | 百 | 十 | 元 | 角 | 分 | | 千 | 百 | 十 | 万 | 千 | 百 | 十 | 元 | 角 | 分 | |
| 分配职工工资 | 在建工程 | 建筑工程（4 号厂房） | | | | 8 | 8 | 5 | 0 | 0 | 0 | 0 | | | | | | | | | | | | |
| | 研发支出 | 资本化支出 | | | | 2 | 1 | 0 | 0 | 0 | 0 | 0 | | | | | | | | | | | | |
| | 销售费用 | 工资及福利 | | | | 1 | 3 | 5 | 0 | 0 | 0 | 0 | | | | | | | | | | | | |
| | 管理费用 | 工资及福利 | | | | 3 | 5 | 5 | 0 | 0 | 0 | 0 | | | | | | | | | | | | |
| | 应付职工薪酬 | 工资 | | | | | | | | | | | | | | 7 | 1 | 3 | 5 | 0 | 0 | 0 | 0 | |
| 附单据 1 张 | 合　计 | | | ¥ | 1 | 5 | 8 | 5 | 0 | 0 | 0 | 0 | | | ¥ | 7 | 1 | 3 | 5 | 0 | 0 | 0 | 0 | |

会计主管：　　记账：　　稽核：　　制单：××　　出纳：××　　交领款人：

## （二）填制规范的记账凭证

### 示例 3.6

**记账凭证**

20××年 12 月 5 日　　　　凭证编号 27

| 摘要 | 会计科目 | | 借方金额 | | | | | | | | | | 记账符号 | 贷方金额 | | | | | | | | | | 记账符号 |
|---|---|---|---|---|---|---|---|---|---|---|---|---|---|---|---|---|---|---|---|---|---|---|---|---|
| | 总账科目 | 明细科目 | 千 | 百 | 十 | 万 | 千 | 百 | 十 | 元 | 角 | 分 | | 千 | 百 | 十 | 万 | 千 | 百 | 十 | 元 | 角 | 分 | |
| 从××公司购钢板已付款 | 材料采购 | 钢板 | | 2 | 0 | 0 | 1 | 9 | 6 | 0 | 0 | 0 | | | | | | | | | | | | |
| | 应交税费 | 应交增值税（进项税额） | | | 3 | 4 | 0 | 1 | 4 | 0 | 0 | 0 | | | | | | | | | | | | |
| | 银行存款 | | | | | | | | | | | | | | 2 | 3 | 4 | 2 | 2 | 4 | 0 | 0 | 0 | |
| | | | | | | | | | | | | | | | | | | | | | | | | |
| | | | | | | | | | | | | | | | | | | | | | | | | |
| 附单据 4 张 | 合　计 | | ¥ | 2 | 3 | 4 | 2 | 1 | 0 | 0 | 0 | 0 | | ¥ | 2 | 3 | 4 | 2 | 1 | 0 | 0 | 0 | 0 | |

会计主管：　记账：　稽核：　制单：××　出纳：××　交领款人：

### 示例 3.7

**记账凭证**

20××年 12 月 8 日　　　　凭证编号 30

| 摘要 | 会计科目 | | 借方金额 | | | | | | | | | | 记账符号 | 贷方金额 | | | | | | | | | | 记账符号 |
|---|---|---|---|---|---|---|---|---|---|---|---|---|---|---|---|---|---|---|---|---|---|---|---|---|
| | 总账科目 | 明细科目 | 千 | 百 | 十 | 万 | 千 | 百 | 十 | 元 | 角 | 分 | | 千 | 百 | 十 | 万 | 千 | 百 | 十 | 元 | 角 | 分 | |
| 缴纳税金 | 应交税费 | 应交房产税 | | | | | 3 | 0 | 0 | 0 | 0 | 0 | | | | | | | | | | | | |
| | 应交税费 | 应交车船使用税 | | | | | 1 | 0 | 0 | 0 | 0 | 0 | | | | | | | | | | | | |
| | 应交税费 | 应交土地使用税 | | | | | 1 | 5 | 0 | 0 | 0 | 0 | | | | | | | | | | | | |
| | 银行存款 | | | | | | | | | | | | | | | | | 5 | 5 | 0 | 0 | 0 | 0 | |
| | | | | | | | | | | | | | | | | | | | | | | | | |
| | | | | | | | | | | | | | | | | | | | | | | | | |
| 附单据 2 张 | 合　计 | | | | | ¥ | 5 | 5 | 0 | 0 | 0 | 0 | | | | | ¥ | 5 | 5 | 0 | 0 | 0 | 0 | |

会计主管：　记账：　稽核：　制单：××　出纳：××　交领款人：

### 示例 3.8

**记账凭证**

20××年 12 月 31 日　　　　凭证编号 89 1/2

| 摘要 | 会计科目 | | 借方金额 | | | | | | | | | | 记账符号 | 贷方金额 | | | | | | | | | | 记账符号 |
|---|---|---|---|---|---|---|---|---|---|---|---|---|---|---|---|---|---|---|---|---|---|---|---|---|
| | 总账科目 | 明细科目 | 千 | 百 | 十 | 万 | 千 | 百 | 十 | 元 | 角 | 分 | | 千 | 百 | 十 | 万 | 千 | 百 | 十 | 元 | 角 | 分 | |
| 分配职工工资 | 基本生产成本 | 铸造（甲产品、直接人工） | | | 1 | 0 | 0 | 0 | 0 | 0 | 0 | 0 | | | | | | | | | | | | |
| | 基本生产成本 | 铸造（乙产品、直接人工） | | | 2 | 0 | 0 | 0 | 0 | 0 | 0 | 0 | | | | | | | | | | | | |
| | 基本生产成本 | 锻造（甲产品、直接人工） | | | | 8 | 0 | 0 | 0 | 0 | 0 | 0 | | | | | | | | | | | | |
| | 基本生产成本 | 锻造（乙产品、直接人工） | | | 1 | 5 | 0 | 0 | 0 | 0 | 0 | 0 | | | | | | | | | | | | |
| | 辅助生产成本 | 机修（直接人工） | | | | 2 | 5 | 0 | 0 | 0 | 0 | 0 | | | | | | | | | | | | |
| 附单据　张 | 合　计 | | | | | | | | | | | | | | | | | | | | | | | |

会计主管：　记账：　稽核：　制单：××　出纳：××　交领款人：

**记账凭证**

20××年 12 月 31 日　　　　凭证编号 89 2/2

| 摘　要 | 会计科目 | | 借方金额 | | | | | | | | | | 记账符号 | 贷方金额 | | | | | | | | | | 记账符号 |
|---|---|---|---|---|---|---|---|---|---|---|---|---|---|---|---|---|---|---|---|---|---|---|---|---|
| | 总账科目 | 明细科目 | 千 | 百 | 十 | 万 | 千 | 百 | 十 | 元 | 角 | 分 | | 千 | 百 | 十 | 万 | 千 | 百 | 十 | 元 | 角 | 分 | |
| 分配职工工资 | 在建工程 | 建筑工程（4 号厂房） | | | | 8 | 8 | 5 | 0 | 0 | 0 | 0 | | | | | | | | | | | | |
| | 研发支出 | 资本化支出 | | | | 2 | 1 | 0 | 0 | 0 | 0 | 0 | | | | | | | | | | | | |
| | 销售费用 | 工资及福利 | | | | 1 | 3 | 5 | 0 | 0 | 0 | 0 | | | | | | | | | | | | |
| | 管理费用 | 工资及福利 | | | | 3 | 5 | 5 | 0 | 0 | 0 | 0 | | | | | | | | | | | | |
| | 应付职工薪酬 | 工资 | | | | | | | | | | | | | | 7 | 1 | 3 | 5 | 0 | 0 | 0 | 0 | |
| 附单据 1 张 | 合　　计 | | | ¥ | 7 | 1 | 3 | 5 | 0 | 0 | 0 | 0 | | | ¥ | 7 | 1 | 3 | 5 | 0 | 0 | 0 | 0 | |

会计主管：　记账：　稽核：　制单：××　出纳：××　交领款人：

# 第五节　会计账簿中的错弊及检查

## 一、会计账簿中的错弊

会计账簿中常见的一些虚假情况主要发生在记账、算账、转账、结账、报账等过程中，主要有涂改账目、做假账、不正当挂账、业务不入账、账账不符、账证不符、账表不符、抽动账页、毁灭账簿记录、提前结账等做法。

（1）涂改、销毁、损坏账簿。篡改有关账簿，有的故意制造事故，造成账簿不慎被毁的假象，以达到掩盖不法行为的目的。例如，某省的税务机关决定对某企业进行税务稽查时，该企业却发生了火灾，烧毁了部分财务资料，事后通过检查发现，该企业想借意外事故来掩盖其财务舞弊行为。

（2）不按规定登账。在登记账簿的过程中，不按照记账凭证的内容和要求记账，而是随意改动业务内容，以掩饰其违法乱纪的意图。例如，某企业下属的几个业务部门在经营上都实行了承包责任制，年底完成公司所定任务，可以得到提拔、晋升或奖金。该企业某业务部经理在年底将近时，眼看无法完成所定任务，于是私下找主管该部门会计核算的会计人员，许以重金，要求其在登账过程中作一些改动。会计人员允诺并付诸实施，年终该部门经理如愿以偿地被提拔为该公司副总经理。

（3）不正当挂账。有些单位将虚构的经济业务利用往来账目挂在账上，待时机成熟再冲回，以达到“缓冲”和隐藏事实真相之目的。例如，稽查人员在查阅某企业账目时，发现该企业 12 月“商品销售收入”和“应收账款”账户较以往各期发生额大，于是稽查人员根据账簿记录调阅有关记账凭证，发现有几张凭证内容全部相同，均未附任何原始凭证，属于虚列收入、虚增当期利润行为，准备于下年初将上述分录做销货退回处理，以便承包人在承包期内拿到承包奖金。

（4）收入不入账。有些单位财务人员隐匿收入，不报账、不交公而私自占用。主要手段有：①对于罚没款、管理费和上级拨款等，不报账，不上交，私自扣留；②对于销售货物或提供劳务收取的现金回扣和银行存款，作为应收账款长期挂账，伺机挪用或侵吞；③在销售货物或提供劳务，特别是出售账外废旧物资时，采取少计价款、不开发票、不入账等方式直接侵吞；④在一些商业零售及服务企业，由于不是每笔业务都开发票，票面金额可能小于实收金额，柜台人员按票面金额报交收入，侵吞差额款项。

（5）结账作假。有些单位在结账及编制报表的过程中，通过提前或推迟结账、结总增列或结总减列和结账空转等手法多计或少计账面金额，或者为了人为地把账做平，而故意调节账面数据，以达到不法目的。例如，某企业想申请银行贷款，但有多项指标不符合贷款的有关规定，于是总经理与财务经理商量之后，由财务部门负责对本企业的账面进行一些“微调”，财务人员便利用倒算的方法，虚列利润，从报表入手至账簿、凭证，调整企业所需的一系列数据。

（6）账证不符。有些单位的出纳人员和会计人员合谋，采用收入现金时账簿金额小于收款凭证金额，付出现金时账簿金额大于付款凭证金额，同时少计或多计对应会计科目的入账金额，不破坏会计平衡的手法，来达到贪污现金的目的。

（7）账账不符。一些单位由于会计核对不合规，债权、债务长期不清，加上会计人员对国家法律法规和制度的理解不准确，账账不符的现象十分严重。例如，按会计制度规定，企业坏账准备等必须按企业期末应收账款余额的一定比例计提，审计人员在检查某企业坏账准备账簿时发现，坏账准备账面余额与应收账款账面余额对应关系不正确，通过多计提坏账准备，加大了损失，虚减了利润。

（8）账实不符。有些单位账实不符的情况十分突出，有的有账无物，有的有物无账，还有的账物不符，这种混乱的情势非常容易给一些不法分子有可乘之机。例如，仓库保管员早已将库中的一些物资私自盗卖，收入落入自己的口袋，而账上这些物资却依然存在，库管人员正是利用企业这种较差的内控制度，来达到个人的不法目的。又如，审计人员在审计某粮食企业时发现，账面粮食与库存粮食相差悬殊，库中粮食大部分已被盗卖，为应付审计人员的审计，该企业以借来的粮食冒充库存。

（9）设置账外账。虽然国家三令五申严禁账外设账，但一些单位置国家规定于不顾，采用虚列费用等多种方式，套取资金，另行设账，以记录不法经济活动。例如，有的单位设置两套财务账册，私设小金库，用于年末职工奖金和福利支出；有的单位搞账外经营，最常见的就是以各种名目套取资金，另行经营，整个经营活动另设账簿核算，未反映在法定账册内；有的单位以私人名义开了多个储蓄存款账户，将大量资金转至企业财务账之外的私人账户，用来进行一些非法行为。

## 二、错账的查找方法

会计记账稍有不慎就会出现错账，而且查起来很费劲，故有人说“记账容易查账难”。这是因为有时为查一笔错账，要花费很大精力，一查就是半天，有时直到深夜才查出。因此，查错账的方法值得研究和探讨，找出查错账的捷径，使财务人员减少查错账的时间，从而有更多的时间和精力，用在加强管理和经济核算上。只要在实际工作中掌握错账发生的规律，查起错账来就比较容易，可以缩短查找错账的时间，减少查找错账的工作量。如果发现错误，要确认错误的金额及其方向（借方还是贷方），然后根据产生差错的具体情况，分析可能产生差错的原因，采取相应的查找方法。查找错账的方法很多，常用的错账的查找方法主要有个别检查法、抽查法、逆查法和顺查法四种。

### （一）个别检查法

个别检查法是指针对错账的数字来进行检查的方法。个别检查法中，差数法适用于漏记的差错；倍数法适用于借贷方向记反；除 9 法适用于数字错位和数字颠倒，等等。

#### 1. 除 2 法

记账时稍有不慎，很容易发生借贷方记反或红蓝字记反，这种情形简称为“反向”。它有一个特定的规律就是错账差数一定是偶数，将差数用 2 除得的商就是错账数，所以将这种查账方法称为除 2 法，这是一种最常见而简便的查错账方法。

例如，某月资产负债表借贷的两方余额不平衡，其错账差数是 3 750.64 元，这个差数是偶数，它就存在“反向”的可能，因而我们只要以 3 750.64 ÷ 2 = 1 875.32 元，去查找金额为 1 875.32 元的这笔账是否记账反向就是了。

以上是账面与记账凭证进行核对的检查方法。除此以外，反账差错也同样可能出现在总账与明细账的平行登记中。当发现明细账本期发生额与总账发生额不等，而其差错值又为 2 的倍数时，应该考虑到是否明细账记反了。这时候，明细账发生额差错值的绝对值，就是记反账那笔数的 2 倍。

#### 2. 除 9 法

在日常记账中常会发生前后两个数字颠倒、三个数字前后颠倒和数字移位。它们的共同特点是错账差数一定是 9 的倍数和差数，每个数字之和也是 9 的倍数，因而这类情况均可应用“除 9 法”来查找。下面分三种情况进行介绍。

（1）两位数前后颠倒。它除了具有以上共同特点外还有其固有特点，就是错账差数用 9 除得的商是错数前后两数之差。

1）差数是 9，则错数前后两数之差是 1，如 10、21、32、43、54、65、76、87、89 及其各“倒数”。

2）差数是 18 ÷ 9 = 2，则错数前后两数之差是 2，如 20、31、42、53、64、75、86、97 及其各“倒数”。

3）差数是 27 ÷ 9 = 3，则错数前后两数之差是 3，如 30、41、52、63、74、85、96 及其各“倒数”。

4）差数是 36 ÷ 9 = 4，则错数前后两数之差是 4，如 40、51、62、73、81、95 及其各“倒数”。

5）差数是 45 ÷ 9 = 5，则错数前后两数之差是 5，如 50、61、72、83、94 及其各“倒数”。

6）差数是 54 ÷ 9 = 6，则错数前后两数之差是 6，如 60、71、82、93 及其各“倒数”。

7）差数是 63 ÷ 9 = 7，则错数前后两数之差是 7，如 70、81、92 及其各“倒数”。

8）差数是 72 ÷ 9 = 8，则错数前后两数之差是 8，如 80、91 及其各“倒数”。

9）差数是 81 ÷ 9 = 9，则错数前后两数之差是 9，如 90 及其各“倒数”。

例如，将 81 误记 18，则差数是 63，63 ÷ 9 = 7，错数前后两数之差肯定是 7，这样只要查 70、81、92 及其各“倒数”就是了，无须在与此无关的数字中去查找。

（2）三位数前后颠倒。它具有共同特点外也有其固有特点，就是三位数前后颠倒的错账差数都是 99 的倍数，差数用 99 除得的商即是三位数中前后两数之差。

1）三位数头与尾两数之差是 1，则数字颠倒后的差数是 99，如 100 与 001；221 与 122；334 与 433；445 与 544；655 与 556；766 与 667；889 与 988；998 与 899 的差数都是 99。

2）三位数头与尾两数之差是 2，则数字颠倒后的差数是 99 的 2 倍，即为 198，如 311 与 113；466 与 664；557 与 755；775 与 577；886 与 688；997 与 799 的差数都是 198。

3）三位数头与尾两数之差是 3，则数字颠倒后的差数是 99 的 3 倍，即为 297，如 441 与 144；552 与 255；663 与 366；744 与 447；885 与 588；996 与 699 的差数都是 297。

4）三位数头与尾两数之差是 4，则数字颠倒后的差数是 99 的 4 倍，即为 396，如 551 与 155；662 与 266；773 与 377；844 与 448；955 与 559 的差数都是 396。

5）三位数头与尾两数之差是 5，则数字颠倒后的差数是 99 的 5 倍，即为 495，如 550 与 055；661 与 166；722 与 227；833 与 338；944 与 449 的差数都是 495。

6）三位数头与尾两数之差是 6，则数字颠倒后的差数是 99 的 6 倍，即为 594；头与尾两数之差是 7，则数字颠倒后的差数是 99 的 7 倍，即为 693；头与尾两数之差是 8，则数字颠倒后的差数是 99 的 8 倍，即为 792；头与尾两数之差是 9，则数字颠倒后的差数是 99 的 9 倍，即为 891。

（3）数字移位（或称错位，俗称大小数）。这是日常工作中较容易发生的差错，它的特点除了它的差数和差数每个数字之和是 9 的倍数外，还有其固有特点，就是数字移位的错误，将差数用 9 除得的商就是错账数。

**【例 3.1】**将 2 000 错记为 200 或 20 000，它的差数为 1 800 和 18 000，它们的差数和每个数字之和都是九的倍数，将差数分别用 9 除得的商则是 200 和 2 000，只要查找这两个数字就可以查到记账移位的错误了。

数字移位危害很大，如向前移一位它的差数就虚增了 9 倍，向后移一位就虚减了 90%，如不及时查出就会严重影响会计核算的正确性。因此，对此错账必须高度警惕，要及早发现纠正，确保会计核算数字的正确反映。

由此看“9”是个奇妙的数字，它的奇妙之处还有很多，上面两位数与其“倒数”的差数和三位数字与其“倒数”的差数是 9 的倍数，数字与其移位后的数字的差数也是 9 的倍数，其实任何数字与其“倒数”的差数都是 9 的倍数，而且任何四位顺序数与其“倒数”之差都是 3 087，如 4 321 与 1 234；5 432 与 2 345；6 543 与 3 456；任何五位数顺序数与其“倒数”之差都是 41 976；任何六位数顺序数与其“倒数”之差都是 530 865；任何七位数顺序数与其“倒数”之差都是 641 9754……这些差数都是 9 的倍数。

还有这样一个奇怪的数字 12 345 679，若用 9 去乘，积变成 9 个 1；若用 2×9=18 去乘，积变成 9 个 2；若用 3×9=27 去乘，积变成 9 个 3……；若用 9×9=81 去乘，积变成 9 个 9。这些都说明“9”的奇妙，我们查错账就可以利用“9”的这些奇妙。

3. *差数法*

根据错账差数直接查找的方法叫作差数法。有以下两种错账可用此法查出。

（1）漏记或重记。因记账疏忽而漏记或重记了一笔账，只要直接查找到差数的账就查到了，这类错账最容易发生在本期内同样数字的账发生了若干笔，这就容易发生漏记或重记。

**【例 3.2】**错账差数是 1 000 元，本期内发生 1 000 元的账有十笔，这就可以重复查找 1 000 元的账是否漏记或重记就是了。

（2）串户。串户可分为记账串户和科目汇总串户。记账串户或科目汇总串户是指在记账或编制科目汇总表时把发生额的方向弄错，将借方发生额记入了贷方，或者将贷方发生额记入了借方。先来看记账串户，某公司在本单位有应收账款和应付账款两个账户，若记账凭证是借应收账款某公司 500 元，而记账时误记为借应付账款某公司 500 元，这就造成资产负债表双方是平衡的，但总账与明细账核对时应收账款与应付账款各发生差数 500 元，这就可以运用差数法到应收账款或应付账款账户中直接查找金额为 500 元的账是否串户；再来看科目汇总串户，若某公司在编制科目汇总表时将借应收账款 500 元误作为借应付账款 500 元汇总了，同样在总账与明细账核对时这两个科目各发生差数 500 元，经过查对，如果记账没有发生串户，则必定是在编制科目汇总表时发生了串户，查明更正就是。

### 4. 象形法

在核对账目时遇到较多的是仅相差几分钱的错账，这类错账最头疼。这类错账一般来说是数字形状相象而发生差错。根据其数字形状象形的规律去查找错账的方法称为“象形法”，按其差数一般有如下规律。

（1）差数是 1 可能是 3 与 2 或 5 与 6 之误。

（2）差数是 2 可能是 3 与 5 或 7 与 9 之误。

（3）差数是 3 可能是 3 与 6 或 6 与 9 之误。

（4）差数是 5 可能是 2 与 7 或 3 与 8 之误。

（5）差数是 6 可能是 0 与 6 或 1 与 7 之误。

（6）连续同数字的账，容易发生少计或多计一位同数，如 833 330 容易误记为 833 333 或误记为 833 300，如差数是 3 或 30 而有了连续数字的账，就可重复查找一下。

### 5. 追根法

若为了一笔错账已查了半天，对本期发生额都查得正确无误，但就是不平衡，在这种情况下不妨运用“追根法”去追查上期结转数字是否正确，很可能问题恰恰出在那个“源头”。这是因为会计账表的平衡关系是绝对的，假如本期发生额确实查明是正确无误，则必然是期初数在结转记账时有差错，只要对期初数认真追查，必能发现差错。

### 6. 母子法

在明细账与总账科目余额不符时，用以上有关方法查找也无着落，即可用“母子法”来查找，即以记入总账借贷数额为母数，本科目记入各明细账的借贷数字为子数，各子数相加必等于母数。若不相等说明差错就在此了，必有漏记、错记或重记。例如，某企业一月应收账款总账余额是借方 1 981.50 元，而其所属各应收账款明细账余额相加是借方 2 526.50 元，说明所属各应收账款明细账借方余额比总账多 545 元。于是，我们就可以按照顺序，将 1 号科目汇总表记入应收账款总账的数额为母数，而与 1 号科目汇总表相对应的所属各应收账款明细账余额为子数进行相加，观察是否与母数相符，如果相符的话，就继续查对2号科目、3号科目……发现哪一号科目总账科目余额与明细账科目余额不符就查哪一号科目，这样一定能查出错账或漏账。

7. 优选法

为了能较快地查出错账，必须在各种查错账的方法和程序上进行优选。

（1）查账方法上的优选。首先应根据错账差数进行分析，适用哪种方法的就采用哪种方法，适用两种方法以上的应按“先易后难、先逆查后顺查”的优选程序进行。查错账方法的选择直接影响查错账速度。

（2）查账程序上的优选。在查账时间的程序上先查什么时间为好，这要看单位规模而定，一般采用三分法。例如，某企业一月资产负债表不平衡，资产方多出1 001元。本月记账凭证共三册共1～30号，那么就将第一册1～10号的总账各科目余额先进行试算，看是否平衡，若不平衡，差数也是1 001元，就说明错账发生在第一册1～10号的账上；若1～10号是平衡的，就说明错账在11号凭证以后的账上，再将第二册11～20号上的总账各科目余额进行试算，试算后即可确定，错账究竟发生在第二册11～20号凭证上还是发生在第三册21～30号凭证上了，这样错账的目标就缩小了，便于集中精力在小范围中查找错账，就容易查找。

## （二）抽查法

抽查法是指抽取账簿记录当中的某些部分进行局部检查的方法。当发现账簿记录有差错时，不仅可以根据差错的具体情况分段、重点查找，还可以根据差错发生的位数有针对性地查找。如果差错是角、分，只要查找元以下的尾数即可；如果差错是整数的千位、万位，只需查找千位、万位数即可，其他的位数就不用逐项或逐笔地查找了。这种方法的优点是范围小，可以节省时间，减少查账的工作量。

## （三）顺查法

顺查法也称正查法，是指按照记账顺序，从凭证开始到账簿记录止从头到尾进行普遍核对，即先检查记账凭证是否正确，然后将记账凭证、原始凭证同有关账簿记录逐笔进行核对，最后检查有关账户的发生额和余额。这种检查方法，可以发现重记、漏记、错记科目、错记金额等，优点是查账的范围大，不易遗漏，且准确性较高；缺点是工作量大，需要的时间比较长。所以在实际工作中，一般是在采用其他方法查找不到错误的情况下才采用这种方法，或者主要适用于期末对账簿进行的全面核对和不规则的错误查找。

当错账发生笔数较多，各种错账混杂一起时，不能用一种方法查出，只能用“顺查法”来查，这是查错账的最后绝招。查账程序基本上与记账程序一样，每查对一笔就必须在账的后端做一个记号，这样一笔笔查下去就一定能查出。在顺查时一定要仔细认真，同时结合应用上述方法。总之，不要被错账的假象所蒙蔽而滑过去，如果错账滑过去又得从头查起。

## （四）逆查法

逆查法亦称反查法，这种方法与顺查法相反，是按照与记账相反的顺序，从尾到头的检查方法，即首先检查科目余额表中数字的计算是否正确；其次检查各账户计算是否正确；再次核对各账簿与会计凭证是否相符；最后检查记账凭证和原始凭证是否相符。这种方法的优缺点与顺查法相同，在由于某种原因造成后期产生差错的可能性较大时应采用本方法（如果记账员认为错误可能出在当天最后几笔业务或当月最后几天的业务上，则按照这样的方法以倒序查找，有时可以事半功倍）。

## 三、预防错账的方法

掌握错账各种规律后，可以采取一些预防错账的方法。

（1）加强复核工作，有条件的单位要配备专职复核人员，人员少的可以采取相互复核或自我复核的方法。复核必须从编制记账凭证、记账凭证汇总、记账、结账、报表层层进行复核。这是预防发生错误的最基本方法。

（2）在制单和记账时要按标准书写数字，不要写奇形数字，让记账人员误认、误记，从而造成“象形”的错误。这是避免错账的重要环节。

（3）在制单、记账、算账、编制报表时精力必须高度集中，切不可一面记账一面闲谈，那样会容易发生错账。这是防止发生错账的根本条件。

（4）在记账时，要时刻警惕反向、移位、颠倒、错字、错格、串户等差错的发生，进而减少差错。

## 四、差错类型及其更正方法的选定

会计差错是指在确认、计量、记录等方面出现的差错，如会计政策使用上的差错、会计估计上的差错、其他差错等。为了正确使用差错更正方法，先要弄清差错的类型，然后对号入座。对于会计差错的账务处理应从三个标准来考虑：①按发现差错的时间，可以分为报告期内发现的差错和资产负债表日至财务报告批准报出日之间发现的差错；②按差错的所属期间，可以分为属于当年的会计差错和属于以前年度的会计差错；③按差错的重要性，可以分为重大的会计差错和非重大的会计差错。重大会计差错足以影响财务报告使用者对企业财务状况、经营成果和现金流量的判断；非重大会计差错不足以影响财务报告使用者对企业财务状况、经营成果和现金流量的判断。在实务中，对会计差错重要性应结合具体的环境并从会计职业角度进行判断，从差错的性质和金额两方面进行分析。

一般来说，差错金额越大，性质越严重，差错越重要。为了便于选定差错更正方法，对以上差错可作如下分类：①当年发生的差错；②以前年度发生的非重大差错；③以前年度发生的重大差错。

选用差错更正技术方法时，差错①对凭证更正无限制，其他差错只能用蓝字法；是否采用追溯方法，差错③必须考虑，其他差错不用考虑；差错③还必须在附注中披露与前期差错更正有关的下列信息，如前期差错的性质、各个列报前期财务报表中受影响的项目名称和更正金额，无法进行追溯重述的还应说明该事实和原因以及对前期差错开始进行更正的时点、具体更正情况等。

另外，不同的差错更正所采用的会计科目有别，差错①、②在会计科目方面无特别的要求，差错③涉及损益的事项，应通过“以前年度损益调整”科目核算；涉及利润分配的事项，应直接通过“利润分配——未分配利润”科目核算；不涉及损益及利润分配的事项，直接调整相关科目。

总之，会计差错更正有一套科学规范的方法，更正会计差错首先要识别和划分差错类型，然后根据差错类型合理选取和运用更正会计差错的方法。当然，更正会计差错的方法只是纠错的补救措施，加强日常核算管理和监督工作，预防和杜绝会计差错的发生才是纠错的根本之道。

## 五、差错的更正方法

依据上述三个标准以及能否直接调整利润，可以形成以下四种具体的会计差错更正方法。

### 1. 当年发生的会计差错

当年发生的会计差错（不论重大或非重大），应及时直接调整当年相关科目。因为当年会计报表尚未编制，无论会计差错是否重大，均可直接调整当年有关出错科目。

**【例 3.3】**某公司 20××年 12 月 31 日发现一台管理用设备（固定资产），本年度漏提折旧 2 000 元。发现时应当做如下账务调整：

借：管理费用　　2 000

　　贷：累计折旧　　2 000

### 2. 以前年度发生的非重大会计差错

以前年度发生的非重大会计差错，其账务处理的方法也是直接调整当年相关科目。该类会计差错尽管与以前年度相关，但根据重要性原则，可直接调整发现当年的相关科目，而不必调整发现当年的期初数。

**【例 3.4】**某公司某年 12 月 31 日发现上年度投入使用的一台管理用设备（固定资产），由于疏忽，上年漏提折旧 1 000 元。发现时应当做如下账务调整：

借：管理费用　　1 000

　　贷：累计折旧　　1 000

### 3. 以前年度发生的重大会计差错

以前年度发生的重大会计差错，涉及损益的，通过“以前年度损益调整”科目调整发现年度的年初留存收益；不影响损益的，调整发现年度相关科目。

**【例 3.5】**某公司某年 12 月 31 日发现上年投入使用的一台管理用设备（固定资产），由于疏忽，上年漏提折旧 300 000 元。该企业适用的企业所得税率为 25%，按净利润的 10%计提法定盈余公积。经分析，上述事项属重大会计差错，发现时应当做如下账务调整：

借：以前年度损益调整　　300 000

　　贷：累计折旧　　300 000

借：应交税费——应交所得税　　75 000

　　贷：以前年度损益调整　　75 000

借：利润分配——未分配利润　　225 000

　　贷：以前年度损益调整　　225 000

借：盈余公积——法定盈余公积 22 500

贷：利润分配——未分配利润 22 500

在资产负债表中，“累计折旧”项目调增 300 000 元，“应交税费”项目调减 75 000 元，“盈余公积”项目调减 22 500 元，“未分配利润”项目调减 202 500 元；在报表附注中说明本年度发现上年漏提固定资产折旧 300 000 元，在编制上年、本年比较会计报表时，已对这笔差错进行了更正，更正后调减了上年净利润和留存收益 225 000 元，调增了累计折旧 300 000 元。

**【例 3.6】**某公司某年 5 月发现由于疏忽上年年底一项已完工投入使用的在建工程未结转到固定资产，金额为 150 万元。经分析上述事项属重大会计差错，发现时应当做如下账务调整：

借：固定资产 1 500 000

贷：在建工程 1 500 000

在资产负债表中，“固定资产”项目调增 1 500 000 元，“在建工程”项目调减 1 500 000 元；在报表附注中说明本年度发现上年漏记固定资产 1 500 000 元，在编制上年、本年比较会计报表时，已对这笔差错进行了更正，更正后调减了上年在建工程 1 500 000 元，调增了固定资产 1 500 000 元。

**4. 不能按错误额直接调整的调账方法**

先采用比例分摊法计算出期末材料、在产品、产成品、产品销售成本等各环节应分摊的错误金额，然后再按当期销售产品应分摊的错误金额直接调整利润数额。

**【例 3.7】**注册税务师受托对某企业进行纳税审查，发现该企业某月份将基建工程领用的生产用原材料 30 000 元计入生产成本。由于当期期末既有在产品，也有完工产品，完工产品当月对外销售一部分，因而多计入生产成本的 30 000 元，已随企业的生产经营过程分别进入了在产品、产成品、产品销售成本之中。经核实，期末在产品成本为 150 000 元，产成品成本为 150 000 元，产品销售成本为 300 000 元。

财务部门根据注册税务师的审查结果，应当按以下步骤计算分摊各环节的错误数额，并做如下账务调整。

第一步，计算分摊率：

分摊率＝30 000÷（150 000＋150 000＋300 000）×100%＝5%

第二步，计算各环节的分摊数额：

在产品应分摊额＝150 000×5%＝7 500（元）

产成品应分摊额＝150 000×5%＝7 500（元）

本期产品销售成本分摊额＝300 000×5%＝15 000（元）

应当转出的增值税进项税额＝30 000×13%＝3 900（元）

第三步，调账。若审查期在当年，则调账分录如下：

借：在建工程 33 900

贷：基本生产成本 7 500

库存商品 7 500

本年利润 15 000

应交税费——应交增值税（进项税额转出） 3 900

若审查期在以后年度，则调账分录为

借：在建工程 33 900

贷：基本生产成本 7 500

库存商品 7 500

以前年度损益调整 15 000

应交税费——应交增值税（进项税额转出） 3 900

【例 3.8】生产车间生产产品领用材料一批，计 25 000 元，误将“生产成本”科目写成“制造费用”科目，并已登记入账。

该差错属于记账后发现的记账凭证中应借、应贷会计科目发生错误的差错，应当采用红字更正法进行更正。

（1）红字冲销：

借：制造费用 25 000

贷：原材料 25 000

（2）蓝字登记：

借：生产成本 25 000

贷：原材料 25 000

【例 3.9】车间一般耗用材料 1 000 元，误记为 10 000 元。

该差错属于记账后发现的记账凭证中应借、应贷会计科目正确，但所记金额大于应记金额的差错，应当采用差额红字更正法进行更正。

借：制造费用 9 000

贷：原材料 9 000

【例 3.10】车间一般耗用材料 1 000 元，误记为 700 元。

该差错属于记账后发现的记账凭证中应借、应贷会计科目正确，但所记金额小于应记金额的差错，应当采用补记差额法进行更正。

借：制造费用 300

贷：原材料 300

## 六、差错更正方法归纳

### 1. 当年会计差错

（1）账错了，哪儿错改哪儿。

（2）账没有错，但会计制度规定与税收政策规定不同的，只调表计税，不调账。

### 2. 跨年会计差错

（1）非损益类账错了，哪儿错改哪儿。

（2）往年损益类账发生的差错，通过“以前年度损益调整”账户进行调整。

（3）往年非损益类账错了，但该账在本年已变为损益类账的，直接调整本年损益类账。

（4）会计差错既涉及往年损益类账又涉及非损益类账的，应计算分摊率在各账之间按比例进行调整。

（5）账没有错，只是漏做了调增或调减所得额处理的，只需进行纳税调整和有关税额的账务处理。

## 七、日常工作中常见的错误结账方法

（1）将本账年末余额，以相反的方向记入最后一笔账下的发生额内。例如，某账年末为借方余额，在结账时，将此项余额填列在贷方发生额栏内（余额如为贷方，则作相反记录），在摘要栏填明“结转下年”字样，在“借或贷”栏内填写“平”字，在余额栏的“元”位上填列“θ”符号，表示账目已经结平。

（2）在“本年累计”发生额的次行，将年初余额按其同方向记入发生额栏内，并在摘要栏内填明“上年结转”字样；在次行登记年末余额，如为借方余额，填入贷方发生额栏内，反之记入借方，并在摘要栏填明“结转下年”字样。同时，在下一行汇总借、贷各方的总计数，并在该行摘要栏内填列“总计”两字，在“借或贷”栏内填写“平”字，在余额栏的“元”位上填列“θ”符号，以示账目已结平。

## 八、记账与结账示例

**示例 3.9** 需结计本月发生额及本年累计发生额的日记账的登记与结账方法（本页）

**现金日记账**

| 20××年 | | 凭证号 | 摘要 | 借方 | | | | | | | | | | 贷方 | | | | | | | | | | 借或贷 | 余额 | | | | | | | | | |
|---|---|---|---|---|---|---|---|---|---|---|---|---|---|---|---|---|---|---|---|---|---|---|---|---|---|---|---|---|---|---|---|---|---|---|
| 月 | 日 | | | 千 | 百 | 十 | 万 | 千 | 百 | 十 | 元 | 角 | 分 | 千 | 百 | 十 | 万 | 千 | 百 | 十 | 元 | 角 | 分 | | 千 | 百 | 十 | 万 | 千 | 百 | 十 | 元 | 角 | 分 |
| 1 | 1 | | 上年结转 | | | | | | | | | | | | | | | | | | | | | 借 | | | | | 8 | 0 | 0 | 0 | 0 | 0 |
| | 1 | 4 | 收取零星销售收入 | | | | | | 8 | 0 | 0 | 0 | 0 | | | | | | | | | | | 借 | | | | | 8 | 8 | 0 | 0 | 0 | 0 |
| | 8 | 34 | 付王刚预借差旅费 | | | | | | | | | | | | | | | | 5 | 0 | 0 | 0 | 0 | 借 | | | | | 8 | 3 | 0 | 0 | 0 | 0 |
| | 12 | 42 | 提取现金备发工资 | | | | 8 | 7 | 0 | 0 | 0 | 0 | 0 | | | | | | | | | | | 借 | | | | 9 | 5 | 3 | 0 | 0 | 0 | 0 |
| | 12 | 43 | 发放职工工资 | | | | | | | | | | | | | | 8 | 7 | 0 | 0 | 0 | 0 | 0 | 借 | | | | | 8 | 3 | 0 | 0 | 0 | 0 |
| | 18 | 54 | 支付房屋租赁费 | | | | | | | | | | | | | | | | 6 | 0 | 0 | 0 | 0 | 借 | | | | | 7 | 7 | 0 | 0 | 0 | 0 |
| | 25 | 61 | 购买办公用品 | | | | | | | | | | | | | | | | 2 | 0 | 0 | 0 | 0 | 借 | | | | | 7 | 5 | 0 | 0 | 0 | 0 |
| | 31 | 77 | 收取运输费收入 | | | | | | 7 | 0 | 0 | 0 | 0 | | | | | | | | | | | 借 | | | | | 8 | 2 | 0 | 0 | 0 | 0 |
| | 31 | | 本月合计 | | | | 8 | 8 | 5 | 0 | 0 | 0 | 0 | | | | 8 | 8 | 3 | 0 | 0 | 0 | 0 | 借 | | | | | 8 | 2 | 0 | 0 | 0 | 0 |
| 2 | 1 | 3 | 王刚报销差旅费 | | | | | | | 5 | 0 | 0 | 0 | | | | | | | | | | | 借 | | | | | 8 | 2 | 5 | 0 | 0 | 0 |
| | 6 | 21 | 支付职工困难补助 | | | | | | | | | | | | | | | | 5 | 0 | 0 | 0 | 0 | 借 | | | | | 7 | 7 | 5 | 0 | 0 | 0 |
| | 12 | 47 | 提取现金备发工资 | | | | 8 | 7 | 0 | 0 | 0 | 0 | 0 | | | | | | | | | | | 借 | | | | 9 | 4 | 7 | 5 | 0 | 0 | 0 |
| | 12 | 47 | 发放职工工资 | | | | | | | | | | | | | | 8 | 7 | 0 | 0 | 0 | 0 | 0 | 借 | | | | | 7 | 7 | 5 | 0 | 0 | 0 |
| | 20 | 63 | 付职工张三借款 | | | | | | | | | | | | | | | 1 | 0 | 0 | 0 | 0 | 0 | 借 | | | | | 6 | 7 | 5 | 0 | 0 | 0 |
| | 28 | 71 | 收取罚款收入 | | | | | | 3 | 0 | 0 | 0 | 0 | | | | | | | | | | | 借 | | | | | 7 | 0 | 5 | 0 | 0 | 0 |
| | 28 | | 本月合计 | | | | 8 | 7 | 3 | 5 | 0 | 0 | 0 | | | | 8 | 8 | 5 | 0 | 0 | 0 | 0 | 借 | | | | | 7 | 0 | 5 | 0 | 0 | 0 |
| | 28 | | 本年累计 | | | 1 | 7 | 5 | 8 | 5 | 0 | 0 | 0 | | | 1 | 7 | 6 | 8 | 0 | 0 | 0 | 0 | | | | | | 7 | 0 | 5 | 0 | 0 | 0 |
| 略 | 略 | 略 | 略 | | | | | | | | | | | | | | | | | | | | | | | | | | | | | | | |
| 略 | 略 | 略 | 略 | | | | | | | | | | | | | | | | | | | | | | | | | | | | | | | |
| 8 | 25 | 74 | 收回职工欠款 | | | | | 1 | 3 | 0 | 0 | 0 | 0 | | | | | | | | | | | 借 | | | | | 8 | 0 | 7 | 0 | 0 | 0 |
| | | | 过次页 | | | 6 | 6 | 8 | 2 | 3 | 0 | 0 | 0 | | | 6 | 6 | 8 | 3 | 0 | 0 | 0 | 0 | 借 | | | | | 8 | 0 | 7 | 0 | 0 | 0 |

需结计本月发生额及本年累计发生额的日记账的登记与结账方法（次页）

**现金日记账**

| 20××年 | | 凭证号 | 摘要 | 借方 | | | | | | | | | | 贷方 | | | | | | | | | | 借或贷 | 余额 | | | | | | | | | |
|---|---|---|---|---|---|---|---|---|---|---|---|---|---|---|---|---|---|---|---|---|---|---|---|---|---|---|---|---|---|---|---|---|---|---|
| 月 | 日 | | | 千 | 百 | 十 | 万 | 千 | 百 | 十 | 元 | 角 | 分 | 千 | 百 | 十 | 万 | 千 | 百 | 十 | 元 | 角 | 分 | | 千 | 百 | 十 | 万 | 千 | 百 | 十 | 元 | 角 | 分 |
| 8 | 25 | | 承前页 | | | 6 | 6 | 8 | 2 | 3 | 0 | 0 | 0 | | | 6 | 6 | 8 | 3 | 0 | 0 | 0 | 0 | 借 | | | | | 8 | 0 | 7 | 0 | 0 | 0 |
| 略 | 略 | 略 | 略 | | | | | | | | | | | | | | | | | | | | | | | | | | | | | | | |
| 略 | 略 | 略 | 略 | | | | | | | | | | | | | | | | | | | | | | | | | | | | | | | |
| 12 | 31 | 86 | 支付材料运输费 | | | | | | | | | | | | | | | | 8 | 0 | 0 | 0 | 0 | 借 | | | | | | | | | | |
| | 31 | | 本月合计 | | | | 9 | 0 | 8 | 5 | 0 | 0 | 0 | | | | 8 | 1 | 0 | 5 | 0 | 0 | 0 | 借 | | | | | 9 | 8 | 0 | 0 | 0 | 0 |
| | 31 | | 本年累计 | | 1 | 0 | 9 | 0 | 2 | 0 | 0 | 0 | 0 | | 1 | 0 | 8 | 8 | 4 | 0 | 0 | 0 | 0 | | | | | | 9 | 8 | 0 | 0 | 0 | 0 |
| | | | 结转下年 | | | | | | | | | | | | | | | | | | | | | | | | | | | | | | | |

**示例 3.10** 表结法下需结计本月发生额及本年累计发生额的损益类明细账的登记与结账方法

**其他业务收入明细账**

科目编号：6051　　细目：租金收入　　子目：

| 20××年 | | 凭证号 | 摘要 | 借方 | | | | | | | | | | 贷方 | | | | | | | | | | 借或贷 | 余额 | | | | | | | | | | 核对 |
|---|---|---|---|---|---|---|---|---|---|---|---|---|---|---|---|---|---|---|---|---|---|---|---|---|---|---|---|---|---|---|---|---|---|---|---|
| 月 | 日 | | | 千 | 百 | 十 | 万 | 千 | 百 | 十 | 元 | 角 | 分 | 千 | 百 | 十 | 万 | 千 | 百 | 十 | 元 | 角 | 分 | | 千 | 百 | 十 | 万 | 千 | 百 | 十 | 元 | 角 | 分 | |
| 1 | 8 | 略 | 厂房租金收入 | | | | | | | | | | | | | | | 3 | 2 | 0 | 0 | 0 | 0 | 贷 | | | | | 3 | 2 | 0 | 0 | 0 | 0 | |
| | 19 | 略 | 切割技术转让收入 | | | | | | | | | | | | | | | 4 | 0 | 0 | 0 | 0 | 0 | 贷 | | | | | 7 | 2 | 0 | 0 | 0 | 0 | |
| | 31 | | 本月合计 | | | | | | | | | | | | | | | 7 | 2 | 0 | 0 | 0 | 0 | 贷 | | | | | 7 | 2 | 0 | 0 | 0 | 0 | |
| | 8 | 略 | 厂房租金收入 | | | | | | | | | | | | | | | 3 | 2 | 0 | 0 | 0 | 0 | 贷 | | | | 1 | 0 | 4 | 0 | 0 | 0 | 0 | |
| | 19 | 略 | 切割技术转让收入 | | | | | | | | | | | | | | | 4 | 0 | 0 | 0 | 0 | 0 | 贷 | | | | 1 | 4 | 4 | 0 | 0 | 0 | 0 | |
| | 28 | | 本月合计 | | | | | | | | | | | | | | | 7 | 2 | 0 | 0 | 0 | 0 | 贷 | | | | 1 | 4 | 4 | 0 | 0 | 0 | 0 | |
| | 28 | | 本年累计 | | | | | | | | | | | | | | 1 | 4 | 4 | 0 | 0 | 0 | 0 | 贷 | | | | 1 | 4 | 4 | 0 | 0 | 0 | 0 | |
| | 略 | 略 | 略 | | | | | | | | | | | | | | | | | | | | | | | | | | | | | | | | |
| 7 | 8 | 略 | 厂房租金收入 | | | | | | | | | | | | | | | 3 | 2 | 0 | 0 | 0 | 0 | 贷 | | | | | 3 | 2 | 0 | 0 | 0 | 0 | |
| | 31 | | 本年累计 | | | | | | | | | | | | | | 4 | 6 | 4 | 0 | 0 | 0 | 0 | | | | | 4 | 6 | 4 | 0 | 0 | 0 | 0 | |
| | 略 | 略 | 略 | | | | | | | | | | | | | | | | | | | | | | | | | | | | | | | | |
| 12 | 8 | 略 | 厂房租金收入 | | | | | | | | | | | | | | | 3 | 2 | 0 | 0 | 0 | 0 | 贷 | | | | 6 | 2 | 4 | 0 | 0 | 0 | 0 | |
| | 31 | 略 | 转入本年利润 | | | | 6 | 2 | 4 | 0 | 0 | 0 | 0 | | | | | | | | | | | 平 | | | | | | | | θ | | | |
| | 31 | | 本月合计 | | | | 6 | 2 | 4 | 0 | 0 | 0 | 0 | | | | | 3 | 2 | 0 | 0 | 0 | 0 | 平 | | | | | | | | θ | | | |
| | 31 | | 本年累计 | | | | 6 | 2 | 4 | 0 | 0 | 0 | 0 | | | | 6 | 2 | 4 | 0 | 0 | 0 | 0 | | | | | | | | | | | | |

**示例 3.11** 账结法下需结计本月发生额及本年累计发生额的损益类明细账的登记与结账方法

## 其他业务收入明细账

科目编号：6051　　　　细目：租金收入　　　子目：

|20××年| |凭证号|摘要|借方| | | | | | | | | |贷方| | | | | | | | | |借或贷|余额| | | | | | | | | |核对|
|---|---|---|---|---|---|---|---|---|---|---|---|---|---|---|---|---|---|---|---|---|---|---|---|---|---|---|---|---|---|---|---|---|---|---|
|月|日| | |千|百|十|万|千|百|十|元|角|分|千|百|十|万|千|百|十|元|角|分| |千|百|十|万|千|百|十|元|角|分| |
|1|8|略|厂房租金收入| | | | | | | | | | | | | | |3|2|0|0|0|0|贷| | | | |3|2|0|0|0|0| |
| |19|略|切割技术转让收入| | | | | | | | | | | | | | |4|0|0|0|0|0|贷| | | | |7|2|0|0|0|0| |
| |31|略|转入本年利润| | | | |7|2|0|0|0|0| | | | | | | | | | |平| | | | | | | |θ| | | |
| |31| |本月合计| | | | |7|2|0|0|0|0| | | | |7|2|0|0|0|0|平| | | | | | | |θ| | | |
|2|8|略|厂房租金收入| | | | | | | | | | | | | | |3|2|0|0|0|0|贷| | | | |3|2|0|0|0|0| |
| |19|略|切割技术转让收入| | | | | | | | | | | | | | |4|0|0|0|0|0|贷| | | | |7|2|0|0|0|0| |
| |28|略|转入本年利润| | | | |7|2|0|0|0|0| | | | | | | | | | |平| | | | | | | |θ| | | |
| |28| |本月合计| | | | |7|2|0|0|0|0| | | | |7|2|0|0|0|0|平| | | | | | | |θ| | | |
| |28| |本年累计| | | |1|4|4|0|0|0|0| | | |1|4|4|0|0|0|0| | | | | | | | | | | | |
|略|略|略|略| | | | | | | | | | | | | | | | | | | | | | | | | | | | | | | |
|7|8|略|厂房租金收入| | | | | | | | | | | | | | |3|2|0|0|0|0|贷| | | | |3|2|0|0|0|0| |
| |31|略|转入本年利润| | | | |3|2|0|0|0|0| | | | | | | | | | |平| | | | | | | |θ| | | |
| |31| |本月合计| | | | |3|2|0|0|0|0| | | | |3|2|0|0|0|0|平| | | | | | | |θ| | | |
| |31| |本年累计| | | |4|6|4|0|0|0|0| | | |4|6|4|0|0|0|0| | | | | | | | | | | | |
|略|略|略|略| | | | | | | | | | | | | | | | | | | | | | | | | | | | | | | |
|12|8|略|厂房租金收入| | | | | | | | | | | | | | |3|2|0|0|0|0|贷| | | | |3|2|0|0|0|0| |
| |31|略|转入本年利润| | | | |3|2|0|0|0|0| | | | | | | | | | |平| | | | | | | |θ| | | |
| |31| |本月合计| | | | |3|2|0|0|0|0| | | | |3|2|0|0|0|0|平| | | | | | | |θ| | | |
| |31| |本年累计| | | |6|2|4|0|0|0|0| | | |6|2|4|0|0|0|0| | | | | | | | | | | | |

**示例 3.12**　需结计本月发生额但不需结计本年累计发生额的往来账的登记与结账方法

## 其他应收款明细账

科目编号：1231　　　　细目：杨晓峰　　　　子目：

|20××年| |凭证号|摘要|借方| | | | | | | | | |贷方| | | | | | | | | |借或贷|余额| | | | | | | | | |核对|
|---|---|---|---|---|---|---|---|---|---|---|---|---|---|---|---|---|---|---|---|---|---|---|---|---|---|---|---|---|---|---|---|---|---|---|
|月|日| | |千|百|十|万|千|百|十|元|角|分|千|百|十|万|千|百|十|元|角|分| |千|百|十|万|千|百|十|元|角|分| |
|1|1| |上年结转| | | | | | | | | | | | | | | | | | | | |借| | | | |2|0|0|0|0|0| |
| |9|19|杨晓峰报销差旅费| | | | | | | | | | | | | | |2|0|0|0|0|0|平| | | | | | | |θ| | | |
| |16|33|杨晓峰预借差旅费| | | | |3|5|0|0|0|0| | | | | | | | | | |借| | | | |3|5|0|0|0|0| |
| |27|54|杨晓峰报销差旅费| | | | | | | | | | | | | | |1|9|5|0|0|0|借| | | | |1|5|5|0|0|0| |
| |31| |本月合计| | | | |3|5|0|0|0|0| | | | |3|9|5|0|0|0|借| | | | |1|5|5|0|0|0| |
|2|3|10|杨晓峰还欠款| | | | | | | | | | | | | | |1|5|5|0|0|0|平| | | | | | | |θ| | | |
|略|略|略|略| | | | | | | | | | | | | | | | | | | | | | | | | | | | | | | |
|略|略|略|略| | | | | | | | | | | | | | | | | | | | | | | | | | | | | | | |
|12|31| |本月合计| | | | |4|5|0|0|0|0| | | | |2|8|0|0|0|0| | | | | |2|1|0|0|0|0| |
| | | |结转下年| | | | | | | | | | | | | | | | | | | | | | | | | | | | | | | |

**示例 3.13　实际工作中会计人员通常采用的往来账的登记与结账方法**

**其他应收款明细账**

科目编号：1231　　　　细目：杨晓峰　　　　子目：

| 20××年 | | 凭证号 | 摘要 | 借方 | | | | | | | | | | 贷方 | | | | | | | | | | 借或贷 | 余额 | | | | | | | | | | 核对 |
|---|---|---|---|---|---|---|---|---|---|---|---|---|---|---|---|---|---|---|---|---|---|---|---|---|---|---|---|---|---|---|---|---|---|---|---|
| 月 | 日 | | | 千 | 百 | 十 | 万 | 千 | 百 | 十 | 元 | 角 | 分 | 千 | 百 | 十 | 万 | 千 | 百 | 十 | 元 | 角 | 分 | | 千 | 百 | 十 | 万 | 千 | 百 | 十 | 元 | 角 | 分 | |
| 1 | 1 | | 上年结转 | | | | | | | | | | | | | | | | | | | | | 借 | | | | | 2 | 0 | 0 | 0 | 0 | 0 | |
| | 9 | 19 | 杨晓峰报销差旅费 | | | | | | | | | | | | | | | 2 | 0 | 0 | 0 | 0 | 0 | 平 | | | | | | | | 0 | | | |
| | 16 | 33 | 杨晓峰预借差旅费 | | | | | 3 | 5 | 0 | 0 | 0 | 0 | | | | | | | | | | | 借 | | | | | 3 | 5 | 0 | 0 | 0 | 0 | |
| | 27 | 54 | 杨晓峰报销差旅费 | | | | | | | | | | | | | | | 1 | 9 | 5 | 0 | 0 | 0 | 借 | | | | | 1 | 5 | 5 | 0 | 0 | 0 | |
| | 31 | | 本月合计 | | | | | 3 | 5 | 0 | 0 | 0 | 0 | | | | | 3 | 9 | 5 | 0 | 0 | 0 | 借 | | | | | 1 | 5 | 5 | 0 | 0 | 0 | |
| 2 | 3 | 10 | 杨晓峰还欠款 | | | | | | | | | | | | | | | 1 | 5 | 5 | 0 | 0 | 0 | 平 | | | | | | | | 0 | | | |
| | 28 | | 本年累计 | | | | | 3 | 5 | 0 | 0 | 0 | 0 | | | | | 5 | 5 | 0 | 0 | 0 | 0 | 平 | | | | | | | | 0 | | | |
| 略 | 略 | 略 | 略 | | | | | | | | | | | | | | | | | | | | | | | | | | | | | | | | |
| 12 | 略 | 略 | 略 | | | | | | | | | | | | | | | | | | | | | | | | | | | | | | | | |
| | 略 | 略 | 略 | | | | | | | | | | | | | | | | | | | | | | | | | | | | | | | | |
| 12 | 31 | | 本月合计 | | | | | 4 | 5 | 0 | 0 | 0 | 0 | | | | | 2 | 8 | 0 | 0 | 0 | 0 | 借 | | | | | 2 | 1 | 0 | 0 | 0 | 0 | |
| | 31 | | 本年累计 | | | | 4 | 3 | 0 | 0 | 0 | 0 | 0 | | | | 4 | 2 | 9 | 0 | 0 | 0 | 0 | 借 | | | | | 2 | 1 | 0 | 0 | 0 | 0 | |
| | | | 结转下年 | | | | | | | | | | | | | | | | | | | | | | | | | | | | | | | | |

**示例 3.14　月末一次汇总登记的情况下总账的登记与结账方法**

**总　账**

会计科目：原材料　　　　科目编号：1403

| 20××年 | | 凭证号 | 摘要 | 借方 | | | | | | | | | | 贷方 | | | | | | | | | | 借或贷 | 余额 | | | | | | | | | | 核对 |
|---|---|---|---|---|---|---|---|---|---|---|---|---|---|---|---|---|---|---|---|---|---|---|---|---|---|---|---|---|---|---|---|---|---|---|---|
| 月 | 日 | | | 千 | 百 | 十 | 万 | 千 | 百 | 十 | 元 | 角 | 分 | 千 | 百 | 十 | 万 | 千 | 百 | 十 | 元 | 角 | 分 | | 千 | 百 | 十 | 万 | 千 | 百 | 十 | 元 | 角 | 分 | |
| 1 | 1 | | 上年结转 | | | | | | | | | | | | | | | | | | | | | 借 | | | | 8 | 1 | 9 | 0 | 0 | 0 | 0 | |
| | 31 | 科汇 | 1月31日科目汇总表 | | | 1 | 1 | 9 | 6 | 0 | 0 | 0 | 0 | | | 1 | 4 | 7 | 5 | 5 | 0 | 0 | 0 | 借 | | | | 5 | 3 | 9 | 5 | 0 | 0 | 0 | |
| | 31 | | 本月合计 | | | 1 | 1 | 9 | 6 | 0 | 0 | 0 | 0 | | | 1 | 4 | 7 | 5 | 5 | 0 | 0 | 0 | 借 | | | | 5 | 3 | 9 | 5 | 0 | 0 | 0 | |
| 2 | 28 | 科汇 | 2月28日科目汇总表 | | | 1 | 2 | 2 | 8 | 5 | 0 | 0 | 0 | | | 1 | 1 | 7 | 6 | 5 | 0 | 0 | 0 | 借 | | | | 5 | 9 | 1 | 5 | 0 | 0 | 0 | |
| | 28 | | 本年累计 | | | 2 | 4 | 2 | 4 | 5 | 0 | 0 | 0 | | | 2 | 6 | 5 | 2 | 0 | 0 | 0 | 0 | 借 | | | | 5 | 9 | 1 | 5 | 0 | 0 | 0 | |
| 略 | 略 | 略 | 略 | | | | | | | | | | | | | | | | | | | | | | | | | | | | | | | | |
| 略 | 略 | 略 | 略 | | | | | | | | | | | | | | | | | | | | | | | | | | | | | | | | |
| 12 | 31 | 科汇 | 12月31日科目汇总表 | | | 1 | 2 | 0 | 2 | 5 | 0 | 0 | 0 | | | 1 | 1 | 8 | 9 | 5 | 0 | 0 | 0 | 借 | | | | 7 | 2 | 8 | 0 | 0 | 0 | 0 | |
| | 31 | | 本年累计 | | 1 | 4 | 7 | 4 | 2 | 0 | 0 | 0 | 0 | | 1 | 4 | 8 | 3 | 3 | 0 | 0 | 0 | 0 | 借 | | | | 7 | 2 | 8 | 0 | 0 | 0 | 0 | |
| | | | 结转下年 | | | | | | | | | | | | | | | | | | | | | | | | | | | | | | | | |

**示例 3.15　定期汇总登记的情况下总账的登记与结账方法**

## 总　账

会计科目：原材料　　　　　　科目编号：1403

| 20××年 | | 凭证号 | 摘要 | 借方 | | | | | | | | | | 贷方 | | | | | | | | | | 借或贷 | 余额 | | | | | | | | | | 核对 |
|---|---|---|---|---|---|---|---|---|---|---|---|---|---|---|---|---|---|---|---|---|---|---|---|---|---|---|---|---|---|---|---|---|---|---|---|
| 月 | 日 | | | 千 | 百 | 十 | 万 | 千 | 百 | 十 | 元 | | 分 | 千 | 百 | 十 | 万 | 千 | 百 | 十 | 元 | 角 | 分 | | 千 | 百 | 十 | 万 | 千 | 百 | 十 | 元 | 角 | 分 | |
| 1 | 1 | | 上年结转 | | | | | | | | | | | | | | | | | | | | | 借 | | | | 8 | 1 | 9 | 0 | 0 | 0 | 0 | |
| | 10 | 科汇 | 1月10日科目汇总表 | | | | 1 | 9 | 6 | 0 | 0 | 0 | 0 | | | | 4 | 7 | 5 | 5 | 0 | 0 | 0 | 借 | | | | 5 | 3 | 9 | 5 | 0 | 0 | 0 | |
| | 20 | 科汇 | 1月20日科目汇总表 | | | | 4 | 5 | 0 | 0 | 0 | 0 | 0 | | | | 4 | 0 | 0 | 0 | 0 | 0 | 0 | 借 | | | | 5 | 8 | 9 | 5 | 0 | 0 | 0 | |
| | 31 | 科汇 | 1月31日科目汇总表 | | | | 5 | 5 | 0 | 0 | 0 | 0 | 0 | | | | 6 | 0 | 0 | 0 | 0 | 0 | 0 | 借 | | | | 5 | 3 | 9 | 5 | 0 | 0 | 0 | |
| | 31 | | 本月合计 | | | 1 | 1 | 9 | 6 | 0 | 0 | 0 | 0 | | | 1 | 4 | 7 | 5 | 5 | 0 | 0 | 0 | 借 | | | | 5 | 3 | 9 | 5 | 0 | 0 | 0 | |
| 2 | 10 | 科汇 | 2月10日科目汇总表 | | | | 6 | 2 | 8 | 5 | 0 | 0 | 0 | | | | 6 | 0 | 0 | 0 | 0 | 0 | 0 | 借 | | | | 5 | 6 | 8 | 0 | 0 | 0 | 0 | |
| | 20 | 科汇 | 2月20日科目汇总表 | | | | 6 | 0 | 0 | 0 | 0 | 0 | 0 | | | | 5 | 7 | 6 | 5 | 0 | 0 | 0 | 借 | | | | 5 | 9 | 1 | 5 | 0 | 0 | 0 | |
| | 28 | | 本月合计 | | | 1 | 2 | 2 | 8 | 5 | 0 | 0 | 0 | | | 1 | 1 | 7 | 6 | 5 | 0 | 0 | 0 | 借 | | | | 5 | 9 | 1 | 5 | 0 | 0 | 0 | |
| | 28 | | 本年累计 | | | 2 | 4 | 2 | 4 | 5 | 0 | 0 | 0 | | | 2 | 6 | 5 | 2 | 0 | 0 | 0 | 0 | 借 | | | | 5 | 9 | 1 | 5 | 0 | 0 | 0 | |
| 略 | 略 | 略 | 略 | | | | | | | | | | | | | | | | | | | | | | | | | | | | | | | | |
| 略 | 略 | 略 | 略 | | | | | | | | | | | | | | | | | | | | | | | | | | | | | | | | |
| 12 | 10 | 科汇 | 12月10日科目汇总表 | | | | 4 | 0 | 2 | 5 | 0 | 0 | 0 | | | | 4 | 8 | 9 | 5 | 0 | 0 | 0 | 借 | | | | 6 | 2 | 8 | 0 | 0 | 0 | 0 | |
| | 20 | 科汇 | 12月20日科目汇总表 | | | | 4 | 5 | 0 | 0 | 0 | 0 | 0 | | | | 3 | 5 | 0 | 0 | 0 | 0 | 0 | 借 | | | | 7 | 2 | 8 | 0 | 0 | 0 | 0 | |
| | 31 | 科汇 | 12月31日科目汇总表 | | | | 3 | 5 | 0 | 0 | 0 | 0 | 0 | | | | 3 | 5 | 0 | 0 | 0 | 0 | 0 | 借 | | | | 7 | 2 | 8 | 0 | 0 | 0 | 0 | |
| | 31 | | 本月合计 | | | 1 | 2 | 0 | 2 | 5 | 0 | 0 | 0 | | | 1 | 1 | 8 | 9 | 5 | 0 | 0 | 0 | 借 | | | | 7 | 2 | 8 | 0 | 0 | 0 | 0 | |
| | 31 | | 本年累计 | | 1 | 4 | 7 | 4 | 2 | 0 | 0 | 0 | 0 | | 1 | 4 | 8 | 3 | 3 | 0 | 0 | 0 | 0 | 借 | | | | 7 | 2 | 8 | 0 | 0 | 0 | 0 | |
| | | | 结转下年 | | | | | | | | | | | | | | | | | | | | | | | | | | | | | | | | |

## 示例 3.16　多栏式制造费用明细账的登记与结账方法（本页）

### 制造费用明细账

科目编号：5101　　细目：基本生产车间　　细目：铸造车间

| 20××年 月 | 日 | 凭证号 | 摘要 | 借方 职工薪酬 | 借方 物料消耗 | 借方 低值易耗品摊销 | 借方 办公费 |
|---|---|---|---|---|---|---|---|
| 1 | 31 | 12 | 原材料费用分配表 | | 420000 | | |
| | 31 | 略 | 低值易耗品摊销表 | | | 120000 | |
| | 31 | 略 | 外购动力费分配表 | | | | |
| | 31 | 略 | 职工薪酬分配表 | 513000 | | | |
| | 31 | 略 | 折旧费用计提及分配表 | | | | |
| | 31 | 略 | 其他费用汇总表 | | | | 68000 |
| | 31 | 略 | 辅助生产费用分配表 | | | | |
| | 31 | 略 | 分配转出 | −513000 | −420000 | −120000 | −68000 |
| | 31 | | 本月合计 | 513000 | 420000 | 120000 | 68000 |
| 2 | 28 | 略 | 略 | | | | |
| 略 | 略 | 略 | 略 | | | | |
| 12 | 31 | 略 | 略 | | | | |
| | 31 | 略 | 分配转出 | −523000 | −400000 | −120000 | −70000 |
| | 31 | | 本月合计 | 523000 | 400000 | 120000 | 70000 |
| | | | | | | | |
| | | | | | | | |
| | | | | | | | |

多栏式制造费用明细账的登记与结账方法（次页）

### 制造费用明细账

科目编号：5101　　细目：基本生产车间　　子目：加工车间

| 借方 折旧及修理费 | 借方 水电费 | 借方 取暖及保险费 | 借方 合计 | 贷方 | 余额 |
|---|---|---|---|---|---|
| | | | 420000 | | 420000 |
| | | | 120000 | | 540000 |
| | 60000 | | 60000 | | 600000 |
| | | | 513000 | | 1113000 |
| 500000 | | | 500000 | | 1613000 |
| | | 486000 | 554000 | | 2167000 |
| | | 130000 | 130000 | | 2297000 |
| −500000 | −60000 | −616000 | | 2297000 | θ |
| 500000 | 60000 | 616000 | 2297000 | 2297000 | θ |
| | | | | | |
| | | | | | |
| | | | | | 2304000 |
| −500000 | −65000 | −626000 | | 2304000 | θ |
| 500000 | 65000 | 626000 | 2304000 | 2304000 | θ |
| | | | | | |
| | | | | | |
| | | | | | |

## 示例 3.17　多栏式生产成本明细账的登记与结账方法（本页）

### 生产成本明细账

科目编号：5001　基本生产车间：铸造车间　产品规格：甲产品　产品规格：　投产日期：20××年 1 月 1 日

| 20××年 月 | 日 | 凭证号 | 摘要 | 借方 直接材料 | 借方 直接人工 | 借方 制造费用 | 借方 燃料及动力 |
|---|---|---|---|---|---|---|---|
| 1 | 31 | 略 | 上年结转 | 1000000 | 408000 | 618600 | |
| | 31 | 略 | 分配材料费用 | 5000000 | | | |
| | 31 | 略 | 分配职工薪酬 | | 912000 | | |
| | 31 | 略 | 分配制造费用 | | | 4121400 | |
| | 31 | 略 | 结转完工产品成本 | -3600000 | -990000 | -3555000 | |
| | 31 | | 本月合计 | 5000000 | 912000 | 4121400 | |
| | 31 | | 期末余额 | 2400000 | 330000 | 1185000 | |
| 略 | 略 | 略 | 略 | | | | |
| 略 | 略 | 略 | 略 | | | | |
| 11 | 30 | 略 | 期末余额 | 2500000 | 350000 | 1200000 | |
| 12 | 31 | 略 | 略 | | | | |
| | 31 | 略 | 结转完工产品成本 | -4800000 | -1010000 | -4025000 | |
| | 31 | | 本月合计 | 5500000 | 1000000 | 4300000 | |
| | 31 | | 期末余额 | 3200000 | 340000 | 1475000 | |
| | | | 结转下年 | | | | |
| | | | | | | | |
| | | | | | | | |

多栏式生产成本明细账的登记与结账方法（次页）

### 生产成本明细账

生产批号：　生产批（数）量：　实际工时：　完工日期：　完成产量：

| 借方 废品损失 | 借方 停工损失 | 借方 | 借方 合计 | 贷方 | 余额 |
|---|---|---|---|---|---|
| | | | 2026600 | | 2026600 |
| | | | 5000000 | | 7026600 |
| | | | 912000 | | 7938600 |
| | | | 4121400 | | 12060000 |
| | | | | 8145000 | 3915000 |
| | | | 10033400 | 8145000 | 3915000 |
| | | | 3915000 | | 3915000 |
| | | | | | |
| | | | | | |
| | | | 4050000 | | 4050000 |
| | | | | | 14850000 |
| | | | | 9835000 | 5015000 |
| | | | 10800000 | 9835000 | 5015000 |
| | | | 5015000 | | 5015000 |
| | | | | | |
| | | | | | |
| | | | | | |

## 示例 3.18　账结法下多栏式管理费用明细账的登记与结账方法（本页）

### 管理费用明细账

科目编号：6602

| 20××年 月 | 日 | 凭证号 | 摘要 | 借方 职工薪酬 | 借方 差旅费 | 借方 低值易耗品摊销 | 借方 办公费 |
|---|---|---|---|---|---|---|---|
| 1 | 31 | 121 | 低值易耗品摊销表 | | | 1200.00 | |
| | 31 | 略 | 外购动力费分配表 | | | | |
| | 31 | 略 | 职工薪酬分配表 | 5130.00 | | | |
| | 31 | 略 | 折旧费用计提及分配表 | | | | |
| | 31 | 略 | 其他费用汇总表 | | 4200.00 | | 680.00 |
| | 31 | 略 | 辅助生产费用分配表 | | | | |
| | 31 | 略 | 转入本年利润 | −5130.00 | −4200.00 | −1200.00 | −680.00 |
| | 31 | | 本月合计 | 5130.00 | 4200.00 | 1200.00 | 680.00 |
| 2 | 略 | 略 | 略 | | | | |
| 2 | 28 | 略 | 本月合计 | 5130.00 | 4300.00 | 1200.00 | 690.00 |
| | 28 | | 本年累计 | 10260.00 | 8500.00 | 2400.00 | 1370.00 |
| 略 | 略 | 略 | 略 | | | | |
| 12 | 31 | 略 | 略 | | | | |
| | 31 | 略 | 转入本年利润 | −5230.00 | −4000.00 | −1200.00 | −700.00 |
| | 31 | | 本月合计 | 5230.00 | 4000.00 | 1200.00 | 700.00 |
| | 31 | | 本年累计 | 62160.00 | 52800.00 | 14400.00 | 8280.00 |

账结法下多栏式管理费用明细账的登记与结账方法（次页）

### 管理费用明细账

科目编号：6602

| 借方 折旧及修理费 | 借方 水电费 | 借方 取暖及保险费 | 借方 合计 | 贷方 | 余额 |
|---|---|---|---|---|---|
| | | | 1200.00 | | 1200.00 |
| | 600.00 | | 600.00 | | 1800.00 |
| | | | 5130.00 | | 6930.00 |
| 5000.00 | | | 5000.00 | | 11930.00 |
| | | 4860.00 | 9740.00 | | 21670.00 |
| | | 1300.00 | 1300.00 | | 22970.00 |
| −5000.00 | −600.00 | −6160.00 | | 22970.00 | θ |
| 5000.00 | 600.00 | 6160.00 | 22970.00 | 22970.00 | θ |
| | | | | | |
| 5000.00 | 630.00 | 6210.00 | 23160.00 | 23160.00 | θ |
| 10000.00 | 1230.00 | 12370.00 | 46130.00 | 46130.00 | θ |
| | | | | | |
| | | | | | 23040.00 |
| −5000.00 | −650.00 | −6260.00 | | 23040.00 | θ |
| 5000.00 | 650.00 | 6260.00 | 23040.00 | 23040.00 | θ |
| 60000.00 | 7680.00 | 74760.00 | 280080.00 | 280080.00 | θ |

**示例 3.19　多栏式应交增值税明细账的登记与结账方法（本页）**

## 应交税费明细账

科目编号：　　　　　　　　细目：应交增值税　　　　　　　　子目：

| 20××年 月 | 日 | 凭证号 | 摘要 | 借方 进项税额 | 借方 已交税金 | 借方 转出未交增值税 | 借方 合计 |
|---|---|---|---|---|---|---|---|
| 1 | 1 | 略 | 上年结转 | | | | |
| | 2 | 略 | 购进一批生产用A材料 | 1700000 | | | 1700000 |
| | 5 | 略 | 购进一台生产设备 | 3400000 | | | 5100000 |
| | 10 | 略 | 销售一批甲产品 | | | | |
| | 12 | 略 | 将一批乙产品对外捐赠 | | | | |
| | 14 | 略 | 将一批乙产品分配给投资者 | | | | |
| | 16 | 略 | 购进一批生产用B材料 | 1187000 | | | 6287000 |
| | 20 | 略 | 预交增值税 | | 1360000 | | 7647000 |
| | 25 | 略 | 收到出口退税 | | | | |
| | 28 | 略 | 库存甲产品发生霉烂变质 | | | | |
| | 31 | 略 | 转出未交增值税 | | | 2923000 | 10570000 |
| | 31 | | 本月合计 | 6287000 | 1360000 | 2923000 | 10570000 |
| 略 | 略 | 略 | 略 | | | | |
| 11 | 30 | | 略 | | | | |
| 12 | 略 | 略 | 略 | | | | |
| 12 | 31 | | 本月合计 | 10967000 | | | 10967000 |
| | | | 结转下年 | | | | |

多栏式应交增值税明细账的登记与结账方法（次页）

## 应交税费明细账

科目编号：　　　　　　　　细目：应交增值税　　　　　　　　子目：

| 贷方 销项税额 | 贷方 进项税额转出 | 贷方 转出多交增值税 | 贷方 出口退税 | 贷方 合计 | 借或贷 | 余额 |
|---|---|---|---|---|---|---|
| | | | | | 借 | 200000 |
| | | | | | 借 | 1900000 |
| | | | | | 借 | 5300000 |
| 5100000 | | | | 5100000 | 借 | 200000 |
| 3400000 | | | | 8500000 | 贷 | 3200000 |
| 1530000 | | | | 10030000 | 贷 | 4730000 |
| | | | | | 贷 | 3543000 |
| | | | | | 贷 | 2183000 |
| | | | 400000 | 10430000 | 贷 | 2583000 |
| | 340000 | | | 10770000 | 贷 | 2923000 |
| | | | | | 平 | θ |
| 10030000 | 340000 | | 400000 | 10770000 | 平 | θ |
| | | | | | | |
| | | | | | 平 | θ |
| | | | | | | |
| 10200000 | 170000 | | 350000 | 10720000 | 借 | 247000 |
| | | | | | | |

## 示例 3.20 不需结计本月发生额及本年累计发生额的材料采购明细账的登记与结账方法（A 料）

### 材料采购明细账

科目编号：1401　　明细科目：原料及主要材料　　子目：A 料　　计量单位：吨　　金额单位：元

| 20××年 | | 凭证号 | 摘要 | 借方 | | | | | | | | | | | 20××年 | | 凭证号 | 摘要 | 贷方 | | | | | | | | | |
|---|---|---|---|---|---|---|---|---|---|---|---|---|---|---|---|---|---|---|---|---|---|---|---|---|---|---|---|---|
| | | | | 数量 | 单价 | 金额 | | | | | | | | | | | | | 数量 | 金额 | | | | | | | | |
| 月 | 日 | | | | | 百 | 十 | 万 | 千 | 百 | 十 | 元 | 角 | 分 | 月 | 日 | | | | 百 | 十 | 万 | 千 | 百 | 十 | 元 | 角 | 分 |
| 1 | 1 | | 上年结转 | 2 | 5000 | | | 1 | 0 | 0 | 0 | 0 | 0 | 0 | 1 | 4 | 12 | A 料验收入库 | 2 | | | 1 | 0 | 0 | 0 | 0 | 0 | 0 |
| | 13 | 43 | 从丁企业购进 A 料 | 4 | 5200 | | | 2 | 0 | 8 | 0 | 0 | 0 | 0 | | 15 | 51 | A 料验收入库 | 4 | | | 2 | 0 | 8 | 0 | 0 | 0 | 0 |
| | 27 | 97 | 从丁企业购进 A 料 | 3 | 5100 | | | 1 | 5 | 3 | 0 | 0 | 0 | 0 | | 30 | 89 | A 料验收入库 | 2 | | | 1 | 0 | 2 | 0 | 0 | 0 | 0 |
| 2 | 1 | | 上月结转 | 1 | 5100 | | | | 5 | 1 | 0 | 0 | 0 | 0 | 2 | 4 | 98 | A 料验收入库 | 1 | | | | 5 | 1 | 0 | 0 | 0 | 0 |
| 略 | 略 | 略 | 略 | | | | | | | | | | | | | | | | | | | | | | | | | |

## 示例 3.21 不需结计本月发生额及本年累计发生额的材料采购明细账的登记与结账方法（B 料）

### 材料采购明细账

科目编号：1401　　明细科目：原料及主要材料　　子目：B 料　　计量单位：千克　　金额单位：元

| 20××年 | | 凭证号 | 摘要 | 借方 | | | | | | | | | | | 20××年 | | 凭证号 | 摘要 | 贷方 | | | | | | | | | |
|---|---|---|---|---|---|---|---|---|---|---|---|---|---|---|---|---|---|---|---|---|---|---|---|---|---|---|---|---|
| | | | | 数量 | 单价 | 金额 | | | | | | | | | | | | | 数量 | 金额 | | | | | | | | |
| 月 | 日 | | | | | 百 | 十 | 万 | 千 | 百 | 十 | 元 | 角 | 分 | 月 | 日 | | | | 百 | 十 | 万 | 千 | 百 | 十 | 元 | 角 | 分 |
| 1 | 3 | 6 | 从乙公司购进 B 料 | 40 | 2000 | | | 8 | 0 | 0 | 0 | 0 | 0 | 0 | | 8 | 23 | B 料验收入库 | 40 | | | 8 | 0 | 0 | 0 | 0 | 0 | 0 |
| | 26 | 96 | 从乙公司购进 B 料 | 20 | 2100 | | | 4 | 2 | 0 | 0 | 0 | 0 | 0 | | | | | | | | | | | | | | |
| 略 | 略 | 略 | 略 | | | | | | | | | | | | | | | | | | | | | | | | | |
| 2 | 1 | | 上月结转 | 20 | 2100 | | | 4 | 2 | 0 | 0 | 0 | 0 | 0 | 2 | 3 | 8 | B 料验收入库 | 20 | | | 4 | 2 | 0 | 0 | 0 | 0 | 0 |
| 略 | 略 | 略 | 略 | | | | | | | | | | | | | | | | | | | | | | | | | |
| 12 | 略 | 略 | 略 | | | | | | | | | | | | | | | | | | | | | | | | | |
| 12 | 29 | 89 | 从乙公司购进 B 料 | 30 | 2080 | | | 6 | 2 | 4 | 0 | 0 | 0 | 0 | | | | | | | | | | | | | | |
| | | | 结转下年 | | | | | | | | | | | | | | | | | | | | | | | | | |
| | | | | | | | | | | | | | | | | | | | | | | | | | | | | |

## 示例 3.22　需结计本月发生额但不需结计本年累计发生额的财产物资明细账的登记与结账方法（A 料）

**材料明细账**

材料类别：原料及主要材料　　材料编号：1403001　　材料名称及规格：A 料　　计量单位：吨　　计划单价：5 200　　金额单位：元

| 20××年 | | 凭证号 | 摘要 | 收入 | | | | | | | | | | | | 发出 | | | | | | | | | | | | 结存 | | | | | | | | | | | |
|---|---|---|---|---|---|---|---|---|---|---|---|---|---|---|---|---|---|---|---|---|---|---|---|---|---|---|---|---|---|---|---|---|---|---|---|---|---|---|---|
| | | | | 数量 | 单价 | 金额 | | | | | | | | | | 数量 | 单价 | 金额 | | | | | | | | | | 数量 | 单价 | 金额 | | | | | | | | | |
| 月 | 日 | | | | | 千 | 百 | 十 | 万 | 千 | 百 | 十 | 元 | 角 | 分 | | | 千 | 百 | 十 | 万 | 千 | 百 | 十 | 元 | 角 | 分 | | | 千 | 百 | 十 | 万 | 千 | 百 | 十 | 元 | 角 | 分 |
| 1 | 1 | | 上年结转 | | | | | | | | | | | | | | | | | | | | | | | | | 12 | 5200 | | | | 6 | 2 | 4 | 0 | 0 | 0 | 0 |
| | 4 | 12 | A 料验收入库 | 2 | 5200 | | | | 1 | 0 | 4 | 0 | 0 | 0 | 0 | | | | | | | | | | | | | 14 | 5200 | | | | 7 | 2 | 8 | 0 | 0 | 0 | 0 |
| | 7 | 20 | 铸造车间生产甲产品领用 | | | | | | | | | | | | | 8 | 5200 | | | | 4 | 1 | 6 | 0 | 0 | 0 | 0 | 6 | 5200 | | | | 3 | 1 | 2 | 0 | 0 | 0 | 0 |
| | 15 | 51 | A 料验收入库 | 4 | 5200 | | | | 2 | 0 | 8 | 0 | 0 | 0 | 0 | | | | | | | | | | | | | 10 | 5200 | | | | 5 | 2 | 0 | 0 | 0 | 0 | 0 |
| | 23 | 72 | 铸造车间生产甲产品领用 | | | | | | | | | | | | | 5 | 5200 | | | | 2 | 6 | 0 | 0 | 0 | 0 | 0 | 5 | 5200 | | | | 2 | 6 | 0 | 0 | 0 | 0 | 0 |
| | 30 | 99 | A 料验收入库 | 2 | | | | | 1 | 0 | 4 | 0 | 0 | 0 | 0 | | | | | | | | | | | | | 7 | 5200 | | | | 3 | 6 | 4 | 0 | 0 | 0 | 0 |
| | 31 | | 本月合计 | 8 | | | | | 4 | 1 | 6 | 0 | 0 | 0 | 0 | 13 | | | | | 6 | 7 | 6 | 0 | 0 | 0 | 0 | 7 | 5200 | | | | 3 | 6 | 4 | 0 | 0 | 0 | 0 |
| 2 | 4 | 11 | A 料验收入库 | 1 | 5200 | | | | | 5 | 2 | 0 | 0 | 0 | 0 | | | | | | | | | | | | | 8 | 5200 | | | | 4 | 1 | 6 | 0 | 0 | 0 | 0 |
| 略 | 略 | 略 | 略 | | | | | | | | | | | | | | | | | | | | | | | | | | | | | | | | | | | | |
| 12 | 31 | | 本月合计 | 10 | | | | | 5 | 2 | 0 | 0 | 0 | 0 | 0 | 9 | | | | | 4 | 6 | 8 | 0 | 0 | 0 | 0 | 11 | 5200 | | | | 5 | 7 | 2 | 0 | 0 | 0 | 0 |
| | | | 结转下年 | | | | | | | | | | | | | | | | | | | | | | | | | | | | | | | | | | | | |

示例 3.23　需结计本月发生额但不需结计本年累计发生额的财产物资明细账的登记与结账方法（B 料）

## 材料明细账

材料类别：原料及主要材料　　材料编号：1403002　　材料名称及规格：B 料　　计量单位：千克　　计划单价：1 950　　金额单位：元

| 20××年 | | 凭证号 | 摘要 | 收入 | | | | | | | | | | | | 发出 | | | | | | | | | | | | 结存 | | | | | | | | | | | |
|---|---|---|---|---|---|---|---|---|---|---|---|---|---|---|---|---|---|---|---|---|---|---|---|---|---|---|---|---|---|---|---|---|---|---|---|---|---|---|---|
| | | | | 数量 | 单价 | 金额 | | | | | | | | | | 数量 | 单价 | 金额 | | | | | | | | | | 数量 | 单价 | 金额 | | | | | | | | | |
| 月 | 日 | | | | | 千 | 百 | 十 | 万 | 千 | 百 | 十 | 元 | 角 | 分 | | | 千 | 百 | 十 | 万 | 千 | 百 | 十 | 元 | 角 | 分 | | | 千 | 百 | 十 | 万 | 千 | 百 | 十 | 元 | 角 | 分 |
| 1 | 1 | | 上年结转 | | | | | | | | | | | | | | | | | | | | | | | | | 10 | 1950 | | | | 1 | 9 | 5 | 0 | 0 | 0 | 0 |
| | 5 | 13 | 锻造车间生产乙产品领用 | | | | | | | | | | | | | 4 | 1950 | | | | | 7 | 8 | 0 | 0 | 0 | 0 | 6 | 1950 | | | | 1 | 1 | 7 | 0 | 0 | 0 | 0 |
| | 8 | 23 | B 料验收入库 | 40 | 1950 | | | | 7 | 8 | 0 | 0 | 0 | 0 | 0 | | | | | | | | | | | | | 46 | 1950 | | | | 8 | 9 | 7 | 0 | 0 | 0 | 0 |
| | 10 | 30 | 锻造车间生产乙产品领用 | | | | | | | | | | | | | 20 | 1950 | | | | 3 | 9 | 0 | 0 | 0 | 0 | 0 | 26 | 1950 | | | | 5 | 0 | 7 | 0 | 0 | 0 | 0 |
| | 15 | 45 | 锻造车间一般性消耗 | | | | | | | | | | | | | 2 | 1950 | | | | | 3 | 9 | 0 | 0 | 0 | 0 | 24 | 1950 | | | | 4 | 6 | 8 | 0 | 0 | 0 | 0 |
| | 20 | 62 | 锻造车间生产乙产品领用 | | | | | | | | | | | | | 15 | 1950 | | | | 2 | 9 | 2 | 5 | 0 | 0 | 0 | 9 | 1950 | | | | 1 | 7 | 5 | 5 | 0 | 0 | 0 |
| | 31 | | 本月合计 | 40 | | | | | 7 | 8 | 0 | 0 | 0 | 0 | 0 | 41 | | | | | 7 | 9 | 9 | 5 | 0 | 0 | 0 | 9 | 1950 | | | | 1 | 7 | 5 | 5 | 0 | 0 | 0 |
| 2 | 3 | 8 | B 料验收入库 | 20 | 1950 | | | | 3 | 9 | 0 | 0 | 0 | 0 | 0 | | | | | | | | | | | | | 29 | 1950 | | | | 5 | 6 | 5 | 5 | 0 | 0 | 0 |
| 略 | 略 | 略 | 略 | | | | | | | | | | | | | | | | | | | | | | | | | | | | | | | | | | | | |
| 略 | 略 | 略 | 略 | | | | | | | | | | | | | | | | | | | | | | | | | | | | | | | | | | | | |
| 12 | 31 | | 本月合计 | 35 | | | | | 6 | 8 | 2 | 5 | 0 | 0 | 0 | 37 | | | | | 7 | 2 | 1 | 5 | 0 | 0 | 0 | 8 | 1950 | | | | 1 | 5 | 6 | 0 | 0 | 0 | 0 |
| | | | 结转下年 | | | | | | | | | | | | | | | | | | | | | | | | | | | | | | | | | | | | |

## 示例 3.24　需结计本月发生额但不需结计本年累计发生额的财产物资明细账的登记与结账方法

### 材料成本差异明细账

科目编号：1404　　　　材料类别：原料及主要材料

| 20××年 | | 凭证号 | 摘要 | 本月收入 | | | | | | | | | | | | | | | | 差异率（%） | 本月发出 | | | | | | | | | | | | | | | | 月末结存 | | | | | | | | | | | | | | | |
|---|---|---|---|---|---|---|---|---|---|---|---|---|---|---|---|---|---|---|---|---|---|---|---|---|---|---|---|---|---|---|---|---|---|---|---|---|---|---|---|---|---|---|---|---|---|---|---|---|---|---|---|---|
| | | | | 超支差（借方） | | | | | | | | 节约差（贷方） | | | | | | | | | 节约差（借方） | | | | | | | | 超支差（贷方） | | | | | | | | 超支差（借方） | | | | | | | | 节约差（贷方） | | | | | | | |
| 月 | 日 | | | 十 | 万 | 千 | 百 | 十 | 元 | 角 | 分 | 十 | 万 | 千 | 百 | 十 | 元 | 角 | 分 | | 十 | 万 | 千 | 百 | 十 | 元 | 角 | 分 | 十 | 万 | 千 | 百 | 十 | 元 | 角 | 分 | 十 | 万 | 千 | 百 | 十 | 元 | 角 | 分 | 十 | 万 | 千 | 百 | 十 | 元 | 角 | 分 |
| 1 | 1 | | 上年结转 | | | | | | | | | | | | | | | | | | | | | | | | | | | | | | | | | | | | 1 | 5 | 0 | 0 | 0 | 0 | | | | | | | | |
| | 4 | 12 | 结转入库 A 料成本差异 | | | | | | | | | | | | 4 | 0 | 0 | 0 | 0 | | | | | | | | | | | | | | | | | | | | 1 | 1 | 0 | 0 | 0 | 0 | | | | | | | | |
| | 8 | 23 | 结转入库 B 料成本差异 | | | 2 | 0 | 0 | 0 | 0 | 0 | | | | | | | | | | | | | | | | | | | | | | | | | | | | 3 | 1 | 0 | 0 | 0 | 0 | | | | | | | | |
| | 30 | 99 | 结转入库 A 料成本差异 | | | | | | | | | | | | 2 | 0 | 0 | 0 | 0 | | | | | | | | | | | | | | | | | | | | 2 | 9 | 0 | 0 | 0 | 0 | | | | | | | | |
| | 31 | 101 | 结转发出材料成本差异 | | | | | | | | | | | | | | | | | 1.439 | | | | | | | | | | | 2 | 1 | 2 | 3 | 2 | 4 | | | | 7 | 7 | 6 | 7 | 6 | | | | | | | | |
| | 31 | | 本月合计 | | | 2 | 0 | 0 | 0 | 0 | 0 | | | | 6 | 0 | 0 | 0 | 0 | | | | | | | | | | | | 2 | 1 | 2 | 3 | 2 | 4 | | | | 7 | 7 | 6 | 7 | 6 | | | | | | | | |
| 2 | 3 | 8 | 结转入库 B 料成本差异 | | | 3 | 0 | 0 | 0 | 0 | 0 | | | | | | | | | | | | | | | | | | | | | | | | | | | | 3 | 7 | 7 | 6 | 7 | 6 | | | | | | | | |
| | 4 | 11 | 结转入库 A 料成本差异 | | | | | | | | | | | | 1 | 0 | 0 | 0 | 0 | | | | | | | | | | | | | | | | | | | | 3 | 6 | 7 | 6 | 7 | 6 | | | | | | | | |
| 略 | 略 | 略 | 略 | | | | | | | | | | | | | | | | | | | | | | | | | | | | | | | | | | | | | | | | | | | | | | | | | |
| 12 | 31 | | 结转发出材料成本差异 | | | | | | | | | | | | | | | | | 1.42 | | | | | | | | | | | 1 | 9 | 8 | 5 | 2 | 6 | | | | | | | | | | | | | | | | |
| | 31 | | 本月合计 | | | 2 | 8 | 0 | 0 | 0 | 0 | | | | 5 | 0 | 0 | 0 | 0 | | | | | | | | | | | | 1 | 9 | 8 | 5 | 2 | 6 | | | | 8 | 5 | 5 | 4 | 5 | | | | | | | | |
| | | | 结转下年 | | | | | | | | | | | | | | | | | | | | | | | | | | | | | | | | | | | | | | | | | | | | | | | | | |

示例 3.25　先进先出法下包装物明细账的登记与结账方法

## 包装物明细账

科目编号：1411　　包装物编号：1411001　　包装物名称：包装箱　　计量单位：个　　金额单位：元

| 20××年 | | 凭证号 | 摘要 | 收入 | | | | | | | | | | | | 发出 | | | | | | | | | | | | 结存 | | | | | | | | | | | |
|---|---|---|---|---|---|---|---|---|---|---|---|---|---|---|---|---|---|---|---|---|---|---|---|---|---|---|---|---|---|---|---|---|---|---|---|---|---|---|---|
| | | | | 数量 | 单价 | 金额 | | | | | | | | | | 数量 | 单价 | 金额 | | | | | | | | | | 数量 | 单价 | 金额 | | | | | | | | | |
| 月 | 日 | | | | | 千 | 百 | 十 | 万 | 千 | 百 | 十 | 元 | 角 | 分 | | | 千 | 百 | 十 | 万 | 千 | 百 | 十 | 元 | 角 | 分 | | | 千 | 百 | 十 | 万 | 千 | 百 | 十 | 元 | 角 | 分 |
| 1 | 1 | | 上年结转 | | | | | | | | | | | | | | | | | | | | | | | | | 600 | 2.00 | | | | | 1 | 2 | 0 | 0 | 0 | 0 |
| 1 | 8 | 略 | 从宏宇公司购入包装箱 | 400 | 2.20 | | | | | | 8 | 8 | 0 | 0 | 0 | | | | | | | | | | | | | 600<br>400 | 2.00<br>2.20 | | | | | 1<br> | 2<br>8 | 0<br>8 | 0<br>0 | 0<br>0 | 0<br>0 |
| | 14 | 略 | 租给力源公司 | | | | | | | | | | | | | 600<br>200 | 2.00<br>2.20 | | | | | 1<br> | 2<br>4 | 0<br>4 | 0<br>0 | 0<br>0 | 0<br>0 | 200 | 2.20 | | | | | | 4 | 4 | 0 | 0 | 0 |
| | 20 | 略 | 从宏宇公司购入包装箱 | 600 | 2.30 | | | | | 1 | 3 | 8 | 0 | 0 | 0 | | | | | | | | | | | | | 200<br>600 | 2.20<br>2.30 | | | | | <br>1 | 4<br>3 | 4<br>8 | 0<br>0 | 0<br>0 | 0<br>0 |
| | 28 | 略 | 售给天力公司 | | | | | | | | | | | | | 200<br>200 | 2.20<br>2.30 | | | | | | 4<br>4 | 4<br>6 | 0<br>0 | 0<br>0 | 0<br>0 | 400 | 2.30 | | | | | | 9 | 2 | 0 | 0 | 0 |
| | 31 | 略 | 从宏宇公司购入包装箱 | 400 | 2.5 | | | | | 1 | 0 | 0 | 0 | 0 | 0 | | | | | | | | | | | | | 400<br>400 | 2.30<br>2.50 | | | | | <br>1 | 9<br>0 | 2<br>0 | 0<br>0 | 0<br>0 | 0<br>0 |
| 略 | 略 | 略 | 略 | | | | | | | | | | | | | | | | | | | | | | | | | | | | | | | | | | | | |
| 略 | 略 | 略 | 略 | | | | | | | | | | | | | | | | | | | | | | | | | | | | | | | | | | | | |
| 12 | 31 | 略 | 略 | | | | | | | | | | | | | | | | | | | | | | | | | 500 | 2.50 | | | | | 1 | 2 | 5 | 0 | 0 | 0 |
| | | | 结转下年 | | | | | | | | | | | | | | | | | | | | | | | | | | | | | | | | | | | | |

示例 3.26　加权平均法下库存商品明细账的登记与结账方法

## 库存商品明细账

科目编号：1405　　产品编号：1405001　　产品名称及规格：甲　　计量单位：吨　　金额单位：元

| 20××年 | | 凭证号 | 摘要 | 收入 | | | | | | | | | | | | 发出 | | | | | | | | | | | | 结存 | | | | | | | | | | | |
|---|---|---|---|---|---|---|---|---|---|---|---|---|---|---|---|---|---|---|---|---|---|---|---|---|---|---|---|---|---|---|---|---|---|---|---|---|---|---|---|
| | | | | 数量 | 单价 | 金额 | | | | | | | | | | 数量 | 单价 | 金额 | | | | | | | | | | 数量 | 单价 | 金额 | | | | | | | | | |
| 月 | 日 | | | | | 千 | 百 | 十 | 万 | 千 | 百 | 十 | 元 | 角 | 分 | | | 千 | 百 | 十 | 万 | 千 | 百 | 十 | 元 | 角 | 分 | | | 千 | 百 | 十 | 万 | 千 | 百 | 十 | 元 | 角 | 分 |
| 1 | 1 | | 上年结转 | | | | | | | | | | | | | | | | | | | | | | | | | 6 | 2.00 | | | 1 | 2 | 0 | 0 | 0 | 0 | 0 | 0 |
| 1 | 8 | 略 | 从宏宇公司购入甲产品 | 4 | 2.2 | | | | 8 | 8 | 0 | 0 | 0 | 0 | 0 | | | | | | | | | | | | | 10 | | | | | | | | | | | |
| | 14 | 略 | 委托力源公司代销 | | | | | | | | | | | | | 8 | | | | | | | | | | | | 2 | | | | | | | | | | | |
| | 20 | 略 | 从宏宇公司购入甲产品 | 6 | 2.3 | | | 1 | 3 | 8 | 0 | 0 | 0 | 0 | 0 | | | | | | | | | | | | | 8 | | | | | | | | | | | |
| | 28 | 略 | 售给天力公司甲产品 | | | | | | | | | | | | | 4 | | | | | | | | | | | | 4 | | | | | | | | | | | |
| | 31 | 略 | 从宏宇公司购入甲产品 | 4 | 2.5 | | | 1 | 0 | 0 | 0 | 0 | 0 | 0 | 0 | | | | | | | | | | | | | 8 | | | | | | | | | | | |
| | 31 | | 本月合计 | 14 | | | | 3 | 2 | 6 | 0 | 0 | 0 | 0 | 0 | 12 | 2.23 | | | 2 | 6 | 7 | 6 | 0 | 0 | 0 | 0 | 8 | 2.23 | | | 1 | 7 | 8 | 4 | 0 | 0 | 0 | 0 |
| 略 | 略 | 略 | 略 | | | | | | | | | | | | | | | | | | | | | | | | | | | | | | | | | | | | |
| 略 | 略 | 略 | 略 | | | | | | | | | | | | | | | | | | | | | | | | | | | | | | | | | | | | |
| 11 | 30 | | 本月合计 | 16 | | | | 4 | 0 | 3 | 2 | 0 | 0 | 0 | 0 | 13 | 2.23 | | | 3 | 2 | 6 | 3 | 0 | 0 | 0 | 0 | 9 | 2.51 | | | 2 | 2 | 5 | 9 | 0 | 0 | 0 | 0 |
| 12 | 2 | | 从宏宇公司购入甲产品 | 5 | 2.52 | | | 1 | 2 | 6 | 0 | 0 | 0 | 0 | 0 | | | | | | | | | | | | | 14 | | | | | | | | | | | |
| | 8 | | 售给天力公司甲产品 | | | | | | | | | | | | | 6 | | | | | | | | | | | | 8 | | | | | | | | | | | |
| | 18 | | 从宏宇公司购入甲产品 | 8 | 2.53 | | | 2 | 0 | 2 | 4 | 0 | 0 | 0 | 0 | | | | | | | | | | | | | 16 | | | | | | | | | | | |
| | 25 | | 售给天力公司甲产品 | | | | | | | | | | | | | 6 | | | | | | | | | | | | 10 | | | | | | | | | | | |
| 12 | 31 | | 本月合计 | 13 | | | | 3 | 2 | 8 | 4 | 0 | 0 | 0 | 0 | 12 | | | | 3 | 0 | 2 | 3 | 0 | 0 | 0 | 0 | 10 | 2.52 | | | 2 | 5 | 2 | 0 | 0 | 0 | 0 | 0 |
| | | | 结转下年 | | | | | | | | | | | | | | | | | | | | | | | | | | | | | | | | | | | | |
| | | | | | | | | | | | | | | | | | | | | | | | | | | | | | | | | | | | | | | | |
| | | | | | | | | | | | | | | | | | | | | | | | | | | | | | | | | | | | | | | | |
| | | | | | | | | | | | | | | | | | | | | | | | | | | | | | | | | | | | | | | | |

# 第四章 企业基本资料

## 第一节 企业基本情况简介

### 一、企业概况

飞翔机械有限责任公司坐落在全国著名的煤城辽宁省抚顺市李石经济开发区，毗邻沈吉高速公路，交通十分便利，是一家专门加工制造刀具的一人有限责任公司，下设生产制造、供销、质量管理、行政管理和售后服务等多个部门。该公司成立于1998年，占地6 000多平方米，总建筑面积2万余平方米，拥有固定资产330多万元，加工设备齐全，检测手段完善；主要生产高速钢、高碳钢材质的涂层圆锯片铣刀和镗刀；产品销往沈阳机床厂、大连机床厂、北京机床厂等生产企业。企业秉承"诚实、守信、开拓、创新"的企业文化，立足根本，放眼未来，努力打造"飞翔"品牌，使"飞翔"产品日益成熟与完善。

### 二、生产组织与工艺流程

公司下设一个基本生产车间——加工车间，两个辅助生产车间——机修车间和供汽车间，一个供销机构（供销科），五个管理部门——经理室、厂办、财务科、质检科和行政科，一个仓储部门。加工车间采用大量单步骤生产，平时从仓库领用高速钢、高碳钢进行加工，生产出涂层圆锯片铣刀和镗刀，产品生产完工验收合格后，送交仓库。

### 三、企业其他基本信息

法定代表人：杨秀峰

性质：有限责任公司，增值税一般纳税人

成立日期：1998年

经营期限：1998年7月13日至2038年7月13日

经营范围：从事数控刀具的生产和销售

经营地址：抚顺市李石开发区顺飞路25号

联系电话：024-58256789

开户银行：中国工商银行抚顺市支行

账号：41392259900666

统一社会信用代码：91310051064399328R

主管税务局：国家税务总局抚顺市税务局

## 四、企业组织机构及主要责任人

企业组织机构设置和主要责任人配置见表 4.1。

**表 4.1　企业组织机构设置和主要责任人配置明细表**

| 序号 | 部　门 | 职　务 | 姓　名 | 序号 | 部　门 | 职　务 | 姓　名 |
|---|---|---|---|---|---|---|---|
| 1 | 经理室 | 总经理 | 杨秀峰 | 6 | 行政科 | 科长 | 张凯 |
| 2 | 厂办 | 主任 | 丁伟 | | | 科员 | 牛丽 |
| 3 | 财务科 | 科长 | 赵丽 | 7 | 供销科 | 科长 | 金阳 |
| | | 出纳 | 杨阳 | | | 采购 | 郑杰 |
| | | 记账 | 李晓 | | | 销售 | 富强 |
| | | 审核 | 赵云 | 8 | 仓库 | 材料库管 | 陈青 |
| | | 制单 | 王芳 | | | 产品库管 | 魏强 |
| 4 | 质检科 | 科长 | 王洪 | 9 | 加工车间 | 主任 | 武力 |
| | | 检验员 | 李威 | | | 领料员 | 李平 |
| | | 报账员 | 钱凡 | | | 报账员 | 孙莉 |
| 5 | 机修车间 | 主任 | 马龙 | 10 | 供汽车间 | 主任 | 杨为 |
| | | 领料员 | 陈斌 | | | 领料员 | 张萍 |
| | | 报账员 | 李煜 | | | 报账员 | 于海 |

# 第二节　企业财务会计制度及实训要求

## 一、企业财务会计制度

（1）记账方法及记账凭证：采用借贷记账法和通用记账凭证形式，记账凭证统一连续编号。

（2）会计科目：使用财政部统一规定的科目名称及编号。

（3）货币资金：库存现金实行限额管理，库存现金限额为 20 000 元，在中国工商银行证券公司办事处开设了“其他货币资金——存出投资款”专户，账号为 66778899。

（4）备用金：采购人员及其他人员出差，预支差旅费，出差回来一周内结清；行政科备用金实行定额备用金制度。

（5）销售和收款：收到的库存现金以及各种票据当日送存银行。销售时若有现金折扣，在实际发生时确认为当期财务费用，现金折扣按不含增值税价款计算。

（6）坏账损失：坏账损失采用备抵法核算，每年末按应收账款余额的 5‰计提坏账准备，其他应收款项不计提坏账准备。

（7）票据：对带息商业汇票，统一给出年利率，需按日计算利息、贴现利息的，采用算尾不算头的方法计算天数；对跨年度的带息商业汇票，年末计提票据应计利息，计入票据账面价值。

（8）存货：存货包括原材料、低值易耗品、库存商品等。原材料包括原料及主要材料、辅助材料、燃料和包装材料等，按计划成本核算。对于收发料业务，平时由仓库根据收发料凭证只登记材料明细账，反映各种材料的收发和结存金额，不填制材料收发业务的记账凭证，不进行材料收发业务的总分类核算，只有到了月末才根据仓库交财务科的收发料凭证进行汇总，编制“收料凭证汇总表”和“发料凭证汇总表”，结转验收入库材料的计划成本和成本差异，结转发出材料的计划成本和成本差异的总分类核算；材料成本差异率百分比要求保留两位小数；发出的委托外单位加工材料应负担的材料成本差异按期初材料成本差异率计算。周转材料包括包装物和低值易耗品，按实际成本核算。对于包装物及低值易耗品收发业务，平时除了根据收发凭证登记包装物及低值易耗品明细账外，还应根据收发凭证填制记账凭证，进行包装物及低值易耗品收发业务的总分类核算；发出的包装物及低值易耗品采用先进先出法计价；低值易耗品的摊销根据具体情况分别采用五五摊销法（文件柜）和一次转销法（其余）。库存商品包括转镗刀和涂层圆锯片铣刀两种产品，对于产品的收发业务，平时根据产品出入库单只登记库存商品明细账中的收入、发出和结存数量，不填制产品收发业务的记账凭证，不进行产品收发业务的总分类核算，到了月末采用品种法和月末一次加权平均法计算出完工入库和发出的产品成本之后，再登记库存商品明细账中的收入、发出和结存金额，同时汇总结转完工入库和发出的产品成本，填制产品收发业务的记账凭证，进行产品收发业务的总分类核算，若加权平均单价保留两位小数。年末对存货进行全面清查，根据盘点结果编制“实存账存盘点表”报有关部门批准。

（9）固定资产：固定资产分为房屋建筑物和机器设备两大类，分属于不同部门；折旧依据月初固定资产账面余额和折旧率按月计提；固定资产保险费和书报费按年预付，通过“长期待摊费用”账户核算，分月摊销；固定资产大修费用通过“长期待摊费用”科目核算，分月摊销。

（10）无形资产：无形资产摊销采用直线法。

（11）投资：企业购买的股票作为交易性金融资产核算。

（12）借款及利息：向银行等金融机构借入的款项，根据借款期限分别作为长期借款和短期借款核算；借款利息按月计提分配，与固定资产有关的，在固定资产达到预定可使用状态之前，予以资本化并计入固定资产成本。

（13）工资附加费：工会经费按工资总额的2%缴纳；职工福利费按实际发生额列入成本费用。

（14）四险一金：企业分别按工资总额的16%、6%、2%、1%、10%的比例计提养老保险费、医疗保险费、失业保险费、工伤保险费、住房公积金，缴存当地社会保险经办机构和住房公积金管理机构；职工个人分别按工资总额的8%、2%、1%、10%的比例负担养老保险费、医疗保险费、失业保险费、住房公积金。

（15）职工薪酬的发放与分配：职工薪酬采用当月先分配计提下月发放的办法；职工薪酬

由银行代发；企业代扣的个人所得税通过“应交税费”账户核算，代扣的社会保险费、住房公积金等通过“其他应收款”账户核算；月末根据“工资结算汇总表”编制“工资费用分配表”进行工资费用分配的总分类核算；职工薪酬（即工资、四险一金等）按生产工时的比例在不同产品之间进行分配。

（16）费用的归集与分配：根据生产经营过程中发生的各项费用的原始凭证和有关资料，编制各种费用分配表，并根据各种费用分配表登记“生产成本——基本生产成本”“生产成本——辅助生产成本”“制造费用”“管理费用”“销售费用”“财务费用”等总账及明细账。

“生产成本——辅助生产成本”账户按辅助生产车间设置明细账，辅助生产车间发生的各项直接和间接费用在“生产成本——辅助生产成本”明细账的借方归集，月末采用直接分配法按受益对象耗用工时进行分配，记入“制造费用”“销售费用”“管理费用”等总账及明细账的借方。

“生产成本——基本生产成本”账户按基本生产车间和产品品种设置明细账，基本生产车间为生产产品发生的直接费用在“生产成本——基本生产成本”明细账的借方归集；“制造费用”账户按基本生产车间设置明细账，基本生产车间为组织和管理生产发生的各项费用（包括动力及燃料费用）在“制造费用”总账及明细账的借方归集，期末按生产工时的比例在不同产品之间进行分配，记入“生产成本——基本生产成本”明细账的借方；用于产品销售、组织和管理生产经营活动的费用以及为筹集生产经营资金而发生的耗费，在“销售费用”“管理费用”“财务费用”等总账及明细账的借方归集，期末转入“本年利润”账户，计入当期损益。

（17）成本计算：产品成本计算采用品种法，归集在产品成本明细账中的生产费用在完工产品与在产品之间的分配采用约当产量比例法，为便于操作，期末在产品的完工程度按50%计算；生产镗刀和涂层圆锯片铣刀两种产品所耗直接材料在产品开始生产时一次投入；根据各种产品成本明细账中计算出来的本月完工产品成本，汇总编制“完工产品成本汇总表”，并结转完工产品成本。

（18）税金及附加：增值税税率为13%，增值税的纳税期限为1个月，确定为查账征收；12月购买物资所取得的销货方开具的增值税专用发票均已通过税务机关认证，支付运输费用所取得的运费发票已经通过税务机关的比对；城市维护建设税及教育费附加分别按应缴增值税的7%和3%计算，按月缴纳。

（19）企业所得税采用资产负债表债务法核算，适用的企业所得税税率为25%，执行国家对小微企业优惠政策（对小型微利企业年应纳税所得额不超过100万元的部分，减按25%计入应纳税所得额，按20%的税率缴纳企业所得税；对年应纳税所得额超过100万元但不超过300万元的部分，减按50%计入应纳税所得额，按20%的税率缴纳企业所得税），并采用按月预缴、年终汇算清缴的缴纳办法；对职工薪酬所得项目应缴的个人所得税实行代扣代缴；房产税、车船使用税、土地使用税等按年缴纳，一次缴纳，缴纳时间分别为每年的5月、6月、7月；根据账簿资料及有关税收政策计算出应缴的增值税、企业所得税等各种税额后，填写各种税收的纳税申报表，办理纳税申报。

（20）利润及利润分配：计算本月损益或本年累计损益采用“账结”办法；法定盈余公积按当年税后利润的10%计提；年末按可供股东分配利润的30%向股东分配利润。

（21）会计核算组织程序：所有总账均根据月末编制的科目汇总表一次汇总登记。

（22）账簿组织：分别开设总账、日记账、明细账。原材料和库存商品明细账采用数量金额式明细账；材料采购明细账采用横线登记式明细账；材料成本差异、应交增值税、基本生产成本、辅助生产成本等明细账采用专用多栏式明细账；生产成本、制造费用、销售费用、管理费用、财务费用等明细账采用多栏式明细账；其他明细账和总账、日记账等采用三栏式。

## 二、实训要求

为了通过本实训，使大家能够掌握年初建账方法，并体会连续记账的过程和技巧，在后面的实训资料中，提供了多数账户的年初余额、1～11 月累计发生额和 11 月月末余额的数据资料；但因篇幅所限，没有提供各账户的每月发生额，尤其是 11 月发生额的数据资料。因而在建账时，应当根据会计管理要求和所提供的数据资料，采用不同的建账方法，记录不同的内容。也就是说，在建账时，有些账户不仅要记录年初余额，还要记录 1～11 月累计发生额，而有些账户只需记录 1～11 月累计发生额或 12 月月初余额，甚至无须记录。基于上述原因，在具体操作过程中，应遵循下列要求。

（1）全面了解、熟悉和掌握实训必备知识、实训指导、实训企业基本情况和财务会计制度以及实训的基本内容。

（2）开设非损益类的总账和日记账，然后先将 20××年年初各账户的余额记入对应账户的首行，“日期”栏内写上“1 月 1 日”，“摘要”栏内写上“上年结转”字样，并注明余额方向；之后再将各账户的 20××年 1～11 月累计发生额及 11 月月末余额记入对应账户的第二行，“日期”栏内写上“11 月 30 日”，“摘要”栏内写上“本年累计”字样，并注明余额方向。

（3）开设损益类的总账和三栏式明细账，然后将各账户的 20××年 1～11 月累计发生额记入对应账户的首行，“日期”栏内写上“11 月 30 日”，“摘要”栏内写上“本年累计”字样，在余额栏前的“借或贷”栏内填写“平”字，在“余额”栏的“元”位处填写“θ”符号。

（4）开设损益类的多栏式明细账，暂时不做任何记录。未提供 20××年 1～11 月累计发生额明细资料的其他业务收入、投资收益、营业外收入、其他业务成本、营业外支出等三栏式明细账也做同样处理。

（5）开设非损益类的三栏式明细账和多栏式明细账以及数量金额式明细账，然后将 20××年 11 月月末余额记入各账户的首行，“日期”栏内写上“12 月 1 日”，“摘要”栏内写上“期初余额”字样，并注明余额方向。

（6）开设横线登记式材料采购明细账，然后将 20××年 11 月月末余额记入该账户首行借方的各栏内，“日期”栏内写上“12 月 1 日”，“摘要”栏内写上“上月结转”字样。

（7）如果总账所属的明细账只有一个（应收票据除外），既要设置总账，也要设置明细账。

（8）因 12 月发生的经济业务事项需要增设的总账和明细账，月初不做记录，只记录 12 月发生的经济业务事项。

（9）对某些空白或内容不全的原始凭证，由自己根据经济业务事项填写有关内容或加以完善。

（10）根据20××年12月的有关原始凭证填制记账凭证（可模拟会计实际操作，裁剪后将原始凭证粘贴在记账凭证之后；如不裁剪，也可将原始凭证序号记录在记账凭证旁边）。

（11）根据原始凭证和记账凭证登记日记账和有关明细账。

（12）月末根据记账凭证编制科目汇总表并登记总账。

（13）有关明细账、日记账与实物核对，做到账实相符；总账与有关明细账核对，做到账账相符。

（14）结计各账户的发生额及余额，办理结账手续，并将余额结转下年。

（15）根据账簿资料编制试算平衡表。

（16）根据总账和明细账以及试算平衡表编制会计报表。因资料所限，现金流量表只能编制12月的月度报表，利润表只需填列本期金额。

（17）根据会计报表资料编写财务分析报告及附注，并整理和装订会计资料。

# 第三节　实训资料

## 一、飞翔机械有限责任公司总账及明细账的数据资料

20××年年初、1～11月累计发生额和11月月末余额资料见表4.2。

**表4.2　飞翔机械有限责任公司总账及明细账**

**20××年年初、1～11月累计发生额和11月月末余额**

单位：元

| 项目 | 总账科目 | 明细科目 | 20××年年初 | | 20××年1～11月累计发生额 | | 20××年11月月末余额 | |
|---|---|---|---|---|---|---|---|---|
| 资产 | 库存现金 | | 10 000 | | 165 510 | 169 320 | 6 190 | |
| | 银行存款 | 工行 | 1 095 898 | | 1 028 131 | 976 275 | 1 147 754 | |
| | 其他货币资金 | 存出投资款（证券公司） | | | 40 000 | 40 000 | | |
| | 交易性金融资产 | 成本（抚顺特钢股份有限公司） | | | 49 700 | 40 000 | 9 700 | |
| | 应收票据 | 商业承兑汇票（沈阳机床厂） | | | 160 000 | | 160 000 | |
| | 应收账款 | 沈阳机床厂 | 350 000 | | 2 035 645 | 2 217 000 | 168 645 | |
| | | 大连机床厂 | 80 000 | | 500 000 | 370 000 | 210 000 | |
| | | 小计 | 430 000 | | 2 535 645 | 2 587 000 | 378 645 | |
| | 应收股利 | 抚顺特钢股份有限公司 | | | 1 300 | 1 000 | 300 | |
| | 其他应收款 | 行政科 | 2 000 | | 60 000 | 60 000 | 2 000 | |
| | | 郑　杰 | | | 8 000 | 3 000 | 5 000 | |
| | | 小计 | 2 000 | | 68 000 | 63 000 | 7 000 | |
| | 坏账准备 | | | 1 500 | | | | 1 500 |
| | 材料采购 | 高碳钢（鞍山钢铁公司） | | | 797 280 | 665 280 | 132 000 | |
| | | 高速钢（鞍山钢铁公司） | | | 410 720 | 342 720 | 68 000 | |
| | | 小计 | | | 1 208 000 | 1 008 000 | 200 000 | |

续表

| 项目 | 总账科目 | 明细科目 | | 20××年年初 | | 20××年1～11月累计发生额 | | 20××年11月月末余额 | |
|---|---|---|---|---|---|---|---|---|---|
| 资产 | 原材料 | 原料及主要材料 | 高碳钢 | 162 000 | | 789 000 | 651 000 | 300 000 | |
| | | | 高速钢 | 67 200 | | 446 600 | 373 800 | 140 000 | |
| | | | 小计 | 229 200 | | 1 235 600 | 1 024 800 | 440 000 | |
| | | 燃料 | 原煤 | 22 981 | | 130 015 | 89 996 | 63 000 | |
| | | 辅助材料 | TIC 涂料 | 19 960 | | 37 320 | 47 280 | 10 000 | |
| | | | 润滑油 | 41 340 | | 82 680 | 102 820 | 21 200 | |
| | | | 小计 | 61 300 | | 120 000 | 150 100 | 31 200 | |
| | | 包装材料 | 木材 | 34 000 | | 50 000 | 60 000 | 24 000 | |
| | | 总计 | | 347 481 | | 1 535 615 | 1 324 896 | 558 200 | |
| | 材料成本差异 | 原料及主要材料 | 高碳钢 | 2 956 | | 16 124 | 11720 | 7 360 | |
| | | | 高速钢 | 482 | | 2 400 | 3 642 | −760 | |
| | | | 小计 | 3 438 | | 18 524 | 15 362 | 6 600 | |
| | | 燃料 | | −2 346 | | 12 986 | 12 215 | −1 575 | |
| | | 辅助材料 | TIC 涂料 | 1 318 | | 2 610 | 3 008 | 920 | |
| | | | 润滑油 | 215 | | 390 | 745 | −140 | |
| | | | 小计 | 1 533 | | 3 000 | 3 753 | 780 | |
| | | 包装材料 | | 850 | | 1 250 | 1 500 | 600 | |
| | | 小计 | | 3 475 | | 35 770 | 32 840 | 6 405 | |
| | 包装物 | 包装箱 | | 13 300 | | 31 000 | 32 500 | 11 800 | |
| | 低值易耗品 | 工具 | | 15 000 | | 90 000 | 88 500 | 16 500 | |
| | | 手套 | | 5 200 | | 15 000 | 15 200 | 5 000 | |
| | | 工作服 | | 22 500 | | 25 000 | 43 000 | 4 500 | |
| | | 小计 | | 42 700 | | 130 000 | 146 700 | 26 000 | |
| | 库存商品 | 镗刀 | | 395 600 | | 2 511 200 | 2 365 200 | 541 600 | |
| | | 涂层圆锯片铣刀 | | 149 000 | | 928 800 | 874 800 | 203 000 | |
| | | 小计 | | 544 600 | | 3 440 000 | 3 240 000 | 744 600 | |
| | 固定资产 | | | 3 530 000 | | | 200 000 | 3 330 000 | |
| | 累计折旧 | | | | 458 149 | 45 625 | 89 730 | | 502 254 |
| | 固定资产清理 | | | | | 80 000 | 80 000 | | |
| | 无形资产 | 专利权 | | 68 600 | | | | 68 600 | |
| | 累计摊销 | 专利权 | | | | | 6 600 | | 6 600 |
| | 长期待摊费用 | 管理部门房屋维修 | | 55 125 | | 32 000 | 31 625 | 55 500 | |
| | | 保险费 | | 34 920 | | | 32 010 | 2 910 | |
| | | 小计 | | 90 045 | | 32 000 | 63 635 | 58 410 | |
| | 待处理财产损溢 | 待处理流动资产损溢 | | | | 150 000 | 150 000 | | |
| | 基本生产成本 | 加工车间（镗刀） | | 51 460 | | 2 514 300 | 2 520 180 | 45 580 | |
| | | 加工车间（涂层圆锯片铣刀） | | 49 440 | | 2 415 700 | 2 419 820 | 45 320 | |
| | | 小计 | | 100 900 | | 4 930 000 | 4 940 000 | 90 900 | |
| | 制造费用 | 加工车间 | | | | 456 000 | 456 000 | | |

续表

| 项目 | 总账科目 | 明细科目 | 20××年年初 | | 20××年1～11月累计发生额 | | 20××年11月月末余额 | |
|---|---|---|---|---|---|---|---|---|
| 负债 | 短期借款 | 流动资金借款 | | 200 000 | 540 000 | 500 000 | | 160 000 |
| | 应付票据 | 商业承兑汇票（鞍山钢铁公司） | | 50 000 | 120 000 | 300 000 | | 230 000 |
| | 应付账款 | 鞍山钢铁公司 | | 319 000 | 900 000 | 759 500 | | 178 500 |
| | | 阜新市中兴煤矿有限公司 | | 81 000 | 200 000 | 200 500 | | 81 500 |
| | | 小计 | | 400 000 | 1 100 000 | 960 000 | | 260 000 |
| | 预收账款 | 北京机床厂 | | 54 000 | 150 000 | 120 000 | | 24 000 |
| | 应付职工薪酬 | 工资 | | | 1 200 000 | 1 200 000 | | |
| | | 社会保险费 | | 85 000 | 186 000 | 168 000 | | 67 000 |
| | | 工会经费 | | 3 800 | 3 000 | | | 800 |
| | | 职工教育经费 | | 3 000 | 2 750 | | | 250 |
| | | 小计 | | 91 800 | 1 391 750 | 1 368 000 | | 68 050 |
| | 应交税费 | 未交增值税 | | 90 000 | 330 000 | 400 000 | | 160 000 |
| | | 应交所得税 | | 107 600 | 107 600 | | | |
| | | 应交城建税 | | 20 000 | 30 400 | 56 000 | | 45 600 |
| | | 教育费附加 | | 2 650 | 5 200 | 6 750 | | 4 200 |
| | | 小计 | | 220 250 | 473 200 | 462 750 | | 209 800 |
| | 应付利息 | 短期借款利息 | | 42 300 | 15 000 | 24 000 | | 51 300 |
| | 长期借款 | 流动资金借款 | | 1 000 000 | | | | 1 000 000 |
| 所有者权益 | 实收资本 | 黎明机械厂 | | 3 500 000 | | | | 3 500 000 |
| | 资本公积 | 资本溢价 | | 120 000 | | | | 120 000 |
| | 盈余公积 | 法定盈余公积 | | 81 000 | | | | 81 000 |
| | 本年利润 | | | | 2 863 100 | 3 393 100 | | 530 000 |
| | 利润分配 | 未分配利润 | | 60 000 | | | | 60 000 |
| 损益 | 主营业务收入 | 镗刀 | | | 2 370 500 | 2 370 500 | | |
| | | 涂层圆锯片铣刀 | | | 790 200 | 790 200 | | |
| | | 小计 | | | 3 160 700 | 3 160 700 | | |
| | 其他业务收入 | | | | 90 000 | 90 000 | | |
| | 投资收益 | | | | 78 000 | 78 000 | | |
| | 营业外收入 | | | | 64 400 | 64 400 | | |
| | 主营业务成本 | 镗刀 | | | 1 407 300 | 1 407 300 | | |
| | | 涂层圆锯片铣刀 | | | 469 100 | 469 100 | | |
| | | 小计 | | | 1 876 400 | 1 876 400 | | |
| | 其他业务成本 | | | | 50 000 | 50 000 | | |
| | 税金及附加 | | | | 58 700 | 58 700 | | |
| | 销售费用 | | | | 120 000 | 120 000 | | |
| | 管理费用 | | | | 643 000 | 643 000 | | |
| | 财务费用 | | | | 81 000 | 81 000 | | |
| | 营业外支出 | | | | 34 000 | 34 000 | | |
| | 所得税费用 | | | | | | | |
| | | 合计 | 6 278 999 | 6 278 999 | 29 031 546 | 29 031 546 | 6 806 079 | 6 806 079 |

## 二、11 月月末某些账簿的详细资料

### （一）11 月月末数量金额式明细账的详细资料

11 月月末原材料明细账的详细资料见表 4.3，11 月月末包装物及低值易耗品明细账的详细资料见表 4.4，11 月月末库存商品明细账的详细资料见表 4.5。

表 4.3　原材料明细账资料

| 编号 | 项　　目 | 名　　称 | 计量单位 | 库存数量 | 计划单位成本（元） |
|---|---|---|---|---|---|
| 1 | 原料及主要材料 | 高碳钢 | 千克 | 1 000 | 300 |
|  |  | 高速钢 | 千克 | 1 000 | 140 |
| 2 | 燃料 | 原煤 | 吨 | 140 | 450 |
| 3 | 辅助材料 | TIC 涂料 | 千克 | 500 | 20 |
|  |  | 润滑油 | 千克 | 500 | 42.40 |
| 4 | 包装材料 | 木材 | 立方米 | 40 | 600 |

表 4.4　包装物及低值易耗品明细账资料

| 编号 | 名称 | 计量单位 | 库存数量 | 实际单位成本（元） | 金额（元） |
|---|---|---|---|---|---|
| 1 | 包装箱 | 个 | 40 | 295 | 11 800 |
| 2 | 工具 | 件 | 33 | 500 | 16 500 |
| 3 | 手套 | 打 | 50 | 100 | 5 000 |
| 4 | 工作服 | 套 | 30 | 150 | 4 500 |
| 合计 |  |  |  |  | 37 800 |

### （二）11 月月末多栏式明细账的详细资料

11 月月末基本生产成本明细账的详细资料见表 4.6，11 月月末材料采购明细账的详细资料见表 4.7，11 月月末材料成本差异明细账的详细资料见表 4.8。

表 4.5　库存商品明细账资料

| 编号 | 名称 | 计量单位 | 库存数量 | 实际单位成本（元） | 金额（元） |
|---|---|---|---|---|---|
| 1 | 镗刀 | 件 | 800 | 677 | 541 600 |
| 2 | 涂层圆锯片铣刀 | 片 | 1 000 | 203 | 203 000 |
| 合计 |  |  |  |  | 744 600 |

表 4.6　基本生产成本明细账资料

| 产品名称 | 计量单位 | 数量 | 成本项目（元） |  |  | 合计（元） |
|---|---|---|---|---|---|---|
|  |  |  | 直接材料 | 直接人工 | 制造费用 |  |
| 镗刀 | 件 | 120 | 35 400 | 7 825 | 2 355 | 45 580 |
| 涂层圆锯片铣刀 | 片 | 250 | 37 900 | 5 320 | 2 100 | 45 320 |
| 合计 |  |  |  |  |  | 90 900 |

表 4.7　材料采购明细账资料

| 20××年 |  | 供货单位名称 | 材料名称 | 计量单位 | 发票数量 | 实际成本（元） |
|---|---|---|---|---|---|---|
| 月 | 日 |  |  |  |  |  |
| 11 | 25 | 鞍山钢铁公司 | 高碳钢 | 千克 | 400 | 132 000 |
| 11 | 25 | 鞍山钢铁公司 | 高速钢 | 千克 | 500 | 68 000 |
| 合计 |  |  |  |  |  | 200 000 |

表 4.8　材料成本差异明细账资料

| 二级科目 | 20××年 11 月 30 日期末余额（元） |  | 差异率 |
|---|---|---|---|
|  | 计划成本 | 成本差异 |  |
| 高碳钢 | 300 000 | 7 360 | 2.45% |
| 高速钢 | 140 000 | −760 | 0.54% |
| 燃料 | 63 000 | −1 575 | −2.5% |
| TIC 涂料 | 10 000 | 920 | 9.20% |
| 润滑油 | 21 200 | −140 | −0.66% |
| 包装材料 | 24 000 | 600 | 2.5% |
| 合　计 | 558 200 | 6 405 |  |

### （三）11 月月末固定资产登记簿资料

11 月月末固定资产登记簿资料见表 4.9。

## 三、12 月劳务量、工时及产量记录

12 月各车间、部门耗用辅助生产车间劳务量见表 4.10；12 月各产品耗用工时见表 4.11；12 月初在产品数量、12 月投产及完工数量见表 4.12。

**表 4.9　固定资产登记簿　单位：元**

| 项目 | | | 11 月 30 日余额 |
|---|---|---|---|
| 生产经营用 | 加工车间 | 房屋建筑物 | 420 000 |
| | | 机器设备 | 500 000 |
| | | 小计 | 920 000 |
| | 机修车间 | 房屋建筑物 | 150 000 |
| | | 机器设备 | 200 000 |
| | | 小计 | 350 000 |
| | 供汽车间 | 房屋建筑物 | 450 000 |
| | | 机器设备 | 300 000 |
| | | 小计 | 750 000 |
| | 供销科 | 房屋建筑物 | 300 000 |
| | 管理部门 | 房屋建筑物 | 760 000 |
| | | 机器设备 | 200 000 |
| | | 小计 | 960 000 |
| 不需用 | | 机器设备 | 50 000 |
| 合计 | | | 3 330 000 |

注：房屋建筑物年折旧率为 3.6%；机器设备年折旧率为 9.6%。

**表 4.10　各车间、部门耗用辅助生产车间劳务量**

| | 机修车间（工时） | 供汽车间（立方米） |
|---|---|---|
| 供汽车间 | 600 | |
| 机修车间 | | 1 200 |
| 基本生产车间 | 6 000 | 24 000 |
| 供销科 | 1 000 | 3 000 |
| 管理部门 | 5 000 | 2 400 |
| 合计 | 12 600 | 30 600 |

**表 4.11　各产品耗用工时**

| | 镗刀 | 涂层圆锯片铣刀 |
|---|---|---|
| 耗用工时 | 60 000 | 40 000 |
| 合计 | 60 000 | 40 000 |

**表 4.12　12 月初在产品、投产及完工数量**

| 项　目 | 镗刀（件） | 涂层圆锯片铣刀（片） |
|---|---|---|
| 月初在产品 | 120 | 250 |
| 本月投产 | 280 | 800 |
| 本月完工产品 | 300 | 750 |
| 月末在产品 | 100 | 300 |
| 完工程度 | 50% | 50% |

## 四、12 月发生的会计业务事项

扫描二维码阅读 12 月发生的会计业务（与素材二中的提示相同），仔细阅读单据内容后，按本章第二节中的实训要求进行专业会计处理。

12 月发生的会计业务事项

# 更新勘误表和配套资料索取示意图

（1）登录人邮教育社区（www.ryjiaoyu.com），注册后可下载本书配套**学习资料**。

（2）教师，请进入“我的账户”点击“教师服务－教师认证”申请教师认证（注意信息填写要完整），后台人员根据您的申请进行审批，完成认证后可下载本书**部分**教学资料。

（3）选书教师、用书教师（即将本书指定为学生用教科书的教师）可参考示意图中的提示在站内给编辑留言或通过 QQ602983359 向编辑咨询，以获取本书**全部**资料下载权限。

更新勘误及意见建议记录表

（4）扫描“更新勘误及意见建议记录表”内的二维码可查看现有的“更新勘误记录表”和“意见建议记录表”，如发现本书及资料中存在任何不妥，望指正！（联系邮箱：13051901888@163.com）

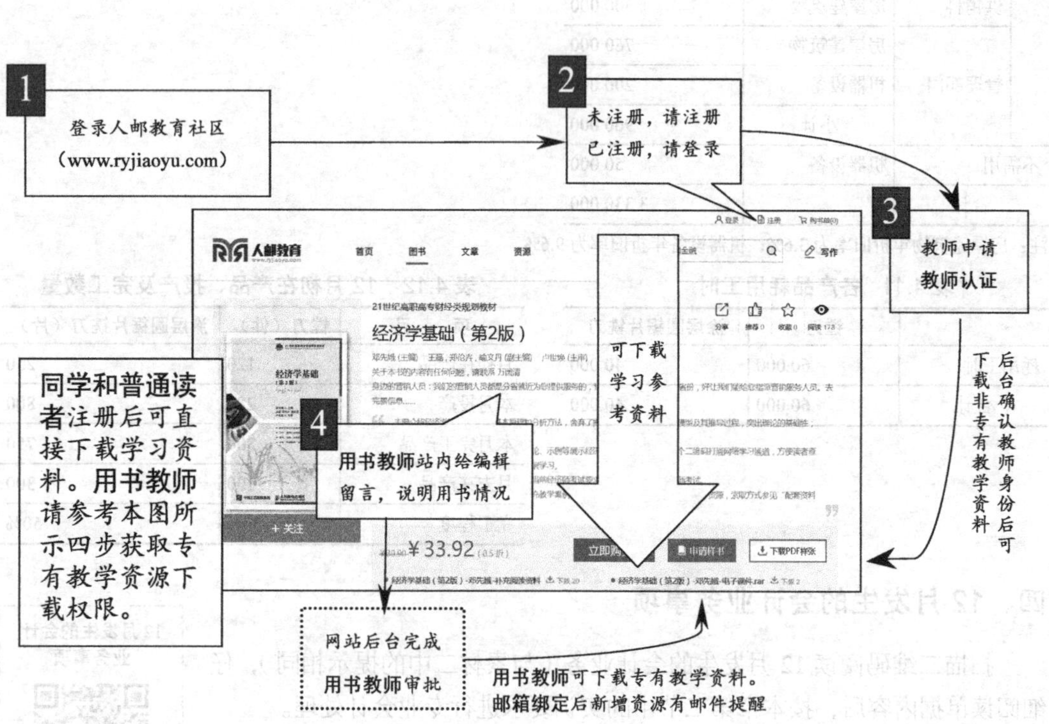

# 素材一　记录及证明会计业务事项发生的原始凭证

1. 以现金500元购买办公用品，交管理部门使用，参见原始凭证1.1。

**1.1**

**增值税普通发票**

发票联

20××年12月1日　　　　№0028590

| 购货单位 | 名　　称：飞翔机械有限责任公司<br>纳税人识别号：91310051064399328R<br>地 址、电 话：抚顺市李石开发区顺飞路25号 58256789<br>开户行及账号：中国工商银行抚顺市支行 41392259900666 | | | | 密码区 | 2489－18*126＜9－7－61596284<br>8＜032/52＞9/29533－4974<br>1626＜75～48－3024＞83906－2<br>8*1266－47－6＜7＞2*－/＞*＞6/ | | |
|---|---|---|---|---|---|---|---|---|
| 货物或应税名称 | 规格型号 | 单位 | 数量 | 单价 | | 金额 | 税率 | 税　额 |
| 圆珠笔 | | 支 | 50 | 3.8834 | | 194.17 | 3% | 5.83 |
| 记录本 | | 本 | 30 | 9.7087 | | 291.26 | 3% | 8.74 |
| | | | | | | | | |
| 合　计 | | | | | | ¥485.44 | | ¥14.56 |
| 价税合计（大写） | 伍佰元整 | | | | | （小写）¥500.00 | | |
| 销货单位 | 名　　称：抚顺市顺飞文具经营部<br>纳税人识别号：91310051064325874R<br>地 址、电 话：抚顺市李石开发区顺飞路105号 89798654<br>开户行及账号：中国农业银行抚顺市支行 014525283434233306 | | | | 备注 | 抚顺市顺飞文具经营部<br>91310051064325874R<br>发票专用章 | | |

第二联　发票联　购货方记账凭证

收款人：　　　　复核：　　　　开票人：　张兵

2. 接到银行收账通知，大连机床厂偿付的欠款100 000元已转入企业账户，参见原始凭证2.1。

**2.1**

中国工商银行**进账单**（回单）

20××年12月1日

| 收款人 | 全　　称 | 飞翔机械有限责任公司 | 付款人 | 全　　称 | 大连机床厂 |
|---|---|---|---|---|---|
| | 账号或地址 | 41392259900666 | | 账号或地址 | 41352259900886 |
| | 开户银行 | 中国工商银行抚顺市支行 | | 开户银行 | 中国工商银行大连市开发区办事处 |

| 人民币（大写）壹拾万元整 | 亿 | 千 | 百 | 十 | 万 | 千 | 百 | 十 | 元 | 角 | 分 |
|---|---|---|---|---|---|---|---|---|---|---|---|
| | | | ¥ | 1 | 0 | 0 | 0 | 0 | 0 | 0 | 0 |

| 票据种类 | | 收款人开户银行签章：<br>中国工商银行抚顺市支行<br>XX-12-01<br>转讫 |
|---|---|---|
| 票据张数 | | |
| 复　核：赵云 | 记账：李晓 | |

3. 12月1日，基本生产车间领用工作服6套，机修车间领用工作服4套，供汽车间领用工作服3套，供销科领用工作服3套，管理部门领用工作服4套，每套成本150元，共计3 000元，采用一次转销法摊销，参见原始凭证3.1。

3.1

## 领料单

20××年12月1日　　　　仓库：材料库　　编号：012896

| 领料部门 | 材料类别 | 材料名称 | 计量单位 | 数量 | | 实际单位成本 | 金额（元） | 用　途 |
|---|---|---|---|---|---|---|---|---|
| | | | | 请领 | 实领 | | | |
| 加工车间 | 低值易耗品 | 工作服 | 套 | 6 | 6 | 150 | 900 | 劳动保护 |
| 机修车间 | | 工作服 | 套 | 4 | 4 | 150 | 600 | 劳动保护 |
| 供汽车间 | | 工作服 | 套 | 3 | 3 | 150 | 450 | 劳动保护 |
| 供销科 | | 工作服 | 套 | 3 | 3 | 150 | 450 | 劳动保护 |
| 管理部门 | | 工作服 | 套 | 4 | 4 | 150 | 600 | 劳动保护 |
| | | | | | | | | |
| 合　计 | | | | 20 | 20 | 150 | 3 000 | |

第二联　会计部门

仓库主管：陈青　　发料人：陈青　　领料人：

4. 将银行存款60 000元划转到证券公司资金专户，准备购买股票，参见原始凭证4.1和4.2。

4.1

## 抚顺市证券营业部（银行转存）凭证

20××年12月1日

| 收款人 | 全　称 | 飞翔机械有限责任公司 | 付款人 | 全　称 | 飞翔机械有限责任公司 |
|---|---|---|---|---|---|
| | 账号或地址 | 66778899 | | 账号或地址 | 41392259900666 |
| | 开户银行 | 中国工商银行证券公司办事处 | | 开户银行 | 中国工商银行抚顺市支行 |

| 人民币（大写）陆万元整 | 千 | 百 | 十 | 万 | 千 | 百 | 十 | 元 | 角 | 分 |
|---|---|---|---|---|---|---|---|---|---|---|
| | | | ¥ | 6 | 0 | 0 | 0 | 0 | 0 | 0 |

| 票据种类 | 转账支票 | 收款人开户银行盖章： |
|---|---|---|
| 票据张数 | 1 | |
| 单位主管：　会计：　复核：　记账： | | |

中国工商银行证券公司办事处 转讫

4.2

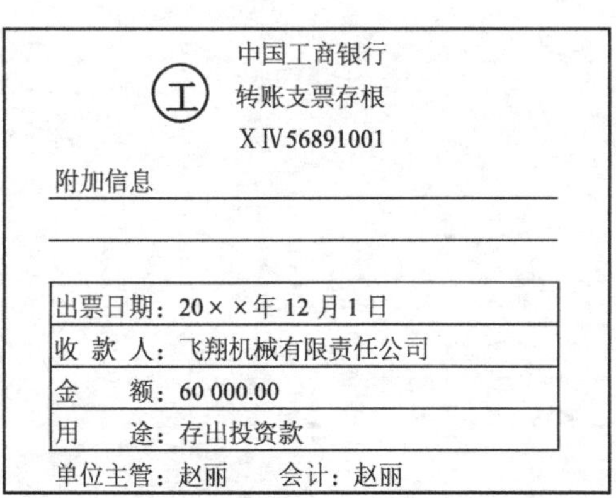
中国工商银行
转账支票存根
X Ⅳ56891001

附加信息

出票日期：20××年12月1日
收 款 人：飞翔机械有限责任公司
金　　额：60 000.00
用　　途：存出投资款
单位主管：赵丽　　会计：赵丽

5. 从河北阳光机械有限责任公司购入锅炉一台，购入价100 000元，增值税进项税额13 000元，预计使用10年，签发转账支票一张，锅炉已由供汽车间领用，参见原始凭证5.1～5.3。

**5.1**

## 固定资产验收单

20××年 12 月 2 日

| 名称 | 单位 | 数量 | 价格（元） | 预计使用年限 | 使用部门 |
|---|---|---|---|---|---|
| 锅炉 | 台 | 1 | 100 000.00 | 10 年 | 供汽车间 |
| | | | | | |
| | | | | | |
| 备注 | | | | | |

制单：刘丽敏　　　　审核：赵云

**5.2**

中国工商银行
转账支票存根
X Ⅳ56891002

附加信息

| 出票日期：20××年 12 月 2 日 |
|---|
| 收 款 人：河北阳光机械有限责任公司 |
| 金　　额：113 000.00 |
| 用　　途：货款 |

单位主管：赵丽　　会计：赵丽

**5.3**

## 增值税专用发票

发票联

20××年 12 月 2 日　　　　№0028590

| 购货单位 | 名　　称：飞翔机械有限责任公司<br>纳税人识别号：91310051064399328R<br>地 址、电 话：抚顺市李石开发区顺飞路 25 号 58256789<br>开户行及账号：中国工商银行抚顺市支行 41392259900666 | 密码区 | 2489 – 1 < 9 – 8527 – 61596284<br>8 < 032/52 > 9/22219533 – 4974<br>1626 < 8 – 3022324 > 83906 – 2<br>4147 – 6 < 73333 > 2* – / > * > 6/ |
|---|---|---|---|

| 货物或应税名称 | 规格型号 | 单位 | 数量 | 单价 | 金额 | 税率 | 税　额 |
|---|---|---|---|---|---|---|---|
| 锅炉 | | 台 | 1 | 100 000 | 100 000.00 | 13% | 13 000.00 |
| | | | | | | | |
| | | | | | | | |
| 合　　计 | | | | | ¥100 000.00 | | ¥13 000.00 |
| 价税合计（大写） | 壹拾壹万叁仟元整 | | | | （小写）¥113 000.00 | | |

| 销货单位 | 名　　称：河北阳光机械有限责任公司<br>纳税人识别号：91130620041011029S<br>地 址、电 话：河北省万春市春江路 8008 号 89798969<br>开户行及账号：中国农业银行万春市支行 0145252834342333022 | 备注 | 河北阳光机械有限责任公司<br>91130620041011029S<br>发票专用章 |
|---|---|---|---|

收款人：　　　　复核：　　　　开票人：郑祥林

第二联 发票联 购货方记账凭证

6. 向北京机床厂销售镗刀 100 件，每件不含税价 1 400 元，产品已发出，扣除已预收货款后的差额款尚未结算，参见原始凭证 6.1 和 6.2。

**6.1**

## 产品出库单

用途：销售　　　　20××年 12 月 2 日　　　　仓库：成品库　第 080 号

| 类别 | 编号 | 名称及规格 | 计量单位 | 数量 | 单位成本 | 总成本 | 附注： |
|---|---|---|---|---|---|---|---|
| 产成品 | 001 | 镗刀 | 件 | 100 | | | |
| | | | | | | | |
| | | | | | | | |
| | | | | | | | |
| 合　　计 | | | | 100 | | | |

记账：李晓　　保管：魏强　　检验：王洪　　制单：赵丽

记账联

6.2

## 增值税专用发票

**记账联**

20××年12月3日　　　　№25428346

| 购货单位 | 名　　称：北京机床厂<br>纳税人识别号：91110105321987692S<br>地 址、电 话：北京市城北路 865 号 38556688<br>开户行及账号：中国工商银行北京市城北支行 1601020450018703 | | | | 密码区 | 2489 – 1 < 4519 – 587 – 61596284<br>8 < 03212/52 > 91/29533 – 4974<br>1626 < 8 – 3024 > 83111906 – 2<br>– 47 – 6 < 7 > 2* – /5477 > * > 6/ | | |
|---|---|---|---|---|---|---|---|---|
| 货物或应税名称 | 规格型号 | 单位 | 数 量 | 单价 | 金 额 | | 税率 | 税　额 |
| 镗刀 | | 件 | 100 | 1 400 | 140 000.00 | | 13% | 18 200.00 |
| | | | | | | | | |
| | | | | | | | | |
| 合　　计 | | | | | ¥140 000.00 | | | ¥18 200.00 |
| 价税合计（大写） | 壹拾伍万捌仟贰佰元整 | | | | （小写）¥158 200.00 | | | |
| 销货单位 | 名　　称：飞翔机械有限责任公司<br>纳税人识别号：91310051064399328R<br>地 址、电 话：抚顺市李石开发区顺飞路 25 号 58256789<br>开户行及账号：中国工商银行抚顺市支行 41392259900666 | | | | 备注 | | | |

收款人：　　　　复核：　　　　开票人：富　强

第四联　记账联　销货方记账凭证

7. 郑杰出差归来报销差旅费 3 500 元，参见原始凭证 7.1。

7.1（省略附件）

## 差旅费报销单

部门：供销科　　　　填报日期：20××年 12 月 2 日

| 姓名 | 郑杰 | 出差事由 | 联系业务 | 出差日期 | 自20××年11月25日<br>至20××年12月1日 | 共 7 天 |
|---|---|---|---|---|---|---|

| 起讫时间及地点 | | | | | | 车船费 | | 夜间乘车补助费 | | | 出差补助费 | | | 住宿费 | | | 其他 | |
|---|---|---|---|---|---|---|---|---|---|---|---|---|---|---|---|---|---|---|
| 月 | 日 | 起 | 月 | 日 | 讫 | 类别 | 金额 | 时间 | 标准 | 金额 | 日数 | 标准 | 金额 | 日数 | 标准 | 金额 | 摘要 | 金额 |
| | | | | | | | | 小时 | | | | | | | | | | |
| | | | | | | | | 小时 | | | | | | | | | | |
| | | | | | | | | 小时 | | | | | | | | | | |
| | | | | | | | | 小时 | | | | | | | | | | |
| 小　计 | | | | | | | 2 500.00 | | | | | | 200.00 | | | 700.00 | | 100.00 |
| 共计金额人民币（大写）叁仟伍佰元整 | | | | | | | | | | | 预支：5 000.00　核销：3 500.00　退补：1500 | | | | | | | |

附单据共×张

部门审批：金阳　　　　主管领导审批：杨秀峰　　　　填报人：郑杰

8. 提取现金 10 000 元备用，参见原始凭证 8.1。

8.1

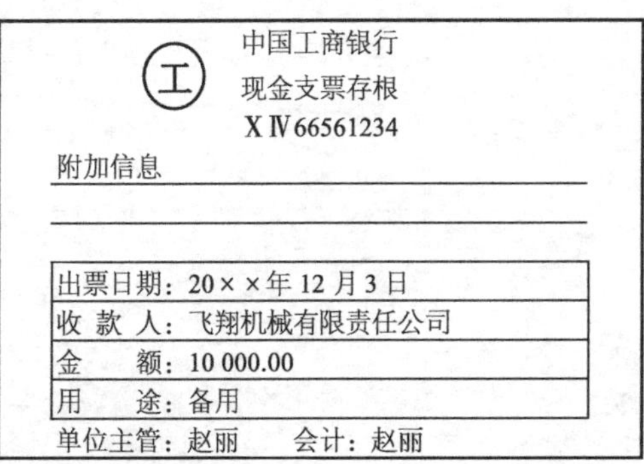

中国工商银行
现金支票存根
XⅣ66561234

附加信息

| 出票日期：20××年 12 月 3 日 |
|---|
| 收 款 人：飞翔机械有限责任公司 |
| 金　　额：10 000.00 |
| 用　　途：备用 |

单位主管：赵丽　　会计：赵丽

9. 电汇支付阜新市中兴煤矿有限公司货款 81 500 元，另以现金支付手续费 80 元，参见原始凭证 9.1 和 9.2。

**9.1**

## 中国工商银行电汇凭证（回单）　1

20××年12月3日

| 汇款人 | 全　称 | 飞翔机械有限责任公司 | 收款人 | 全　称 | 阜新市中兴煤矿有限公司 |
|---|---|---|---|---|---|
| | 账　号 | 41392259900666 | | 账　号 | 414551065665434 |
| | 汇出地 | 辽宁省抚顺市 | | 汇入地 | 辽宁省阜新市 |

| 金额 | 人民币（大写）捌万壹仟伍佰元整 | 千 | 百 | 十 | 万 | 千 | 百 | 十 | 元 | 角 | 分 |
|---|---|---|---|---|---|---|---|---|---|---|---|
| | | | | ¥ | 8 | 1 | 5 | 0 | 0 | 0 | 0 |

| 汇款用途：货款 | 汇出行盖章 |
|---|---|
| 单位主管：赵丽　会计：李晓　复核：赵云　记账：李晓 | 中国工商银行抚顺市支行 业务章 20××年12月3日 |

**9.2**

## 中国工商银行业务收费凭证

20××年12月3日

| 缴款人名称：飞翔机械有限责任公司 | 信（电）汇　笔　汇票　笔　其他　笔 |
|---|---|
| 账　号：41392259900666 | 托收、委托　笔　支票　本　专用托收　笔 |

| 邮电金额 | | | | | 电报费金额 | | | | | 手续费金额 | | | | | 合计金额 | | | | | | |
|---|---|---|---|---|---|---|---|---|---|---|---|---|---|---|---|---|---|---|---|---|---|
| 百 | 十 | 元 | 角 | 分 | 百 | 十 | 元 | 角 | 分 | 百 | 十 | 元 | 角 | 分 | 千 | 百 | 十 | 元 | 角 | 分 | 科目______ |
| | | | | | | | | | | ¥ | 8 | 0 | 0 | 0 | | ¥ | 8 | 0 | 0 | 0 | 对方科目______ |
| | | | | | | | | | | | | | | | | | | | | | 复核　记账 |
| | | | | | | | | | | | 现金付讫 | | | | | | | | | | 复票　制票 |
| 合计金额 | 人民币（大写）捌拾元整 | | | | | | | | | | | | | | | | | | | | 中国工商银行抚顺市支行 业务章 |

10．接到银行收账通知，沈阳机床厂出具的票面金额为80 000元、期限为3个月、年利率为4%的带息商业承兑汇票到期，票面金额及利息已转入企业账户，参见原始凭证10.1～10.3。

**10.1**

## （邮）中国工商银行委托收款凭证（回单）　1

委收号码：005560

委托日期：20××年12月3日　付款日期：20××年12月5日

| 付款人 | 全　称 | 沈阳机床厂 | 收款人 | 全　称 | 飞翔机械有限责任公司 |
|---|---|---|---|---|---|
| | 账号或地址 | 28019225990666 | | 账号或地址 | 41392259900666 |
| | 开户银行 | 中国工商银行沈阳市铁西区办事处 | | 开户银行 | 中国工商银行抚顺市支行 |

| 委收金额 | 人民币（大写）捌万零捌佰元整 | 亿 | 千 | 百 | 十 | 万 | 千 | 百 | 十 | 元 | 角 | 分 |
|---|---|---|---|---|---|---|---|---|---|---|---|---|
| | | | | | ¥ | 8 | 0 | 8 | 0 | 0 | 0 | 0 |

| 款项内容 | 票款 | 委托收款凭据名称 | 商业承兑汇票 | 附寄单证张数 | |
|---|---|---|---|---|---|

| 备注： | 款项收妥日期 20××年12月3日 | 收款人开户银行签章 20××年12月3日（中国工商银行抚顺市支行 业务章） |
|---|---|---|

单位主管　会计　复核　记账　付款人开户银行收到日期：20××年12月3日　支付日期：20××年12月3日

10.2

## ㊞中国工商银行委托收款凭证（收账通知） 4

委收号码：005560

委托日期：20××年12月3日　　付款日期：20××年12月5日

| 付款人 | 全　称 | 沈阳机床厂 | 收款人 | 全　称 | 飞翔机械有限责任公司 |
|---|---|---|---|---|---|
| | 账号或地址 | 28019225990666 | | 账号或地址 | 41392259900666 |
| | 开户银行 | 中国工商银行沈阳市铁西区办事处 | | 开户银行 | 中国工商银行抚顺市支行 |
| 委收金额 | 人民币（大写）捌万零捌佰元整 | | | 亿千百十万千百十元角分 | ¥80800 00 |
| 款项内容 | 票款 | 委托收款凭据名称 | 商业承兑汇票 | 附寄单证张数 | |
| 备注： | | 上列款项<br>1. 已全部划回收入你方账户。<br>2. 全部未收到。 | | 收款人开户银行签章<br>20××年12月3日 | |

（印章：中国工商银行抚顺市支行 ××-12-03 转讫）

单位主管　会计　复核　记账　付款人开户银行收到日期：20××年12月3日　支付日期：20××年12月3日

10.3

## 应收票据利息计算表

20××年12月3日

| 票据种类 | 商业承兑汇票 | 票面金额 | 80 000.00元 |
|---|---|---|---|
| 计息时间 | 3个月 | 票面利率 | 4% |
| | | | |
| | | | |
| 应得利息 | 人民币（大写）捌佰元整 | 千百十万千百十元角分 | ¥800 00 |

复核：赵云　　制表：赵丽

11. 购买抚顺特钢股份有限公司普通股股票5 000股，每股买入价10元，另付相关手续费等450元，通过证券公司资金专户划转款项，参见原始凭证11.1。

11.1

## 抚顺证券中央登记结算公司　㊫

经办单位：证券公司门市部

成交过户交割单　　20××年12月4日

抚顺市税务局监制

| 股东编号 | A0099 | 成交证券 | 抚顺特钢 |
|---|---|---|---|
| 电脑编号 | Z0077 | 成交数量 | 5 000股 |
| 公司名称 | 飞翔机械有限责任公司 | 成交价格 | 10元 |
| 申报编号 | 120104 | 成交金额 | 50 000元 |
| 申报时间 | 12月4日 | 佣　金 | 450元 |
| 成交时间 | 20××12041420 | 过户费 | |
| 上次余额 | | 印花税 | |
| 本次成交 | | 应付金额 | 50 450元 |
| 本次余额 | 9 550 | 到期日期 | |
| 本次库存 | 9 550 | 到期金额 | |
| 客户签章 | | 客户签章 | |

③通知联收款人存查

（印章：中国工商银行证券公司办事处 转讫；财务专用章）

12. 销售给沈阳机床厂涂层圆锯片铣刀200片，每片不含税价500元，并签发转账支票代垫运费600元，收到一张期限为90天、票面利率为5%、面值为113 600元的商业承兑汇票，参见原始凭证12.1～12.5。

**12.1**

## 增值税专用发票

发票联 1

20××年12月4日　　№1028145

| 购货单位 | 名称：沈阳机床厂<br>纳税人识别号：91102405321987297T<br>地址、电话：沈阳市铁西区兴华北街22号<br>开户行及账号：中国工商银行沈阳市铁西区办事处28019225990666 | 密码区 | 2489－18*126＜9－7－61596284<br>8＜032/52＞9/29533－4974<br>1626＜75～48－3024＞83906－2<br>8*1266－47－6＜7＞2*－/＞*＞6/ |
|---|---|---|---|

| 货物或应税名称 | 规格型号 | 单位 | 数量 | 单价 | 金额 | 税率 | 税额 |
|---|---|---|---|---|---|---|---|
| 运输　货物运输服务 |  | 千米 | 550.46 | 1 | 550.46 | 9% | 49.54 |
|  |  |  |  |  |  |  |  |
|  |  |  |  |  |  |  |  |
| 合　计 |  |  |  |  | ¥550.46 |  | ¥49.54 |
| 价税合计（大写） | 陆佰元整 |  |  |  | （小写）¥600.00 |  |  |

| 销货单位 | 名称：抚顺市联运公司<br>纳税人识别号：91310051064394426R<br>地址、电话：抚顺市李石开发区顺飞路210号89798666<br>开户行及账号：中国农业银行抚顺市支行014525283532111275 | 备注 | 抚顺市联运公司 91310051064394426R 发票专用章 |
|---|---|---|---|

收款人：　　复核：　　开票人：陈子安

第二联　发票联　购货方记账凭证

**12.2**

## 增值税专用发票

记账联

20××年12月4日　　№25428347

| 购货单位 | 名称：沈阳机床厂<br>纳税人识别号：91102405321987297T<br>地址、电话：沈阳市铁西区兴华北街22号<br>开户行及账号：中国工商银行沈阳市铁西区办事处28019225990666 | 密码区 | 2489－1＜9－8＞＜707－61596284<br>8＜032/52＞9/225/749533－4974<br>1626＜8－302147*-+4＞83906－2<br>－47－6＜23654+7＞2*－/＞*＞6/ |
|---|---|---|---|

| 货物或应税名称 | 规格型号 | 单位 | 数量 | 单价 | 金额 | 税率 | 税额 |
|---|---|---|---|---|---|---|---|
| 涂层圆锯片铣刀 |  | 片 | 200 | 500 | 100 000.00 | 13% | 13 000.00 |
|  |  |  |  |  |  |  |  |
|  |  |  |  |  |  |  |  |
| 合　计 |  |  |  |  | ¥100 000.00 |  | ¥13 000.00 |
| 价税合计（大写） | 壹拾壹万叁仟元整 |  |  |  | （小写）¥113 000.00 |  |  |

| 销货单位 | 名称：飞翔机械有限责任公司<br>纳税人识别号：91310051064399328R<br>地址、电话：抚顺市李石开发区顺飞路25号58256789<br>开户行及账号：中国工商银行抚顺市支行41392259900666 | 备注 | 飞翔机械有限责任公司 91310051064399328R 发票专用章 |
|---|---|---|---|

收款人：　　复核：　　开票人：富　强

第四联　记账联　销货方记账凭证

**12.3**

## 商业承兑汇票　2

贰零××年拾贰月零肆日　　汇票号码：第015号

| 付款人 | 全称 | 沈阳机床厂 | 收款人 | 全称 | 飞翔机械有限责任公司 |
|---|---|---|---|---|---|
|  | 账号 | 28019225990666 |  | 账号 | 41392259900666 |
|  | 开户银行 | 中国工商银行沈阳市铁西区办事处 |  | 开户银行 | 中国工商银行抚顺市支行 |
| 汇票金额 | 人民币（大写）壹拾壹万叁仟陆佰元整 |  |  |  | 千百十万千百十元角分<br>¥ 1 1 3 6 0 0 0 0 |
| 汇票到期日 | 明年叁月零肆日 |  | 票面利率 |  | 5% |
| 本汇票已经承兑，到期日无条件支付票款。<br>承兑人盖章<br>承兑日期 20××年12月4日 |  |  | 本汇票请予以承兑到期日付款。<br>出票人盖章（沈阳机床厂 财务专用章） |  |  |

素材一　记录及证明会计业务事项发生的原始凭证

**12.4**

## 产品出库单

用途：销售　　　　　　　　　　　　20××年12月4日　　　　　　　　　　　　第081号

仓库：成品库

| 类别 | 编号 | 名称及规格 | 计量单位 | 数量 | 单位成本 | 总成本 | 附注： |
|---|---|---|---|---|---|---|---|
| 产成品 | 002 | 涂层圆锯片铣刀 | 片 | 200 | | | |
| | | | | | | | |
| | | | | | | | |
| | | | | | | | |
| | | | | | | | |
| | | | | | | | |
| | | | | | | | |
| 合 | | 计 | | 200 | | | |

记账联

记账：李晓　　　保管：魏强　　　检验：王洪　　　制单：赵丽

**12.5**

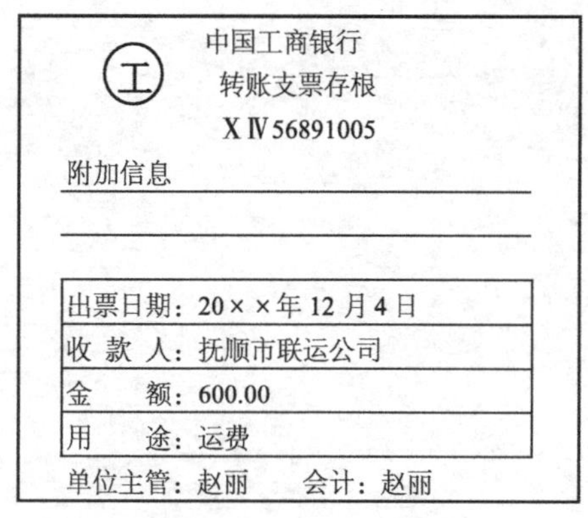

中国工商银行

转账支票存根

XⅣ56891005

附加信息

| 出票日期：20××年12月4日 |
|---|
| 收 款 人：抚顺市联运公司 |
| 金　　额：600.00 |
| 用　　途：运费 |

单位主管：赵丽　　会计：赵丽

13．职工李艳病故，以现金方式支付丧葬抚恤金2 000元，参见原始凭证13.1。

**13.1**

## 飞翔机械有限责任公司补助申请单

| 申请人 | 李树根 | 补助原因 | 李艳丧葬抚恤金。 |
|---|---|---|---|
| 申请金额 | 贰仟元整 | | |
| 部门意见 | 同意按规定支付丧葬抚恤金贰仟元。<br>马龙　20××年12月4日<br>现金付讫 | 代收据 | 今收到李艳丧葬抚恤金贰仟元。<br>收款人：李树根<br>20××年12月4日 |
| 工会意见 | 同意。<br>刘玉梅　20××年12月4日 | | |

14．向北京机床厂销售镗刀200件，每件不含税价1 400元，涂层圆锯片铣刀300片，每片不含税价500元，另签发转账支票代垫运费1 000元，参见原始凭证14.1～14.4。

**14.1**

## 增值税专用发票

发票联

20××年12月5日　　№1028148

| 购货单位 | 名　　称：北京机床厂<br>纳税人识别号：91110105321987692S<br>地 址、电 话：北京市城北路 865 号 38556688<br>开户行及账号：中国工商银行北京市城北支行 1601020450018703 | | | | 密码区 | 4549－18*126＜9－7－61596284<br>67++0322＞9/29533－4974<br>*1626＜75～48－3024＞83906－2<br>8*1266－47－6＜7＞2*－/＞*＞6/ | | |
|---|---|---|---|---|---|---|---|---|
| 货物或应税名称 | 规格型号 | 单位 | 数量 | 单价 | 金额 | 税率 | 税　额 | |
| 运输　货物运输服务 | | 千米 | 917.43 | 1 | 917.43 | 9% | 82.57 | |
| | | | | | | | | |
| | | | | | | | | |
| 合　计 | | | | | ¥917.43 | | ¥82.57 | |
| 价税合计（大写） | 壹仟元整 | | | | （小写）¥1 000.00 | | | |
| 销货单位 | 名　　称：抚顺市联运公司<br>纳税人识别号：91310051064394426R<br>地 址、电 话：抚顺市李石开发区顺飞路 210 号 89798666<br>开户行及账号：中国农业银行抚顺市支行 014525283532111275 | | | | 备注 | 抚顺市联运公司 91310051064394426R 发票专用章 | | |

收款人：　　复核：　　开票人：陈子安

第二联　发票联　购货方记账凭证

**14.2**

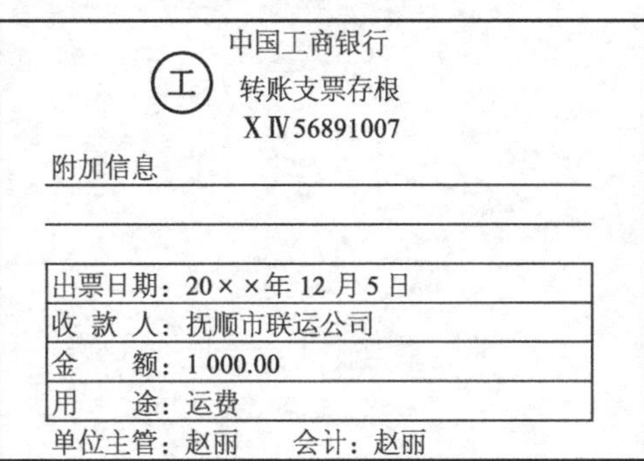

中国工商银行

转账支票存根

XⅣ56891007

附加信息

出票日期：20××年 12 月 5 日

收 款 人：抚顺市联运公司

金　　额：1 000.00

用　　途：运费

单位主管：赵丽　　会计：赵丽

**14.3**

## 增值税专用发票

记账联

20××年12月5日　　№25428348

| 购货单位 | 名　　称：北京机床厂<br>纳税人识别号：91110105321987692S<br>地 址、电 话：北京市城北路 865 号 38556688<br>开户行及账号：中国工商银行北京市城北支行 1601020450018703 | | | | 密码区 | 2489－1＜9－7－61596284　加密版本：01<br>8＜032/52＞9/29533－4974　43000204521<br>1626＜8－3024＞83906－2　00017654<br>－47－6＜7＞2*－/＞*＞6/ | | |
|---|---|---|---|---|---|---|---|---|
| 货物或应税名称 | 规格型号 | 单位 | 数 量 | 单价 | 金 额 | 税率 | 税　额 | |
| 镗刀 | | 件 | 200 | 1 400 | 280 000.00 | 13% | 36 400.00 | |
| 涂层圆锯片铣刀 | | 片 | 300 | 500 | 150 000.00 | 13% | 19 500.00 | |
| | | | | | | | | |
| 合　计 | | | | | ¥430 000.00 | | ¥55 900.00 | |
| 价税合计（大写） | 肆拾捌万伍仟玖佰元整 | | | | （小写）¥485 900.00 | | | |
| 销货单位 | 名　　称：飞翔机械有限责任公司<br>纳税人识别号：91310051064399328R<br>地 址、电 话：抚顺市李石开发区顺飞路 25 号 58256789<br>开户行及账号：中国工商银行抚顺市支行 41392259900666 | | | | 备注 | 飞翔机械有限责任公司 91310051064399328R 发票专用章 | | |

收款人：　　复核：　　开票人：富　强

第四联　记账联　销货方记账凭证

**14.4**

## 产品出库单

用途：销售　　　　20××年12月5日　　　　第082号

仓库：成品库

| 类别 | 编号 | 名称及规格 | 计量单位 | 数量 | 单位成本 | 总成本 | 附注： |
|---|---|---|---|---|---|---|---|
| 产成品 | 001 | 镗刀 | 件 | 200 | | | |
| 产成品 | 002 | 涂层圆锯片铣刀 | 片 | 300 | | | |
| | | | | | | | |
| 合　计 | | | | | | | |

记账：李晓　　保管：魏强　　检验：王洪　　制单：赵丽

记账联

15. 从鞍山钢铁公司采购高碳钢300千克，每千克不含税价310元，由鞍山钢铁公司代办托运并垫付运费1 000元，货款未付，参见原始凭证15.1～15.3。

**15.1**

## 增值税专用发票

20××年12月6日　　　　№1028148

| 购货单位 | 名　称：飞翔机械有限责任公司<br>纳税人识别号：91310051064399328R<br>地 址、电 话：抚顺市李石开发区顺飞路25号 58256789<br>开户行及账号：中国工商银行抚顺市支行 41392259900666 | 密码区 | 4549－18*126＜9－7－61596284<br>67++0322＞9/29533－4974<br>*1626＜75～48－3024＞83906－2<br>8*1266－47－6＜7＞2*－/＞*＞6/ |
|---|---|---|---|

| 货物或应税名称 | 规格型号 | 单位 | 数量 | 单价 | 金额 | 税率 | 税　额 |
|---|---|---|---|---|---|---|---|
| 运输　货物运输服务 | | 千米 | 917.43 | 1 | 917.43 | 9% | 82.57 |
| | | | | | | | |
| | | | | | | | |
| 合　　计 | | | | | ¥917.43 | | ¥82.57 |
| 价税合计（大写） | 壹仟元整 | | | | （小写）¥1 000.00 | | |

| 销货单位 | 名　称：鞍山市联运公司<br>纳税人识别号：91310871064394867R<br>地 址、电 话：鞍山市南区北京路25号 58471254<br>开户行及账号：中国农业银行鞍山市支行 014525283434233306 | 备注 | 鞍山市联运公司<br>91310871064394867R<br>发票专用章 |
|---|---|---|---|

收款人：　　复核：　　开票人：李明义

第二联　发票联　购货方记账凭证

**15.2**

## 增值税专用发票

20××年12月6日　　　　№0028601

| 购货单位 | 名　称：飞翔机械有限责任公司<br>纳税人识别号：91310051064399328R<br>地 址、电 话：抚顺市李石开发区顺飞路25号 58256789<br>开户行及账号：中国工商银行抚顺市支行 41392259900666 | 密码区 | 2489－1＜9－7－612541596284<br>8＜032/52＞9/22149533－4974<br>1626＜8－30456924＞83906－2<br>－47－6＜7＞2*－2563/＞*＞6/ |
|---|---|---|---|

| 货物或应税名称 | 规格型号 | 单位 | 数　量 | 单价 | 金　额 | 税率 | 税　额 |
|---|---|---|---|---|---|---|---|
| 高碳钢 | | 千克 | 300 | 310 | 93 000.00 | 13% | 12 090.00 |
| | | | | | | | |
| | | | | | | | |
| 合　　计 | | | | | ¥93 000.00 | | ¥12 090.00 |
| 价税合计（大写） | 壹拾万伍仟零玖拾元整 | | | | （小写）¥105 090.00 | | |

| 销货单位 | 名　称：鞍山钢铁公司<br>纳税人识别号：91310871041220048S<br>地 址、电 话：辽宁省鞍山市铁西区环钢路1号<br>开户行及账号：中国工商银行鞍山市环钢路办事处 | 备注 | 鞍山钢铁公司<br>91310871041220048S<br>发票专用章 |
|---|---|---|---|

收款人：　　复核：　　开票人：林　木

第二联　发票联　购货方记账凭证

**15.3**

## 收料单

供应单位：鞍山钢铁公司　　　　　　　　　　　　　　　　　　　　　　　　　　№.012003

发票号码：0028601　　　　　　　　　20××年12月7日　　　　　　　　　　　　仓库：材料库

| 材料类别 | 名称及规格 | 计量单位 | 数量 | | 实际成本 | | 计划成本 | | 成本差异 |
|---|---|---|---|---|---|---|---|---|---|
| | | | 应收 | 实收 | 单位成本 | 金额 | 单位成本 | 金额 | |
| 原料及主要材料 | 高碳钢 | 千克 | 300 | 300 | 313.058 | 93 917.43 | 300 | 90 000 | 3 917.43 |
| | | | | | | | | | |
| | | | | | | | | | |
| | | | | | | | | | |

第二联　采购联

质量检验：王洪　　　　　　收料：陈青　　　　　　制单：陈青

16. 20××年11月从鞍山钢铁公司采购的高速钢500千克到货，经验收短缺10千克，490千克已验收入库（本月），短缺的10千克原因待查，总经理批准入账，参见原始凭证16.1。

**16.1**

## 飞翔机械有限责任公司原材料溢缺报告单

20××年12月6日

| 原材料名称 | 计量单位 | 实际单位成本 | 应收数 | | 实收数 | | 溢余 | | 短缺 | | 备注 |
|---|---|---|---|---|---|---|---|---|---|---|---|
| | | | 数量 | 金额 | 数量 | 金额 | 数量 | 金额 | 数量 | 金额 | |
| 高速钢 | 千克 | 136 | 500 | 68 000 | 490 | 66 640 | | | 10 | 1 360 | |
| | | | | | | | | | | | |
| | | | | | | | | | | | |
| 合　　计 | | 136 | 500 | 68 000 | 490 | 66 640 | | | 10 | 1 360 | |
| 原因分析：待查 | | | | | 审批意见： | | | | | | |

（印章：飞翔机械有限责任公司 财务专用章）

单位（盖章）　　　　　　财务科负责人：赵丽　　　　　　制表：陈青

17. 销售给北京机床厂的货款已到账，参见原始凭证17.1。

**17.1**

## 中国工商银行进账单（回单）

20××年12月6日

| 收款人 | 全　称 | 飞翔机械有限责任公司 | 付款人 | 全　称 | 北京机床厂 |
|---|---|---|---|---|---|
| | 账号或地址 | 41392259900666 | | 账号或地址 | 1601020450018703 |
| | 开户银行 | 中国工商银行抚顺市支行 | | 开户银行 | 中国工商银行北京市城北支行 |

| 人民币（大写）壹拾叁万肆仟贰佰元整 | 亿 | 千 | 百 | 十 | 万 | 千 | 百 | 十 | 元 | 角 | 分 |
|---|---|---|---|---|---|---|---|---|---|---|---|
| | | | ¥ | 1 | 3 | 4 | 2 | 0 | 0 | 0 | 0 |

| 票据种类 | 转账支票 | 收款人开户银行盖章： |
|---|---|---|
| 票据张数 | 1 | |
| 单位主管：赵丽　　会计：赵丽 | | |
| 复　核：赵云　　记账：李晓 | | |

（印章：中国工商银行抚顺市支行 ××.12.6 转讫）

18. 签发面值为1 000元的转账支票购买办公用品一批，当日发给有关部门，参见原始凭证18.1～18.3。

**18.1**

## 增值税普通发票

发票联

20××年12月6日　　　　№0028891

<table>
<tr><td rowspan="4">购货单位</td><td colspan="4">名　　称：飞翔机械有限责任公司</td><td rowspan="4">密码区</td><td colspan="3">78889－18*126＜9－7－615962</td></tr>
<tr><td colspan="4">纳税人识别号：91310051064399328R</td><td colspan="3">823＜032/52＞9/233－4974</td></tr>
<tr><td colspan="4">地 址、电 话：抚顺市李石开发区顺飞路25号 58256789</td><td colspan="3">1626＜75～48－3024＞83906－2</td></tr>
<tr><td colspan="4">开户行及账号：中国工商银行抚顺市支行 41392259900666</td><td colspan="3">8*1266－47－6＜710＞2*－/＞*＞6/</td></tr>
<tr><td colspan="2">货物或应税名称</td><td>规格型号</td><td>单位</td><td>数量</td><td>单价</td><td>金额</td><td>税率</td><td>税　额</td></tr>
<tr><td colspan="2">公文包</td><td></td><td>只</td><td>50</td><td>19.4175</td><td>970.87</td><td>3%</td><td>29.13</td></tr>
<tr><td colspan="2"></td><td></td><td></td><td></td><td></td><td></td><td></td><td></td></tr>
<tr><td colspan="2"></td><td></td><td></td><td></td><td></td><td></td><td></td><td></td></tr>
<tr><td colspan="2">合　　计</td><td></td><td></td><td></td><td></td><td>¥970.87</td><td></td><td>¥29.13</td></tr>
<tr><td colspan="2">价税合计（大写）</td><td colspan="4">壹仟元整</td><td colspan="3">（小写）¥1 000.00</td></tr>
<tr><td rowspan="4">销货单位</td><td colspan="4">名　　称：抚顺市顺飞文具经营部</td><td rowspan="4">备注</td><td colspan="3" rowspan="4">抚顺市顺飞文具经营部<br>91310051064325874R<br>发票专用章</td></tr>
<tr><td colspan="4">纳税人识别号：91310051064325874R</td></tr>
<tr><td colspan="4">地 址、电 话：抚顺市李石开发区顺飞路105号 89798654</td></tr>
<tr><td colspan="4">开户行及账号：中国农业银行抚顺市支行 014525283434233306</td></tr>
</table>

收款人：　　　　复核：　　　　开票人：林国兵

第二联　发票联　购货方记账凭证

**18.2**

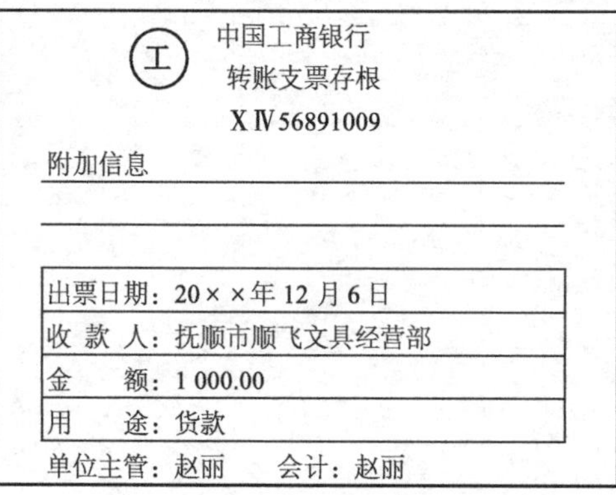

中国工商银行
转账支票存根
XⅣ56891009

附加信息

| 出票日期：20××年12月6日 |
|---|
| 收 款 人：抚顺市顺飞文具经营部 |
| 金　　额：1 000.00 |
| 用　　途：货款 |

单位主管：赵丽　　会计：赵丽

**18.3**

## 办公用品领用单

20××年12月6日　　仓库：材料库　　编号：054

| 领用部门 | 用品类别 | 用品名称 | 计量单位 | 数量 | | 实际单位成本 | 金额 | 用途 |
|---|---|---|---|---|---|---|---|---|
| | | | | 请领 | 实领 | | | |
| 加工车间 | 包 | 公文包 | 只 | 15 | 15 | 20 | 300 | 办公用 |
| 机修车间 | | 公文包 | 只 | 4 | 4 | 20 | 80 | 办公用 |
| 供汽车间 | | 公文包 | 只 | 4 | 4 | 20 | 80 | 办公用 |
| 供销科 | | 公文包 | 只 | 2 | 2 | 20 | 40 | 办公用 |
| 管理部门 | | 公文包 | 只 | 25 | 25 | 20 | 500 | 办公用 |
| 合　　计 | | | | 50 | 50 | 20 | 1 000 | |
| 仓库主管：陈青 | 发料人：陈青 | 领料人：李平、张萍、陈斌、丁伟、金阳 | | | | | | |

19. 委托宏宇木器加工厂加工包装箱，发出木材10立方米，参见原始凭证19.1和19.2。

**19.1**

## 委托加工材料发料单

加工单位：宏宇木器加工厂

加工合同：051130　　　　20××年12月6日　　　　仓库：材料库　　编号：055

| 材料类别 | 名称及规格 | 计量单位 | 实发数量 | 计划单位成本 | 金　额 |
|---|---|---|---|---|---|
| 包装材料 | 木材 | 立方米 | 10 | 600 | 6 000 |
| | | | | | |
| | | | | | |

记账联

仓库主管：陈青　　　　发料人：陈青

**19.2**

## 材料成本差异率计算表

20××年12月6日

| 项　目 | 计量单位 | 数量 | 计划单价 | 计划成本 | 月初成本差异率 | 应分摊成本差异额 |
|---|---|---|---|---|---|---|
| | | | | | | |
| | | | | | | |
| | | | | | | |
| | | | | | | |
| | | | | | | |
| 合　计 | | | | | | |

复核：赵云　　　　制表：李晓

20. 已查明16号业务高速钢短缺10千克的原因，其中5千克属于对方少发，责其补发，另外5千克属于运输部门的责任，责其赔偿，参见原始凭证20.1。

**20.1**

## 原材料溢缺处理意见单

20××年12月7日

| 事　项 | 材料名称 | 数量 | 实际成本 |
|---|---|---|---|
| 向鞍山钢铁公司采购短缺 | 高速钢 | 10千克 | 1 360 |
| 原　因 | 1. 鞍山钢铁公司少发5千克。<br>2. 鞍山市联运公司运输途中损失5千克。 | | |
| 处　理　意　见 | 1. 经与鞍山钢铁公司联系，鞍山钢铁公司少发的5千克，由鞍山钢铁公司补发，已在运输途中。<br>2. 经与鞍山市联运公司联系，鞍山市联运公司运输途中损失的5千克，由鞍山市联运公司负责赔偿，包括增值税额110.50元，合计790.50元。<br>公司业务科 | | |
| 审　批　意　见 | 财务科：<br>同意。<br>签字：赵丽 | 厂部：<br>同意。请业务科、财务科办理。<br>签字：杨秀峰 | |

21. 收到鞍山钢铁公司补发的高速钢，参见原始凭证21.1。

**21.1**

## 收料单

供应单位：鞍山钢铁公司　　　　№.012008

发票号码：00766　　　　20××年12月17日　　　　仓库：材料库

| 材料类别 | 名称及规格 | 计量单位 | 数量 | | 实际成本 | | 计划成本 | | 成本差异 |
|---|---|---|---|---|---|---|---|---|---|
| | | | 应收 | 实收 | 单位成本 | 金额 | 单位成本 | 金额 | |
| 原料及主要材料 | 高速钢 | 千克 | 5 | 5 | 136 | 680 | 140 | 700 | −20 |
| | | | | | | | | | |
| | | | | | | | | | |
| | | | | | | | | | |

第二联　采购联

质量检验：王洪　　　　收料：陈青　　　　制单：李晓

22. 厂办主任丁伟报销托费500元，以现金支付，参见原始凭证22.1。

**22.1**

## 抚顺市托儿所托费专用收据

20××年12月4日　　编号：BX1123

| 姓　名 | 丁亚丽 | 班　级 | 托幼 | 家　长 | 丁伟 |
|---|---|---|---|---|---|
| 托费项目 | 1. 托费：500元　2. 伙食费：200元　3. 医药费：20元 | | | | |
| 合　计 | 人民币（大写）柒佰贰拾元整 | | | 千 百 十 万 千 百 十 元 角 分 | ¥ 7 2 0 0 0 |
| 收款单位（公章）： | | | | | |
| 收　款 | | | | | |
| 报销单位审批意见：<br>按规定同意报销托费500元整。<br>工会：刘玉梅　20××年12月7日 | 现金付讫 | | | | |

23. 收到北京机床厂为订购涂层圆锯片铣刀而预付的货款30 000元，银行汇票已办理，参见原始凭证23.1。

**23.1**

## 中国工商银行进账单（回单）

20××年12月7日

| 收款人 | 全　称 | 飞翔机械有限责任公司 | 付款人 | 全　称 | 北京机床厂 |
|---|---|---|---|---|---|
| | 账号或地址 | 41392259900666 | | 账号或地址 | 1601020450018703 |
| | 开户银行 | 中国工商银行抚顺市支行 | | 开户银行 | 中国工商银行北京市城北支行 |
| 人民币（大写）叁万元整 | | | | 亿 千 百 十 万 千 百 十 元 角 分 | ¥ 3 0 0 0 0 0 0 |
| 票据种类 | 银行汇票 | | 收款人开户银行盖章 | | |
| 票据张数 | 1 | | | | |
| 单位主管：赵丽 | | 会计：赵丽 | | | |
| 复　核：赵云 | | 记账：李晓 | | | |

（印章：中国工商银行 抚顺市支行 ××-12-07 转讫）

24. 购入办公用文件柜，价款2 000元，以转账支票支付，文件柜已验收入库，参见原始凭证24.1～24.3。

**24.1**

## 增值税普通发票

发票联

20××年12月10日　　№0038542

| 购货单位 | 名　称：飞翔机械有限责任公司<br>纳税人识别号：91310051064399328R<br>地 址、电 话：抚顺市李石开发区顺飞路25号 58256789<br>开户行及账号：中国工商银行抚顺市支行 41392259900666 | | | | 密码区 | 78889－18*126<9－7－615962<br>823<032/52>9/233－4974<br>1626<75～48－3024>83906－2<br>8*1266－47－6<710>2*－/>*>6/ | |
|---|---|---|---|---|---|---|---|
| 货物或应税名称 | 规格型号 | 单位 | 数量 | 单价 | 金额 | 税率 | 税　额 |
| 文件柜 | | 个 | 4 | 485.4369 | 1 941.75 | 3% | 58.25 |
| | | | | | | | |
| | | | | | | | |
| 合　计 | | | | | ¥1 941.75 | | ¥58.25 |
| 价税合计（大写） | 贰仟元整 | | | | （小写）¥2 000.00 | | |
| 销货单位 | 名　称：抚顺市顺飞文具经营部<br>纳税人识别号：91310051064325874R<br>地 址、电 话：抚顺市李石开发区顺飞路105号 89798654<br>开户行及账号：中国农业银行抚顺市支行 014525283434233306 | | | | 备注 | （印章：抚顺市顺飞文具经营部 91310051064325874R 发票专用章） | |

收款人：　　复核：　　开票人：林国兵

第二联　发票联　购货方记账凭证

24.2

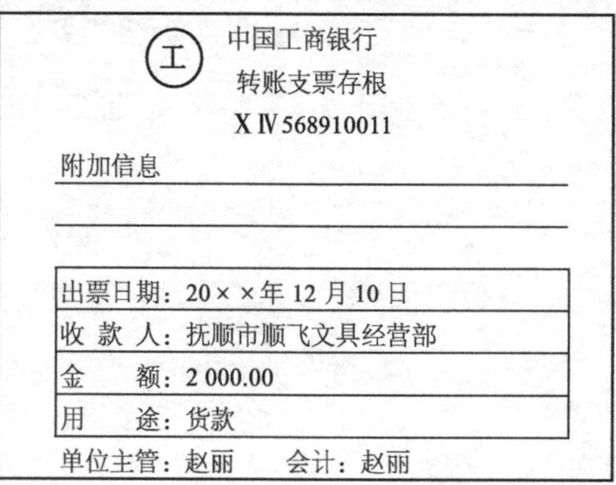

中国工商银行
转账支票存根
X Ⅳ568910011

附加信息

| 出票日期：20××年12月10日 |
| --- |
| 收 款 人：抚顺市顺飞文具经营部 |
| 金　　额：2 000.00 |
| 用　　途：货款 |

单位主管：赵丽　　会计：赵丽

24.3

## 收料单

供应单位：抚顺市顺飞文具经营部　　　　№.012004
发票号码：0038542　　　20××年12月10日　　　仓库：材料库

| 材料类别 | 名称及规格 | 计量单位 | 数量 | | 实际成本 | | 计划成本 | | 成本差异 |
| --- | --- | --- | --- | --- | --- | --- | --- | --- | --- |
| | | | 应收 | 实收 | 单位成本 | 金额 | 单位成本 | 金额 | |
| 低值易耗品 | 文件柜 | 个 | 4 | 4 | 500 | 2 000 | | | |
| | | | | | | | | | |
| | | | | | | | | | |
| | | | | | | | | | |

第二联　采购联

质量检验：王洪　　　收料：陈青　　　制单：李晓

25. 以现金支付业务招待费500元，参见原始凭证25.1。

25.1

## 增值税普通发票

发票联

20××年12月10日　　　№0038878

| 购货单位 | 名　　称：飞翔机械有限责任公司<br>纳税人识别号：91310051064399328R<br>地 址、电 话：抚顺市李石开发区顺飞路25号 58256789<br>开户行及账号：中国工商银行抚顺市支行 41392259900666 | 密码区 | */889－18126<9－7－6159124<br>823<032/52>9/233－4974<br>1626<75～48－3024>83906－2<br>8*1266－47－6<710>2*－/>*>6/ |
| --- | --- | --- | --- |

| 货物或应税名称 | 规格型号 | 单位 | 数量 | 单价 | 金额 | 税率 | 税　额 |
| --- | --- | --- | --- | --- | --- | --- | --- |
| 生活服务 餐饮服务 | | | 1 | 471.70 | 471.70 | 6% | 28.30 |
| | | | | | | | |
| | | | | | | | |
| 合　　计 | | | | | ¥471.70 | | ¥28.30 |
| 价税合计（大写） | 伍佰元整 | | | | （小写）¥500.00 | | |

| 销货单位 | 名　　称：千禧龙大酒店<br>纳税人识别号：91310051064852146S<br>地 址、电 话：抚顺市李石开发区顺飞路2号 89798688<br>开户行及账号：中国农业银行抚顺市支行 014525283434232547 | 备注 | 千禧龙大酒店<br>91310051064852146S<br>发票专用章 |
| --- | --- | --- | --- |

第二联　发票联　购货方记账凭证

收款人：　　　复核：　　　开票人：　张兵昌

26. 出售本月购入的抚顺特钢股份有限公司普通股股票4 000股，每股卖出价为13元，扣除相关税费500元，实得51 500元，已转入证券公司资金专户，参见原始凭证26.1。

**26.1**

## 抚顺证券中央登记结算公司

卖

经办单位：证券公司门市部

成交过户交割单　　　20××年12月10日

抚顺市税务局监制

| 股东编号 | A0099 | 成交证券 | 抚顺特钢 |
|---|---|---|---|
| 电脑编号 | Z0077 | 成交数量 | 4000股 |
| 公司名称 | 飞翔机械有限责任公司 | 成交价格 | 13元 |
| 申报编号 | 120107 | 成交金额 | 52 000元 |
| 申报时间 | 12月10日 | 佣　金 | 450元 |
| 成交时间 | 20××12081420 | 过户费 | |
| 上次余额 | | 印花税 | 50元 |
| 本次成交 | | 实收金额 | 51 500元 |
| 本次余额 | 61 050 | 到期日期 | |
| 本次库存 | 61 050 | 到期金额 | |
| 客户签章 | | 客户签章 | |

③通知联　收款人存查

（印章：财务专用章；中国工商银行证券公司办事处 转讫）

27. 向大连机床厂销售镗刀100件，每件不含税价1 400元，收到汇款70 000元，参见原始凭证27.1～27.3。

**27.1**

## 中国工商银行进账单（回单）

20××年12月10日

| 收款人 | 全　称 | 飞翔机械有限责任公司 | 付款人 | 全　称 | 大连机床厂 |
|---|---|---|---|---|---|
| | 账号或地址 | 41392259900666 | | 账号或地址 | 41352259900886 |
| | 开户银行 | 中国工商银行抚顺市支行 | | 开户银行 | 中国工商银行大连市开发区办事处 |

| 人民币（大写）柒万元整 | 亿 | 千 | 百 | 十 | 万 | 千 | 百 | 十 | 元 | 角 | 分 |
|---|---|---|---|---|---|---|---|---|---|---|---|
| | | | | ¥ | 7 | 0 | 0 | 0 | 0 | 0 | 0 |

| 票据种类 | | 收款人开户银行签章 |
|---|---|---|
| 票据张数 | | |
| 单位主管：赵丽　会计：赵丽 | | |
| 复　核：赵云　记账：李晓 | | |

（印章：中国工商银行抚顺市支行 XX-12-10 转讫）

**27.2**

## 产品出库单

用途：销售　　　20××年12月10日　　　第083号

仓库：成品库

| 类别 | 编号 | 名称及规格 | 计量单位 | 数量 | 单位成本 | 总成本 | 附注： |
|---|---|---|---|---|---|---|---|
| 产成品 | 001 | 镗刀 | 件 | 100 | | | |
| | | | | | | | |
| | | | | | | | |
| | | | | | | | |
| | | | | | | | |
| | | | | | | | |
| | | | | | | | |
| 合　计 | | | | 100 | | | |

记账：李晓　　保管：魏强　　检验：王洪　　制单：赵丽

记账联

27.3

## 增值税专用发票

记账联

20××年12月10日　　№25428349

| 购货单位 | 名　　称：大连机床厂<br>纳税人识别号：91411532198459781R<br>地 址、电 话：大连市开发区双D港辽河东路100号<br>开户行及账号：中国工商银行大连市开发区办事处41352259900886 | | | 密码区 | /*/-2489 – 1 < 9 – 7 – 61596284<br>587*8 < 032/52 > 9/29533 – 4974<br>24/*1626 < 8 – 3024 > 83906 – 2<br>5487 – 47 – 6 < 7 > 2* – / > * > 6/ | | |
|---|---|---|---|---|---|---|---|
| 货物或应税名称 | 规格型号 | 单位 | 数量 | 单价 | 金额 | 税率 | 税额 |
| 镗刀 | | 件 | 100 | 1 400 | 140 000.00 | 13% | 18 200.00 |
| | | | | | | | |
| | | | | | | | |
| 合　　计 | | | | | ¥140 000.00 | | ¥18 200.00 |
| 价税合计（大写） | 壹拾伍万捌仟贰佰元整 | | | | （小写）¥158 200.00 | | |
| 销货单位 | 名　　称：飞翔机械有限责任公司<br>纳税人识别号：91310051064399328R<br>地 址、电 话：抚顺市李石开发区顺飞路25号 58256789<br>开户行及账号：中国工商银行抚顺市支行41392259900666 | | | 备注 | 飞翔机械有限责任公司<br>91310051064399328R<br>发票专用章 | | |

收款人：　　复核：　　开票人：富　强

第四联　记账联　销货方记账凭证

28. 行政科报销零星支出1 500元，以现金支付，参见原始凭证28.1。

28.1

## 增值税普通发票

发票联

20××年12月10日　　№0038542

| 购货单位 | 名　　称：飞翔机械有限责任公司<br>纳税人识别号：91310051064399328R<br>地 址、电 话：抚顺市李石开发区顺飞路25号 58256789<br>开户行及账号：中国工商银行抚顺市支行41392259900666 | | | 密码区 | 78889 – 18*126 < 9 – 7 – 615962<br>823 < 032/52 > 9/233 – 4974<br>1626 < 75～48 – 3024 > 83906 – 2<br>8*1266 – 47 – 6 < 710 > 2* – / > * > 6/ | | |
|---|---|---|---|---|---|---|---|
| 货物或应税名称 | 规格型号 | 单位 | 数量 | 单价 | 金额 | 税率 | 税额 |
| 纸杯 | | 个 | 1 000 | 0.4854 | 485.44 | 3% | 14.56 |
| 礼品 | | 件 | 5 | 194.1748 | 970.87 | 3% | 29.13 |
| | | | | | | | |
| 合　　计 | | | | | ¥1 456.31 | | ¥43.69 |
| 价税合计（大写） | 壹仟伍佰元整 | | | | （小写）¥1 500.00 | | |
| 销货单位 | 名　　称：抚顺市顺飞文具经营部<br>纳税人识别号：91310051064325874R<br>地 址、电 话：抚顺市李石开发区顺飞路105号 89798654<br>开户行及账号：中国农业银行抚顺市支行014525283434233306 | | | 备注 | 抚顺市顺飞文具经营部<br>91310051064325874R<br>发票专用章 | | |

收款人：　　复核：　　开票人：李在楣

第二联　发票联　购货方记账凭证

29. 签发一张转账支票，预付下一年度书报费4 800元，参见原始凭证29.1和29.2。

29.1

## 抚顺市事业单位统一收据

20××年12月10日　　№6708850

| 交款单位或交款人 | 飞翔机械有限责任公司 | 收款方式 | 转账支票 | | | | | | | | | |
|---|---|---|---|---|---|---|---|---|---|---|---|---|
| 人民币（大写）肆仟捌佰元整 | | | 千 | 百 | 十 | 万 | 千 | 百 | 十 | 元 | 角 | 分 |
| | | | | | | ¥ | 4 | 8 | 0 | 0 | 0 | 0 |
| 系　付：下一年度书报费 | | | 备注： | | | | | | | | | |
| 收款单位（章） | 抚顺市邮政局 财务专用章 | | 收款人（签章）： | | | | | | | | | |

记账联

29.2

| 中国工商银行<br>转账支票存根<br>X IV56891012 |
|---|
| 附加信息 |
| 出票日期：20××年 12 月 10 日 |
| 收 款 人：市邮电局 |
| 金　　额：4 800.00 |
| 用　　途：书报费 |
| 单位主管：赵丽　　会计：赵丽 |

30. 向黎明机械有限责任公司出售原价为 80 000 元、已计提折旧 38 400 元的旧机床一台，以现金支付清理费 1 000 元，出售价款 45 000 元已转入企业账户（销售自己使用过的固定资产，按照 3%的征收率减按 2%缴纳增值税），参见原始凭证 30.1～30.3。

30.1

## 中国工商银行进账单（回单）

20××年 12 月 10 日

| 收款人 | 全　称 | 飞翔机械有限责任公司 | 付款人 | 全　称 | 黎明机械有限责任公司 |
|---|---|---|---|---|---|
| | 账号或地址 | 41392259900666 | | 账号或地址 | 40240126005777 |
| | 开户银行 | 中国工商银行抚顺市支行 | | 开户银行 | 中国工商银行沈阳市皇姑区办事处 |

| 人民币（大写）肆万伍仟元整 | 亿 | 千 | 百 | 十 | 万 | 千 | 百 | 十 | 元 | 角 | 分 |
|---|---|---|---|---|---|---|---|---|---|---|---|
| | | | | ¥ | 4 | 5 | 0 | 0 | 0 | 0 | 0 |

| 票据种类 | 转账支票 | 收款人开户银行盖章：中国工商银行抚顺市支行 ××-12-10 转讫 |
|---|---|---|
| 票据张数 | 1 | |
| 单位主管：赵丽　会计：赵丽 | | |
| 复　核：赵云　记账：李晓 | | |

30.2

## 固定资产出售（调拨）单

20××年 12 月 10 日

| 资产编号 | 资产名称 | 规格型号 | 计量单位 | 数量 | 预计使用年限 | 已使用年限 | 原始价格 | 已计提折旧 |
|---|---|---|---|---|---|---|---|---|
| | 机床 | W109 | 台 | 1 | 20 年 | 10 年 | 80 000.00 | 38 400.00 |

| 停用时间 | 双方协议价格 | 调入单位名称 | 调拨方式 | 备注 |
|---|---|---|---|---|
| 20××年 | 45 000.00 | 黎明机械有限责任公司 | 有偿 | 10 年前购入 |
| （调拨）理由 | 该机床已不能适应产品生产需要，经公司领导班子研究决定，作价转让给黎明机械有限责任公司。 | | | |

| 调出单位 | 飞翔机械有限责任公司 公章 | 调入单位 | 黎明机械有限责任公司 公章 |
|---|---|---|---|
| 公章： | | 公章： | |
| 财务： | | 财务： | |
| 经办： | | 经办： | |
| 会计主管：赵丽 | 稽核：赵云 | 制单：刘丽敏 | |

**30.3**

## 抚顺市事业单位统一收据

20××年12月10日 №8745644

| 交款单位或交款人 | 飞翔机械有限责任公司 | 收款方式 | 现金 |
|---|---|---|---|
| 人民币（大写）壹仟元整 | | | 千 百 十 万 千 百 十 元 角 分<br>¥ 1 0 0 0 0 0 |
| 系　付：拆卸费 | 现金付讫 | 财务专用章 | 备注： |
| 收款单位（章） | | | 收款人（签章）： |

记账联

31. 厂办领用文件柜2个，财务科领用文件柜1个，供销科领用文件柜1个，采用五五摊销法摊销，参见原始凭证31.1～31.3。

**31.1**

## 领料单

领用单位：厂办　　20××年12月10日　　仓库：材料库　　编号：012905

| 材料类别 | 名称及规格 | 计量单位 | 数量 请领 | 数量 实领 | 实际单位成本 | 金额 | 用途 |
|---|---|---|---|---|---|---|---|
| 低值易耗品 | 文件柜 | 个 | 2 | 2 | 500.00 | 1 000.00 | 办公用 |
| | | | | | | | |
| 合　计 | | | 2 | 2 | 500.00 | 1 000.00 | |

第二联 会计部门

仓库主管：陈青　　发料人：陈青　　领料人：丁伟

**31.2**

## 领料单

领用单位：财务科　　20××年12月10日　　仓库：材料库　　编号：012906

| 材料类别 | 名称及规格 | 计量单位 | 数量 请领 | 数量 实领 | 实际单位成本 | 金额 | 用途 |
|---|---|---|---|---|---|---|---|
| 低值易耗品 | 文件柜 | 个 | 1 | 1 | 500.00 | 500.00 | 办公用 |
| | | | | | | | |
| 合　计 | | | 1 | 1 | 500.00 | 500.00 | |

第二联 会计部门

仓库主管：陈青　　发料人：陈青　　领料人：李晓

**31.3**

## 领料单

领用单位：供销科　　20××年12月10日　　仓库：材料库　　编号：012907

| 材料类别 | 名称及规格 | 计量单位 | 数量 请领 | 数量 实领 | 实际单位成本 | 金额 | 用途 |
|---|---|---|---|---|---|---|---|
| 低值易耗品 | 文件柜 | 个 | 1 | 1 | 500.00 | 500.00 | 办公用 |
| | | | | | | | |
| 合　计 | | | 1 | 1 | 500.00 | 500.00 | |

第二联 会计部门

仓库主管：陈青　　发料人：陈青　　领料人：富强

32. 向大连机床厂销售镗刀100件，每件不含税价1 400元，涂层圆锯片铣刀100片，每片不含税价500元，产品已发出，货款已收到，参见原始凭证32.1～32.3。

32.1

## 增值税专用发票

记账联

20××年12月10日　　　　№25428350

| 购货单位 | 名　称：大连机床厂<br>纳税人识别号：91411532198459781R<br>地 址、电 话：大连市开发区双D港辽河东路100号<br>开户行及账号：中国工商银行大连市开发区办事处41352259900886 | | | | 密码区 | /85-2489－1＜9－7－61596284<br>8＜032/52＞9/29533－49742045<br>1626＜8－3024＞83906－20001<br>－47－6＜7＞2*－/＞*＞6/5412 | |
|---|---|---|---|---|---|---|---|
| 货物或应税名称 | 规格型号 | 单位 | 数量 | 单价 | 金额 | 税率 | 税额 |
| 镗刀 | | 件 | 100 | 1 400 | 140 000.00 | 13% | 18 200.00 |
| 涂层圆锯片铣刀 | | 片 | 100 | 500 | 50 000.00 | 13% | 6 500.00 |
| | | | | | | | |
| | | | | | | | |
| 合　计 | | | | | ¥190 000.00 | | ¥24 700.00 |
| 价税合计（大写） | 贰拾壹万肆仟柒佰元整 | | | | （小写）¥214 700.00 | | |
| 销货单位 | 名　称：飞翔机械有限责任公司<br>纳税人识别号：91310051064399328R<br>地 址、电 话：抚顺市李石开发区顺飞路25号58256789<br>开户行及账号：中国工商银行抚顺市支行41392259900666 | | | | 备注 | 飞翔机械有限责任公司<br>91310051064399328R<br>发票专用章 | |

收款人：　　　　复核：　　　　开票人：富　强

第四联　记账联　销货方记账凭证

32.2

## 中国工商银行进账单（回单）

20××年12月10日

| 收款人 | 全　称 | 飞翔机械有限责任公司 | 付款人 | 全　称 | 大连机床厂 |
|---|---|---|---|---|---|
| | 账号或地址 | 41392259900666 | | 账号或地址 | 41352259900886 |
| | 开户银行 | 中国工商银行抚顺市支行 | | 开户银行 | 中国工商银行大连市开发区办事处 |

| 人民币（大写）贰拾壹万肆仟柒佰元整 | 亿 | 千 | 百 | 十 | 万 | 千 | 百 | 十 | 元 | 角 | 分 |
|---|---|---|---|---|---|---|---|---|---|---|---|
| | | | ¥ | 2 | 1 | 4 | 7 | 0 | 0 | 0 | 0 |

| 票据种类 | | 收款人开户银行盖章：<br>中国工商银行抚顺市支行<br>××-12-10<br>转讫 |
|---|---|---|
| 票据张数 | 1 | |
| 单位主管：赵丽　　会计：赵丽<br>复　核：赵云　　记账：李晓 | | |

32.3

## 产品出库单

用途：销售　　　　20××年12月10日　　　　第084号

仓库：成品库

| 类别 | 编号 | 名称及规格 | 计量单位 | 数量 | 单位成本 | 总成本 | 附注： |
|---|---|---|---|---|---|---|---|
| 产成品 | 001 | 镗刀 | 件 | 100 | | | |
| 产成品 | 002 | 涂层圆锯片铣刀 | 片 | 100 | | | |
| | | | | | | | |
| | | | | | | | |
| | | | | | | | |
| | | | | | | | |
| 合　计 | | | | | | | |

记账：李晓　　保管：魏强　　检验：王洪　　制单：赵丽

记账联

33. 签发转账支票支付前委托宏宇木器加工厂加工包装箱的加工费，加工完成的包装箱30个如数验收入库，参见原始凭证33.1～33.3。

**33.1**

## 增值税专用发票

发票联

№0028590

20××年12月11日

| 购货单位 | 名　　称：飞翔机械有限责任公司<br>纳税人识别号：91310051064399328R<br>地 址、电 话：抚顺市李石开发区顺飞路25号 58256789<br>开户行及账号：中国工商银行抚顺市支行 41392259900666 | | | | 密码区 | /*62489－1＜9－7－61596284<br>1478＜032/52＞9/29533－4974<br>*/1626＜8－3024＞83906－2<br>457－47－6＜7＞2*－/＞*＞6/25 | | |
|---|---|---|---|---|---|---|---|---|
| 货物或应税名称 | 规格型号 | 单位 | 数量 | 单价 | 金额 | 税率 | 税额 | |
| 加工费 | | 个 | 30 | 100 | 3 000.00 | 13% | 390.00 | |
| | | | | | | | | |
| | | | | | | | | |
| 合　　计 | | | | | ¥3 000.00 | | ¥390.00 | |
| 价税合计（大写） | 叁仟叁佰玖拾元整 | | | | （小写）¥3 390.00 | | | |
| 销货单位 | 名　　称：宏宇木器加工厂<br>纳税人识别号：91310051064366823J<br>地 址、电 话：抚顺市新城路88号 59798969<br>开户行及账号：中国工商银行抚顺市新城路办事处 41392259900666 | | | | 备注 | 宏宇木器加工厂 91310051064366823J 发票专用章 | | |

收款人：　　　　复核：　　　　开票人：郑实梦

第二联 发票联 购货方记账凭证

**33.2**

中国工商银行

转账支票存根

XⅣ56891013

附加信息

| |
|---|
| 出票日期：20××年12月11日 |
| 收 款 人：宏宇木器加工厂 |
| 金　　额：3 390.00 |
| 用　　途：加工费 |

单位主管：赵丽　　会计：赵丽

**33.3**（按实际成本结转“包装物-包装箱”）

## 收料单

加工单位：宏宇木器加工厂　　　　№.012005

加工合同：051130　　20××年12月11日　　仓库：材料库

| 材料类别 | 名称及规格 | 计量单位 | 数量 | | 实际成本 | | 计划成本 | | 成本差异 |
|---|---|---|---|---|---|---|---|---|---|
| | | | 应收 | 实收 | 单位成本 | 金额 | 单位成本 | 金额 | |
| 低值易耗品 | 包装箱 | 个 | 30 | 30 | | | | | |
| | | | | | | | | | |
| | | | | | | | | | |
| | | | | | | | | | |

质量检验：王洪　　收料：陈青　　制单：李晓

第二联 采购联

34. 收到抚顺特钢股份有限公司发放的现金股利300元，已转入证券公司资金专户，参见原始凭证34.1。

**34.1**

## 中国工商银行进账单（回单）

20××年12月11日

| 收款人 | 全　称 | 飞翔机械有限责任公司 | 付款人 | 全　称 | 抚顺特钢股份有限公司 |
|---|---|---|---|---|---|
| | 账号或地址 | 66778899 | | 账号或地址 | 41390126005867 |
| | 开户银行 | 中国工商银行证券公司办事处 | | 开户银行 | 中国工商银行抚顺市望花区办事处 |

| 人民币（大写）叁佰元整 | 亿 | 千 | 百 | 十 | 万 | 千 | 百 | 十 | 元 | 角 | 分 |
|---|---|---|---|---|---|---|---|---|---|---|---|
| | | | | | | ¥ | 3 | 0 | 0 | 0 | 0 |

| 票据种类 | 转账支票 | 收款人开户银行盖章 |
|---|---|---|
| 票据张数 | 1 | |
| 单位主管：赵丽　　会计：赵丽 | | |
| 复　核：赵云　　记账：李晓 | | |

中国工商银行 抚顺市支行 ××-12-11 转 讫

35. 签发转账支票支付产品广告费1 200元，参见原始凭证35.1和35.2。

**35.1**

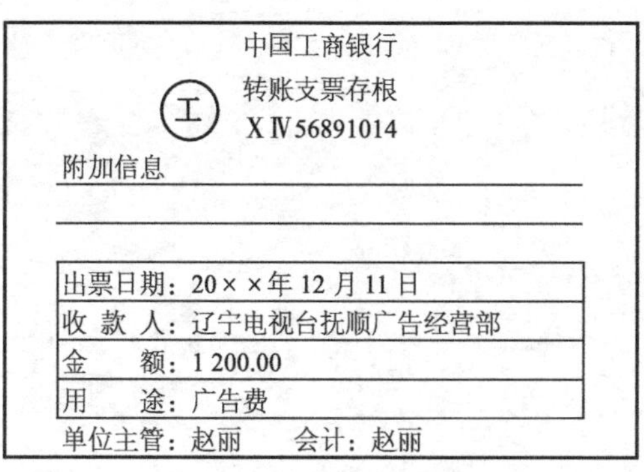

中国工商银行

转账支票存根

XⅣ56891014

附加信息

| 出票日期：20××年12月11日 |
|---|
| 收 款 人：辽宁电视台抚顺广告经营部 |
| 金　　额：1 200.00 |
| 用　　途：广告费 |

单位主管：赵丽　　会计：赵丽

**35.2**

## 增值税专用发票

发票联

20××年12月11日　　　　№0038878

| 购货单位 | 名　　称：飞翔机械有限责任公司<br>纳税人识别号：91310051064399328R<br>地 址、电 话：抚顺市李石开发区顺飞路25号 58256789<br>开户行及账号：中国工商银行抚顺市支行 41392259900666 | | | | | 密码区 | */-*989－18126<9－7－61591<br>10823<032/52>9/233－49<br>1626<75～48－3024>83906－2<br>8*1266－47－6<710>2*－/>*2547 |
|---|---|---|---|---|---|---|---|
| 货物或应税名称 | 规格型号 | 单位 | 数量 | 单价 | 金额 | 税率 | 税　额 |
| 现代服务 广告发布 | | | 1 | 1132.0755 | 1 132.08 | 6% | 67.92 |
| | | | | | | | |
| | | | | | | | |
| 合　计 | | | | | ¥1 132.08 | | ¥67.92 |
| 价税合计（大写） | 壹仟贰佰元整 | | | | （小写）¥1 200.00 | | |
| 销货单位 | 名　　称：辽宁电视台抚顺广告经营部<br>纳税人识别号：91310051064654788S<br>地 址、电 话：抚顺市开发区顺义路52号 897916868<br>开户行及账号：中国农业银行抚顺市支行 014525283434258 | | | | | 备注 | 辽宁电视台抚顺广告经营部 91310051064654788S 发票专用章 |

收款人：　　　　复核：　　　　开票人：张田田

第二联 发票联 购货方记账凭证

36. 将由沈阳机床厂10月12日签发的面值为80 000元、利率为6%、期限为3个月的带息商业承兑汇票向银行申请贴现，贴现利率为4.8%，贴现所得已转入企业账户，参见原始凭证36.1和36.2。

36.1

## 商业承兑汇票　　2

贰零××年零壹拾月壹拾壹日　　　　汇票号码：第 011 号

| 付款人 | 全　称 | 沈阳机床厂 | 收款人 | 全　称 | 飞翔机械有限责任公司 |
|---|---|---|---|---|---|
| | 账　号 | 28019225990666 | | 账　号 | 41392259900666 |
| | 开户银行 | 中国工商银行沈阳市铁西区办事处 | | 开户银行 | 中国工商银行抚顺市支行 |

| 汇票金额 | 人民币（大写）捌万元整 | 千 | 百 | 十 | 万 | 千 | 百 | 十 | 元 | 角 | 分 |
|---|---|---|---|---|---|---|---|---|---|---|---|
| | | | | ¥ | 8 | 0 | 0 | 0 | 0 | 0 | 0 |

| 汇票到期日 | 明年零壹月壹拾贰日 | 票面利率 | 6% |
|---|---|---|---|
| 本汇票已经承兑，到期日无条件支付票款。<br>承兑人盖章<br>承兑日期 20××年 10 月 12 日 | | 本汇票请予以承兑到期日付款。<br>出票人盖章 | |

36.2

## 贴现凭证（收账通知）　　4

申请日期：20××年 12 月 12 日　　　　第 5 号

| 贴现汇票 | 种　类 | 商业承兑汇票 | 号码 | 5 | 持票人 | 全　称 | 飞翔机械有限责任公司 |
|---|---|---|---|---|---|---|---|
| | 出票日 | 20××年 10 月 12 日 | | | | 账　号 | 41392259900666 |
| | 到期日 | 明年 1 月 12 日 | | | | 开户银行 | 中国工商银行抚顺市支行 |
| 汇票承兑人 | 名称 | 沈阳机床厂 | 账号 | 28019225990666 | | 开户银行 | 中国工商银行沈阳市铁西区办事处 |

| 汇票金额 | 人民币（大写）捌万元整 | 百 | 十 | 万 | 千 | 百 | 十 | 元 | 角 | 分 |
|---|---|---|---|---|---|---|---|---|---|---|
| | | | ¥ | 8 | 0 | 0 | 0 | 0 | 0 | 0 |

| 贴现率 | 4.8% | 贴现利息 | 百 | 十 | 万 | 千 | 百 | 十 | 元 | 角 | 分 | 实付贴现金额 | 百 | 十 | 万 | 千 | 百 | 十 | 元 | 角 | 分 |
|---|---|---|---|---|---|---|---|---|---|---|---|---|---|---|---|---|---|---|---|---|---|
| | | | | | | ¥ | 3 | 2 | 4 | 8 | 0 | | | ¥ | 8 | 0 | 8 | 7 | 5 | 2 | 0 |

| 上述款项已转入你单位账户。<br>银行盖章<br>20××年 12 月 11 日 | 备注： |
|---|---|

此联银行给贴现申请人的收账通知

37. 销售给北京机床厂涂层圆锯片铣刀 100 片，每片不含税价 500 元，产品已发出，扣除预收货款后的差额款已由北京机床厂以电汇方式汇付，参见原始凭证 37.1～37.3。

37.1

## 中国工商银行电汇凭证（收款通知）

20××年 12 月 12 日

| 汇款人 | 全　称 | 北京机床厂 | 收款人 | 全　称 | 飞翔机械有限责任公司 |
|---|---|---|---|---|---|
| | 账　号 | 1601020450018703 | | 账　号 | 41392259900666 |
| | 汇出地 | 北京市 | | 汇入地 | 辽宁省抚顺市 |

| 金额 | 人民币（大写）贰万陆仟伍佰元整 | 千 | 百 | 十 | 万 | 千 | 百 | 十 | 元 | 角 | 分 |
|---|---|---|---|---|---|---|---|---|---|---|---|
| | | | | ¥ | 2 | 6 | 5 | 0 | 0 | 0 | 0 |

| 汇款用途：货款 | 留行待取预留<br>收款人印鉴 | |
|---|---|---|
| 上列款项已代进账，如有错误，请持此联来行面洽。<br>汇入行盖章<br>20××年 12 月 12 日 | 上列款项已照收无误。<br>收款人盖章<br>20××年 12 月 12 日 | 科目（借）<br>对方科目（贷）<br>汇入行解汇日期 20××年 12 月 12 日<br>复核　　记账　　出纳 |

**37.2**

## 增值税专用发票

记账联

№0028590

20××年12月12日

| 购货单位 | 名称：北京机床厂<br>纳税人识别号：91110105321987692S<br>地址、电话：北京市城北路865号 38556688<br>开户行及账号：中国工商银行北京市城北支行 1601020450018703 | | | 密码区 | /*74189－1<9－7－61596284<br>5218<032/52>9/29533－4974<br>1626<8－3024>83906－27654<br>154*－47－6<7>587/>*>6/5847 | | |
|---|---|---|---|---|---|---|---|
| 货物或应税名称 | 规格型号 | 单位 | 数量 | 单价 | 金额 | 税率 | 税额 |
| 涂层圆锯片铣刀 | | 片 | 100 | 500 | 50 000.00 | 13% | 6 500.00 |
| | | | | | | | |
| | | | | | | | |
| 合计 | | | | | ¥50 000.00 | | ¥6 500.00 |
| 价税合计（大写） | 伍万陆仟伍佰元整 | | | | （小写）¥56 500.00 | | |
| 销货单位 | 名称：飞翔机械有限责任公司<br>纳税人识别号：91310051064399328R<br>地址、电话：抚顺市李石开发区顺飞路25号 58256789<br>开户行及账号：中国工商银行抚顺市支行 41392259900666 | | | 备注 | 飞翔机械有限责任公司 91310051064399328R 发票专用章 | | |

第四联 记账联 销货方记账凭证

收款人：　　　　复核：　　　　开票人：富强

**37.3**

## 产品出库单

用途：销售　　　　20××年12月12日　　　　第085号

仓库：成品库

| 类别 | 编号 | 名称及规格 | 计量单位 | 数量 | 单位成本 | 总成本 | 附注： |
|---|---|---|---|---|---|---|---|
| 产成品 | 002 | 涂层圆锯片铣刀 | 片 | 100 | | | |
| | | | | | | | |
| 合计 | | | | 100 | | | |

记账联

记账：李晓　　保管：魏强　　检验：王洪　　制单：赵丽

38. 收到职工王立刚交纳的违章操作罚款100元，参见原始凭证38.1。

**38.1**

## 收款收据

20××年12月13日　　　　№6703521

| 交款单位或交款人 | 王立刚 | 收款方式 | 现金 | | | | | | | | | |
|---|---|---|---|---|---|---|---|---|---|---|---|---|
| 人民币（大写）壹佰元整 | | | 千 | 百 | 十 | 万 | 千 | 百 | 十 | 元 | 角 | 分 |
| | | | | | | | ¥ | 1 | 0 | 0 | 0 | 0 |
| 系付：违章罚款 | | | 备注： | | | | | | | | | |

现金收讫　　财务专用章

记账联

收款单位（章）　　　　收款人（签章）：杨阳

39. 向抚顺铝厂出售原煤10吨，每吨不含税价500元，原煤已发出，收到转账支票一张，已办理转账收款手续，参见原始凭证39.1～39.3。

**39.1**

## 出库单

领用单位：供销科　　20××年12月13日　　仓库：材料库　　编号：012908

| 材料类别 | 名称及规格 | 计量单位 | 数量 | | 计划单位成本 | 金额 | 用途 |
|---|---|---|---|---|---|---|---|
| | | | 请领 | 实领 | | | |
| 燃料 | 原煤 | 吨 | 10 | 10 | 450.00 | 4 500.00 | 销售 |
| | | | | | | | |
| | | | | | | | |
| | | | | | | | |
| 合计 | | | 10 | 10 | 450.00 | 4 500.00 | |

第二联 销售联

仓库主管：陈青　　　　发料人：陈青　　　　领料人：富强

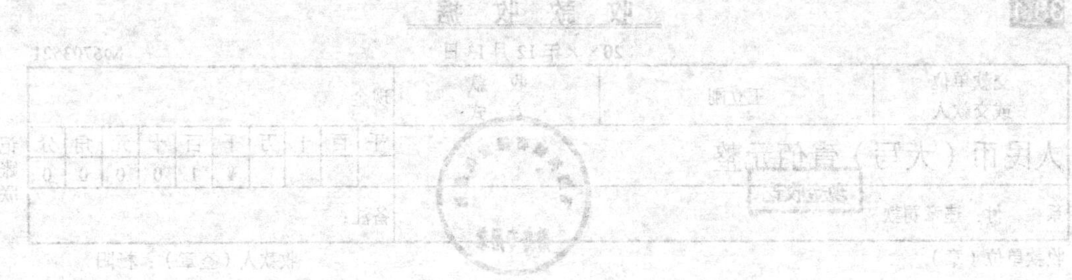

**39.2**

## 增值税专用发票

记账联

№25428353

20××年12月13日

| 购货单位 | 名称：抚顺铝厂<br>纳税人识别号：91310051064366537L<br>地址、电话：抚顺市望花区和平路东段 58 号<br>开户行及账号：中国工商银行抚顺市望花支行 41392368100111 | 密码区 | 87/>*>6/58589－1<9－96284<br>5218<032/52>9/29533－4974<br>1626<8－3024>83906－27654<br>7－6158154*－47－6<7>547 |
|---|---|---|---|

| 货物或应税名称 | 规格型号 | 单位 | 数量 | 单价 | 金额 | 税率 | 税额 |
|---|---|---|---|---|---|---|---|
| 原煤 | | 吨 | 10 | 500 | 5 000.00 | 13% | 650.00 |
| | | | | | | | |
| | | | | | | | |
| 合计 | | | | | ¥5 000.00 | | ¥650.00 |
| 价税合计（大写） | 伍仟陆佰伍拾元整 | | | | （小写）¥5 650.00 | | |

| 销货单位 | 名称：飞翔机械有限责任公司<br>纳税人识别号：91310051064399328R<br>地址、电话：抚顺市李石开发区顺飞路 25 号 58256789<br>开户行及账号：中国工商银行抚顺市支行 41392259900666 | 备注 | 飞翔机械有限责任公司<br>91310051064399328R<br>发票专用章 |
|---|---|---|---|

收款人： 复核： 开票人：富强

第四联 记账联 销货方记账凭证

**39.3**

## 中国工商银行进账单（回单）

20××年12月13日

| 收款人 | 全称 | 飞翔机械有限责任公司 | 付款人 | 全称 | 抚顺铝厂 |
|---|---|---|---|---|---|
| | 账号或地址 | 41392259900666 | | 账号或地址 | 41392368100111 |
| | 万开户银行 | 中国工商银行抚顺市支行 | | 开户银行 | 中国工商银行抚顺市望花支行 |

| 人民币（大写） | 亿 | 千 | 百 | 十 | 万 | 千 | 百 | 十 | 元 | 角 | 分 |
|---|---|---|---|---|---|---|---|---|---|---|---|
| 伍仟陆佰伍拾元整 | | | | | ¥ | 5 | 6 | 5 | 0 | 0 | 0 |

| 票据种类 | 转账支票 | 收款人开户银行签章<br>中国工商银行抚顺市支行<br>××-12-13<br>转讫 |
|---|---|---|
| 票据张数 | 1 | |
| 单位主管：赵丽 会计：赵丽<br>复核：赵云 记账：李晓 | | |

40. 销售给北京机床厂的涂层圆锯片铣刀 2 片有质量问题，对方要求退货，企业开出红字增值税专用发票办理退货手续，参见原始凭证 40.1 和 40.2。

**40.1**

## 增值税专用发票

记账联

№25428354

20××年12月14日

| 购货单位 | 名称：北京机床厂<br>纳税人识别号：91110105321987692S<br>地址、电话：北京市城北路 865 号 38556688<br>开户行及账号：中国工商银行北京市城北支行 1601020450018703 | 密码区 | 87/>*>6/58589－1<9－96284<br>5218<032/52>9/29533－4974<br>1626<8－3024>83906－27654<br>7－6158154*－47－6<7>547 |
|---|---|---|---|

| 货物或应税名称 | 规格型号 | 单位 | 数量 | 单价 | 金额 | 税率 | 税额 |
|---|---|---|---|---|---|---|---|
| 涂层圆锯片铣刀 | | 片 | －2 | 500 | －1 000.00 | 13% | －130.00 |
| | | | | | | | |
| | | | | | | | |
| 合计 | | | | | ¥－1 000.00 | | ¥－130.00 |
| 价税合计（大写） | （负数）壹仟壹佰叁拾元整 | | | | （小写）¥ －1 130.00 | | |

| 销货单位 | 名称：飞翔机械有限责任公司<br>纳税人识别号：91310051064399328R<br>地址、电话：抚顺市李石开发区顺飞路 25 号 58256789<br>开户行及账号：中国工商银行抚顺市支行 41392259900666 | 备注 | 开具红字增值税专用发票通知单号<br>52845679<br>飞翔机械有限责任公司<br>91310051064399328R<br>发票专用章 |
|---|---|---|---|

收款人： 复核： 开票人：富强

第四联 记账联 销货方记账凭证

39-2

# 增值税专用发票

No 25425353

开票日期：20××年12月3日

| 购买方 | 名称：长城钢厂<br>纳税人识别号：91310051064366537E<br>地址、电话：抚顺市望花区和平路东段38号<br>开户行及账号：中国工商银行抚顺市望花支行41392366190111 | 密码区 | 8971>*>6/56589-1<9-96284<br>5218<032252>9/29533-4974<br>1026<8-3024>5/906-27054<br>4-01581547-47-6<17>549 |
|---|---|---|---|

| 货物或应税劳务名称 | 规格型号 | 单位 | 数量 | 单价 | 金额 | 税率 | 税额 |
|---|---|---|---|---|---|---|---|
| 钢材 | | 吨 | 10 | 500 | 5 000.00 | 13% | 650.00 |
| | | | | | | | |
| | | | | | | | |
| 合计 | | | | | ¥5 000.00 | | ¥650.00 |
| 价税合计（大写） | 伍仟陆佰伍拾元整 | | | | （小写）¥5 650.00 | | |

| 销售方 | 名称：抚顺机械有限责任公司<br>纳税人识别号：91310051064399328R<br>地址、电话：抚顺市新抚区[illegible]23号 56756789<br>开户行及账号：中国工商银行抚顺市支行41392259900666 | 备注 | |
|---|---|---|---|

收款人：　　复核：　　开票人：　　销售方（章）

39-3

# 中国工商银行进账单（回单）

20××年12月13日

| 出票人 | 全称 | 长城钢厂 | 收款人 | 全称 | 抚顺机械有限责任公司 |
|---|---|---|---|---|---|
| | 账号 | 41392366190111 | | 账号 | 41392259900666 |
| | 开户银行 | 中国工商银行抚顺市望花支行 | | 开户银行 | 中国工商银行抚顺市支行 |
| 金额 | 人民币（大写）伍仟陆佰伍拾元整 | | | | ¥5 650.00 |
| 票据种类 | 转账支票 | 票据张数 | 1 | | |
| 复核 | | 记账 | | | 收款人开户银行签章 |

40．销售给北京机床厂的钢材因为2吨有质量问题，对方要求退货，企业开出红字增值税专用发票办理退货手续，参见原始凭证40.1和40.2。

40-1

# 增值税专用发票

No 54129554

开票日期：20××年12月14日

| 购买方 | 名称：北京机床厂<br>纳税人识别号：91110109321387602S<br>地址、电话：北京市城北路365号 38556688<br>开户行及账号：中国工商银行北京市城北支行1601020450018703 | 密码区 | 5771>*>6/56589-1<9-96284<br>5218<012252>9/29533-4974<br>1026<8-3024>5/906-27054<br>42-01581547-47-6<17>549 |
|---|---|---|---|

| 货物或应税劳务名称 | 规格型号 | 单位 | 数量 | 单价 | 金额 | 税率 | 税额 |
|---|---|---|---|---|---|---|---|
| 钢材 | | 吨 | -2 | 500 | -1 000.00 | 13% | -130.00 |
| | | | | | | | |
| | | | | | | | |
| 合计 | | | | | ¥-1 000.00 | | ¥-130.00 |
| 价税合计（大写） | （负数）壹仟壹佰叁拾元整 | | | | （小写）¥-1 130.00 | | |

| 销售方 | 名称：抚顺机械有限责任公司<br>纳税人识别号：91310051064399328R<br>地址、电话：抚顺市新抚区[illegible] 56756789<br>开户行及账号：中国工商银行抚顺市支行41392259900666 | 备注 | 开具红字增值税专用发票通知单号：5344679 |
|---|---|---|---|

收款人：　　复核：　　开票人：　　销售方（章）

**40.2**

## 产品入库单

第 865 号

交库单位：供销科　　20××年 12 月 14 日　　仓库：成品库

| 产品名称 | 规格与型号 | 质量等级 | 单位 | 数量 | 单位成本 | 金额 | 备注 |
|---|---|---|---|---|---|---|---|
| 涂层圆锯片铣刀 | | | 片 | 2 | | | 退货 |
| | | | | | | | |
| | | | | | | | |
| | | | | | | | |
| 合计 | | | | | | | |
| 验收：魏强 | | | | | | 制单：赵丽 | |

41. 收到北京机床厂的货款，参见原始凭证 41.1。

**41.1**

## 中国工商银行进账单（回单）

20××年 12 月 15 日

| 收款人 | 全称 | 飞翔机械有限责任公司 | 付款人 | 全称 | 北京机床厂 |
|---|---|---|---|---|---|
| | 账号或地址 | 41392259900666 | | 账号或地址 | 1601020450018703 |
| | 开户银行 | 中国工商银行抚顺市支行 | | 开户银行 | 中国工商银行北京市城北支行 |

| 人民币（大写）肆拾万元整 | 亿 | 千 | 百 | 十 | 万 | 千 | 百 | 十 | 元 | 角 | 分 |
|---|---|---|---|---|---|---|---|---|---|---|---|
| | | | ¥ | 4 | 0 | 0 | 0 | 0 | 0 | 0 | 0 |

| 票据种类 | 转账支票 | 收款人开户银行盖章： |
|---|---|---|
| 票据张数 | 1 | 中国工商银行抚顺市支行 ××-12-15 转讫 |
| 单位主管：赵丽　会计：赵丽 | | |
| 复　核：赵云　记账：李晓 | | |

42. 缴纳增值税、城市维护建设税、教育费附加，参见原始凭证 42.1。

**42.1**

## 中华人民共和国税收缴款书

经济类型：有限责任　　填制日期：20××年 12 月 15 日　征收机关：国家税务总局抚顺市税务局

| 预算科目 | 款｛税种｝项 | 增值税、消费税等 | 缴款人 | 全称 | 飞翔机械有限责任公司 |
|---|---|---|---|---|---|
| | 级次 | | | 账号 | 41392259900666 |
| | 收缴金库 | 市国库 | | 开户银行 | 中国工商银行抚顺市支行 |
| 税款所属时期：20××年 11 月 | | | 税款限缴日期：20××年 12 月 15 日 | | |

| 品目名称 | 课税数量 | 计税金额或销售收入 | 税率或单位税额 | 已缴或扣除额 | 百 | 十 | 万 | 千 | 百 | 十 | 元 | 角 | 分 |
|---|---|---|---|---|---|---|---|---|---|---|---|---|---|
| 增值税 | | | | | | 1 | 6 | 0 | 0 | 0 | 0 | 0 | 0 |
| 城市维护建设税 | | | | | | | 4 | 5 | 6 | 0 | 0 | 0 | 0 |
| 教育费附加 | | | | | | | | 4 | 2 | 0 | 0 | 0 | 0 |
| | | | | | | | | | | | | | |
| | | | | | | | | | | | | | |
| | | | | | | | | | | | | | |
| 合计金额 人民币(大写) 贰拾万玖仟捌佰元整 | | | | | ¥ | 2 | 0 | 9 | 8 | 0 | 0 | 0 | 0 |

| 缴款单位（人）赵云 经办人（章） | 税务机关（印章）填票人（章） | 上列款项已收妥并划转收款单位账户。收款银行（印章）20××年 12 月 15 日 | 备注： |
|---|---|---|---|

第一联（收据）国库收款盖章后退缴款单位作完税凭证

43. 发放 11 月工资，参见原始凭证 43.1 和 43.2。

**43.1**

## 职工薪酬结算汇总表

20××年11月30日

| 部门及人员类别 | 基本工资 | 津贴和补贴 | | 加班工资 | 奖金 | 扣缺勤工资 | 应发工资 | 代扣款项 | | | | | | 实发工资 |
|---|---|---|---|---|---|---|---|---|---|---|---|---|---|---|
| | | 夜班津贴 | 副食补贴 | | | | | 医疗保险 | 养老保险 | 失业保险 | 住房公积金 | 个人所得税 | 小　计 | |
| 加工车间 | 58,000.00 | 400.00 | 5,100.00 | 3,200.00 | 10,000.00 | 400.00 | 76,300.00 | 1,526.00 | 6,104.00 | 763.00 | 7,630.00 | 360.00 | 16,383.00 | 59,917.00 |
| —生产工人 | 48,000.00 | 400.00 | 4,100.00 | 2,600.00 | 8,000.00 | 400.00 | 62,700.00 | 1,254.00 | 5,016.00 | 627.00 | 6,270.00 | 320.00 | 13,487.00 | 49,213.00 |
| —管理人员 | 10,000.00 | | 1,000.00 | 600.00 | 2,000.00 | | 13,600.00 | 272.00 | 1,088.00 | 136.00 | 1,360.00 | 40.00 | 2,896.00 | 10,704.00 |
| 机修车间 | 23,000.00 | | 2,500.00 | | 6,000.00 | 60.00 | 31,440.00 | 628.80 | 2,515.20 | 314.40 | 3,144.00 | 310.00 | 6,912.40 | 24,527.60 |
| 供汽车间 | 5,000.00 | 200.00 | 500.00 | 500.00 | 2,000.00 | | 8,200.00 | 164.00 | 656.00 | 82.00 | 820.00 | 30.00 | 1,752.00 | 6,448.00 |
| 销售机构 | 16,000.00 | | 1,700.00 | | 4,500.00 | | 22,200.00 | 444.00 | 1,776.00 | 222.00 | 2,220.00 | 80.00 | 4,742.00 | 17,458.00 |
| 管理部门 | 28,000.00 | 350.00 | 2,900.00 | 900.00 | 7,000.00 | 250.00 | 38,900.00 | 778.00 | 3,112.00 | 389.00 | 3,890.00 | 180.00 | 8,349.00 | 30,551.00 |
| 合计 | 130,000.00 | 950.00 | 12,700.00 | 4,600.00 | 29,500.00 | 710.00 | 177,040.00 | 3,540.80 | 14,163.20 | 1,770.40 | 17,704.00 | 960.00 | 38,138.40 | 138,901.60 |

**43.2**

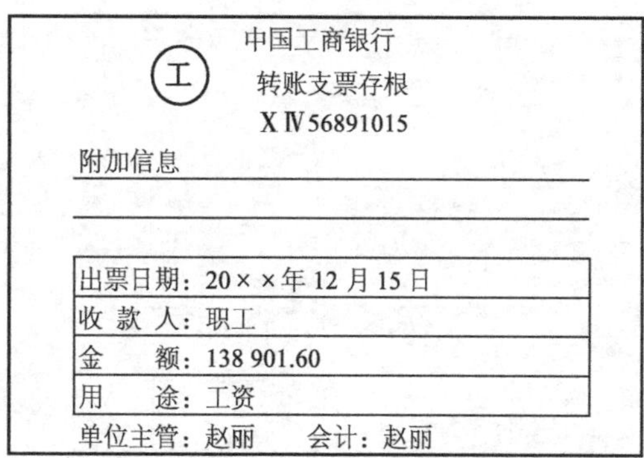

中国工商银行

转账支票存根

XⅣ56891015

附加信息

出票日期：20××年 12 月 15 日

收 款 人：职工

金　　额：138 901.60

用　　途：工资

单位主管：赵丽　　会计：赵丽

44. 缴纳本月社保（计提比例如下：基本养老保险为 24%，其中企业承担 16%，个人承担 8%；基本医疗保险为 8%，其中企业承担 6%，个人承担 2%；失业保险为 3%，其中企业承担 2%，个人承担 1%；工伤保险 1%和生育保险 0.5%全部由企业承担），参见原始凭证 44.1 和 44.2。

**44.1**

## 中华人民共和国税收缴款书

经济类型：有限责任　　　　填制日期：20××年 12 月 15 日　征收机关：国家税务总局抚顺市税务局

| 预算科目 | 款｛税种｝项 | 社保费用等 | 缴款人 | 全　称 | 飞翔机械有限责任公司 |
|---|---|---|---|---|---|
| | 级　次 | | | 账　号 | 41392259900666 |
| | 收缴金库 | 市国库 | | 开户银行 | 中国工商银行抚顺市支行 |

税款所属时期：20××年 11 月　　税款限缴日期：20××年 12 月 15 日

| 品目名称 | 课税数量 | 计税金额或销售收入 | 税率或单位税额 | 已缴或扣除额 | 百 | 十 | 万 | 千 | 百 | 十 | 元 | 角 | 分 |
|---|---|---|---|---|---|---|---|---|---|---|---|---|---|
| 基本养老保险（单位缴纳） | | | | | | | 2 | 8 | 3 | 2 | 6 | 4 | 0 |
| 基本养老保险（个人缴纳） | | | | | | | 1 | 4 | 1 | 6 | 3 | 2 | 0 |
| 失业保险（单位缴纳） | | | | | | | | 3 | 5 | 4 | 0 | 8 | 0 |
| 失业保险（个人缴纳） | | | | | | | | 1 | 7 | 7 | 0 | 4 | 0 |
| 基本医疗保险（单位缴纳） | | | | | | | 1 | 0 | 6 | 2 | 2 | 4 | 0 |
| 基本医疗保险（个人缴纳） | | | | | | | | 3 | 5 | 4 | 0 | 8 | 0 |
| 合计金额 人民币(大写) 陆万壹仟玖佰陆拾肆元整 | | | | | ¥ | | 6 | 1 | 9 | 6 | 4 | 0 | 0 |

| 缴款单位（人）<br>赵云<br>经办人（章） | 税务机关<br>国家税务总局抚顺市税务局 01号 征税专用章<br>（印章）<br>填票人（章） | 上列款项已收妥并划转收款单位账户。<br>中国工商银行 抚顺市支行 ××-12-15 转 讫<br>收款银行（印章）<br>20××年 12 月 15 日 | 备注： |
|---|---|---|---|

第一联（收据）国库收款盖章后退缴款单位作完税凭证

**44.2**

## 中华人民共和国税收缴款书

经济类型：有限责任　　　填制日期：20××年12月15日　征收机关：国家税务总局抚顺市税务局

| 预算科目 | | | 缴款人 | | |
|---|---|---|---|---|---|
| | 款｛税种｝项 | 社保费用等 | | 全　称 | 飞翔机械有限责任公司 |
| | 级　次 | | | 账　号 | 41392259900666 |
| | 收缴金库 | 市国库 | | 开户银行 | 中国工商银行抚顺市支行 |

税款所属时期：20××年11月　　　税款限缴日期：20××年12月15日

| 品目名称 | 课税数量 | 计税金额或销售收入 | 税率或单位税额 | 已缴或扣除额 | 实缴金额 | | | | | | | | |
|---|---|---|---|---|---|---|---|---|---|---|---|---|---|
| | | | | | 百 | 十 | 万 | 千 | 百 | 十 | 元 | 角 | 分 |
| 工伤保险 | | | | | | | | 1 | 7 | 7 | 0 | 4 | 0 |
| 生育保险 | | | | | | | | | 8 | 8 | 5 | 2 | 0 |
| | | | | | | | | | | | | | |
| | | | | | | | | | | | | | |
| | | | | | | | | | | | | | |
| | | | | | | | | | | | | | |
| 合计金额　人民币(大写)　贰仟陆佰伍拾伍元陆角整 | | | | | | | | 2 | 6 | 5 | 5 | 6 | 0 |

| 缴款单位（人）<br>赵云<br>经办人（章） | 税务机关（印章）<br>填票人（章） | 上列款项已收妥并划转收款单位账户。<br>收款银行（印章）<br>20××年12月15日 | 备注： |
|---|---|---|---|

中国工商银行 抚顺市支行 12.15 转讫

01号 征税专用章

第一联（收据）国库收款盖章后退缴款单位作完税凭证

45．缴纳本月公积金（企业、职工个人各按工资总额的10%缴纳），参见原始凭证45.1。

**45.1**

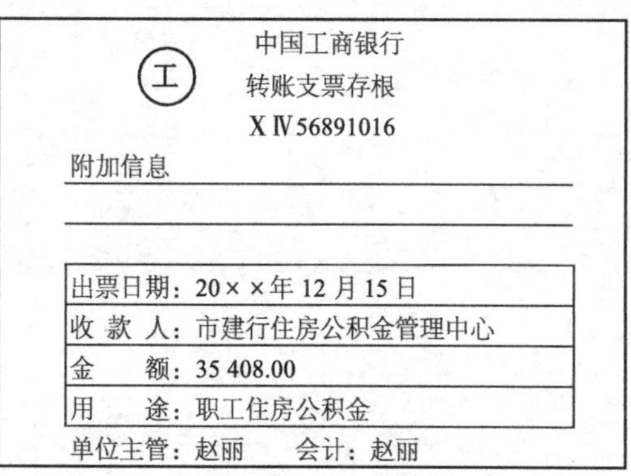

中国工商银行

转账支票存根

XⅣ56891016

附加信息

出票日期：20××年12月15日

收 款 人：市建行住房公积金管理中心

金　　额：35 408.00

用　　途：职工住房公积金

单位主管：赵丽　　会计：赵丽

46．工会经费由企业承担，按工资总额2%比例缴纳工会经费，参见原始凭证46.1。

**46.1**

中国工商银行

转账支票存根

XⅣ56891026

附加信息

出票日期：20××年12月15日

收 款 人：抚顺市总工会

金　　额：3 540.80

用　　途：工会经费

单位主管：赵丽　　会计：赵丽

44.2

## 中华人民共和国税收缴款书

[illegible]

45. 缴纳本月公积金（企业、职工个人各按工资总额的10%缴纳），参见原始凭证45.1。

45.1

中国工商银行
转账支票存根
X IV 56891016

附加信息

| | |
|---|---|
| 出票日期 | 20××年12月15日 |
| 收 款 人： | [illegible]住房公积金管理中心 |
| 金　　额： | 33 408.00 |
| 用　　途： | 交住房公积金 |

单位主管：[illegible]　会计：[illegible]

46. 工会经费由企业承担，按工资总额2%比例缴纳工会经费，参见原始凭证46.1。

46.1

中国工商银行
转账支票存根
X IV 56591026

附加信息

| | |
|---|---|
| 出票日期 | 20××年12月15日 |
| 收 款 人： | [illegible]总工会 |
| 金　　额： | [illegible]940.80 |
| 用　　途： | 缴工会经费 |

单位主管：[illegible]　会计：[illegible]

47. 从抚顺市五金厂购买五金专用工具，款项签发转账支票付讫，工具已验收入库，参见原始凭证 47.1～47.3。

**47.1**

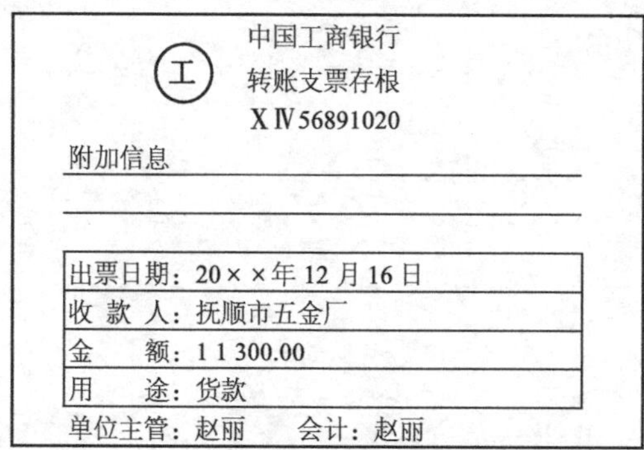

中国工商银行
转账支票存根
X Ⅳ 56891020

附加信息

| 出票日期：20××年 12 月 16 日 |
|---|
| 收 款 人：抚顺市五金厂 |
| 金 额：1 1 300.00 |
| 用 途：货款 |

单位主管：赵丽 会计：赵丽

**47.2**

## 增值税专用发票

发票联

№0025673

20××年 12 月 16 日

| 购货单位 | 名 称：飞翔机械有限责任公司<br>纳税人识别号：91310051064399328R<br>地 址、电 话：抚顺市李石开发区顺飞路 25 号 58256789<br>开户行及账号：中国工商银行抚顺市支行 41392259900666 | | | | 密码区 | 87/ > * > 6/58589 − 1 < 9 − 96284<br>5218 < 032/52 > 9/29533 − 4974<br>1626 < 8 − 3024 > 83906 − 27654<br>7 − 6158154* − 47 − 6 < 7 > 547 | | |
|---|---|---|---|---|---|---|---|---|
| 货物或应税名称 | 规格型号 | 单位 | 数 量 | 单价 | 金 额 | | 税率 | 税 额 |
| 专用工具 | | 件 | 20 | 500 | 10 000.00 | | 13% | 1 300.00 |
| | | | | | | | | |
| | | | | | | | | |
| 合 计 | | | | | ¥10 000.00 | | | ¥1 300.00 |
| 价税合计（大写） | 壹万壹仟叁佰元整 | | | | （小写）¥11 300.00 | | | |
| 销货单位 | 名 称：抚顺市五金厂<br>纳税人识别号：91310051064345216S<br>地 址、电 话：抚顺市东三路 78 号 57998568<br>开户行及账号：中国工商银行抚顺市东三路办事处 | | | | 备注 | 抚顺市五金厂 91310051064345216S 发票专用章 | | |

第二联 发票联 购货方记账凭证

收款人： 复核： 开票人： 苏体现

**47.3**

## 收料单

供应单位：抚顺市五金厂 №.012006

发票号码：00585 20××年 12 月 16 日 仓库：材料库

| 材料类别 | 名称及规格 | 计量单位 | 数量 | | 实际成本 | | 计划成本 | | 成本差异 |
|---|---|---|---|---|---|---|---|---|---|
| | | | 应收 | 实收 | 单位成本 | 金额 | 单位成本 | 金额 | |
| 低值易耗品 | 工具 | 件 | 20 | 20 | 500 | 10 000 | | | |
| | | | | | | | | | |
| | | | | | | | | | |
| | | | | | | | | | |

第二联 采购联

质量检验：王洪 收料：陈青 制单：李晓

48. 支付平安保险股份有限公司辽宁分公司下年度固定资产保险费 36 000 元，参见原始凭证 48.1 和 48.2。

**48.1**

## 增值税专用发票

发票联

20××年12月16日　　　　　　№0038878

| 购货单位 | 名　　称：飞翔机械有限责任公司<br>纳税人识别号：91310051064399328R<br>地 址、电 话：抚顺市李石开发区顺飞路 25 号 58256789<br>开户行及账号：中国工商银行抚顺市支行 41392259900666 | | | | 密码区 | 258989－18126＜9－7－61591<br>54823＜032/52＞9/233－47<br>5526＜75～48－3024＞83906－2<br>011266－47－6＜710＞2*－/＞*254 | | |
|---|---|---|---|---|---|---|---|---|
| 货物或应税名称 | 规格型号 | 单位 | 数量 | 单价 | 金额 | | 税率 | 税　额 |
| 现代服务 保险 | | | | | 33 962.26 | | 6% | 2 037.74 |
| | | | | | | | | |
| | | | | | | | | |
| 合　　计 | | | | | ¥ 33 962.26 | | | ¥ 2 037.74 |
| 价税合计（大写） | 叁万陆仟元整 | | | | （小写）¥ 36 000.00 | | | |
| 销货单位 | 名　　称：平安保险股份有限公司辽宁分公司<br>纳税人识别号：91310051064658544B<br>地 址、电 话：抚顺市武昌路 56 号 897916258<br>开户行及账号：中国工商银行抚顺市支行　0145252838434233 | | | | 备注 | 91310051064658544B<br>发票专用章 | | |

收款人：　　　　　　复核：　　　　　　开票人：　李自然

第二联　发票联　购货方记账凭证

**48.2**

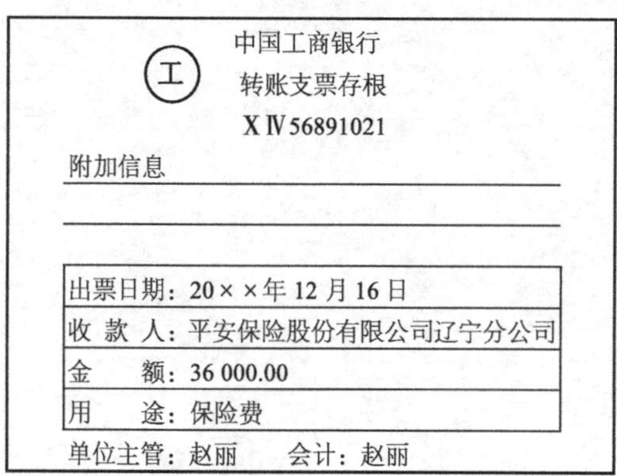

中国工商银行

转账支票存根

XⅣ56891021

附加信息

出票日期：20××年 12 月 16 日

收 款 人：平安保险股份有限公司辽宁分公司

金　　额：36 000.00

用　　途：保险费

单位主管：赵丽　　会计：赵丽

49. 从阜新市中兴煤矿有限公司购入原煤 50 吨，每吨不含税价 400 元，款项签发转账支票付讫，原煤已运回并如数验收入库，参见原始凭证 49.1～49.3。

**49.1**

中国工商银行

转账支票存根

XⅣ56891022

附加信息

出票日期：20××年 12 月 17 日

收 款 人：阜新市中兴煤矿有限公司

金　　额：22 600.00

用　　途：货款

单位主管：赵丽　　会计：赵丽

**49.2**

## 增值税专用发票

发票联

№2325611

20××年12月17日

| 购货单位 | 名称：飞翔机械有限责任公司<br>纳税人识别号：91310051064399328R<br>地址、电话：抚顺市李石开发区顺飞路25号 58256789<br>开户行及账号：中国工商银行抚顺市支行 41392259900666 | 密码区 | 88589－1<9－962847/>*>6/5<br>52/52>9/29533－4218<03974<br>6<8－3024>81623906－27654<br>7154*－47－6<7>5－615847 |
|---|---|---|---|

| 货物或应税名称 | 规格型号 | 单位 | 数量 | 单价 | 金额 | 税率 | 税额 |
|---|---|---|---|---|---|---|---|
| 原煤 | | 吨 | 50 | 400 | 20 000.00 | 13% | 2 600.00 |
| | | | | | | | |
| | | | | | | | |
| 合计 | | | | | ¥20 000.00 | | ¥2 600.00 |
| 价税合计（大写） | 贰万贰仟陆佰元整 | | | | （小写）¥22 600.00 | | |

| 销货单位 | 名称：阜新市中兴煤矿有限公司<br>纳税人识别号：350192244477765<br>地址、电话：辽宁省阜新蒙古族自治县东梁镇转角庙8号<br>开户行及账号：中国工商银行阜新市支行 414551065665434 | 备注 | |
|---|---|---|---|

收款人：　　　　复核：　　　　开票人：姚莉莉

第二联 发票联 购货方记账凭证

**49.3**

## 收料单

供应单位：阜新市中兴煤矿有限公司　　　　№.012007

发票号码：00763　　　　20××年12月17日　　　　仓库：材料库

| 材料类别 | 名称及规格 | 计量单位 | 数量 | | 实际成本 | | 计划成本 | | 成本差异 |
|---|---|---|---|---|---|---|---|---|---|
| | | | 应收 | 实收 | 单位成本 | 金额 | 单位成本 | 金额 | |
| 燃料 | 原煤 | 吨 | 50 | 50 | 400 | 20 000 | 380 | 19 000 | 1 000 |
| | | | | | | | | | |
| | | | | | | | | | |

质量检验：王洪　　　　收料：陈青　　　　制单：李晓

第二联 采购联

50. 鞍山市联运公司支付的赔款已转入企业账户，参见原始凭证50.1。

**50.1**

## 中国工商银行电汇凭证（收款通知）

20××年12月17日

| 汇款人 | 全称 | 鞍山市联运公司 | 收款人 | 全称 | 飞翔机械有限责任公司 |
|---|---|---|---|---|---|
| | 账号 | 014525283434233306 | | 账号 | 41392259900666 |
| | 汇出地 | 辽宁省鞍山市 | | 汇入地 | 辽宁省抚顺市 |
| 金额 | 人民币（大写）柒佰玖拾元零伍角整 | | | 百十万千百十元角分 | ¥79050 |
| 汇款用途：赔款 | | | | 留行待取预留收款人印鉴 | |
| 上列款项已代进账，如有错误，请持此联来面洽。<br>汇入行盖章<br>20××年12月17日 | | 上列款项已照收无误。<br>收款人盖章<br>20××年12月17日 | | 科目（借）<br>对方科目（贷）<br>汇入行解汇日期 20××年12月17日<br>复核　记账　出纳 | |

中国工商银行抚顺市支行 ××-12-17 转讫

51. 销售给大连机床厂镗刀300件，每件不含税价1 400元，产品已发出，签发转账支票垫付运费1 200元，价税款及代垫运费已向银行办妥托收承付手续，参见原始凭证51.1～51.5。

**51.1**

## 增值税专用发票

发票联

20××年12月18日　　　　№1028748

| 购货单位 | 名　　称：大连机床厂<br>纳税人识别号：91411532198459781R<br>地 址、电 话：大连市开发区双D港辽河东路100号<br>开户行及账号：中国工商银行大连市开发区办事处41352259900886 | 密码区 | 26<75～48－3－7－615926<984<br>52>91626<7/29533－4974<br>8*125～48－3024>832/906－2<br>66－47－6<7>2*－/>*>638<0 |
|---|---|---|---|

| 货物或应税名称 | 规格型号 | 单位 | 数量 | 单价 | 金额 | 税率 | 税　额 |
|---|---|---|---|---|---|---|---|
| 运输　货物运输服务 | | 千米 | 1100.92 | 1 | 1 100.92 | 9% | 99.08 |
| | | | | | | | |
| | | | | | | | |
| 合　计 | | | | | ¥1 100.92 | | ¥ 99.08 |
| 价税合计（大写） | 壹仟贰佰元整 | | | | | | （小写）¥1 200.00 |

| 销货单位 | 名　　称：抚顺市联运公司<br>纳税人识别号：91310051064394426R<br>地 址、电 话：抚顺市李石开发区顺飞路210号 89798666<br>开户行及账号：中国农业银行抚顺市支行014525283532111275 | 备注 | 抚顺市联运公司<br>91310051064394426R<br>发票专用章 |
|---|---|---|---|

收款人：　　　　复核：　　　　开票人：陈子安

第二联　发票联　购货方记账凭证

**51.2**

中国工商银行
转账支票存根
XⅣ56891023

附加信息

| 出票日期：20××年12月18日 |
|---|
| 收 款 人：抚顺市联运公司 |
| 金　　额：1 200.00 |
| 用　　途：运费 |

单位主管：赵丽　　会计：赵丽

**51.3**

## 中国工商银行托收承付凭证（回单）　1

委收号码：005439

委托日期：20××年12月18日　　承付期限：20××年12月28日

| 付款人 | 全　称 | 大连机床厂 | 收款人 | 全　称 | 飞翔机械有限责任公司 |
|---|---|---|---|---|---|
| | 账号或地址 | 41352259900886 | | 账号或地址 | 41392259900666 |
| | 开户银行 | 中国工商银行大连市开发区办事处 | | 开户银行 | 中国工商银行抚顺市支行 |

| 托收金额 | 人民币（大写）肆拾柒万伍仟捌佰元整 | 亿 | 千 | 百 | 十 | 万 | 千 | 百 | 十 | 元 | 角 | 分 |
|---|---|---|---|---|---|---|---|---|---|---|---|---|
| | | | | ¥ | 4 | 7 | 5 | 8 | 0 | 0 | 0 | 0 |

| 附　件 | 商品发运情况 | 合同名称号码 |
|---|---|---|
| 附寄单证：4张 | 铁路 | 761 |

| 备注： | 款项收妥日期<br><br>20××年12月18日 | 收款人开户银行签章 20××年12月18日 |
|---|---|---|

单位主管：赵丽　　会计：赵丽　　复核：赵云　　记账：李晓

**51.4**

## 增值税专用发票

记账联

№25428354

20××年12月18日

| 购货单位 | 名　　称：大连机床厂<br>纳税人识别号：91411532198459781R<br>地 址、电 话：大连市开发区双D港辽河东路100号<br>开户行及账号：中国工商银行大连市开发区办事处41352259900886 | 密码区 | 87/ > * > 6/58589 − 1 < 9 − 96284<br>5218 < 032/52 > 9/29533 − 4974<br>1626 < 8 − 3024 > 83906 − 27654<br>7 − 6158154* − 47 − 6 < 7 > 547 |
|---|---|---|---|

| 货物或应税名称 | 规格型号 | 单位 | 数 量 | 单价 | 金 额 | 税率 | 税 额 |
|---|---|---|---|---|---|---|---|
| 镗刀 | | 件 | 300 | 1 400 | 420 000.00 | 13% | 54 600.00 |
| | | | | | | | |
| | | | | | | | |
| 合　　计 | | | | | ¥420 000.00 | | ¥54 600.00 |
| 价税合计（大写） | 肆拾柒万肆仟陆佰元整 | | | | （小写）¥474 600.00 | | |

| 销货单位 | 名　　称：飞翔机械有限责任公司<br>纳税人识别号：91310051064399328R<br>地 址、电 话：抚顺市李石开发区顺飞路25号 58256789<br>开户行及账号：中国工商银行抚顺市支行41392259900666 | 备注 | 飞翔机械有限责任公司<br>91310051064399328R<br>发票专用章 |
|---|---|---|---|

收款人：　　　　复核：　　　　开票人：富　强

第四联　记账联　销货方记账凭证

**51.5**

## 产品出库单

用途：销售　　　　20××年12月18日　　　　第086号

仓库：成品库

| 类别 | 编号 | 名称及规格 | 计量单位 | 数量 | 单位成本 | 总成本 | 附注： |
|---|---|---|---|---|---|---|---|
| 产成品 | 001 | 镗刀 | 件 | 300 | | | |
| | | | | | | | |
| | | | | | | | |
| | | | | | | | |
| 合　　计 | | | | 300 | | | |

记账：李晓　　保管：魏强　　检验：王洪　　制单：赵丽

记账联

52. 收到大连机床厂支付的货款80 000元，参见原始凭证52.1。

**52.1**

## 中国工商银行进账单（回单）

20××年12月19日

| 收款人 | 全　　称 | 飞翔机械有限责任公司 | 付款人 | 全　　称 | 大连机床厂 |
|---|---|---|---|---|---|
| | 账号或地址 | 41392259900666 | | 账号或地址 | 41352259900886 |
| | 开户银行 | 中国工商银行抚顺市支行 | | 开户银行 | 中国工商银行大连市开发区办事处 |

| 人民币（大写）捌万元整 | 亿 | 千 | 百 | 十 | 万 | 千 | 百 | 十 | 元 | 角 | 分 |
|---|---|---|---|---|---|---|---|---|---|---|---|
| | | | | ¥ | 8 | 0 | 0 | 0 | 0 | 0 | 0 |

| 票据种类 | 转账支票 | 收款人开户银行盖章： |
|---|---|---|
| 票据张数 | 1 | 中国工商银行抚顺市支行 ××-12-19 转讫 |
| 单位主管：赵丽　　会计：赵丽 | | |
| 复　核：赵云　　记账：李晓 | | |

53. 从抚顺市木材公司购买木材20立方米，每立方米不含税价650元，木材如数验收入库，款项已签发转账支票付讫，参见原始凭证53.1～53.3。

53.1

**增值税专用发票**

发票联

№4055635

20××年12月19日

<table>
<tr><td rowspan="4">购货单位</td><td colspan="4">名　　称：飞翔机械有限责任公司</td><td rowspan="4">密码区</td><td colspan="4">87/＞*＞6/58589－1＜9－96284</td></tr>
<tr><td colspan="4">纳税人识别号：91310051064399328R</td><td colspan="4">5218＜032/52＞9/29533－4974</td></tr>
<tr><td colspan="4">地 址、电 话：抚顺市李石开发区顺飞路25号 58256789</td><td colspan="4">1626＜8－3024＞83906－27654</td></tr>
<tr><td colspan="4">开户行及账号：中国工商银行抚顺市支行 41392259900666</td><td colspan="4">7－6158154*－47－6＜7＞547</td></tr>
<tr><td colspan="2">货物或应税名称</td><td>规格型号</td><td>单位</td><td>数量</td><td>单价</td><td>金额</td><td>税率</td><td>税额</td></tr>
<tr><td colspan="2">木材</td><td></td><td>立方米</td><td>20</td><td>650</td><td>13 000.00</td><td>13%</td><td>1 690.00</td></tr>
<tr><td colspan="2">合　计</td><td></td><td></td><td></td><td></td><td>¥13 000.00</td><td></td><td>¥1 690.00</td></tr>
<tr><td colspan="2">价税合计（大写）</td><td colspan="4">壹万肆仟陆佰玖拾元整</td><td colspan="3">（小写）¥14 690.00</td></tr>
<tr><td rowspan="4">销货单位</td><td colspan="4">名　　称：抚顺市木材公司</td><td rowspan="4">备注</td><td colspan="4" rowspan="4">抚顺市木材公司 91310051063703088S 发票专用章</td></tr>
<tr><td colspan="4">纳税人识别号：91310051063703088S</td></tr>
<tr><td colspan="4">地 址、电 话：辽宁省抚顺市望花区和平路46号</td></tr>
<tr><td colspan="4">开户行及账号：中国工商银行望花区办事处 41392259954376</td></tr>
</table>

收款人：　　　　复核：　　　　开票人：丁毅失

第二联 发票联 购货方记账凭证

53.2

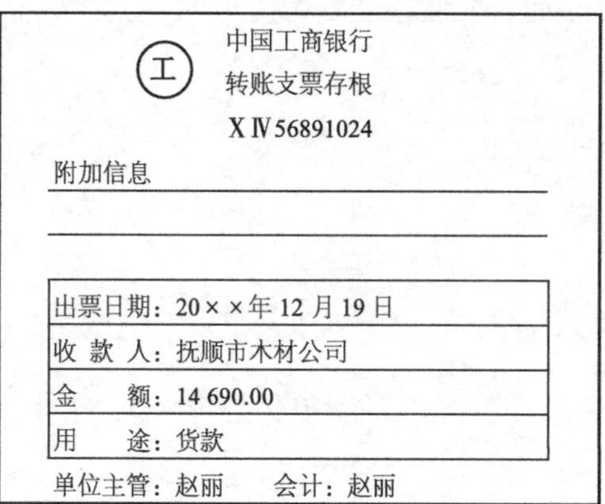

中国工商银行

转账支票存根

XⅣ56891024

附加信息

| 出票日期：20××年12月19日 |
|---|
| 收 款 人：抚顺市木材公司 |
| 金　　额：14 690.00 |
| 用　　途：货款 |

单位主管：赵丽　　会计：赵丽

53.3

**收料单**

供应单位：抚顺市木材公司　　№.012009

发票号码：00886　　20××年12月19日　　仓库：材料库

| 材料类别 | 名称及规格 | 计量单位 | 数量 应收 | 数量 实收 | 实际成本 单位成本 | 实际成本 金额 | 计划成本 单位成本 | 计划成本 金额 | 成本差异 |
|---|---|---|---|---|---|---|---|---|---|
| 包装材料 | 木材 | 立方米 | 20 | 20 | 650 | 13 000 | 600 | 12 000 | 1 000 |
| | | | | | | | | | |
| | | | | | | | | | |
| | | | | | | | | | |

第二联 采购联

质量检验：王洪　　收料：陈青　　制单：李晓

54. 从天津化工厂购入TIC涂料200千克，每千克不含税价25元，TIC涂料已运回并如数验收入库，款项签发转账支票付讫，参见原始凭证54.1～54.3。

53-1

# 增值税专用发票

发票联

No 4135635

20××年12月19日

| 购买方 | 名　　称：天津机械有限责任公司<br>纳税人识别号：91310050063995288<br>地址、电话：天津市河北区……58234798<br>开户行及账号：中国工商银行……41372225900066 | 密码区 | 87/-*>6158589-1<9-96284<br>5218-03215<9+29433=4974<br>1626>8-3024<88906-20064<br>17-6158154*-47-6+7>347 |
|---|---|---|---|

| 货物或应税劳务名称 | 规格型号 | 单位 | 数量 | 单价 | 金额 | 税率 | 税额 |
|---|---|---|---|---|---|---|---|
| 木材 | | 立方米 | 20 | 650 | 13 000.00 | 13% | 1 690.00 |
| | | | | | | | |
| | | | | | | | |
| 合　计 | | | | | ¥13 000.00 | | ¥1 690.00 |
| 价税合计（大写） | 壹万肆仟陆佰玖拾元整 | | | | （小写）¥14 690.00 | | |

| 销售方 | 名　　称：沈阳市木材公司<br>纳税人识别号：91310065106370308S<br>地址、电话：沈阳市……和平路16号<br>开户行及账号：中国工商银行……4159223699445 | 备注 | （销售方发票专用章） |
|---|---|---|---|

收款人：　　复核：　　开票人：　　销售方（章）

53-2

中国工商银行
转账支票存根
X IV 56891024

附加信息

| 出票日期：20××年12月19日 |
|---|
| 收 款 人：沈阳市木材公司 |
| 金　　额：14 690.00 |
| 用　　途：货款 |

单位主管　陆丽　会计　王钢

53-3

# 收料单

供应单位：沈阳市木材公司　　No.012009

发票号码：00586　　20××年12月19日　　仓库：1号库

| 材料类别 | 材料名称 | 规格 | 计量单位 | 数量 应收 | 数量 实收 | 实际成本 单位成本 | 实际成本 金额 | 计划成本 单位成本 | 计划成本 金额 | 成本差异 |
|---|---|---|---|---|---|---|---|---|---|---|
| 原材料 | 木材 | | 立方米 | 20 | 20 | 650 | 13 000 | 600 | 12 000 | 1 000 |
| | | | | | | | | | | |
| | | | | | | | | | | |
| | | | | | | | | | | |

采购员：王凯　　检验：　　验收：　　制单：

54. 从天津电气厂购入 EIC 材料 200 千克，每千克不含税价 25 元，EIC 材料已运到并验收入库，款项尚未支付。参见原始凭证 54-1～54-3。

54.1

## 增值税专用发票

发票联

№6225892

20××年12月20日

| 购货单位 | 名称：飞翔机械有限责任公司<br>纳税人识别号：91310051064399328R<br>地址、电话：抚顺市李石开发区顺飞路25号 58256789<br>开户行及账号：中国工商银行抚顺市支行 41392259900666 | | | | 密码区 | 87/>*>6/58589-1<9-96284<br>5218<032/52>9/29533-4974<br>1626<8-3024>83906-27654<br>7-6158154*-47-6<7>547 | | |
|---|---|---|---|---|---|---|---|---|
| 货物或应税名称 | 规格型号 | 单位 | 数量 | 单价 | 金额 | 税率 | 税额 | |
| TIC涂料 | | 千克 | 200 | 25 | 5 000.00 | 13% | 650.00 | |
| | | | | | | | | |
| | | | | | | | | |
| 合　计 | | | | | ¥5 000.00 | | ¥650.00 | |
| 价税合计（大写） | 伍仟陆佰伍拾元整 | | | | | （小写）¥5 650.00 | | |
| 销货单位 | 名称：天津化工厂<br>纳税人识别号：91120105321564387S<br>地址、电话：天津汉沽区新开南路22号<br>开户行及账号：中国工商银行天津新开路办事处 17010204506548 | | | | 备注 | 天津化工厂 91120105321564387S 发票专用章 | | |

收款人：　　复核：　　开票人：钱程

第二联 发票联 购货方记账凭证

54.2

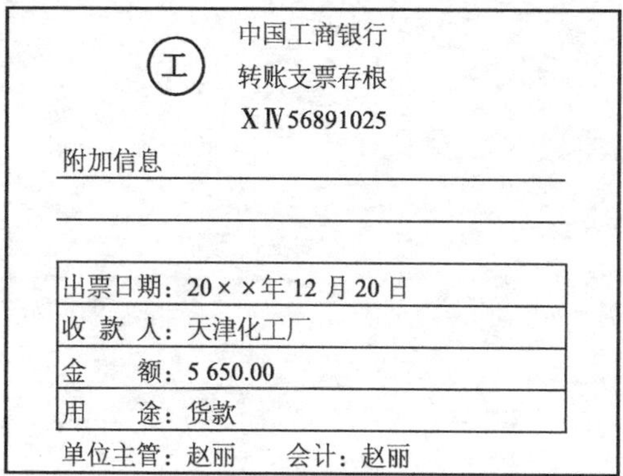

中国工商银行
转账支票存根
XⅣ56891025

附加信息

出票日期：20××年12月20日
收款人：天津化工厂
金额：5 650.00
用途：货款

单位主管：赵丽　会计：赵丽

54.3

## 收料单

供应单位：天津化工厂　　№.012010

发票号码：10843　　20××年12月20日　　仓库：材料库

| 材料类别 | 名称及规格 | 计量单位 | 数量 | | 实际成本 | | 计划成本 | | 成本差异 |
|---|---|---|---|---|---|---|---|---|---|
| | | | 应收 | 实收 | 单位成本 | 金额 | 单位成本 | 金额 | |
| 辅助材料 | TIC涂料 | 千克 | 200 | 200 | 25 | 5 000 | 20 | 4 000 | 1 000 |
| | | | | | | | | | |
| | | | | | | | | | |
| | | | | | | | | | |
| | | | | | | | | | |

质量检验：王洪　　收料：陈青　　制单：李晓

第二联 采购联

55. 接到银行付款通知，本月用水12 000吨，不含税单价为1.5元/吨，款项签发转账支票付讫，支付的水费先记入应付账款，月末再分配，参见原始凭证55.1和55.2。

**55.1**

## 增值税专用发票

发票联

№4675314

20××年12月21日

| 购货单位 | 名　　称：飞翔机械有限责任公司<br>纳税人识别号：91310051064399328R<br>地 址、电 话：抚顺市李石开发区顺飞路 25 号 58256789<br>开户行及账号：中国工商银行抚顺市支行 41392259900666 | 密码区 | 87/＞*＞6/58589－1＜9－96284<br>5218＜032/52＞9/29533－4974<br>1626＜8－3024＞83906－27654<br>7－6158154*－47－6＜7＞547 |
|---|---|---|---|

| 货物或应税名称 | 规格型号 | 单位 | 数 量 | 单价 | 金 额 | 税率 | 税　额 |
|---|---|---|---|---|---|---|---|
| 自来水 | | 吨 | 12 000 | 1.5 | 18 000.00 | 9% | 1 620.00 |
| | | | | | | | |
| 合　计 | | | | | ￥18 000.00 | | ￥1 620.00 |
| 价税合计（大写） | 壹万玖仟陆佰贰拾元整 | | | | （小写）￥19 620.00 | | |

| 销货单位 | 名　　称：抚顺市自来水公司<br>纳税人识别号：91310051532166437R<br>地 址、电 话：抚顺市新抚区东三路 66 号<br>开户行及账号：中国工商银行抚顺市东三路办事处 41140204509863 | 备注 | 抚顺市自来水公司<br>91310051532166437R<br>发票专用章 |
|---|---|---|---|

收款人：　　　　复核：　　　　开票人：　徐成丽

第二联　发票联　购货方记账凭证

**55.2**

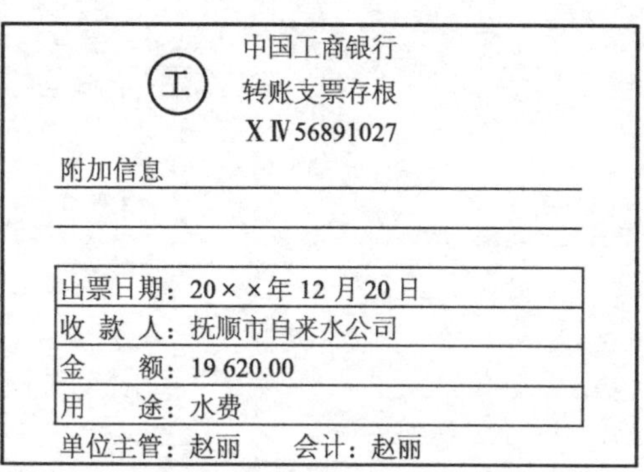

中国工商银行

转账支票存根

XⅣ56891027

附加信息

| 出票日期：20××年 12 月 20 日 |
|---|
| 收 款 人：抚顺市自来水公司 |
| 金　　额：19 620.00 |
| 用　　途：水费 |

单位主管：赵丽　　会计：赵丽

56. 接到银行付款通知，本月用电 200 000 度，单价为 0.5 元/度，支付的电费先记入应付账款，月末再分配，参见原始凭证 56.1 和 56.2。

**56.1**

## 增值税专用发票

发票联

№3575098

20××年12月21日

| 购货单位 | 名　　称：飞翔机械有限责任公司<br>纳税人识别号：91310051064399328R<br>地 址、电 话：抚顺市李石开发区顺飞路 25 号 58256789<br>开户行及账号：中国工商银行抚顺市支行 41392259900666 | 密码区 | */82489－1＜9－7－61596541<br>8＜032/52＞9/29533－4974<br>1626＜8－3024＞83906－2<br>254－47－6＜7＞2*－/＞*＞6/58 |
|---|---|---|---|

| 货物或应税名称 | 规格型号 | 单位 | 数 量 | 单价 | 金 额 | 税率 | 税　额 |
|---|---|---|---|---|---|---|---|
| 电 | | 度 | 200000 | 0.5 | 100 000.00 | 13% | 13 000.00 |
| | | | | | | | |
| 合　计 | | | | | ￥10 000.00 | | ￥1 300.00 |
| 价税合计（大写） | 壹万壹仟叁佰元整 | | | | （小写）￥113 000.00 | | |

| 销货单位 | 名　　称：抚顺市供电局<br>纳税人识别号：91310051325326558R<br>地 址、电 话：抚顺市新抚区西三街 43 号<br>开户行及账号：中国工商银行抚顺市西三街办事处 41140204642895 | 备注 | 抚顺市供电局<br>91310051325326558R<br>发票专用章 |
|---|---|---|---|

收款人：　　　　复核：　　　　开票人：　张意薄

第二联　发票联　购货方记账凭证

**55.1**

**增值税专用发票**

No 46015316

20××年12月 日

| 购买方 | 名称：X钢铁有限责任公司<br>纳税人识别号：9131005106439973R<br>地址、电话：东城市……工业路25号 58256789<br>开户行及账号：中国工商银行……支行 4159223900606 | 密码区 | 897 < * > 6/5989 – 1 < 9 – 96284<br>5218 < 032 52 > 9/29533 + 4974<br>1624 < 8 – 702 > 83966 – 27654<br>7 – 0158144* – 47 – 6 < 7 > 547 |
|---|---|---|---|

| 货物或应税劳务名称 | 规格型号 | 单位 | 数量 | 单价 | 金额 | 税率 | 税额 |
|---|---|---|---|---|---|---|---|
| 自来水 | | 吨 | 12 000 | 1.5 | 18 000.00 | 9% | 1 620.00 |
| | | | | | | | |
| 合计 | | | | | ¥18 000.00 | | ¥1 620.00 |
| 价税合计（大写） | 壹万玖仟陆佰贰拾元整 | | | | （小写）¥19 620.00 | | |

| 销售方 | 名称：东城市自来水公司<br>纳税人识别号：91310051532166432R<br>地址、电话：东城市新城区外三路76号<br>开户行及账号：中国工商银行东城市……支行 41140204509864 | 备注 | 91310051532166432R |
|---|---|---|---|

收款人：　复核：　开票人：郭成刚

**55.2**

中国工商银行
转账支票存根
X IV 56891022

附加信息

| 出票日期 20××年12月20日 |
|---|
| 收款人：东城市自来水公司 |
| 金额：19 620.00 |
| 用途：水费 |

单位主管：赵丽　会计：赵丽

56. 接到供电局付款通知，本月用电200 000度，单价为0.5元/度，支付的电费先记入应付账款，月末再分配。参见原始凭证56.1和56.2。

**56.1**

**增值税专用发票**

No 03575098

20××年12月31日

| 购买方 | 名称：X钢铁有限责任公司<br>纳税人识别号：9131005106439973R<br>地址、电话：东城市……工业路25号 58256789<br>开户行及账号：中国工商银行……支行 4159223900606 | 密码区 | * 82489 * 1 < 9 – 7 – 61596591<br>8 < 032 52 > 9/29533 + 4974<br>1626 < 8 – 7024 > 83965 + 3<br>254 – 47 – 6 < 7 > 2 * – > * > 6/58 |
|---|---|---|---|

| 货物或应税劳务名称 | 规格型号 | 单位 | 数量 | 单价 | 金额 | 税率 | 税额 |
|---|---|---|---|---|---|---|---|
| 电 | | 度 | 200000 | 0.5 | 100 000.00 | 13% | 13 000.00 |
| | | | | | | | |
| 合计 | | | | | ¥100 000.00 | | ¥13 000.00 |
| 价税合计（大写） | 壹拾壹万叁仟元整 | | | | （小写）¥113 000.00 | | |

| 销售方 | 名称：东城市供电局<br>纳税人识别号：91310051323326535R<br>地址、电话：东城市新城区……33号<br>开户行及账号：中国工商银行东城市……支行 41140204612635 | 备注 | 91310051323326535R |
|---|---|---|---|

收款人：　复核：　开票人：王晶

56.2

| 中国工商银行 |
|---|
| 转账支票存根 |
| XⅣ56891028 |
| 附加信息 |
| 出票日期：20××年12月20日 |
| 收 款 人：抚顺市供电局 |
| 金 额：113 000.00 |
| 用 途：电费 |
| 单位主管：赵丽 会计：赵丽 |

57. 从天津化工厂购入润滑油300千克，每千克不含税价为41元，已验收入库，款项未付，参见原始凭证57.1和57.2。

57.1

## 增值税专用发票

20××年12月24日 №6225901

| 购货单位 | 名称：飞翔机械有限责任公司<br>纳税人识别号：91310051064399328R<br>地址、电话：抚顺市李石开发区顺飞路25号 58256789<br>开户行及账号：中国工商银行抚顺市支行 41392259900666 | | | | 密码区 | 58472489－1<9－7－61596284<br>8*/-<032/52>9/29533－497425<br>2511626<8－3024>83906－2587<br>2369－47－6<7>2*－/>*>6/58* | | |
|---|---|---|---|---|---|---|---|---|
| 货物或应税名称 | 规格型号 | 单位 | 数量 | 单价 | 金额 | 税率 | 税额 | |
| 润滑油 | | 千克 | 300 | 41 | 12 300.00 | 13% | 1 599.00 | |
| | | | | | | | | |
| | | | | | | | | |
| 合计 | | | | | ¥12 300.00 | | ¥1 599.00 | |
| 价税合计（大写） | 壹万叁仟捌佰玖拾玖元整 | | | | （小写）¥13 899.00 | | | |
| 销货单位 | 名称：天津化工厂<br>纳税人识别号：91120105321564387S<br>地址、电话：天津汉沽区新开南路22号<br>开户行及账号：中国工商银行天津新开路办事处 17010204506548 | | | | 备注 | 天津化工厂 91120105321564387S 发票专用章 | | |

收款人： 复核： 开票人：钱 程

第二联 发票联 购货方记账凭证

57.2

## 收料单

供应单位：天津化工厂 №.012011

发票号码：10860 20××年12月24日 仓库：材料库

| 材料类别 | 名称及规格 | 计量单位 | 数量 | | 实际成本 | | 计划成本 | | 成本差异 |
|---|---|---|---|---|---|---|---|---|---|
| | | | 应收 | 实收 | 单位成本 | 金额 | 单位成本 | 金额 | |
| 辅助材料 | 润滑油 | 千克 | 300 | 300 | 41 | 12 300 | 42.4 | 12 720 | -420 |
| | | | | | | | | | |
| | | | | | | | | | |
| | | | | | | | | | |

质量检验：王洪 收料：陈青 制单：李晓

第二联 采购联

58. 接到银行付款通知，已将 12 月电话费 6 800 元从企业账户中划出，参见原始凭证 58.1 和 58.2。

**58.1**

## 中国工商银行委托收款凭证（付款通知）5

邮　　委收号码：2334573

委托日期：20××年 12 月 25 日　　付款日期：20××年 12 月 25 日

| 付款人 | 全　称 | 飞翔机械有限责任公司 | 收款人 | 全　称 | 抚顺市移动通讯公司 |
|---|---|---|---|---|---|
| | 账号或地址 | 41392259900666 | | 账号或地址 | 0143501922485217 |
| | 开户银行 | 中国工商银行抚顺市支行 | | 开户银行 | 中国工商银行抚顺市支行 |

| 托收金额 | 人民币（大写）陆仟捌佰元整 | 亿 | 千 | 百 | 十 | 万 | 千 | 百 | 十 | 元 | 角 | 分 |
|---|---|---|---|---|---|---|---|---|---|---|---|---|
| | | | | | | ¥ | 6 | 8 | 0 | 0 | 0 | 0 |

| 款项内容 | 通信费 | 委托收款凭据名称 | 话费账单 | 附寄单证张 | |
|---|---|---|---|---|---|

付款人注意：
1. 应于检票的当日通知开户银行付款。
2. 如需拒付，应在规定期限内，将拒付理由书附债务证明退交开户银行。

（印章：中国工商银行抚顺市支行 12.25 转讫）

单位主管：赵丽　　会计：赵丽　　复核：赵云　　记账：李晓　　收款人开户银行签章：20××年 12 月 25 日

**58.2**

## 增值税普通发票

发票联

20××年 12 月 25 日　　№0028590

| 购货单位 | 名　称：飞翔机械有限责任公司<br>纳税人识别号：91310051064399328R<br>地　址、电　话：抚顺市李石开发区顺飞路 25 号 58256789<br>开户行及账号：中国工商银行抚顺市支行 41392259900666 | 密码区 | 2489－18*126<9－7－61596284<br>8<032/52>9/29533－4974<br>1626<75～48－3024>83906－2<br>8*1266－47－6<7>2*－/>*>6/ |
|---|---|---|---|

| 货物或应税名称 | 规格型号 | 单位 | 数量 | 单价 | 金额 | 税率 | 税额 |
|---|---|---|---|---|---|---|---|
| 通信 基础通信服务 | | | 1 | 6 238.53 | 6 238.53 | 9% | 561.47 |
| | | | | | | | |
| | | | | | | | |
| 合　计 | | | | | ¥6 238.53 | | ¥561.47 |
| 价税合计（大写） | 陆仟捌佰元整 | | | | （小写）¥6 800.00 | | |

| 销货单位 | 名　称：抚顺市移动通讯公司<br>纳税人识别号：91310051064447666Y<br>地　址、电　话：抚顺市民主南路 32 号<br>开户行及账号：中国工商银行抚顺市支行 0143501922485217 | 备注 | （印章：抚顺市移动通讯公司 91310051064447666Y 发票专用章） |
|---|---|---|---|

收款人：　　复核：　　开票人：张国民

第二联 发票联 购货方记账凭证

59. 向北京机床厂销售涂层圆锯片铣刀 53 片，每片不含税价 500 元，货款未收，参见原始凭证 59.1 和 59.2。

59.1

## 增值税专用发票

记账联

20××年12月25日　　　　№25428355

| 购货单位 | 名　　称：北京机床厂<br>纳税人识别号：91110105321987692S<br>地 址、电 话：北京市城北路 865 号 38556688<br>开户行及账号：中国工商银行北京市城北支行 1601020450018703 | | | | 密码区 | 2149－1＜9－7－615962845*/-6<br>8＜032/52＞9/29533－49744521<br>1626＜8－3024＞83906－2 7654<br>87－47－6＜7＞2*－/＞*＞6/584* | | |
|---|---|---|---|---|---|---|---|---|
| 货物或应税名称 | 规格型号 | 单位 | 数 量 | 单价 | 金　额 | 税率 | 税　额 | |
| 涂层圆锯片铣刀 | | 片 | 53 | 500 | 26 500.00 | 13% | 3 445.00 | |
| | | | | | | | | |
| | | | | | | | | |
| 合　　计 | | | | | ¥26 500.00 | | ¥3 445.00 | |
| 价税合计（大写） | 贰万玖仟玖佰肆拾伍元整 | | | | （小写）¥29 945.00 | | | |
| 销货单位 | 名　　称：飞翔机械有限责任公司<br>纳税人识别号：91310051064399328R<br>地 址、电 话：抚顺市李石开发区顺飞路 25 号 58256789<br>开户行及账号：中国工商银行抚顺市支行 41392259900666 | | | | 备注 | 飞翔机械有限责任公司<br>91310051064399328R<br>发票专用章 | | |

收款人：　　　　复核：　　　　开票人：　富　强

第四联　记账联　销货方记账凭证

59.2

## 产品出库单

用途：销售　　　　20××年 12 月 25 日　　　　第 087 号

仓库：成品库

| 类别 | 编号 | 名称及规格 | 计量单位 | 数量 | 单位成本 | 总成本 | 附注： |
|---|---|---|---|---|---|---|---|
| 产成品 | 002 | 涂层圆锯片铣刀 | 片 | 53 | | | |
| | | | | | | | |
| 合　　计 | | | | 53 | | | |

记账：李晓　　保管：魏强　　检验：王洪　　制单：赵丽

记账联

60. 签发转账支票支付沈阳市工业展览公司产品展销服务费 3 200 元，参见原始凭证 60.1 和 60.2。

60.1

## 增值税普通发票

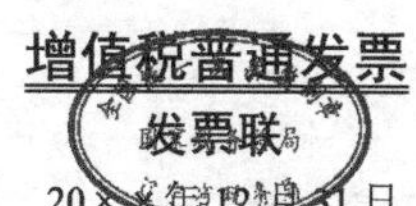

发票联

20××年12月31日　　　　№ 0027599

| 购货单位 | 名　　称：飞翔机械有限责任公司<br>纳税人识别号：91310051064399328R<br>地 址、电 话：抚顺市李石开发区顺飞路 25 号 58256789<br>开户行及账号：中国工商银行抚顺市支行 41392259900666 | | | | 密码区 | 2489－18*126＜9－7－61596284<br>8＜032/52＞9/29533－4974<br>1626＜75～48－3024＞83906－2<br>8*1266－47－6＜7＞2*－/＞*＞6/ | | |
|---|---|---|---|---|---|---|---|---|
| 货物或应税名称 | 规格型号 | 单位 | 数量 | 单价 | 金额 | 税率 | 税　额 | |
| 现代服务 展销服务 | | 次 | 1 | 3 018.87 | 3 018.87 | 6% | 181.13 | |
| | | | | | | | | |
| 合　　计 | | | | | ¥3 018.87 | | ¥181.13 | |
| 价税合计（大写） | 叁仟贰佰元整 | | | | （小写）¥3,200.00 | | | |
| 销货单位 | 名　　称：沈阳市工业展览公司<br>纳税人识别号：91310051064397789R<br>地 址、电 话：沈阳市民主路 17 号<br>开户行及账号：中国工商银行沈阳市民主路分行 01437019224447224 | | | | 备注 | 沈阳市工业展览公司<br>91310051064397789R<br>发票专用章 | | |

收款人：　　　　复核：　　　　开票人：　林森木

第二联　发票联　购货方记账凭证

60.2

中国工商银行
转账支票存根
X Ⅳ56891030

附加信息

| 出票日期：20××年12月31日 |
|---|
| 收 款 人：沈阳市工业展览公司 |
| 金 额：3 200.00 |
| 用 途：产品展销服务费 |

单位主管：赵丽　　会计：赵丽

61．根据本月"收料单"汇总编制"收料凭证汇总表"，结转本月入库原材料的计划成本及成本差异，参见原始凭证61.1～61.9。

61.1（20××年11月购入的高碳钢收料单）

**收料单**

供应单位：鞍山钢铁公司　　№.012001
发票号码：011025　　20××年12月3日　　仓库：材料库

| 材料类别 | 名称及规格 | 计量单位 | 数量 应收 | 数量 实收 | 实际成本 单位成本 | 实际成本 金额 | 计划成本 单位成本 | 计划成本 金额 | 成本差异 |
|---|---|---|---|---|---|---|---|---|---|
| 原料及主要材料 | 高碳钢 | 千克 | 400 | 400 | 330 | 132 000 | 300 | 120 000 | 12 000 |
| | | | | | | | | | |
| | | | | | | | | | |
| | | | | | | | | | |

第三联 会计部门

质量检验：王洪　　收料：陈青　　制单：陈青

61.2（15号凭证收料单）

**收料单**

供应单位：鞍山钢铁公司　　№.012003
发票号码：0028601　　20××年12月7日　　仓库：材料库

| 材料类别 | 名称及规格 | 计量单位 | 数量 应收 | 数量 实收 | 实际成本 单位成本 | 实际成本 金额 | 计划成本 单位成本 | 计划成本 金额 | 成本差异 |
|---|---|---|---|---|---|---|---|---|---|
| 原料及主要材料 | 高碳钢 | 千克 | 300 | 300 | 313 058 | 93 917.43 | 300 | 90 000 | 3 917.43 |
| | | | | | | | | | |
| | | | | | | | | | |
| | | | | | | | | | |

第三联 会计部门

质量检验：王洪　　收料：陈青　　制单：陈青

61.3（20××年11月购入的高速钢收料单）

**收料单**

供应单位：鞍山钢铁公司　　№.012002

| 发票号码：011026 | | | 20××年12月2日 | | | | | 仓库：材料库 | |
|---|---|---|---|---|---|---|---|---|---|
| 材料类别 | 名称及规格 | 计量单位 | 数量 应收 | 数量 实收 | 实际成本 单位成本 | 实际成本 金额 | 计划成本 单位成本 | 计划成本 金额 | 成本差异 |
| 原料及主要材料 | 高速钢 | 千克 | 500 | 490 | 136 | 66 640 | 140 | 68 600 | −1 960 |
| | | | | | | | | | |
| | | | | | | | | | |
| | | | | | | | | | |

第三联 会计部门

质量检验：王洪　　收料：陈青　　制单：李晓

**61.4**（21号凭证收料单）

## 收料单

供应单位：鞍山钢铁公司　　　　　　　　　　　　№.012008

发票号码：00766　　　　20××年12月17日　　　　仓库：材料库

| 材料类别 | 名称及规格 | 计量单位 | 数量 | | 实际成本 | | 计划成本 | | 成本差异 |
|---|---|---|---|---|---|---|---|---|---|
| | | | 应收 | 实收 | 单位成本 | 金额 | 单位成本 | 金额 | |
| 原料及主要材料 | 高速钢 | 千克 | 5 | 5 | 136 | 680 | 140 | 700 | −20 |
| | | | | | | | | | |
| | | | | | | | | | |
| | | | | | | | | | |

第三联　会计部门

质量检验：王洪　　　收料：陈青　　　制单：李晓

**61.5**（49号凭证收料单）

## 收料单

供应单位：阜新市中兴煤矿有限公司　　　　　　　　　　　　№.012007

发票号码：00763　　　　20××年12月17日　　　　仓库：材料库

| 材料类别 | 名称及规格 | 计量单位 | 数量 | | 实际成本 | | 计划成本 | | 成本差异 |
|---|---|---|---|---|---|---|---|---|---|
| | | | 应收 | 实收 | 单位成本 | 金额 | 单位成本 | 金额 | |
| 燃料 | 原煤 | 吨 | 50 | 50 | 400 | 20 000 | 450 | 22 500 | −2 500 |
| | | | | | | | | | |
| | | | | | | | | | |
| | | | | | | | | | |

第三联　会计部门

质量检验：王洪　　　收料：陈青　　　制单：李晓

**61.6**（53号凭证收料单）

## 收料单

供应单位：抚顺市木材公司　　　　　　　　　　　　№.012009

发票号码：00886　　　　20××年12月19日　　　　仓库：材料库

| 材料类别 | 名称及规格 | 计量单位 | 数量 | | 实际成本 | | 计划成本 | | 成本差异 |
|---|---|---|---|---|---|---|---|---|---|
| | | | 应收 | 实收 | 单位成本 | 金额 | 单位成本 | 金额 | |
| 包装材料 | 木材 | 立方米 | 20 | 20 | 650 | 13 000 | 600 | 12 000 | 1 000 |
| | | | | | | | | | |
| | | | | | | | | | |
| | | | | | | | | | |

第三联　会计部门

质量检验：王洪　　　收料：陈青　　　制单：李晓

**61.7**（54号凭证收料单）

## 收料单

供应单位：天津化工厂　　　　　　　　　　　　№.012010

发票号码：10843　　　　20××年12月20日　　　　仓库：材料库

| 材料类别 | 名称及规格 | 计量单位 | 数量 | | 实际成本 | | 计划成本 | | 成本差异 |
|---|---|---|---|---|---|---|---|---|---|
| | | | 应收 | 实收 | 单位成本 | 金额 | 单位成本 | 金额 | |
| 辅助材料 | TIC涂料 | 千克 | 200 | 200 | 25 | 5 000 | 20 | 4 000 | 1 000 |
| | | | | | | | | | |
| | | | | | | | | | |
| | | | | | | | | | |

第三联　会计部门

质量检验：王洪　　　收料：陈青　　　制单：李晓

**61.8**（57 号凭证收料单）

## 收料单

供应单位：天津化工厂　　　　　　　　　　　　　　　　　　　　№.012011

发票号码：10860　　　　　　20××年 12 月 24 日　　　　　　仓库：材料库

| 材料类别 | 名称及规格 | 计量单位 | 数量 | | 实际成本 | | 计划成本 | | 成本差异 |
|---|---|---|---|---|---|---|---|---|---|
| | | | 应收 | 实收 | 单位成本 | 金额 | 单位成本 | 金额 | |
| 辅助材料 | 润滑油 | 千克 | 300 | 300 | 41 | 12 300 | 42.4 | 12 720 | −420 |
| | | | | | | | | | |
| | | | | | | | | | |
| | | | | | | | | | |

第三联 会计部门

质量检验：王洪　　　　收料：陈青　　　　制单：李晓

**61.9**

## 收料凭证汇总表

20××年 12 月 31 日

| 项　　目 | 名　　称 | 计量单位 | 收入数量 | 实际成本 | 计划成本 | 成本差异 |
|---|---|---|---|---|---|---|
| 原料及主要材料 | 高碳钢 | 千克 | | | | |
| | 高速钢 | 千克 | | | | |
| | 小　计 | | | | | |
| 燃　　料 | 原煤 | 吨 | | | | |
| 辅助材料 | TIC 涂料 | 千克 | | | | |
| | 润滑油 | 千克 | | | | |
| | 小　计 | | | | | |
| 包装材料 | 木材 | 立方米 | | | | |
| | | | | | | |
| | | | | | | |
| | | | | | | |
| | | | | | | |
| 合　　　计 | | | | | | |

62. 进行财产清查时，发现 TIC 涂料盘亏 50 千克、包装箱短缺 1 个，原因待查，参见原始凭证 62.1。

**62.1**

## 财产物资盘点报告单

类别：存货　　　　　　　　20××年 12 月 31 日

| 名称 | 规格 | 单位 | 单价 | 账面数 | | 盘点数 | | 盘　盈 | | 盘　亏 | | 备注 |
|---|---|---|---|---|---|---|---|---|---|---|---|---|
| | | | | 数量 | 金额 | 数量 | 金额 | 数量 | 金额 | 数量 | 金额 | |
| TIC 涂料 | | 千克 | 20 | 665 | 13 300 | 615 | 12 300 | | | 50 | 1 000 | 增值税 130.82 元 |
| 包装箱 | | 个 | 295 | 70 | 20 650 | 69 | 20 355 | | | 1 | 295 | 增值税 38.35 元 |
| 合　　计 | | | | | 29 000 | | 27 705 | | | | 1 295 | |
| 原因分析：待查 | | | | | | 审批意见：先作待处理。 | | | | | | |

单位盖章：　　公章　　　　财务负责人：赵丽　　　　制表：李晓

63. 已查明 TIC 涂料盘亏 50 千克的原因，10 千克属于超定额自然损耗，40 千克属于保管不善，应由保管员陈青赔偿；包装箱短缺原因不明，报企业损失，参见原始凭证 63.1。

**63.1**

## 财产物资盘点报告单

类别：存货　　　　　　　　　　20××年 12 月 31 日

| 名称 | 规格 | 单位 | 单价 | 账面数 | | 盘点数 | | 盘　盈 | | | 盘　亏 | | 备注 |
|---|---|---|---|---|---|---|---|---|---|---|---|---|---|
| | | | | 数量 | 金额 | 数量 | 金额 | 数量 | 金额 | | 数量 | 金额 | |
| TIC 涂料 | | 千克 | 20 | 565 | 11 300 | 515 | 10 300 | | | | 50 | 1 000 | 增值税 130.82 |
| 包装箱 | | 个 | 295 | 60 | 17 700 | 59 | 17 405 | | | | 1 | 295 | 增值税 38.35 元 |
| 合　　计 | | | | | 29 000 | | 27 705 | | | | | 1 295 | |

原因分析：

1. TIC 涂料盘亏 10 千克属于超定额自然损耗；40 千克属于陈青保管不善。
2. 包装箱盘亏原因无法查明。

审批意见：

1. 自然损耗由企业承担，保管不善应由陈青赔偿。
2. 报企业损失处理。

杨秀峰

20××年 12 月 29 日

单位盖章：　　　　　　　　　　财务负责人：赵丽　　　　制表：李晓

64. 领用低值易耗品，参见原始凭证 64.1～64.5。

**64.1**

## 领料单

领用单位：管理部门　　　　20××年 12 月 31 日　　　　仓库：材料库　　　　编号：012916

| 材料类别 | 名称及规格 | 计量单位 | 数　量 | | 实际单位成本 | 金额 | 用途 |
|---|---|---|---|---|---|---|---|
| | | | 请领 | 实领 | | | |
| 低值易耗品 | 手套 | 打 | 2 | 2 | 100 | 200.00 | 办公用 |
| 低值易耗品 | 工具 | 件 | 1 | 1 | 500 | 500.00 | 修理用 |
| | | | | | | | |
| 合　　计 | | | | | | 700.00 | |

第二联　会计部门

仓库主管：陈青　　　　发料人：陈青　　　　领料人：牛丽

**64.2**

## 领料单

领用单位：加工车间　　　　20××年 12 月 31 日　　　　仓库：材料库　　　　编号：012917

| 材料类别 | 名称及规格 | 计量单位 | 数　量 | | 实际单位成本 | 金额 | 用途 |
|---|---|---|---|---|---|---|---|
| | | | 请领 | 实领 | | | |
| 低值易耗品 | 手套 | 打 | 5 | 5 | 100 | 500.00 | 生产用 |
| 低值易耗品 | 工具 | 件 | 8 | 8 | 500 | 4 000.00 | 生产用 |
| | | | | | | | |
| 合　　计 | | | | | | 4 500.00 | |

第二联　会计部门

仓库主管：陈青　　　　发料人：陈青　　　　领料人：李平

**64.3**

## 领料单

领用单位：机修车间　　　　20××年 12 月 31 日　　　　仓库：材料库　　　　编号：012918

| 材料类别 | 名称及规格 | 计量单位 | 数　量 | | 实际单位成本 | 金额 | 用途 |
|---|---|---|---|---|---|---|---|
| | | | 请领 | 实领 | | | |
| 低值易耗品 | 手套 | 打 | 3 | 3 | 100 | 300.00 | 生产用 |
| 低值易耗品 | 工具 | 件 | 3 | 3 | 500 | 1 500.00 | 生产用 |
| | | | | | | | |
| | | | | | | | |
| 合　　计 | | | | | | 1 800.00 | |

第二联　会计部门

仓库主管：陈青　　　　发料人：陈青　　　　领料人：陈斌

**64.4**

## 领料单

领用单位：供汽车间　　20××年12月31日　　仓库：材料库　　编号：012919

| 材料类别 | 名称及规格 | 计量单位 | 数量 | | 实际单位成本 | 金额 | 用途 |
|---|---|---|---|---|---|---|---|
| | | | 请领 | 实领 | | | |
| 低值易耗品 | 手套 | 打 | 2 | 2 | 100 | 200.00 | 生产用 |
| 低值易耗品 | 工具 | 件 | 1 | 1 | 500 | 500.00 | 生产用 |
| | | | | | | | |
| | | | | | | | |
| 合　计 | | | | | | 700.00 | |

第二联　会计部门

仓库主管：陈青　　发料人：陈青　　领料人：张萍

**64.5**

## 领料单

领用单位：供销科　　20××年12月31日　　仓库：材料库　　编号：012920

| 材料类别 | 名称及规格 | 计量单位 | 数量 | | 实际单位成本 | 金额 | 用途 |
|---|---|---|---|---|---|---|---|
| | | | 请领 | 实领 | | | |
| 低值易耗品 | 手套 | 打 | 2 | 2 | 100 | 200.00 | 办公用 |
| 低值易耗品 | 工具 | 件 | 1 | 1 | 500 | 500.00 | 修理用 |
| | | | | | | | |
| | | | | | | | |
| 合　计 | | | | | | 700.00 | |

第二联　会计部门

仓库主管：陈青　　发料人：陈青　　领料人：郑杰

65. 公司于9月30日从银行借入的本金为60 000元、利率为6%、期限为3个月的流动资金借款到期，如数偿付本息，前两个月的利息已计提600元，参见原始凭证65.1和65.2。

**65.1**

## 中国工商银行流动资金还款凭证（回单）

20××年12月31日

| 付款人 | 名　称 | 飞翔机械有限责任公司 | 收款人 | 名　称 | 工商银行抚顺市顺城支行 |
|---|---|---|---|---|---|
| | 往来户账号 | 41392259900666 | | 放款户账号 | 28019225999888 |
| | 开户银行 | 中国工商银行抚顺市支行 | | 开户银行 | 中国工商银行抚顺市顺飞路办事处 |
| 计划还款日期 | | 20××年12月31日 | 还款次序 | | 第1次还款 |
| 借款金额 | | 人民币（大写）陆万元整 | 亿千百十万千百十元角分 | | ¥6000000 |
| 还款内容 | | 三个月短期借款 | | | |
| 备注： | | | 上述借款已从你单位往来账户内转还。此致 借款单位 银行盖章　20××年12月31日 | | |

（印章：中国工商银行抚顺市支行 ××-12-31 转讫）

65.2

## 中国工商银行计收利息清单

20××年12月31日

<table>
<tr><td>单位名称</td><td>飞翔机械有限责任公司</td><td>账　　号</td><td colspan="10">41392259900666</td></tr>
<tr><td>贷款金额</td><td>60 000 元</td><td>计息起讫日期</td><td colspan="10">20××年10月1日至12月31日</td></tr>
<tr><td>计息总积数</td><td>180 000 元</td><td>利率（月）</td><td colspan="10">5‰</td></tr>
<tr><td rowspan="2">利息金额</td><td rowspan="2" colspan="2">人民币（大写）玖佰元整</td><td>千</td><td>百</td><td>十</td><td>万</td><td>千</td><td>百</td><td>十</td><td>元</td><td>角</td><td>分</td></tr>
<tr><td></td><td></td><td></td><td></td><td>¥</td><td>9</td><td>0</td><td>0</td><td>0</td><td>0</td></tr>
<tr><td colspan="13">你单位上述应偿借款利息已从你单位账户划出。<br>此致<br>借款单位　　　　（银行盖章）　　　　复核：　　　　记账：</td></tr>
</table>

中国工商银行
抚顺市支行
××-12-31
转
讫

66. 根据"工资结算汇总表"编制"工资费用分配表"进行工资费用分配（生产工人工资按产品耗用工时比例进行分配），参见原始凭证 66.1 和 66.2。

66.1

## 职工薪酬结算汇总表

20××年12月31日

| 部门及人员类别 | 基本工资 | 津贴和补贴 | | 加班工资 | 奖金 | 扣缺勤工资 | 应发工资 | 代扣款项 | | | | | | 实发工资 |
|---|---|---|---|---|---|---|---|---|---|---|---|---|---|---|
| | | 夜班津贴 | 副食补贴 | | | | | 医疗保险 | 养老保险 | 失业保险 | 住房公积金 | 个人所得税 | 小　计 | |
| 加工车间 | 58,000.00 | 400.00 | 5,100.00 | 3,200.00 | 10,000.00 | 400.00 | 76,300.00 | 1,526.00 | 6,104.00 | 763.00 | 7,630.00 | 360.00 | 16,383.00 | 59,917.00 |
| —生产工人 | 48,000.00 | 400.00 | 4,100.00 | 2,600.00 | 8,000.00 | 400.00 | 62,700.00 | 1,254.00 | 5,016.00 | 627.00 | 6,270.00 | 320.00 | 13,487.00 | 49,213.00 |
| —管理人员 | 10,000.00 | | 1,000.00 | 600.00 | 2,000.00 | | 13,600.00 | 272.00 | 1,088.00 | 136.00 | 1,360.00 | 40.00 | 2,896.00 | 10,704.00 |
| 机修车间 | 23,000.00 | | 2,500.00 | | 6,000.00 | 60.00 | 31,440.00 | 628.80 | 2,515.20 | 314.40 | 3,144.00 | 310.00 | 6,912.40 | 24,527.60 |
| 供汽车间 | 5,000.00 | 200.00 | 500.00 | 500.00 | 2,000.00 | | 8,200.00 | 164.00 | 656.00 | 82.00 | 820.00 | 30.00 | 1,752.00 | 6,448.00 |
| 供销科 | 16,000.00 | | 1,700.00 | | 4,500.00 | | 22,200.00 | 444.00 | 1,776.00 | 222.00 | 2,220.00 | 80.00 | 4,742.00 | 17,458.00 |
| 管理部门 | 28,000.00 | 350.00 | 2,900.00 | 900.00 | 7,000.00 | 250.00 | 38,900.00 | 778.00 | 3,112.00 | 389.00 | 3,890.00 | 180.00 | 8,349.00 | 30,551.00 |
| 合计 | 130,000.00 | 950.00 | 12,700.00 | 4,600.00 | 29,500.00 | 710.00 | 177,040.00 | 3,540.80 | 14,163.20 | 1,770.40 | 17,704.00 | 960.00 | 38,138.40 | 138,901.60 |

66.2

## 应付职工薪酬分配表

20××年12月31日

<table>
<tr><td>部　　门</td><td>账　　户</td><td>产品、劳务</td><td>定额工时</td><td>分配率</td><td>职工薪酬分配额</td></tr>
<tr><td rowspan="3">加工车间</td><td rowspan="2">基本生产成本</td><td>镗刀</td><td>6 000</td><td></td><td></td></tr>
<tr><td>涂层圆锯片铣刀</td><td>4 000</td><td></td><td></td></tr>
<tr><td colspan="4">制造费用</td><td></td></tr>
<tr><td rowspan="2">辅助生产车间</td><td rowspan="2">辅助生产成本</td><td colspan="3">机修车间</td><td></td></tr>
<tr><td colspan="3">供汽车间</td><td></td></tr>
<tr><td>供销科</td><td colspan="4">销售费用</td><td></td></tr>
<tr><td>管理部门</td><td colspan="4">管理费用</td><td></td></tr>
<tr><td></td><td></td><td></td><td></td><td></td><td></td></tr>
<tr><td colspan="5">合　　　　计</td><td></td></tr>
</table>

67. 计提"五险一金"（企业承担费用部分计提比例参考财务会计制度，生产工人工资按产品耗用工时比例进行分配），参见原始凭证 67.1。

67.1

## 五险一金计提表

20××年12月31日

| 部门 | 账户 | 产品、劳务 | 医疗保险费 | 养老保险费 | 失业保险费 | 工伤保险费 | 生育保险费 | 住房公积金 |
|---|---|---|---|---|---|---|---|---|
| 加工车间 | 基本生产成本 | 镗刀 | | | | | | |
| | | 涂层圆锯片铣刀 | | | | | | |
| | 制造费用 | | | | | | | |
| 辅助生产车间 | 辅助生产成本 | 机修车间 | | | | | | |
| | | 供汽车间 | | | | | | |
| 供销科 | 销售费用 | | | | | | | |
| 管理部门 | 管理费用 | | | | | | | |
| | | | | | | | | |
| 合计 | | | | | | | | |

68. 摊销本月应负担的无形资产价值，参见原始凭证68.1。

68.1

## 无形资产摊销表

20××年12月31日

（单位：元）

| 账户 | 项目 | 摊销额 |
|---|---|---|
| 累计摊销 | 专利权 | 600.00 |
| 合计 | | 600.00 |

69. 计提本月固定资产折旧（按月初提供的资料计提），参见原始凭证69.1。

69.1

## 固定资产折旧计提表

20××年12月31日

| 部门 | 固定资产名称 | 月初应计折旧固定资产原值 | 月折旧率 | 月折旧额 |
|---|---|---|---|---|
| 基本生产车间 | 房屋建筑物 | | | |
| | 机器设备 | | | |
| | 小计 | | | |
| 机修车间 | 房屋建筑物 | | | |
| | 机器设备 | | | |
| | 小计 | | | |
| 供汽车间 | 房屋建筑物 | | | |
| | 机器设备 | | | |
| | 小计 | | | |
| 供销科 | 房屋建筑物 | | | |
| 管理部门 | 房屋建筑物 | | | |
| | 机器设备 | | | |
| | 小计 | | | |
| 合计 | | | | |

70. 根据本月“领料单”“出库单”等资料汇总编制“领料凭证汇总表”，结转本月发出原材料的计划成本，参见原始凭证70.1～70.16。

70.1

## 领料单

领用单位：加工车间　　20××年12月3日　　仓库：材料库　　编号：012898

| 材料类别 | 名称及规格 | 计量单位 | 数量 | | 计划单位成本 | 金额 | 用途 |
|---|---|---|---|---|---|---|---|
| | | | 请领 | 实领 | | | |
| 原料及主要材料 | 高碳钢 | 千克 | 150 | 150 | 300.00 | 45 000.00 | 生产镗刀 |
| 辅助材料 | 润滑油 | 千克 | 25 | 25 | 42.40 | 1 060.00 | 生产镗刀 |
| | | | | | | | |
| | | | | | | | |
| 合　计 | | | | | | 46 060.00 | |

第三联 会计部门

仓库主管：陈青　　发料人：陈青　　领料人：李平

70.2

## 领料单

领用单位：加工车间　　20××年12月3日　　仓库：材料库　　编号：012899

| 材料类别 | 名称及规格 | 计量单位 | 数量 | | 计划单位成本 | 金额 | 用途 |
|---|---|---|---|---|---|---|---|
| | | | 请领 | 实领 | | | |
| 原料及主要材料 | 高速钢 | 千克 | 150 | 150 | 140.00 | 21 000.00 | 生产涂层圆锯片铣刀 |
| 辅助材料 | 润滑油 | 千克 | 10 | 10 | 42.40 | 424.00 | 生产涂层圆锯片铣刀 |
| 辅助材料 | TIC 涂料 | 千克 | 155 | 155 | 20.00 | 3 100.00 | 生产涂层圆锯片铣刀 |
| | | | | | | | |
| 合　计 | | | | | | 24 524.00 | |
| 仓库主管：陈青 | | 发料人：陈青 | | | | 领料人：李平 | |

第三联 会计部门

70.3

## 领料单

领用单位：加工车间　　20××年12月3日　　仓库：材料库　　编号：012900

| 材料类别 | 名称及规格 | 计量单位 | 数量 | | 计划单位成本 | 金额 | 用途 |
|---|---|---|---|---|---|---|---|
| | | | 请领 | 实领 | | | |
| 原料及主要材料 | 高速钢 | 千克 | 20 | 20 | 140.00 | 2 800.00 | 一般消耗 |
| 辅助材料 | 润滑油 | 千克 | 50 | 50 | 42.40 | 2 120.00 | 一般消耗 |
| | | | | | | | |
| | | | | | | | |
| 合　计 | | | | | | 4 920.00 | |

第三联 会计部门

仓库主管：陈青　　发料人：陈青　　领料人：李平

70.4

## 领料单

领用单位：机修车间　　20××年12月3日　　仓库：材料库　　编号：012901

| 材料类别 | 名称及规格 | 计量单位 | 数量 | | 计划单位成本 | 金额 | 用途 |
|---|---|---|---|---|---|---|---|
| | | | 请领 | 实领 | | | |
| 原料及主要材料 | 高碳钢 | 千克 | 10 | 10 | 300.00 | 3 000.00 | 提供劳务 |
| 辅助材料 | 润滑油 | 千克 | 110 | 110 | 42.40 | 4 664.00 | 提供劳务 |
| | | | | | | | |
| | | | | | | | |
| 合　计 | | | | | | 7 664.00 | |

第三联 会计部门

仓库主管：陈青　　发料人：陈青　　领料人：陈斌

**70.5**

## 领料单

领用单位：供汽车间　　　　20××年12月3日　　　　仓库：材料库　　　　编号：012902

| 材料类别 | 名称及规格 | 计量单位 | 数　量 | | 计划单位成本 | 金额 | 用途 |
|---|---|---|---|---|---|---|---|
| | | | 请领 | 实领 | | | |
| 燃料 | 原煤 | 吨 | 19 | 19 | 450.00 | 8 550.00 | 提供劳务 |
| | | | | | | | |
| | | | | | | | |
| | | | | | | | |
| 合　计 | | | 19 | 19 | 450.00 | 8 550.00 | |

第三联　会计部门

仓库主管：陈青　　　　发料人：陈青　　　　领料人：张萍

**70.6**

## 领料单

领用单位：供销科　　　　20××年12月3日　　　　仓库：材料库　　　　编号：012903

| 材料类别 | 名称及规格 | 计量单位 | 数　量 | | 计划单位成本 | 金额 | 用途 |
|---|---|---|---|---|---|---|---|
| | | | 请领 | 实领 | | | |
| 辅助材料 | TIC 涂料 | 千克 | 5 | 5 | 20.00 | 100.00 | 售后服务 |
| | | | | | | | |
| | | | | | | | |
| | | | | | | | |
| 合　计 | | | 5 | 5 | 20.00 | 100.00 | |

第三联　会计部门

仓库主管：陈青　　　　发料人：陈青　　　　领料人：富强

**70.7**

## 领料单

领用单位：管理部门　　　　20××年12月3日　　　　仓库：材料库　　　　编号：012904

| 材料类别 | 名称及规格 | 计量单位 | 数　量 | | 计划单位成本 | | 用途 |
|---|---|---|---|---|---|---|---|
| | | | 请领 | 实领 | | | |
| 辅助材料 | 润滑油 | 千克 | 5 | 5 | 42.40 | 212.00 | 一般消耗 |
| | | | | | | | |
| | | | | | | | |
| 合　计 | | | 5 | 5 | 42.40 | 212.00 | |

第三联　会计部门

仓库主管：陈青　　　　发料人：陈青　　　　领料人：张凯

**70.8**

## 领料单

领用单位：加工车间　　　　20××年12月15日　　　　仓库：材料库　　　　编号：012909

| 材料类别 | 名称及规格 | 计量单位 | 数　量 | | 计划单位成本 | 金额 | 用途 |
|---|---|---|---|---|---|---|---|
| | | | 请领 | 实领 | | | |
| 原料及主要材料 | 高碳钢 | 千克 | 150 | 150 | 300.00 | 45 000.00 | 生产镗刀 |
| 辅助材料 | 润滑油 | 千克 | 10 | 10 | 42.40 | 424.00 | 生产镗刀 |
| | | | | | | | |
| | | | | | | | |
| 合　计 | | | | | | 45 424.00 | |

第三联　会计部门

仓库主管：陈青　　　　发料人：陈青　　　　领料人：李平

70.9

## 领料单

领用单位：加工车间　　20××年12月15日　　仓库：材料库　　编号：012910

| 材料类别 | 名称及规格 | 计量单位 | 数量 | | 计划单位成本 | 金额 | 用途 |
|---|---|---|---|---|---|---|---|
| | | | 请领 | 实领 | | | |
| 原料及主要材料 | 高速钢 | 千克 | 190 | 190 | 140.00 | 26 600.00 | 生产涂层圆锯片铣刀 |
| 辅助材料 | 润滑油 | 千克 | 10 | 10 | 42.40 | 424.00 | 生产涂层圆锯片铣刀 |
| 辅助材料 | TIC 涂料 | 千克 | 130 | 130 | 20.00 | 2 600.00 | 生产涂层圆锯片铣刀 |
| | | | | | | | |
| 合　计 | | | | | | 29 624.00 | |

第三联　会计部门

仓库主管：陈青　　发料人：陈青　　领料人：李平

70.10

## 领料单

领用单位：加工车间　　20××年12月15日　　仓库：材料库　　编号：012911

| 材料类别 | 名称及规格 | 计量单位 | 数量 | | 计划单位成本 | 金额 | 用途 |
|---|---|---|---|---|---|---|---|
| | | | 请领 | 实领 | | | |
| 原料及主要材料 | 高速钢 | 千克 | 10 | 10 | 140.00 | 1 400.00 | 一般消耗 |
| 辅助材料 | 润滑油 | 千克 | 20 | 20 | 42.40 | 848.00 | 一般消耗 |
| | | | | | | | |
| | | | | | | | |
| 合　计 | | | | | | 2 248.00 | |

第三联　会计部门

仓库主管：陈青　　发料人：陈青　　领料人：李平

70.11

## 领料单

领用单位：机修车间　　20××年12月15日　　仓库：材料库　　编号：012912

| 材料类别 | 名称及规格 | 计量单位 | 数量 | | 计划单位成本 | 金额 | 用途 |
|---|---|---|---|---|---|---|---|
| | | | 请领 | 实领 | | | |
| 原料及主要材料 | 高碳钢 | 千克 | 5 | 5 | 300.00 | 1 500.00 | 提供劳务 |
| 原料及主要材料 | 高速钢 | 千克 | 10 | 10 | 140.00 | 1 400.00 | 提供劳务 |
| 辅助材料 | 润滑油 | 千克 | 55 | 55 | 42.40 | 2 332.00 | 提供劳务 |
| | | | | | | | |
| 合　计 | | | | | | 5 232.00 | |

第三联　会计部门

仓库主管：陈青　　发料人：陈青　　领料人：陈斌

70.12

## 领料单

领用单位：供汽车间　　20××年12月15日　　仓库：材料库　　编号：012913

| 材料类别 | 名称及规格 | 计量单位 | 数量 | | 计划单位成本 | 金额 | 用途 |
|---|---|---|---|---|---|---|---|
| | | | 请领 | 实领 | | | |
| 燃料 | 原煤 | 吨 | 19 | 19 | 450.00 | 8 550.00 | 提供劳务 |
| | | | | | | | |
| | | | | | | | |
| | | | | | | | |
| 合　计 | | | 19 | 19 | 450.00 | 8 550.00 | |

第三联　会计部门

仓库主管：陈青　　发料人：陈青　　领料人：张萍

**70.13**

## 领料单

领用单位：供销科　　　　20××年12月15日　　　　仓库：材料库　　　　编号：012914

| 材料类别 | 名称及规格 | 计量单位 | 数量 | | 计划单位成本 | 金额 | 用途 |
|---|---|---|---|---|---|---|---|
| | | | 请领 | 实领 | | | |
| 辅助材料 | TIC涂料 | 千克 | 5 | 5 | 20.00 | 100.00 | 一般消耗 |
| | | | | | | | |
| | | | | | | | |
| | | | | | | | |
| 合　计 | | | 5 | 5 | 20.00 | 100.00 | |

第三联 会计部门

仓库主管：陈青　　　　发料人：陈青　　　　领料人：富强

**70.14**

## 领料单

领用单位：管理部门　　　　20××年12月15日　　　　仓库：材料库　　　　编号：012915

| 材料类别 | 名称及规格 | 计量单位 | 数量 | | 计划单位成本 | 金额 | 用途 |
|---|---|---|---|---|---|---|---|
| | | | 请领 | 实领 | | | |
| 原料及主要材料 | 高碳钢 | 千克 | 5 | 5 | 300.00 | 1 500.00 | 一般消耗 |
| 辅助材料 | 润滑油 | 千克 | 5 | 5 | 42.40 | 212.00 | 一般消耗 |
| | | | | | | | |
| | | | | | | | |
| 合　计 | | | | | | 1 712.00 | |

第三联 会计部门

仓库主管：陈青　　　　发料人：陈青　　　　领料人：张凯

**70.15**

## 出库单

领用单位：供销科　　　　20××年12月13日　　　　仓库：材料库　　　　编号：012908

| 材料类别 | 名称及规格 | 计量单位 | 数量 | | 计划单位成本 | 金额 | 用途 |
|---|---|---|---|---|---|---|---|
| | | | 请领 | 实领 | | | |
| 燃料 | 原煤 | 吨 | 10 | 10 | 450.00 | 4 500.00 | 销售 |
| | | | | | | | |
| | | | | | | | |
| | | | | | | | |
| 合　计 | | | 10 | 10 | 450.00 | 4 500.00 | |

第三联 会计部门

仓库主管：陈青　　　　发料人：陈青　　　　领料人：富强

70.16

## 领料凭证汇总表

20××年12月31日

| 用途＼材料 | | 原料及主要材料 | | 辅助材料 | | 燃料 | 包装材料 | 合 计 |
|---|---|---|---|---|---|---|---|---|
| | | 高碳钢 | 高速钢 | TIC涂料 | 润滑油 | 原煤 | 木材 | |
| 计划单价 | | | | | | | | |
| 镗刀 | 数 量 | | | | | | | |
| | 计划成本 | | | | | | | |
| 铣刀 | 数 量 | | | | | | | |
| | 计划成本 | | | | | | | |
| 加工车间 | 数 量 | | | | | | | |
| | 计划成本 | | | | | | | |
| 机修车间 | 数 量 | | | | | | | |
| | 计划成本 | | | | | | | |
| 供汽车间 | 数 量 | | | | | | | |
| | 计划成本 | | | | | | | |
| 供销科 | 数 量 | | | | | | | |
| | 计划成本 | | | | | | | |
| 管理部门 | 数 量 | | | | | | | |
| | 计划成本 | | | | | | | |
| 外销 | 数 量 | | | | | | | |
| | 计划成本 | | | | | | | |
| 合 计 | 数 量 | | | | | | | |
| | 计划成本 | | | | | | | |

71. 根据“表4.8 材料成本差异明细账资料”和原始凭证70.1～70.16中的“领料单”“出库单”“领料凭证汇总表”等资料，计算本月原材料成本差异率，结转本月发出原材料的成本差异，参见原始凭证71.1和71.2。

71.1

## 本月原材料成本差异率计算表

20××年12月31日

| 项 目 | 计量单位 | 月初＋本月入库（材料成本差异） | 月初＋本月入库（材料计划成本） | 本月材料成本差异率 |
|---|---|---|---|---|
| 高碳钢 | 千克 | | | |
| 高速钢 | 吨 | | | |
| 燃料 | 千克 | | | |
| TIC涂料 | 立方米 | | | |
| 润滑油 | 千克 | | | |
| 包装材料 | 立方米 | | | |
| | | | | |
| 合 计 | | | | |

**71.2**（按 70 号业务的领料凭证汇总表内容填写）

## 发料凭证汇总表

20××年 12 月 31 日

| 用途＼材料 | | 原料及主要材料 | | 辅助材料 | | 燃料 | 包装材料 | 合　计 |
|---|---|---|---|---|---|---|---|---|
| | | 高碳钢 | 高速钢 | TIC 涂料 | 润滑油 | 原煤 | 木材 | |
| 计划单价 | | | | | | | | |
| 镗刀 | 数　量 | | | | | | | |
| | 计划成本 | | | | | | | |
| | 成本差异 | | | | | | | |
| | 实际成本 | | | | | | | |
| 涂层圆锯片铣刀 | 数　量 | | | | | | | |
| | 计划成本 | | | | | | | |
| | 成本差异 | | | | | | | |
| | 实际成本 | | | | | | | |
| 加工车间 | 数　量 | | | | | | | |
| | 计划成本 | | | | | | | |
| | 成本差异 | | | | | | | |
| | 实际成本 | | | | | | | |
| 机修车间 | 数　量 | | | | | | | |
| | 计划成本 | | | | | | | |
| | 成本差异 | | | | | | | |
| | 实际成本 | | | | | | | |
| 供汽车间 | 数　量 | | | | | | | |
| | 计划成本 | | | | | | | |
| | 成本差异 | | | | | | | |
| | 实际成本 | | | | | | | |
| 供销科 | 数　量 | | | | | | | |
| | 计划成本 | | | | | | | |
| | 成本差异 | | | | | | | |
| | 实际成本 | | | | | | | |
| 管理部门 | 数　量 | | | | | | | |
| | 计划成本 | | | | | | | |
| | 成本差异 | | | | | | | |
| | 实际成本 | | | | | | | |
| 外销 | 数　量 | | | | | | | |
| | 计划成本 | | | | | | | |
| | 成本差异 | | | | | | | |
| | 实际成本 | | | | | | | |
| 合　计 | | | | | | | | |

72. 摊销本月应负担的管理部门的房屋维修费 1 875 元和保险费 2 910 元，参见原始凭证 72.1。

73. 分配本月应负担的水费和电费，参见原始凭证 73.1。

**72.1**

## 长期待摊费用摊销表

20××年12月31日（单位：元）

| 部　门 | 管理部门房屋维修费 | 财产保险费 | 合　计 |
|---|---|---|---|
| 管理部门 | 1 875.00 | 2 910.00 | 4 785.00 |
| | | | |
| | | | |
| | | | |
| | | | |
| 合　计 | 1 875.00 | 2 910.00 | 4 785.00 |

**73.1**

## 本月水费、电费耗用明细表

20××年12月31日

| 部门 | 水费 | | | 电费 | | |
|---|---|---|---|---|---|---|
| | 数量（吨） | 单价（元） | 金额（元） | 数量（度） | 单价（元） | 金额（元） |
| 加工车间 | 9 000 | 1.5 | 13 500 | 15 0000 | 0.5 | 75 000 |
| 机修车间 | 2 000 | 1.5 | 3 000 | 2 0000 | 0.5 | 10 000 |
| 供汽车间 | 500 | 1.5 | 750 | 1 0000 | 0.5 | 5 000 |
| 供销科 | 200 | 1.5 | 300 | 5000 | 0.5 | 2 500 |
| 管理部门 | 300 | 1.5 | 450 | 1 5000 | 0.5 | 7 500 |
| 合　计 | 12 000 | 1.5 | 18 000 | 20 0000 | 0.5 | 100 000 |

74. 编制"辅助生产费用分配表"，分配结转辅助生产费用（采用直接分配法分配），参见原始凭证74.1和74.2。

**74.1**

## 各车间、部门耗用辅助生产车间劳务量

| | 机修车间（工时） | 供汽车间（立方米） |
|---|---|---|
| 供汽车间 | 600 | |
| 机修车间 | | 1 200 |
| 基本生产车间 | 6 000 | 24 000 |
| 供销科 | 1 000 | 3 000 |
| 管理部门 | 5 000 | 2 400 |
| 合　计 | 12 600 | 30 600 |

**74.2**

## 辅助生产费用分配表

20××年12月31日

| 部门 | 机修车间 | | | 供汽车间 | | |
|---|---|---|---|---|---|---|
| | 分配标准 | 分配率 | 分配额 | 分配标准 | 分配率 | 分配额 |
| 加工车间 | | | | | | |
| 供销科 | | | | | | |
| 管理部门 | | | | | | |
| 合　计 | | | | | | |

75. 编制"制造费用分配表"，按镗刀和涂层圆锯片铣刀两种产品的生产工时所占比例分配结转制造费用（工时总量见原始凭证66.2），参见原始凭证75.1。

**75.1**

## 制造费用分配表

20××年12月31日

| 产品 | 制造费用 | | |
|---|---|---|---|
| | 分配标准（生产工时） | 分配率 | 分配额 |
| 镗刀 | | | |
| 涂层圆锯片铣刀 | | | |
| 合计 | | | |

76. 将基本生产成本明细账归集的生产费用，通过成本计算单，在完工产品和月末在产品之间进行分配，计算出完工产品成本和月末在产品成本，然后编制完工产品成本汇总表和产成品入库单汇总表结转完工产品成本，参见原始凭证 76.1～76.5。

**76.1**

## 产品入库单

第 867 号

交库单位：加工车间　　20××年 12 月 15 日　　仓库：成品库

| 产品名称 | 规格与型号 | 质量等级 | 单　位 | 数　量 | 单位成本 | 金　额 | 备　注 |
|---|---|---|---|---|---|---|---|
| 镗刀 | | 优 | 件 | 140 | | | |
| 涂层圆锯片铣刀 | | 优 | 片 | 370 | | | |
| | | | | | | | |
| 合　计 | | | | | | | |

验收：魏强　　制单：赵丽

**76.2**

## 产品入库单

第 868 号

交库单位：加工车间　　20××年 12 月 31 日　　仓库：成品库

| 产品名称 | 规格与型号 | 质量等级 | 单　位 | 数　量 | 单位成本 | 金　额 | 备　注 |
|---|---|---|---|---|---|---|---|
| 镗刀 | | 优 | 件 | 160 | | | |
| 涂层圆锯片铣刀 | | 优 | 片 | 380 | | | |
| | | | | | | | |
| 合　计 | | | | | | | |

验收：魏强　　制单：赵丽

**76.3**

## 成本计算单

产品名称：镗刀　　20××年 12 月 31 日

| 项　目 | 直接材料 | 直接人工 | 制造费用 | 合　计 |
|---|---|---|---|---|
| 月初在产品成本 | | | | |
| 本月发生费用 | | | | |
| 生产费用合计 | | | | |
| 约当产量 | | | | |
| 分配率（单位成本） | | | | |
| 完工产品成本 | | | | |
| 月末在产品成本 | | | | |

**76.4**

## 成本计算单

产品名称：涂层圆锯片铣刀　　20××年 12 月 31 日

| 项　目 | 直接材料 | 直接人工 | 制造费用 | 合　计 |
|---|---|---|---|---|
| 月初在产品成本 | | | | |
| 本月发生费用 | | | | |
| 生产费用合计 | | | | |
| 约当产量 | | | | |
| 分配率（单位成本） | | | | |
| 完工产品成本 | | | | |
| 月末在产品成本 | | | | |

76.5

## 完工产品成本汇总表

20××年12月31日

| 成本项目 | 镗刀 | | 涂层圆锯片铣刀 | |
|---|---|---|---|---|
| | 总成本 | 单位成本 | 总成本 | 单位成本 |
| 直接材料 | | | | |
| 直接人工 | | | | |
| 制造费用 | | | | |
| 合　计 | | | | |

77. 计算结转本月产品销售成本，参见原始凭证77.1。

77.1

## 产品销售成本计算单

20××年12月31日

| 产品名称 | 销售数量 | 计量单位 | 加权平均单价 | 销售成本 |
|---|---|---|---|---|
| 镗刀 | | 件 | | |
| 涂层圆锯片铣刀 | | 片 | | |
| 合　计 | | | | |

78. 按期末应收账款余额的5‰计提坏账准备，参见原始凭证78.1。

79. 调整交易性金融资产的成本与公允价值的差额，参见原始凭证79.1。

78.1

## 坏账准备计算表

20××年12月31日

| 项　　目 | | 行次 | 金　额 |
|---|---|---|---|
| 应收账款期末余额 | | 1 | |
| 提取比例 | | 2 | |
| 期末应有"坏账准备"贷方余额 | | 3 | |
| "坏账准备"账户现有余额 | 借方 | 4 | |
| | 贷方 | 5 | |
| 期末应提坏账准备 | | 6 | |
| 期末应冲坏账准备 | | 7 | |

79.1

## 交易性金融资产的成本与公允价值比较表

20××年12月31日

| 种类 | 成本价（元） | 公允价值（元） | 变动损益 |
|---|---|---|---|
| 抚顺特钢股份 | | 9 200.00 | |
| | | | |
| | | | |
| 合计 | | 9 200.00 | |

80. 计提本月应负担的不符合资本化条件的短期借款利息500元和长期借款利息5 000元，参见原始凭证80.1。

80.1

## 借款利息计算表

20××年12月31日　　　　单位：元

| 借款种类 | 预提月份 | 计提金额 |
|---|---|---|
| 短期借款 | 20××年12月 | 500.00 |
| 长期借款 | 20××年12月 | 5 000.00 |
| 合计 | | 5 500.00 |

81. 计算结转本月应交增值税，参见原始凭证81.1。

**81.1**

## 增值税计算表

20××年12月31日

| 应交增值税 | 销项税额 | 进项税额转出 | 进项税额 | 已交税金 | 应交税金 | 转出未交（或多交）增值税 |
|---|---|---|---|---|---|---|
| | | | | | | |
| | | | | | | |
| | | | | | | |
| | | | | | | |

财务盖章　　　　　　　　　　复核：赵云　　　　　　　　经办：赵丽

82. 计算结转本月城市维护建设税及教育费附加，参见原始凭证82.1。

**82.1**

## 附加税费的计提表

20××年12月31日

| 税种 | 计算依据 | 税率 | 应纳税额 | 备注 |
|---|---|---|---|---|
| 应交城市维护建设税 | | | | |
| 应交教育费附加 | | | | |
| | | | | |
| 备注：应交城市维护建设税和应交教育费附加分别按应交增值税额的7%和3%计算确定。 | | | | |

财务盖章　　　　　　　　　　复核：赵云　　　　　　　　经办：赵丽

83. 损益类账户发生额转入损益类账户发生额汇总表（83.1），计算全年企业所得税并填入应交所得税计算表（83.2）（执行国家对小微企业优惠政策）。

**83.1**

## 损益类账户发生额汇总表

20××年12月

| 收益类账户 | 本月发生额 | 支出类账户 | 本月发生额 |
|---|---|---|---|
| | | | |
| | | | |
| | | | |
| | | | |
| | | | |
| | | | |
| | | | |
| | | | |
| | | | |
| | | | |
| | | | |

**83.2**

## 应交所得税计算表

20××年度

| 全年利润总额 | 应调整数 | 应交所得税税额 | 所得税税率 | 全年应交所得税税额 |
|---|---|---|---|---|
| | | | | |
| | | | | |
| | | | | |
| | | | | |

财务盖章　　　　　　　　　　复核：赵云　　　　　　　　经办：赵丽

84. 结转“本年利润”（用业务 83 的单据）。

85. 按当年税后利润的 10%计提法定盈余公积，按可供投资者分配利润的 30%向投资者分配利润，参见原始凭证 85.1。

**85.1**

## 利润分配表

20××年度

| 项　目 | 金　额 | 分配率 | 分配额 |
|---|---|---|---|
| 上年未分配利润 | | | |
| 本年净利润 | | | |
| 提取法定盈余公积 | | 10% | |
| 提取任意盈余公积 | | 0 | |
| 可供投资者分配利润 | | | |
| 向投资者分配利润 | | 30% | |

86. 结转“利润分配——未分配利润”，参见原始凭证 86.1。

**86.1**

## 本年利润和利润分配结转表

20××年度

| 账　　户 | 金　额 |
|---|---|
| 本年利润 | |
| 利润分配——提取法定盈余公积 | |
| 利润分配——提取任意盈余公积 | |
| 利润分配——应付股利 | |
| 利润分配——未分配利润 | |

# 素材二　实训用账簿

## 现金日记账

| 20××年 | | 凭证号 | 摘要 | 借方 | | | | | | | | | | 贷方 | | | | | | | | | | 借或贷 | 余额 | | | | | | | | | |
|---|---|---|---|---|---|---|---|---|---|---|---|---|---|---|---|---|---|---|---|---|---|---|---|---|---|---|---|---|---|---|---|---|---|---|
| 月 | 日 | | | 千 | 百 | 十 | 万 | 千 | 百 | 十 | 元 | 角 | 分 | 千 | 百 | 十 | 万 | 千 | 百 | 十 | 元 | 角 | 分 | | 千 | 百 | 十 | 万 | 千 | 百 | 十 | 元 | 角 | 分 |
| 12 | 1 | | 上年结转 | | | | | | | | | | | | | | | | | | | | | 借 | | | | 1 | 0 | 0 | 0 | 0 | 0 | 0 |
| 11 | 30 | | 本年累计 | | | 1 | 6 | 5 | 5 | 1 | 0 | 0 | 0 | | | 1 | 6 | 9 | 3 | 2 | 0 | 0 | 0 | 借 | | | | | 6 | 1 | 9 | 0 | 0 | 0 |
| | | | | | | | | | | | | | | | | | | | | | | | | | | | | | | | | | | |
| | | | | | | | | | | | | | | | | | | | | | | | | | | | | | | | | | | |
| | | | | | | | | | | | | | | | | | | | | | | | | | | | | | | | | | | |
| | | | | | | | | | | | | | | | | | | | | | | | | | | | | | | | | | | |
| | | | | | | | | | | | | | | | | | | | | | | | | | | | | | | | | | | |
| | | | | | | | | | | | | | | | | | | | | | | | | | | | | | | | | | | |
| | | | | | | | | | | | | | | | | | | | | | | | | | | | | | | | | | | |
| | | | | | | | | | | | | | | | | | | | | | | | | | | | | | | | | | | |
| | | | | | | | | | | | | | | | | | | | | | | | | | | | | | | | | | | |
| | | | | | | | | | | | | | | | | | | | | | | | | | | | | | | | | | | |
| | | | | | | | | | | | | | | | | | | | | | | | | | | | | | | | | | | |
| | | | | | | | | | | | | | | | | | | | | | | | | | | | | | | | | | | |
| | | | | | | | | | | | | | | | | | | | | | | | | | | | | | | | | | | |
| | | | | | | | | | | | | | | | | | | | | | | | | | | | | | | | | | | |
| | | | | | | | | | | | | | | | | | | | | | | | | | | | | | | | | | | |
| | | | | | | | | | | | | | | | | | | | | | | | | | | | | | | | | | | |
| | | | | | | | | | | | | | | | | | | | | | | | | | | | | | | | | | | |
| | | | | | | | | | | | | | | | | | | | | | | | | | | | | | | | | | | |
| | | | | | | | | | | | | | | | | | | | | | | | | | | | | | | | | | | |

## 银行存款日记账

| 年 | | 凭证号 | 摘要 | 借方 | | | | | | | | | | 贷方 | | | | | | | | | | 借或贷 | 余额 | | | | | | | | | |
|---|---|---|---|---|---|---|---|---|---|---|---|---|---|---|---|---|---|---|---|---|---|---|---|---|---|---|---|---|---|---|---|---|---|---|
| 月 | 日 | | | 千 | 百 | 十 | 万 | 千 | 百 | 十 | 元 | 角 | 分 | 千 | 百 | 十 | 万 | 千 | 百 | 十 | 元 | 角 | 分 | | 千 | 百 | 十 | 万 | 千 | 百 | 十 | 元 | 角 | 分 |
| | | | | | | | | | | | | | | | | | | | | | | | | | | | | | | | | | | |
| | | | | | | | | | | | | | | | | | | | | | | | | | | | | | | | | | | |
| | | | | | | | | | | | | | | | | | | | | | | | | | | | | | | | | | | |
| | | | | | | | | | | | | | | | | | | | | | | | | | | | | | | | | | | |
| | | | | | | | | | | | | | | | | | | | | | | | | | | | | | | | | | | |
| | | | | | | | | | | | | | | | | | | | | | | | | | | | | | | | | | | |
| | | | | | | | | | | | | | | | | | | | | | | | | | | | | | | | | | | |
| | | | | | | | | | | | | | | | | | | | | | | | | | | | | | | | | | | |
| | | | | | | | | | | | | | | | | | | | | | | | | | | | | | | | | | | |
| | | | | | | | | | | | | | | | | | | | | | | | | | | | | | | | | | | |
| | | | | | | | | | | | | | | | | | | | | | | | | | | | | | | | | | | |
| | | | | | | | | | | | | | | | | | | | | | | | | | | | | | | | | | | |
| | | | | | | | | | | | | | | | | | | | | | | | | | | | | | | | | | | |
| | | | | | | | | | | | | | | | | | | | | | | | | | | | | | | | | | | |
| | | | | | | | | | | | | | | | | | | | | | | | | | | | | | | | | | | |
| | | | | | | | | | | | | | | | | | | | | | | | | | | | | | | | | | | |
| | | | | | | | | | | | | | | | | | | | | | | | | | | | | | | | | | | |
| | | | | | | | | | | | | | | | | | | | | | | | | | | | | | | | | | | |

## 银行存款日记账

| 年 | | 凭证号 | 摘要 | 借方 | | | | | | | | | | 贷方 | | | | | | | | | | 借或贷 | 余额 | | | | | | | | | |
|---|---|---|---|---|---|---|---|---|---|---|---|---|---|---|---|---|---|---|---|---|---|---|---|---|---|---|---|---|---|---|---|---|---|---|
| 月 | 日 | | | 千 | 百 | 十 | 万 | 千 | 百 | 十 | 元 | 角 | 分 | 千 | 百 | 十 | 万 | 千 | 百 | 十 | 元 | 角 | 分 | | 千 | 百 | 十 | 万 | 千 | 百 | 十 | 元 | 角 | 分 |

## 其他货币资金明细账

科目编号：　　　　　　细目：存出投资款　　　　　　子目：证券公司

| 年 | | 凭证号 | 摘要 | 借方 | | | | | | | | | | 贷方 | | | | | | | | | | 借或贷 | 余额 | | | | | | | | | | 核对 |
|---|---|---|---|---|---|---|---|---|---|---|---|---|---|---|---|---|---|---|---|---|---|---|---|---|---|---|---|---|---|---|---|---|---|---|---|
| 月 | 日 | | | 千 | 百 | 十 | 万 | 千 | 百 | 十 | 元 | 角 | 分 | 千 | 百 | 十 | 万 | 千 | 百 | 十 | 元 | 角 | 分 | | 千 | 百 | 十 | 万 | 千 | 百 | 十 | 元 | 角 | 分 | |
| 12 | 1 | | 期初余额 | | | | | | | | | | | | | | | | | | | | | 平 | | | | | | | | 0 | | | |
| | | | | | | | | | | | | | | | | | | | | | | | | | | | | | | | | | | | |
| | | | | | | | | | | | | | | | | | | | | | | | | | | | | | | | | | | | |
| | | | | | | | | | | | | | | | | | | | | | | | | | | | | | | | | | | | |
| | | | | | | | | | | | | | | | | | | | | | | | | | | | | | | | | | | | |
| | | | | | | | | | | | | | | | | | | | | | | | | | | | | | | | | | | | |
| | | | | | | | | | | | | | | | | | | | | | | | | | | | | | | | | | | | |
| | | | | | | | | | | | | | | | | | | | | | | | | | | | | | | | | | | | |
| | | | | | | | | | | | | | | | | | | | | | | | | | | | | | | | | | | | |

## 其他货币资金明细账

科目编号：　　　　　　细目：银行汇票存款　　　　　　子目：

| 年 | | 凭证号 | 摘要 | 借方 | | | | | | | | | | 贷方 | | | | | | | | | | 借或贷 | 余额 | | | | | | | | | | 核对 |
|---|---|---|---|---|---|---|---|---|---|---|---|---|---|---|---|---|---|---|---|---|---|---|---|---|---|---|---|---|---|---|---|---|---|---|---|
| 月 | 日 | | | 千 | 百 | 十 | 万 | 千 | 百 | 十 | 元 | 角 | 分 | 千 | 百 | 十 | 万 | 千 | 百 | 十 | 元 | 角 | 分 | | 千 | 百 | 十 | 万 | 千 | 百 | 十 | 元 | 角 | 分 | |
| | | | | | | | | | | | | | | | | | | | | | | | | | | | | | | | | | | | |
| | | | | | | | | | | | | | | | | | | | | | | | | | | | | | | | | | | | |
| | | | | | | | | | | | | | | | | | | | | | | | | | | | | | | | | | | | |
| | | | | | | | | | | | | | | | | | | | | | | | | | | | | | | | | | | | |
| | | | | | | | | | | | | | | | | | | | | | | | | | | | | | | | | | | | |
| | | | | | | | | | | | | | | | | | | | | | | | | | | | | | | | | | | | |
| | | | | | | | | | | | | | | | | | | | | | | | | | | | | | | | | | | | |
| | | | | | | | | | | | | | | | | | | | | | | | | | | | | | | | | | | | |
| | | | | | | | | | | | | | | | | | | | | | | | | | | | | | | | | | | | |

## 交易性金融资产明细账

科目编号：　　　　　　细目：成本　　　　　　子目：

| 年 | | 凭证号 | 摘要 | 借方 | | | | | | | | | | 贷方 | | | | | | | | | | 借或贷 | 余额 | | | | | | | | | | 核对 |
|---|---|---|---|---|---|---|---|---|---|---|---|---|---|---|---|---|---|---|---|---|---|---|---|---|---|---|---|---|---|---|---|---|---|---|---|
| 月 | 日 | | | 千 | 百 | 十 | 万 | 千 | 百 | 十 | 元 | 角 | 分 | 千 | 百 | 十 | 万 | 千 | 百 | 十 | 元 | 角 | 分 | | 千 | 百 | 十 | 万 | 千 | 百 | 十 | 元 | 角 | 分 | |
| 12 | 1 | | 期初余额 | | | | | | | | | | | | | | | | | | | | | 借 | | | | | 9 | 7 | 0 | 0 | 0 | 0 | |
| | | | | | | | | | | | | | | | | | | | | | | | | | | | | | | | | | | | |
| | | | | | | | | | | | | | | | | | | | | | | | | | | | | | | | | | | | |
| | | | | | | | | | | | | | | | | | | | | | | | | | | | | | | | | | | | |
| | | | | | | | | | | | | | | | | | | | | | | | | | | | | | | | | | | | |
| | | | | | | | | | | | | | | | | | | | | | | | | | | | | | | | | | | | |
| | | | | | | | | | | | | | | | | | | | | | | | | | | | | | | | | | | | |
| | | | | | | | | | | | | | | | | | | | | | | | | | | | | | | | | | | | |
| | | | | | | | | | | | | | | | | | | | | | | | | | | | | | | | | | | | |

## 交易性金融资产明细账

科目编号：　　　　　　细目：公允价值变动　　　　　　子目：

| 年 | | 凭证号 | 摘要 | 借方 | | | | | | | | | | 贷方 | | | | | | | | | | 借或贷 | 余额 | | | | | | | | | | 核对 |
|---|---|---|---|---|---|---|---|---|---|---|---|---|---|---|---|---|---|---|---|---|---|---|---|---|---|---|---|---|---|---|---|---|---|---|---|
| 月 | 日 | | | 千 | 百 | 十 | 万 | 千 | 百 | 十 | 元 | 角 | 分 | 千 | 百 | 十 | 万 | 千 | 百 | 十 | 元 | 角 | 分 | | 千 | 百 | 十 | 万 | 千 | 百 | 十 | 元 | 角 | 分 | |
| | | | | | | | | | | | | | | | | | | | | | | | | | | | | | | | | | | | |
| | | | | | | | | | | | | | | | | | | | | | | | | | | | | | | | | | | | |
| | | | | | | | | | | | | | | | | | | | | | | | | | | | | | | | | | | | |
| | | | | | | | | | | | | | | | | | | | | | | | | | | | | | | | | | | | |
| | | | | | | | | | | | | | | | | | | | | | | | | | | | | | | | | | | | |
| | | | | | | | | | | | | | | | | | | | | | | | | | | | | | | | | | | | |
| | | | | | | | | | | | | | | | | | | | | | | | | | | | | | | | | | | | |
| | | | | | | | | | | | | | | | | | | | | | | | | | | | | | | | | | | | |
| | | | | | | | | | | | | | | | | | | | | | | | | | | | | | | | | | | | |

## 应收票据明细账

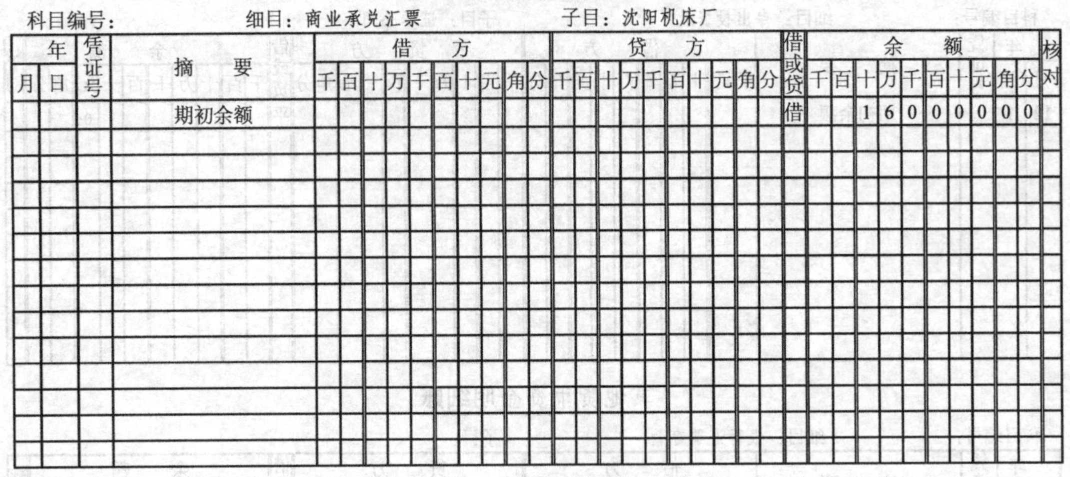

科目编号： 细目：商业承兑汇票 子目：沈阳机床厂

| 年 | | 凭证号 | 摘要 | 借方 | | | | | | | | | | 贷方 | | | | | | | | | | 借或贷 | 余额 | | | | | | | | | | 核对 |
|---|---|---|---|---|---|---|---|---|---|---|---|---|---|---|---|---|---|---|---|---|---|---|---|---|---|---|---|---|---|---|---|---|---|---|---|
| 月 | 日 | | | 千 | 百 | 十 | 万 | 千 | 百 | 十 | 元 | 角 | 分 | 千 | 百 | 十 | 万 | 千 | 百 | 十 | 元 | 角 | 分 | | 千 | 百 | 十 | 万 | 千 | 百 | 十 | 元 | 角 | 分 | |
| | | | 期初余额 | | | | | | | | | | | | | | | | | | | | | 借 | | | 1 | 6 | 0 | 0 | 0 | 0 | 0 | 0 | |
| | | | | | | | | | | | | | | | | | | | | | | | | | | | | | | | | | | | |
| | | | | | | | | | | | | | | | | | | | | | | | | | | | | | | | | | | | |
| | | | | | | | | | | | | | | | | | | | | | | | | | | | | | | | | | | | |
| | | | | | | | | | | | | | | | | | | | | | | | | | | | | | | | | | | | |
| | | | | | | | | | | | | | | | | | | | | | | | | | | | | | | | | | | | |
| | | | | | | | | | | | | | | | | | | | | | | | | | | | | | | | | | | | |
| | | | | | | | | | | | | | | | | | | | | | | | | | | | | | | | | | | | |
| | | | | | | | | | | | | | | | | | | | | | | | | | | | | | | | | | | | |
| | | | | | | | | | | | | | | | | | | | | | | | | | | | | | | | | | | | |
| | | | | | | | | | | | | | | | | | | | | | | | | | | | | | | | | | | | |
| | | | | | | | | | | | | | | | | | | | | | | | | | | | | | | | | | | | |
| | | | | | | | | | | | | | | | | | | | | | | | | | | | | | | | | | | | |

## 应收账款明细账

科目编号： 细目：大连机床厂 子目：

| 年 | | 凭证号 | 摘要 | 借方 | | | | | | | | | | 贷方 | | | | | | | | | | 借或贷 | 余额 | | | | | | | | | | 核对 |
|---|---|---|---|---|---|---|---|---|---|---|---|---|---|---|---|---|---|---|---|---|---|---|---|---|---|---|---|---|---|---|---|---|---|---|---|
| 月 | 日 | | | 千 | 百 | 十 | 万 | 千 | 百 | 十 | 元 | 角 | 分 | 千 | 百 | 十 | 万 | 千 | 百 | 十 | 元 | 角 | 分 | | 千 | 百 | 十 | 万 | 千 | 百 | 十 | 元 | 角 | 分 | |
| | | | | | | | | | | | | | | | | | | | | | | | | | | | | | | | | | | | |
| | | | | | | | | | | | | | | | | | | | | | | | | | | | | | | | | | | | |
| | | | | | | | | | | | | | | | | | | | | | | | | | | | | | | | | | | | |
| | | | | | | | | | | | | | | | | | | | | | | | | | | | | | | | | | | | |
| | | | | | | | | | | | | | | | | | | | | | | | | | | | | | | | | | | | |
| | | | | | | | | | | | | | | | | | | | | | | | | | | | | | | | | | | | |
| | | | | | | | | | | | | | | | | | | | | | | | | | | | | | | | | | | | |
| | | | | | | | | | | | | | | | | | | | | | | | | | | | | | | | | | | | |
| | | | | | | | | | | | | | | | | | | | | | | | | | | | | | | | | | | | |
| | | | | | | | | | | | | | | | | | | | | | | | | | | | | | | | | | | | |
| | | | | | | | | | | | | | | | | | | | | | | | | | | | | | | | | | | | |
| | | | | | | | | | | | | | | | | | | | | | | | | | | | | | | | | | | | |
| | | | | | | | | | | | | | | | | | | | | | | | | | | | | | | | | | | | |
| | | | | | | | | | | | | | | | | | | | | | | | | | | | | | | | | | | | |
| | | | | | | | | | | | | | | | | | | | | | | | | | | | | | | | | | | | |
| | | | | | | | | | | | | | | | | | | | | | | | | | | | | | | | | | | | |

## 应收账款明细账

科目编号： 细目：沈阳机床厂 子目：

| 年 | | 凭证号 | 摘要 | 借方 | | | | | | | | | | 贷方 | | | | | | | | | | 借或贷 | 余额 | | | | | | | | | | 核对 |
|---|---|---|---|---|---|---|---|---|---|---|---|---|---|---|---|---|---|---|---|---|---|---|---|---|---|---|---|---|---|---|---|---|---|---|---|
| 月 | 日 | | | 千 | 百 | 十 | 万 | 千 | 百 | 十 | 元 | 角 | 分 | 千 | 百 | 十 | 万 | 千 | 百 | 十 | 元 | 角 | 分 | | 千 | 百 | 十 | 万 | 千 | 百 | 十 | 元 | 角 | 分 | |
| | | | | | | | | | | | | | | | | | | | | | | | | | | | | | | | | | | | |
| | | | | | | | | | | | | | | | | | | | | | | | | | | | | | | | | | | | |
| | | | | | | | | | | | | | | | | | | | | | | | | | | | | | | | | | | | |
| | | | | | | | | | | | | | | | | | | | | | | | | | | | | | | | | | | | |
| | | | | | | | | | | | | | | | | | | | | | | | | | | | | | | | | | | | |
| | | | | | | | | | | | | | | | | | | | | | | | | | | | | | | | | | | | |
| | | | | | | | | | | | | | | | | | | | | | | | | | | | | | | | | | | | |
| | | | | | | | | | | | | | | | | | | | | | | | | | | | | | | | | | | | |
| | | | | | | | | | | | | | | | | | | | | | | | | | | | | | | | | | | | |
| | | | | | | | | | | | | | | | | | | | | | | | | | | | | | | | | | | | |
| | | | | | | | | | | | | | | | | | | | | | | | | | | | | | | | | | | | |
| | | | | | | | | | | | | | | | | | | | | | | | | | | | | | | | | | | | |
| | | | | | | | | | | | | | | | | | | | | | | | | | | | | | | | | | | | |

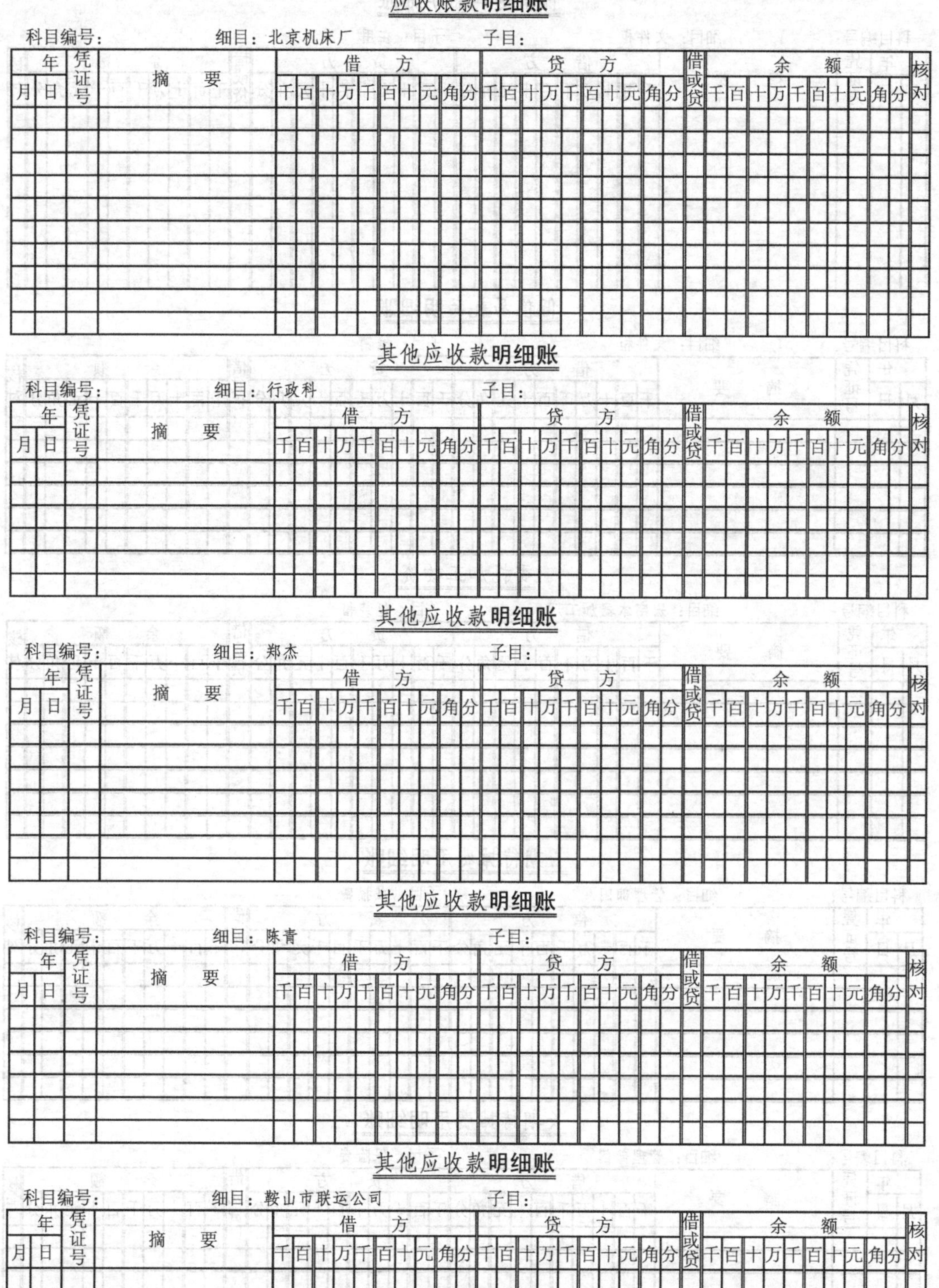

## 应收账款明细账

科目编号：　　　　细目：北京机床厂　　　　子目：

| 年 | | 凭证号 | 摘要 | 借方 | | | | | | | | | | 贷方 | | | | | | | | | | 借或贷 | 余额 | | | | | | | | | | 核对 |
|---|---|---|---|---|---|---|---|---|---|---|---|---|---|---|---|---|---|---|---|---|---|---|---|---|---|---|---|---|---|---|---|---|---|---|---|
| 月 | 日 | | | 千 | 百 | 十 | 万 | 千 | 百 | 十 | 元 | 角 | 分 | 千 | 百 | 十 | 万 | 千 | 百 | 十 | 元 | 角 | 分 | | 千 | 百 | 十 | 万 | 千 | 百 | 十 | 元 | 角 | 分 | |

## 其他应收款明细账

科目编号：　　　　细目：行政科　　　　子目：

| 年 | | 凭证号 | 摘要 | 借方 | | | | | | | | | | 贷方 | | | | | | | | | | 借或贷 | 余额 | | | | | | | | | | 核对 |
|---|---|---|---|---|---|---|---|---|---|---|---|---|---|---|---|---|---|---|---|---|---|---|---|---|---|---|---|---|---|---|---|---|---|---|---|
| 月 | 日 | | | 千 | 百 | 十 | 万 | 千 | 百 | 十 | 元 | 角 | 分 | 千 | 百 | 十 | 万 | 千 | 百 | 十 | 元 | 角 | 分 | | 千 | 百 | 十 | 万 | 千 | 百 | 十 | 元 | 角 | 分 | |

## 其他应收款明细账

科目编号：　　　　细目：郑杰　　　　子目：

| 年 | | 凭证号 | 摘要 | 借方 | | | | | | | | | | 贷方 | | | | | | | | | | 借或贷 | 余额 | | | | | | | | | | 核对 |
|---|---|---|---|---|---|---|---|---|---|---|---|---|---|---|---|---|---|---|---|---|---|---|---|---|---|---|---|---|---|---|---|---|---|---|---|
| 月 | 日 | | | 千 | 百 | 十 | 万 | 千 | 百 | 十 | 元 | 角 | 分 | 千 | 百 | 十 | 万 | 千 | 百 | 十 | 元 | 角 | 分 | | 千 | 百 | 十 | 万 | 千 | 百 | 十 | 元 | 角 | 分 | |

## 其他应收款明细账

科目编号：　　　　细目：陈青　　　　子目：

| 年 | | 凭证号 | 摘要 | 借方 | | | | | | | | | | 贷方 | | | | | | | | | | 借或贷 | 余额 | | | | | | | | | | 核对 |
|---|---|---|---|---|---|---|---|---|---|---|---|---|---|---|---|---|---|---|---|---|---|---|---|---|---|---|---|---|---|---|---|---|---|---|---|
| 月 | 日 | | | 千 | 百 | 十 | 万 | 千 | 百 | 十 | 元 | 角 | 分 | 千 | 百 | 十 | 万 | 千 | 百 | 十 | 元 | 角 | 分 | | 千 | 百 | 十 | 万 | 千 | 百 | 十 | 元 | 角 | 分 | |

## 其他应收款明细账

科目编号：　　　　细目：鞍山市联运公司　　　　子目：

| 年 | | 凭证号 | 摘要 | 借方 | | | | | | | | | | 贷方 | | | | | | | | | | 借或贷 | 余额 | | | | | | | | | | 核对 |
|---|---|---|---|---|---|---|---|---|---|---|---|---|---|---|---|---|---|---|---|---|---|---|---|---|---|---|---|---|---|---|---|---|---|---|---|
| 月 | 日 | | | 千 | 百 | 十 | 万 | 千 | 百 | 十 | 元 | 角 | 分 | 千 | 百 | 十 | 万 | 千 | 百 | 十 | 元 | 角 | 分 | | 千 | 百 | 十 | 万 | 千 | 百 | 十 | 元 | 角 | 分 | |

## 低值易耗品明细账

科目编号：　　　　细目：文件柜　　　　子目：在用

| 年 | | 凭证号 | 摘要 | 借方 | | | | | | | | | | 贷方 | | | | | | | | | | 借或贷 | 余额 | | | | | | | | | | 核对 |
|---|---|---|---|---|---|---|---|---|---|---|---|---|---|---|---|---|---|---|---|---|---|---|---|---|---|---|---|---|---|---|---|---|---|---|---|
| 月 | 日 | | | 千 | 百 | 十 | 万 | 千 | 百 | 十 | 元 | 角 | 分 | 千 | 百 | 十 | 万 | 千 | 百 | 十 | 元 | 角 | 分 | | 千 | 百 | 十 | 万 | 千 | 百 | 十 | 元 | 角 | 分 | |
| | | | | | | | | | | | | | | | | | | | | | | | | | | | | | | | | | | | |
| | | | | | | | | | | | | | | | | | | | | | | | | | | | | | | | | | | | |
| | | | | | | | | | | | | | | | | | | | | | | | | | | | | | | | | | | | |
| | | | | | | | | | | | | | | | | | | | | | | | | | | | | | | | | | | | |
| | | | | | | | | | | | | | | | | | | | | | | | | | | | | | | | | | | | |
| | | | | | | | | | | | | | | | | | | | | | | | | | | | | | | | | | | | |
| | | | | | | | | | | | | | | | | | | | | | | | | | | | | | | | | | | | |
| | | | | | | | | | | | | | | | | | | | | | | | | | | | | | | | | | | | |

## 低值易耗品明细账

科目编号：　　　　细目：文件柜　　　　子目：摊销

| 年 | | 凭证号 | 摘要 | 借方 | | | | | | | | | | 贷方 | | | | | | | | | | 借或贷 | 余额 | | | | | | | | | | 核对 |
|---|---|---|---|---|---|---|---|---|---|---|---|---|---|---|---|---|---|---|---|---|---|---|---|---|---|---|---|---|---|---|---|---|---|---|---|
| 月 | 日 | | | 千 | 百 | 十 | 万 | 千 | 百 | 十 | 元 | 角 | 分 | 千 | 百 | 十 | 万 | 千 | 百 | 十 | 元 | 角 | 分 | | 千 | 百 | 十 | 万 | 千 | 百 | 十 | 元 | 角 | 分 | |
| | | | | | | | | | | | | | | | | | | | | | | | | | | | | | | | | | | | |
| | | | | | | | | | | | | | | | | | | | | | | | | | | | | | | | | | | | |
| | | | | | | | | | | | | | | | | | | | | | | | | | | | | | | | | | | | |
| | | | | | | | | | | | | | | | | | | | | | | | | | | | | | | | | | | | |
| | | | | | | | | | | | | | | | | | | | | | | | | | | | | | | | | | | | |
| | | | | | | | | | | | | | | | | | | | | | | | | | | | | | | | | | | | |

## 委托加工物资

科目编号：　　　　细目：宏宇木器加工厂　　　　子目：包装箱

| 年 | | 凭证号 | 摘要 | 借方 | | | | | | | | | | 贷方 | | | | | | | | | | 借或贷 | 余额 | | | | | | | | | | 核对 |
|---|---|---|---|---|---|---|---|---|---|---|---|---|---|---|---|---|---|---|---|---|---|---|---|---|---|---|---|---|---|---|---|---|---|---|---|
| 月 | 日 | | | 千 | 百 | 十 | 万 | 千 | 百 | 十 | 元 | 角 | 分 | 千 | 百 | 十 | 万 | 千 | 百 | 十 | 元 | 角 | 分 | | 千 | 百 | 十 | 万 | 千 | 百 | 十 | 元 | 角 | 分 | |
| | | | | | | | | | | | | | | | | | | | | | | | | | | | | | | | | | | | |
| | | | | | | | | | | | | | | | | | | | | | | | | | | | | | | | | | | | |
| | | | | | | | | | | | | | | | | | | | | | | | | | | | | | | | | | | | |
| | | | | | | | | | | | | | | | | | | | | | | | | | | | | | | | | | | | |
| | | | | | | | | | | | | | | | | | | | | | | | | | | | | | | | | | | | |
| | | | | | | | | | | | | | | | | | | | | | | | | | | | | | | | | | | | |
| | | | | | | | | | | | | | | | | | | | | | | | | | | | | | | | | | | | |

## 长期待摊费用明细账

科目编号：　　　　细目：管理部门　　　　子目：书报费

| 年 | | 凭证号 | 摘要 | 借方 | | | | | | | | | | 贷方 | | | | | | | | | | 借或贷 | 余额 | | | | | | | | | | 核对 |
|---|---|---|---|---|---|---|---|---|---|---|---|---|---|---|---|---|---|---|---|---|---|---|---|---|---|---|---|---|---|---|---|---|---|---|---|
| 月 | 日 | | | 千 | 百 | 十 | 万 | 千 | 百 | 十 | 元 | 角 | 分 | 千 | 百 | 十 | 万 | 千 | 百 | 十 | 元 | 角 | 分 | | 千 | 百 | 十 | 万 | 千 | 百 | 十 | 元 | 角 | 分 | |
| | | | | | | | | | | | | | | | | | | | | | | | | | | | | | | | | | | | |
| | | | | | | | | | | | | | | | | | | | | | | | | | | | | | | | | | | | |
| | | | | | | | | | | | | | | | | | | | | | | | | | | | | | | | | | | | |
| | | | | | | | | | | | | | | | | | | | | | | | | | | | | | | | | | | | |
| | | | | | | | | | | | | | | | | | | | | | | | | | | | | | | | | | | | |
| | | | | | | | | | | | | | | | | | | | | | | | | | | | | | | | | | | | |

## 长期待摊费用明细账

科目编号：　　　　细目：管理部门　　　　子目：保险费

| 年 | | 凭证号 | 摘要 | 借方 | | | | | | | | | | 贷方 | | | | | | | | | | 借或贷 | 余额 | | | | | | | | | | 核对 |
|---|---|---|---|---|---|---|---|---|---|---|---|---|---|---|---|---|---|---|---|---|---|---|---|---|---|---|---|---|---|---|---|---|---|---|---|
| 月 | 日 | | | 千 | 百 | 十 | 万 | 千 | 百 | 十 | 元 | 角 | 分 | 千 | 百 | 十 | 万 | 千 | 百 | 十 | 元 | 角 | 分 | | 千 | 百 | 十 | 万 | 千 | 百 | 十 | 元 | 角 | 分 | |
| | | | | | | | | | | | | | | | | | | | | | | | | | | | | | | | | | | | |
| | | | | | | | | | | | | | | | | | | | | | | | | | | | | | | | | | | | |
| | | | | | | | | | | | | | | | | | | | | | | | | | | | | | | | | | | | |
| | | | | | | | | | | | | | | | | | | | | | | | | | | | | | | | | | | | |
| | | | | | | | | | | | | | | | | | | | | | | | | | | | | | | | | | | | |
| | | | | | | | | | | | | | | | | | | | | | | | | | | | | | | | | | | | |
| | | | | | | | | | | | | | | | | | | | | | | | | | | | | | | | | | | | |

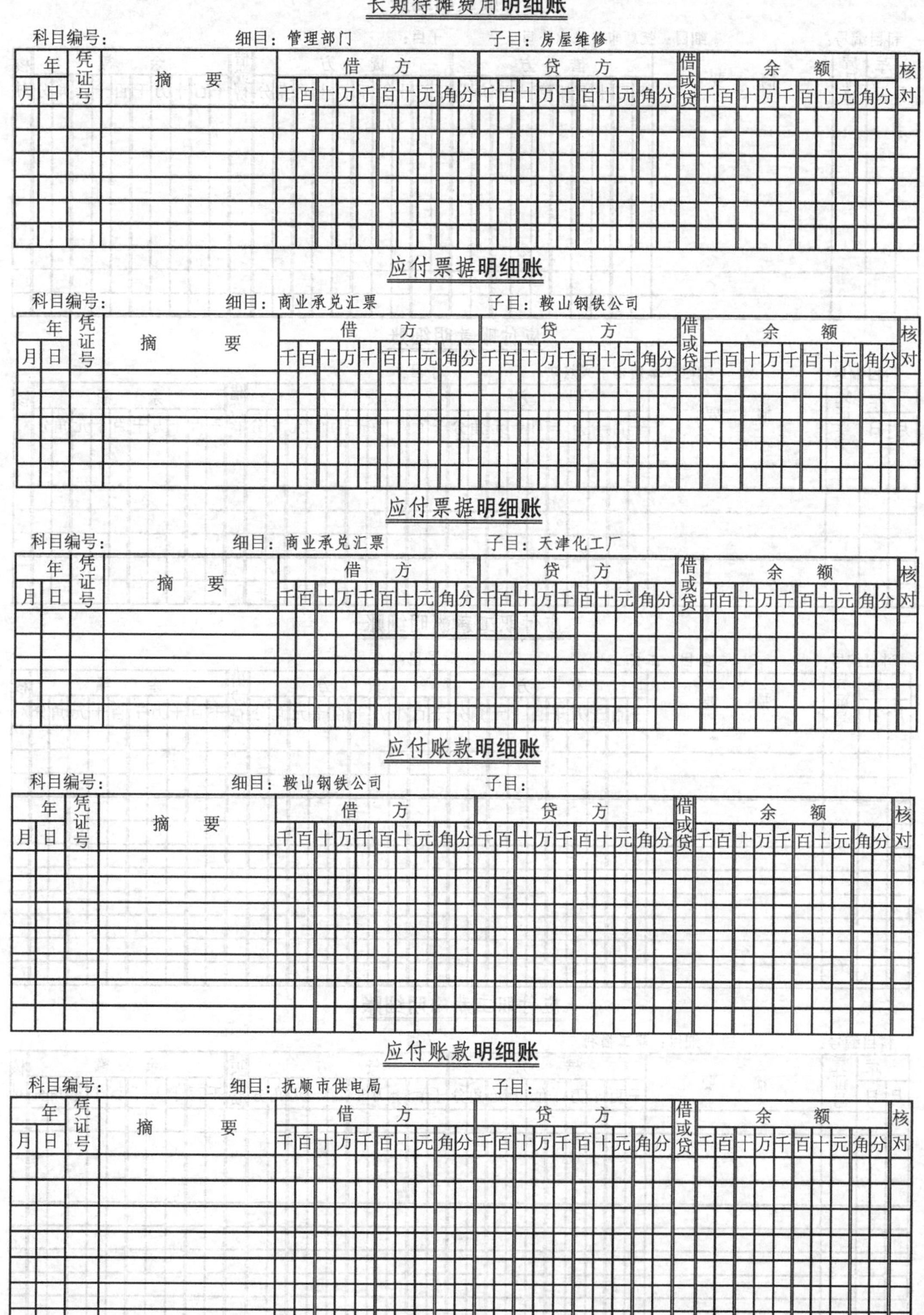

## 长期待摊费用明细账

科目编号： 细目：管理部门 子目：房屋维修

| 年 | | 凭证号 | 摘要 | 借方 | | | | | | | | | | 贷方 | | | | | | | | | | 借或贷 | 余额 | | | | | | | | | | 核对 |
|---|---|---|---|---|---|---|---|---|---|---|---|---|---|---|---|---|---|---|---|---|---|---|---|---|---|---|---|---|---|---|---|---|---|---|---|
| 月 | 日 | | | 千 | 百 | 十 | 万 | 千 | 百 | 十 | 元 | 角 | 分 | 千 | 百 | 十 | 万 | 千 | 百 | 十 | 元 | 角 | 分 | | 千 | 百 | 十 | 万 | 千 | 百 | 十 | 元 | 角 | 分 | |
| | | | | | | | | | | | | | | | | | | | | | | | | | | | | | | | | | | | |
| | | | | | | | | | | | | | | | | | | | | | | | | | | | | | | | | | | | |
| | | | | | | | | | | | | | | | | | | | | | | | | | | | | | | | | | | | |
| | | | | | | | | | | | | | | | | | | | | | | | | | | | | | | | | | | | |
| | | | | | | | | | | | | | | | | | | | | | | | | | | | | | | | | | | | |
| | | | | | | | | | | | | | | | | | | | | | | | | | | | | | | | | | | | |

## 应付票据明细账

科目编号： 细目：商业承兑汇票 子目：鞍山钢铁公司

| 年 | | 凭证号 | 摘要 | 借方 | | | | | | | | | | 贷方 | | | | | | | | | | 借或贷 | 余额 | | | | | | | | | | 核对 |
|---|---|---|---|---|---|---|---|---|---|---|---|---|---|---|---|---|---|---|---|---|---|---|---|---|---|---|---|---|---|---|---|---|---|---|---|
| 月 | 日 | | | 千 | 百 | 十 | 万 | 千 | 百 | 十 | 元 | 角 | 分 | 千 | 百 | 十 | 万 | 千 | 百 | 十 | 元 | 角 | 分 | | 千 | 百 | 十 | 万 | 千 | 百 | 十 | 元 | 角 | 分 | |
| | | | | | | | | | | | | | | | | | | | | | | | | | | | | | | | | | | | |
| | | | | | | | | | | | | | | | | | | | | | | | | | | | | | | | | | | | |
| | | | | | | | | | | | | | | | | | | | | | | | | | | | | | | | | | | | |
| | | | | | | | | | | | | | | | | | | | | | | | | | | | | | | | | | | | |
| | | | | | | | | | | | | | | | | | | | | | | | | | | | | | | | | | | | |

## 应付票据明细账

科目编号： 细目：商业承兑汇票 子目：天津化工厂

| 年 | | 凭证号 | 摘要 | 借方 | | | | | | | | | | 贷方 | | | | | | | | | | 借或贷 | 余额 | | | | | | | | | | 核对 |
|---|---|---|---|---|---|---|---|---|---|---|---|---|---|---|---|---|---|---|---|---|---|---|---|---|---|---|---|---|---|---|---|---|---|---|---|
| 月 | 日 | | | 千 | 百 | 十 | 万 | 千 | 百 | 十 | 元 | 角 | 分 | 千 | 百 | 十 | 万 | 千 | 百 | 十 | 元 | 角 | 分 | | 千 | 百 | 十 | 万 | 千 | 百 | 十 | 元 | 角 | 分 | |
| | | | | | | | | | | | | | | | | | | | | | | | | | | | | | | | | | | | |
| | | | | | | | | | | | | | | | | | | | | | | | | | | | | | | | | | | | |
| | | | | | | | | | | | | | | | | | | | | | | | | | | | | | | | | | | | |
| | | | | | | | | | | | | | | | | | | | | | | | | | | | | | | | | | | | |
| | | | | | | | | | | | | | | | | | | | | | | | | | | | | | | | | | | | |

## 应付账款明细账

科目编号： 细目：鞍山钢铁公司 子目：

| 年 | | 凭证号 | 摘要 | 借方 | | | | | | | | | | 贷方 | | | | | | | | | | 借或贷 | 余额 | | | | | | | | | | 核对 |
|---|---|---|---|---|---|---|---|---|---|---|---|---|---|---|---|---|---|---|---|---|---|---|---|---|---|---|---|---|---|---|---|---|---|---|---|
| 月 | 日 | | | 千 | 百 | 十 | 万 | 千 | 百 | 十 | 元 | 角 | 分 | 千 | 百 | 十 | 万 | 千 | 百 | 十 | 元 | 角 | 分 | | 千 | 百 | 十 | 万 | 千 | 百 | 十 | 元 | 角 | 分 | |
| | | | | | | | | | | | | | | | | | | | | | | | | | | | | | | | | | | | |
| | | | | | | | | | | | | | | | | | | | | | | | | | | | | | | | | | | | |
| | | | | | | | | | | | | | | | | | | | | | | | | | | | | | | | | | | | |
| | | | | | | | | | | | | | | | | | | | | | | | | | | | | | | | | | | | |
| | | | | | | | | | | | | | | | | | | | | | | | | | | | | | | | | | | | |
| | | | | | | | | | | | | | | | | | | | | | | | | | | | | | | | | | | | |
| | | | | | | | | | | | | | | | | | | | | | | | | | | | | | | | | | | | |
| | | | | | | | | | | | | | | | | | | | | | | | | | | | | | | | | | | | |

## 应付账款明细账

科目编号： 细目：抚顺市供电局 子目：

| 年 | | 凭证号 | 摘要 | 借方 | | | | | | | | | | 贷方 | | | | | | | | | | 借或贷 | 余额 | | | | | | | | | | 核对 |
|---|---|---|---|---|---|---|---|---|---|---|---|---|---|---|---|---|---|---|---|---|---|---|---|---|---|---|---|---|---|---|---|---|---|---|---|
| 月 | 日 | | | 千 | 百 | 十 | 万 | 千 | 百 | 十 | 元 | 角 | 分 | 千 | 百 | 十 | 万 | 千 | 百 | 十 | 元 | 角 | 分 | | 千 | 百 | 十 | 万 | 千 | 百 | 十 | 元 | 角 | 分 | |
| | | | | | | | | | | | | | | | | | | | | | | | | | | | | | | | | | | | |
| | | | | | | | | | | | | | | | | | | | | | | | | | | | | | | | | | | | |
| | | | | | | | | | | | | | | | | | | | | | | | | | | | | | | | | | | | |
| | | | | | | | | | | | | | | | | | | | | | | | | | | | | | | | | | | | |
| | | | | | | | | | | | | | | | | | | | | | | | | | | | | | | | | | | | |
| | | | | | | | | | | | | | | | | | | | | | | | | | | | | | | | | | | | |
| | | | | | | | | | | | | | | | | | | | | | | | | | | | | | | | | | | | |
| | | | | | | | | | | | | | | | | | | | | | | | | | | | | | | | | | | | |
| | | | | | | | | | | | | | | | | | | | | | | | | | | | | | | | | | | | |

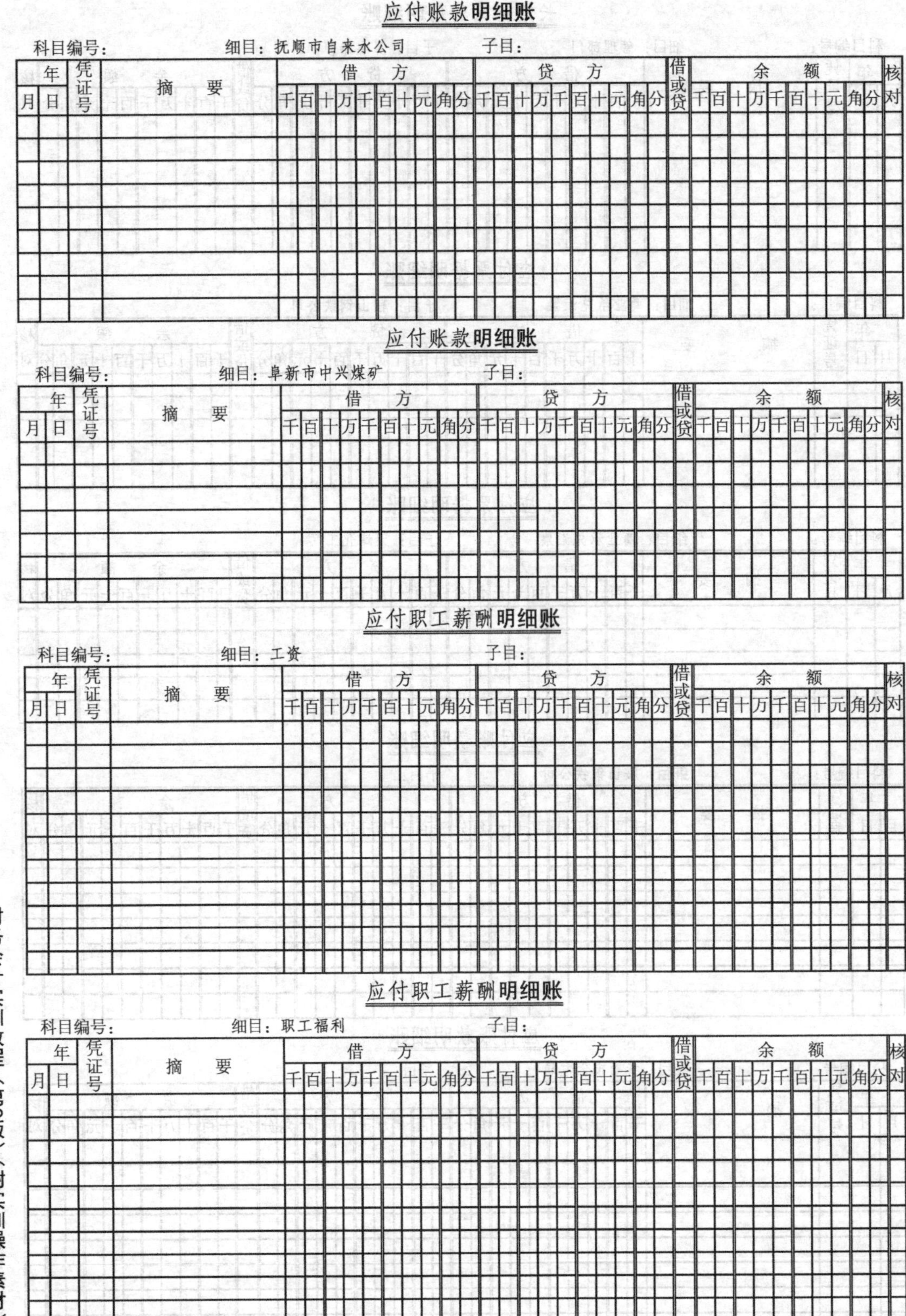

## 应付账款明细账

科目编号：　　　　细目：抚顺市自来水公司　　　　子目：

| 年 | | 凭证号 | 摘要 | 借方 | | | | | | | | | | 贷方 | | | | | | | | | | 借或贷 | 余额 | | | | | | | | | | 核对 |
|---|---|---|---|---|---|---|---|---|---|---|---|---|---|---|---|---|---|---|---|---|---|---|---|---|---|---|---|---|---|---|---|---|---|---|---|
| 月 | 日 | | | 千 | 百 | 十 | 万 | 千 | 百 | 十 | 元 | 角 | 分 | 千 | 百 | 十 | 万 | 千 | 百 | 十 | 元 | 角 | 分 | | 千 | 百 | 十 | 万 | 千 | 百 | 十 | 元 | 角 | 分 | |

## 应付账款明细账

科目编号：　　　　细目：阜新市中兴煤矿　　　　子目：

| 年 | | 凭证号 | 摘要 | 借方 | | | | | | | | | | 贷方 | | | | | | | | | | 借或贷 | 余额 | | | | | | | | | | 核对 |
|---|---|---|---|---|---|---|---|---|---|---|---|---|---|---|---|---|---|---|---|---|---|---|---|---|---|---|---|---|---|---|---|---|---|---|---|
| 月 | 日 | | | 千 | 百 | 十 | 万 | 千 | 百 | 十 | 元 | 角 | 分 | 千 | 百 | 十 | 万 | 千 | 百 | 十 | 元 | 角 | 分 | | 千 | 百 | 十 | 万 | 千 | 百 | 十 | 元 | 角 | 分 | |

## 应付职工薪酬明细账

科目编号：　　　　细目：工资　　　　子目：

| 年 | | 凭证号 | 摘要 | 借方 | | | | | | | | | | 贷方 | | | | | | | | | | 借或贷 | 余额 | | | | | | | | | | 核对 |
|---|---|---|---|---|---|---|---|---|---|---|---|---|---|---|---|---|---|---|---|---|---|---|---|---|---|---|---|---|---|---|---|---|---|---|---|
| 月 | 日 | | | 千 | 百 | 十 | 万 | 千 | 百 | 十 | 元 | 角 | 分 | 千 | 百 | 十 | 万 | 千 | 百 | 十 | 元 | 角 | 分 | | 千 | 百 | 十 | 万 | 千 | 百 | 十 | 元 | 角 | 分 | |

## 应付职工薪酬明细账

科目编号：　　　　细目：职工福利　　　　子目：

| 年 | | 凭证号 | 摘要 | 借方 | | | | | | | | | | 贷方 | | | | | | | | | | 借或贷 | 余额 | | | | | | | | | | 核对 |
|---|---|---|---|---|---|---|---|---|---|---|---|---|---|---|---|---|---|---|---|---|---|---|---|---|---|---|---|---|---|---|---|---|---|---|---|
| 月 | 日 | | | 千 | 百 | 十 | 万 | 千 | 百 | 十 | 元 | 角 | 分 | 千 | 百 | 十 | 万 | 千 | 百 | 十 | 元 | 角 | 分 | | 千 | 百 | 十 | 万 | 千 | 百 | 十 | 元 | 角 | 分 | |

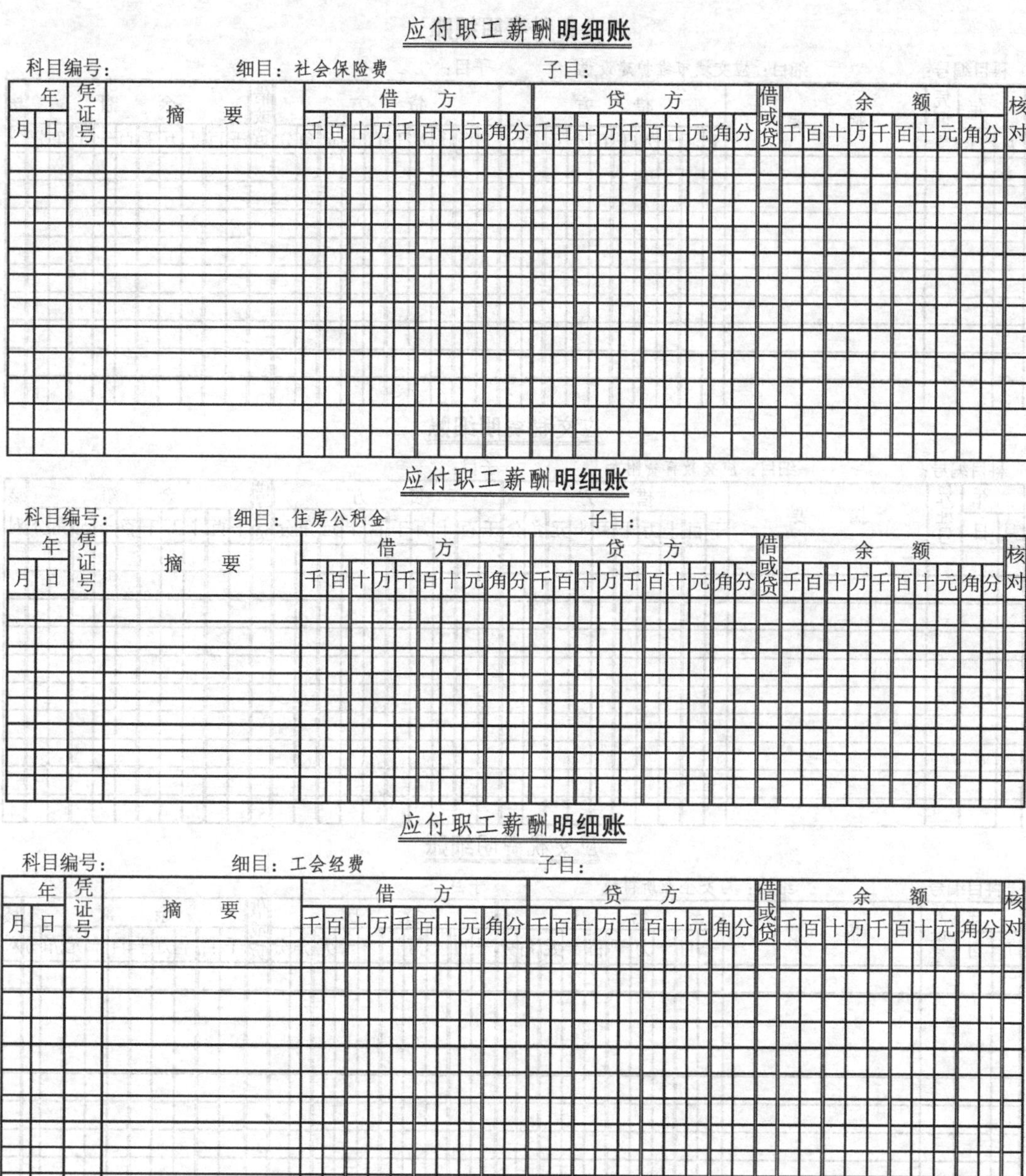

## 应付职工薪酬明细账

科目编号：　　　　细目：社会保险费　　　　子目：

| 年 |  | 凭证号 | 摘要 | 借方 | | | | | | | | | | 贷方 | | | | | | | | | | 借或贷 | 余额 | | | | | | | | | | 核对 |
|---|---|---|---|---|---|---|---|---|---|---|---|---|---|---|---|---|---|---|---|---|---|---|---|---|---|---|---|---|---|---|---|---|---|---|---|
| 月 | 日 |  |  | 千 | 百 | 十 | 万 | 千 | 百 | 十 | 元 | 角 | 分 | 千 | 百 | 十 | 万 | 千 | 百 | 十 | 元 | 角 | 分 |  | 千 | 百 | 十 | 万 | 千 | 百 | 十 | 元 | 角 | 分 |  |
| | | | | | | | | | | | | | | | | | | | | | | | | | | | | | | | | | | | |
| | | | | | | | | | | | | | | | | | | | | | | | | | | | | | | | | | | | |
| | | | | | | | | | | | | | | | | | | | | | | | | | | | | | | | | | | | |
| | | | | | | | | | | | | | | | | | | | | | | | | | | | | | | | | | | | |
| | | | | | | | | | | | | | | | | | | | | | | | | | | | | | | | | | | | |
| | | | | | | | | | | | | | | | | | | | | | | | | | | | | | | | | | | | |
| | | | | | | | | | | | | | | | | | | | | | | | | | | | | | | | | | | | |
| | | | | | | | | | | | | | | | | | | | | | | | | | | | | | | | | | | | |
| | | | | | | | | | | | | | | | | | | | | | | | | | | | | | | | | | | | |
| | | | | | | | | | | | | | | | | | | | | | | | | | | | | | | | | | | | |
| | | | | | | | | | | | | | | | | | | | | | | | | | | | | | | | | | | | |
| | | | | | | | | | | | | | | | | | | | | | | | | | | | | | | | | | | | |

## 应付职工薪酬明细账

科目编号：　　　　细目：住房公积金　　　　子目：

| 年 |  | 凭证号 | 摘要 | 借方 | | | | | | | | | | 贷方 | | | | | | | | | | 借或贷 | 余额 | | | | | | | | | | 核对 |
|---|---|---|---|---|---|---|---|---|---|---|---|---|---|---|---|---|---|---|---|---|---|---|---|---|---|---|---|---|---|---|---|---|---|---|---|
| 月 | 日 |  |  | 千 | 百 | 十 | 万 | 千 | 百 | 十 | 元 | 角 | 分 | 千 | 百 | 十 | 万 | 千 | 百 | 十 | 元 | 角 | 分 |  | 千 | 百 | 十 | 万 | 千 | 百 | 十 | 元 | 角 | 分 |  |
| | | | | | | | | | | | | | | | | | | | | | | | | | | | | | | | | | | | |
| | | | | | | | | | | | | | | | | | | | | | | | | | | | | | | | | | | | |
| | | | | | | | | | | | | | | | | | | | | | | | | | | | | | | | | | | | |
| | | | | | | | | | | | | | | | | | | | | | | | | | | | | | | | | | | | |
| | | | | | | | | | | | | | | | | | | | | | | | | | | | | | | | | | | | |
| | | | | | | | | | | | | | | | | | | | | | | | | | | | | | | | | | | | |
| | | | | | | | | | | | | | | | | | | | | | | | | | | | | | | | | | | | |
| | | | | | | | | | | | | | | | | | | | | | | | | | | | | | | | | | | | |

## 应付职工薪酬明细账

科目编号：　　　　细目：工会经费　　　　子目：

| 年 |  | 凭证号 | 摘要 | 借方 | | | | | | | | | | 贷方 | | | | | | | | | | 借或贷 | 余额 | | | | | | | | | | 核对 |
|---|---|---|---|---|---|---|---|---|---|---|---|---|---|---|---|---|---|---|---|---|---|---|---|---|---|---|---|---|---|---|---|---|---|---|---|
| 月 | 日 |  |  | 千 | 百 | 十 | 万 | 千 | 百 | 十 | 元 | 角 | 分 | 千 | 百 | 十 | 万 | 千 | 百 | 十 | 元 | 角 | 分 |  | 千 | 百 | 十 | 万 | 千 | 百 | 十 | 元 | 角 | 分 |  |
| | | | | | | | | | | | | | | | | | | | | | | | | | | | | | | | | | | | |
| | | | | | | | | | | | | | | | | | | | | | | | | | | | | | | | | | | | |
| | | | | | | | | | | | | | | | | | | | | | | | | | | | | | | | | | | | |
| | | | | | | | | | | | | | | | | | | | | | | | | | | | | | | | | | | | |
| | | | | | | | | | | | | | | | | | | | | | | | | | | | | | | | | | | | |
| | | | | | | | | | | | | | | | | | | | | | | | | | | | | | | | | | | | |
| | | | | | | | | | | | | | | | | | | | | | | | | | | | | | | | | | | | |
| | | | | | | | | | | | | | | | | | | | | | | | | | | | | | | | | | | | |
| | | | | | | | | | | | | | | | | | | | | | | | | | | | | | | | | | | | |
| | | | | | | | | | | | | | | | | | | | | | | | | | | | | | | | | | | | |

## 应付职工薪酬明细账

科目编号：　　　　细目：职工教育经费　　　　子目：

| 年 |  | 凭证号 | 摘要 | 借方 | | | | | | | | | | 贷方 | | | | | | | | | | 借或贷 | 余额 | | | | | | | | | | 核对 |
|---|---|---|---|---|---|---|---|---|---|---|---|---|---|---|---|---|---|---|---|---|---|---|---|---|---|---|---|---|---|---|---|---|---|---|---|
| 月 | 日 |  |  | 千 | 百 | 十 | 万 | 千 | 百 | 十 | 元 | 角 | 分 | 千 | 百 | 十 | 万 | 千 | 百 | 十 | 元 | 角 | 分 |  | 千 | 百 | 十 | 万 | 千 | 百 | 十 | 元 | 角 | 分 |  |
| | | | | | | | | | | | | | | | | | | | | | | | | | | | | | | | | | | | |
| | | | | | | | | | | | | | | | | | | | | | | | | | | | | | | | | | | | |
| | | | | | | | | | | | | | | | | | | | | | | | | | | | | | | | | | | | |
| | | | | | | | | | | | | | | | | | | | | | | | | | | | | | | | | | | | |
| | | | | | | | | | | | | | | | | | | | | | | | | | | | | | | | | | | | |
| | | | | | | | | | | | | | | | | | | | | | | | | | | | | | | | | | | | |
| | | | | | | | | | | | | | | | | | | | | | | | | | | | | | | | | | | | |
| | | | | | | | | | | | | | | | | | | | | | | | | | | | | | | | | | | | |

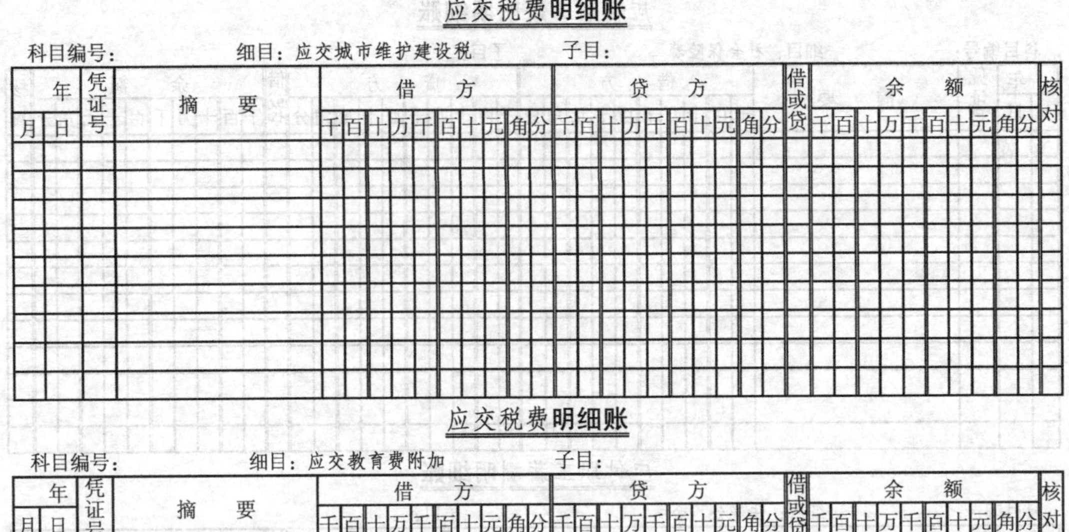

## 应交税费明细账

科目编号：　　　　细目：应交城市维护建设税　　　　子目：

| 年 | | 凭证号 | 摘要 | 借方 | | | | | | | | | | 贷方 | | | | | | | | | | 借或贷 | 余额 | | | | | | | | | | 核对 |
|---|---|---|---|---|---|---|---|---|---|---|---|---|---|---|---|---|---|---|---|---|---|---|---|---|---|---|---|---|---|---|---|---|---|---|---|
| 月 | 日 | | | 千 | 百 | 十 | 万 | 千 | 百 | 十 | 元 | 角 | 分 | 千 | 百 | 十 | 万 | 千 | 百 | 十 | 元 | 角 | 分 | | 千 | 百 | 十 | 万 | 千 | 百 | 十 | 元 | 角 | 分 | |
| | | | | | | | | | | | | | | | | | | | | | | | | | | | | | | | | | | | |
| | | | | | | | | | | | | | | | | | | | | | | | | | | | | | | | | | | | |
| | | | | | | | | | | | | | | | | | | | | | | | | | | | | | | | | | | | |
| | | | | | | | | | | | | | | | | | | | | | | | | | | | | | | | | | | | |
| | | | | | | | | | | | | | | | | | | | | | | | | | | | | | | | | | | | |
| | | | | | | | | | | | | | | | | | | | | | | | | | | | | | | | | | | | |
| | | | | | | | | | | | | | | | | | | | | | | | | | | | | | | | | | | | |
| | | | | | | | | | | | | | | | | | | | | | | | | | | | | | | | | | | | |
| | | | | | | | | | | | | | | | | | | | | | | | | | | | | | | | | | | | |

## 应交税费明细账

科目编号：　　　　细目：应交教育费附加　　　　子目：

| 年 | | 凭证号 | 摘要 | 借方 | | | | | | | | | | 贷方 | | | | | | | | | | 借或贷 | 余额 | | | | | | | | | | 核对 |
|---|---|---|---|---|---|---|---|---|---|---|---|---|---|---|---|---|---|---|---|---|---|---|---|---|---|---|---|---|---|---|---|---|---|---|---|
| 月 | 日 | | | 千 | 百 | 十 | 万 | 千 | 百 | 十 | 元 | 角 | 分 | 千 | 百 | 十 | 万 | 千 | 百 | 十 | 元 | 角 | 分 | | 千 | 百 | 十 | 万 | 千 | 百 | 十 | 元 | 角 | 分 | |
| | | | | | | | | | | | | | | | | | | | | | | | | | | | | | | | | | | | |
| | | | | | | | | | | | | | | | | | | | | | | | | | | | | | | | | | | | |
| | | | | | | | | | | | | | | | | | | | | | | | | | | | | | | | | | | | |
| | | | | | | | | | | | | | | | | | | | | | | | | | | | | | | | | | | | |
| | | | | | | | | | | | | | | | | | | | | | | | | | | | | | | | | | | | |
| | | | | | | | | | | | | | | | | | | | | | | | | | | | | | | | | | | | |
| | | | | | | | | | | | | | | | | | | | | | | | | | | | | | | | | | | | |
| | | | | | | | | | | | | | | | | | | | | | | | | | | | | | | | | | | | |
| | | | | | | | | | | | | | | | | | | | | | | | | | | | | | | | | | | | |
| | | | | | | | | | | | | | | | | | | | | | | | | | | | | | | | | | | | |

## 应交税费明细账

科目编号：　　　　细目：应交企业所得税　　　　子目：

| 年 | | 凭证号 | 摘要 | 借方 | | | | | | | | | | 贷方 | | | | | | | | | | 借或贷 | 余额 | | | | | | | | | | 核对 |
|---|---|---|---|---|---|---|---|---|---|---|---|---|---|---|---|---|---|---|---|---|---|---|---|---|---|---|---|---|---|---|---|---|---|---|---|
| 月 | 日 | | | 千 | 百 | 十 | 万 | 千 | 百 | 十 | 元 | 角 | 分 | 千 | 百 | 十 | 万 | 千 | 百 | 十 | 元 | 角 | 分 | | 千 | 百 | 十 | 万 | 千 | 百 | 十 | 元 | 角 | 分 | |
| | | | | | | | | | | | | | | | | | | | | | | | | | | | | | | | | | | | |
| | | | | | | | | | | | | | | | | | | | | | | | | | | | | | | | | | | | |
| | | | | | | | | | | | | | | | | | | | | | | | | | | | | | | | | | | | |
| | | | | | | | | | | | | | | | | | | | | | | | | | | | | | | | | | | | |
| | | | | | | | | | | | | | | | | | | | | | | | | | | | | | | | | | | | |
| | | | | | | | | | | | | | | | | | | | | | | | | | | | | | | | | | | | |
| | | | | | | | | | | | | | | | | | | | | | | | | | | | | | | | | | | | |
| | | | | | | | | | | | | | | | | | | | | | | | | | | | | | | | | | | | |
| | | | | | | | | | | | | | | | | | | | | | | | | | | | | | | | | | | | |
| | | | | | | | | | | | | | | | | | | | | | | | | | | | | | | | | | | | |

## 应交税费明细账

科目编号：　　　　细目：　　　　子目：

| 年 | | 凭证号 | 摘要 | 借方 | | | | | | | | | | 贷方 | | | | | | | | | | 借或贷 | 余额 | | | | | | | | | | 核对 |
|---|---|---|---|---|---|---|---|---|---|---|---|---|---|---|---|---|---|---|---|---|---|---|---|---|---|---|---|---|---|---|---|---|---|---|---|
| 月 | 日 | | | 千 | 百 | 十 | 万 | 千 | 百 | 十 | 元 | 角 | 分 | 千 | 百 | 十 | 万 | 千 | 百 | 十 | 元 | 角 | 分 | | 千 | 百 | 十 | 万 | 千 | 百 | 十 | 元 | 角 | 分 | |
| | | | | | | | | | | | | | | | | | | | | | | | | | | | | | | | | | | | |
| | | | | | | | | | | | | | | | | | | | | | | | | | | | | | | | | | | | |
| | | | | | | | | | | | | | | | | | | | | | | | | | | | | | | | | | | | |
| | | | | | | | | | | | | | | | | | | | | | | | | | | | | | | | | | | | |
| | | | | | | | | | | | | | | | | | | | | | | | | | | | | | | | | | | | |
| | | | | | | | | | | | | | | | | | | | | | | | | | | | | | | | | | | | |
| | | | | | | | | | | | | | | | | | | | | | | | | | | | | | | | | | | | |

# 应交税费明细账

科目编号：　　　　　　细目：应交增值税　　　　　　子目

| 20××年 | | 凭证号 | 摘要 | 借方 | | | | | | | | | | | | | | | | | | | | | | | | | | | | | | | | |
|---|---|---|---|---|---|---|---|---|---|---|---|---|---|---|---|---|---|---|---|---|---|---|---|---|---|---|---|---|---|---|---|---|---|---|---|---|
| | | | | 进项税额 | | | | | | | | | 已交税金 | | | | | | | | 转出未交增值税 | | | | | | | 合计 | | | | | | | | |
| 月 | 日 | | | 百 | 十 | 万 | 千 | 百 | 十 | 元 | 角 | 分 | 十 | 万 | 千 | 百 | 十 | 元 | 角 | 分 | 万 | 千 | 百 | 十 | 元 | 角 | 分 | 百 | 十 | 万 | 千 | 百 | 十 | 元 | 角 | 分 |
| | | | | | | | | | | | | | | | | | | | | | | | | | | | | | | | | | | | | |
| | | | | | | | | | | | | | | | | | | | | | | | | | | | | | | | | | | | | |
| | | | | | | | | | | | | | | | | | | | | | | | | | | | | | | | | | | | | |
| | | | | | | | | | | | | | | | | | | | | | | | | | | | | | | | | | | | | |
| | | | | | | | | | | | | | | | | | | | | | | | | | | | | | | | | | | | | |
| | | | | | | | | | | | | | | | | | | | | | | | | | | | | | | | | | | | | |
| | | | | | | | | | | | | | | | | | | | | | | | | | | | | | | | | | | | | |
| | | | | | | | | | | | | | | | | | | | | | | | | | | | | | | | | | | | | |
| | | | | | | | | | | | | | | | | | | | | | | | | | | | | | | | | | | | | |
| | | | | | | | | | | | | | | | | | | | | | | | | | | | | | | | | | | | | |
| | | | | | | | | | | | | | | | | | | | | | | | | | | | | | | | | | | | | |
| | | | | | | | | | | | | | | | | | | | | | | | | | | | | | | | | | | | | |
| | | | | | | | | | | | | | | | | | | | | | | | | | | | | | | | | | | | | |
| | | | | | | | | | | | | | | | | | | | | | | | | | | | | | | | | | | | | |
| | | | | | | | | | | | | | | | | | | | | | | | | | | | | | | | | | | | | |
| | | | | | | | | | | | | | | | | | | | | | | | | | | | | | | | | | | | | |
| | | | | | | | | | | | | | | | | | | | | | | | | | | | | | | | | | | | | |
| | | | | | | | | | | | | | | | | | | | | | | | | | | | | | | | | | | | | |
| | | | | | | | | | | | | | | | | | | | | | | | | | | | | | | | | | | | | |
| | | | | | | | | | | | | | | | | | | | | | | | | | | | | | | | | | | | | |

## 应交税费明细账

科目编号：　　　　细目：应交增值税　　　　子目

| 贷方 | | | | | | | | | | | | | | | | | | | | | | | | | | | | | | | | | | | | | | | | | | | 借或贷 | 余额 | | | | | | | | |
|---|---|---|---|---|---|---|---|---|---|---|---|---|---|---|---|---|---|---|---|---|---|---|---|---|---|---|---|---|---|---|---|---|---|---|---|---|---|---|---|---|---|---|---|---|---|---|---|---|---|---|---|
| 销项税额 | | | | | | | | | 进项税额转出 | | | | | | | | 转出多交增值税 | | | | | | | | 出口退税 | | | | | | | | 合计 | | | | | | | | | | | | | | | | | | | |
| 百 | 十 | 万 | 千 | 百 | 十 | 元 | 角 | 分 | 十 | 万 | 千 | 百 | 十 | 元 | 角 | 分 | 十 | 万 | 千 | 百 | 十 | 元 | 角 | 分 | 十 | 万 | 千 | 百 | 十 | 元 | 角 | 分 | 百 | 十 | 万 | 千 | 百 | 十 | 元 | 角 | 分 | | 百 | 十 | 万 | 千 | 百 | 十 | 元 | 角 | 分 |

## 应交税费明细账

科目编号：　　　　　　细目：未交增值税　　　　　　子目：

| 年 | | 凭证号 | 摘要 | 借方 | | | | | | | | | | 贷方 | | | | | | | | | | 借或贷 | 余额 | | | | | | | | | | 核对 |
|---|---|---|---|---|---|---|---|---|---|---|---|---|---|---|---|---|---|---|---|---|---|---|---|---|---|---|---|---|---|---|---|---|---|---|---|
| 月 | 日 | | | 千 | 百 | 十 | 万 | 千 | 百 | 十 | 元 | 角 | 分 | 千 | 百 | 十 | 万 | 千 | 百 | 十 | 元 | 角 | 分 | | 千 | 百 | 十 | 万 | 千 | 百 | 十 | 元 | 角 | 分 | |
| | | | | | | | | | | | | | | | | | | | | | | | | | | | | | | | | | | | |
| | | | | | | | | | | | | | | | | | | | | | | | | | | | | | | | | | | | |
| | | | | | | | | | | | | | | | | | | | | | | | | | | | | | | | | | | | |
| | | | | | | | | | | | | | | | | | | | | | | | | | | | | | | | | | | | |
| | | | | | | | | | | | | | | | | | | | | | | | | | | | | | | | | | | | |
| | | | | | | | | | | | | | | | | | | | | | | | | | | | | | | | | | | | |

## 应交税费明细账

科目编号：　　　　　　细目：应交所得税　　　　　　子目：

| 年 | | 凭证号 | 摘要 | 借方 | | | | | | | | | | 贷方 | | | | | | | | | | 借或贷 | 余额 | | | | | | | | | | 核对 |
|---|---|---|---|---|---|---|---|---|---|---|---|---|---|---|---|---|---|---|---|---|---|---|---|---|---|---|---|---|---|---|---|---|---|---|---|
| 月 | 日 | | | 千 | 百 | 十 | 万 | 千 | 百 | 十 | 元 | 角 | 分 | 千 | 百 | 十 | 万 | 千 | 百 | 十 | 元 | 角 | 分 | | 千 | 百 | 十 | 万 | 千 | 百 | 十 | 元 | 角 | 分 | |
| | | | | | | | | | | | | | | | | | | | | | | | | | | | | | | | | | | | |
| | | | | | | | | | | | | | | | | | | | | | | | | | | | | | | | | | | | |
| | | | | | | | | | | | | | | | | | | | | | | | | | | | | | | | | | | | |
| | | | | | | | | | | | | | | | | | | | | | | | | | | | | | | | | | | | |
| | | | | | | | | | | | | | | | | | | | | | | | | | | | | | | | | | | | |
| | | | | | | | | | | | | | | | | | | | | | | | | | | | | | | | | | | | |

## 应付股利明细账

科目编号：　　　　　　细目：应付利润　　　　　　子目：黎明机械厂

| 年 | | 凭证号 | 摘要 | 借方 | | | | | | | | | | 贷方 | | | | | | | | | | 借或贷 | 余额 | | | | | | | | | | 核对 |
|---|---|---|---|---|---|---|---|---|---|---|---|---|---|---|---|---|---|---|---|---|---|---|---|---|---|---|---|---|---|---|---|---|---|---|---|
| 月 | 日 | | | 千 | 百 | 十 | 万 | 千 | 百 | 十 | 元 | 角 | 分 | 千 | 百 | 十 | 万 | 千 | 百 | 十 | 元 | 角 | 分 | | 千 | 百 | 十 | 万 | 千 | 百 | 十 | 元 | 角 | 分 | |
| | | | | | | | | | | | | | | | | | | | | | | | | | | | | | | | | | | | |
| | | | | | | | | | | | | | | | | | | | | | | | | | | | | | | | | | | | |
| | | | | | | | | | | | | | | | | | | | | | | | | | | | | | | | | | | | |
| | | | | | | | | | | | | | | | | | | | | | | | | | | | | | | | | | | | |
| | | | | | | | | | | | | | | | | | | | | | | | | | | | | | | | | | | | |
| | | | | | | | | | | | | | | | | | | | | | | | | | | | | | | | | | | | |

## 利润分配明细账

科目编号：　　　　　　细目：提取法定盈余公积　　　　　　子目：

| 年 | | 凭证号 | 摘要 | 借方 | | | | | | | | | | 贷方 | | | | | | | | | | 借或贷 | 余额 | | | | | | | | | | 核对 |
|---|---|---|---|---|---|---|---|---|---|---|---|---|---|---|---|---|---|---|---|---|---|---|---|---|---|---|---|---|---|---|---|---|---|---|---|
| 月 | 日 | | | 千 | 百 | 十 | 万 | 千 | 百 | 十 | 元 | 角 | 分 | 千 | 百 | 十 | 万 | 千 | 百 | 十 | 元 | 角 | 分 | | 千 | 百 | 十 | 万 | 千 | 百 | 十 | 元 | 角 | 分 | |
| | | | | | | | | | | | | | | | | | | | | | | | | | | | | | | | | | | | |
| | | | | | | | | | | | | | | | | | | | | | | | | | | | | | | | | | | | |
| | | | | | | | | | | | | | | | | | | | | | | | | | | | | | | | | | | | |
| | | | | | | | | | | | | | | | | | | | | | | | | | | | | | | | | | | | |
| | | | | | | | | | | | | | | | | | | | | | | | | | | | | | | | | | | | |
| | | | | | | | | | | | | | | | | | | | | | | | | | | | | | | | | | | | |

## 利润分配明细账

科目编号：　　　　　　细目：提取任意盈余公积　　　　　　子目：

| 年 | | 凭证号 | 摘要 | 借方 | | | | | | | | | | 贷方 | | | | | | | | | | 借或贷 | 余额 | | | | | | | | | | 核对 |
|---|---|---|---|---|---|---|---|---|---|---|---|---|---|---|---|---|---|---|---|---|---|---|---|---|---|---|---|---|---|---|---|---|---|---|---|
| 月 | 日 | | | 千 | 百 | 十 | 万 | 千 | 百 | 十 | 元 | 角 | 分 | 千 | 百 | 十 | 万 | 千 | 百 | 十 | 元 | 角 | 分 | | 千 | 百 | 十 | 万 | 千 | 百 | 十 | 元 | 角 | 分 | |
| | | | | | | | | | | | | | | | | | | | | | | | | | | | | | | | | | | | |
| | | | | | | | | | | | | | | | | | | | | | | | | | | | | | | | | | | | |
| | | | | | | | | | | | | | | | | | | | | | | | | | | | | | | | | | | | |
| | | | | | | | | | | | | | | | | | | | | | | | | | | | | | | | | | | | |
| | | | | | | | | | | | | | | | | | | | | | | | | | | | | | | | | | | | |
| | | | | | | | | | | | | | | | | | | | | | | | | | | | | | | | | | | | |
| | | | | | | | | | | | | | | | | | | | | | | | | | | | | | | | | | | | |
| | | | | | | | | | | | | | | | | | | | | | | | | | | | | | | | | | | | |
| | | | | | | | | | | | | | | | | | | | | | | | | | | | | | | | | | | | |

## 利润分配明细账

科目编号：　　　　　　细目：应付股利　　　　　子目：

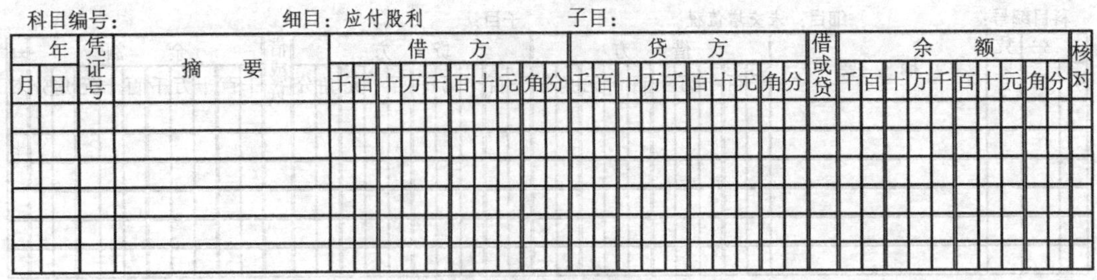

| 年 | | 凭证号 | 摘要 | 借方 | | | | | | | | | | 贷方 | | | | | | | | | | 借或贷 | 余额 | | | | | | | | | | 核对 |
|---|---|---|---|---|---|---|---|---|---|---|---|---|---|---|---|---|---|---|---|---|---|---|---|---|---|---|---|---|---|---|---|---|---|---|---|
| 月 | 日 | | | 千 | 百 | 十 | 万 | 千 | 百 | 十 | 元 | 角 | 分 | 千 | 百 | 十 | 万 | 千 | 百 | 十 | 元 | 角 | 分 | | 千 | 百 | 十 | 万 | 千 | 百 | 十 | 元 | 角 | 分 | |
| | | | | | | | | | | | | | | | | | | | | | | | | | | | | | | | | | | | |
| | | | | | | | | | | | | | | | | | | | | | | | | | | | | | | | | | | | |
| | | | | | | | | | | | | | | | | | | | | | | | | | | | | | | | | | | | |
| | | | | | | | | | | | | | | | | | | | | | | | | | | | | | | | | | | | |
| | | | | | | | | | | | | | | | | | | | | | | | | | | | | | | | | | | | |
| | | | | | | | | | | | | | | | | | | | | | | | | | | | | | | | | | | | |

## 利润分配明细账

科目编号：　　　　　　细目：未分配利润　　　　　子目：

| 年 | | 凭证号 | 摘要 | 借方 | | | | | | | | | | 贷方 | | | | | | | | | | 借或贷 | 余额 | | | | | | | | | | 核对 |
|---|---|---|---|---|---|---|---|---|---|---|---|---|---|---|---|---|---|---|---|---|---|---|---|---|---|---|---|---|---|---|---|---|---|---|---|
| 月 | 日 | | | 千 | 百 | 十 | 万 | 千 | 百 | 十 | 元 | 角 | 分 | 千 | 百 | 十 | 万 | 千 | 百 | 十 | 元 | 角 | 分 | | 千 | 百 | 十 | 万 | 千 | 百 | 十 | 元 | 角 | 分 | |
| | | | | | | | | | | | | | | | | | | | | | | | | | | | | | | | | | | | |
| | | | | | | | | | | | | | | | | | | | | | | | | | | | | | | | | | | | |
| | | | | | | | | | | | | | | | | | | | | | | | | | | | | | | | | | | | |
| | | | | | | | | | | | | | | | | | | | | | | | | | | | | | | | | | | | |
| | | | | | | | | | | | | | | | | | | | | | | | | | | | | | | | | | | | |
| | | | | | | | | | | | | | | | | | | | | | | | | | | | | | | | | | | | |
| | | | | | | | | | | | | | | | | | | | | | | | | | | | | | | | | | | | |
| | | | | | | | | | | | | | | | | | | | | | | | | | | | | | | | | | | | |
| | | | | | | | | | | | | | | | | | | | | | | | | | | | | | | | | | | | |

## 主营业务收入明细账

科目编号：　　　　　　细目：镗刀　　　　　子目：

| 年 | | 凭证号 | 摘要 | 借方 | | | | | | | | | | 贷方 | | | | | | | | | | 借或贷 | 余额 | | | | | | | | | | 核对 |
|---|---|---|---|---|---|---|---|---|---|---|---|---|---|---|---|---|---|---|---|---|---|---|---|---|---|---|---|---|---|---|---|---|---|---|---|
| 月 | 日 | | | 千 | 百 | 十 | 万 | 千 | 百 | 十 | 元 | 角 | 分 | 千 | 百 | 十 | 万 | 千 | 百 | 十 | 元 | 角 | 分 | | 千 | 百 | 十 | 万 | 千 | 百 | 十 | 元 | 角 | 分 | |
| 11 | 30 | | 本年累计 | | 2 | 3 | 7 | 0 | 5 | 0 | 0 | 0 | 0 | | 2 | 3 | 7 | 0 | 5 | 0 | 0 | 0 | 0 | 平 | | | | | | | | 0 | | | |
| | | | | | | | | | | | | | | | | | | | | | | | | | | | | | | | | | | | |
| | | | | | | | | | | | | | | | | | | | | | | | | | | | | | | | | | | | |
| | | | | | | | | | | | | | | | | | | | | | | | | | | | | | | | | | | | |
| | | | | | | | | | | | | | | | | | | | | | | | | | | | | | | | | | | | |
| | | | | | | | | | | | | | | | | | | | | | | | | | | | | | | | | | | | |
| | | | | | | | | | | | | | | | | | | | | | | | | | | | | | | | | | | | |
| | | | | | | | | | | | | | | | | | | | | | | | | | | | | | | | | | | | |
| | | | | | | | | | | | | | | | | | | | | | | | | | | | | | | | | | | | |
| | | | | | | | | | | | | | | | | | | | | | | | | | | | | | | | | | | | |
| | | | | | | | | | | | | | | | | | | | | | | | | | | | | | | | | | | | |
| | | | | | | | | | | | | | | | | | | | | | | | | | | | | | | | | | | | |
| | | | | | | | | | | | | | | | | | | | | | | | | | | | | | | | | | | | |

## 主营业务收入明细账

科目编号：　　　　　　细目：涂层圆锯片铣刀　　　　　子目：

| 年 | | 凭证号 | 摘要 | 借方 | | | | | | | | | | 贷方 | | | | | | | | | | 借或贷 | 余额 | | | | | | | | | | 核对 |
|---|---|---|---|---|---|---|---|---|---|---|---|---|---|---|---|---|---|---|---|---|---|---|---|---|---|---|---|---|---|---|---|---|---|---|---|
| 月 | 日 | | | 千 | 百 | 十 | 万 | 千 | 百 | 十 | 元 | 角 | 分 | 千 | 百 | 十 | 万 | 千 | 百 | 十 | 元 | 角 | 分 | | 千 | 百 | 十 | 万 | 千 | 百 | 十 | 元 | 角 | 分 | |
| | | | | | | | | | | | | | | | | | | | | | | | | | | | | | | | | | | | |
| | | | | | | | | | | | | | | | | | | | | | | | | | | | | | | | | | | | |
| | | | | | | | | | | | | | | | | | | | | | | | | | | | | | | | | | | | |
| | | | | | | | | | | | | | | | | | | | | | | | | | | | | | | | | | | | |
| | | | | | | | | | | | | | | | | | | | | | | | | | | | | | | | | | | | |
| | | | | | | | | | | | | | | | | | | | | | | | | | | | | | | | | | | | |
| | | | | | | | | | | | | | | | | | | | | | | | | | | | | | | | | | | | |
| | | | | | | | | | | | | | | | | | | | | | | | | | | | | | | | | | | | |
| | | | | | | | | | | | | | | | | | | | | | | | | | | | | | | | | | | | |
| | | | | | | | | | | | | | | | | | | | | | | | | | | | | | | | | | | | |
| | | | | | | | | | | | | | | | | | | | | | | | | | | | | | | | | | | | |
| | | | | | | | | | | | | | | | | | | | | | | | | | | | | | | | | | | | |
| | | | | | | | | | | | | | | | | | | | | | | | | | | | | | | | | | | | |

## 其他业务收入明细账

科目编号：　　　　细目：租金收入　　　　子目：专利权

| 年 | | 凭证号 | 摘要 | 借方 | | | | | | | | | | 贷方 | | | | | | | | | | 借或贷 | 余额 | | | | | | | | | | 核对 |
|---|---|---|---|---|---|---|---|---|---|---|---|---|---|---|---|---|---|---|---|---|---|---|---|---|---|---|---|---|---|---|---|---|---|---|---|
| 月 | 日 | | | 千 | 百 | 十 | 万 | 千 | 百 | 十 | 元 | 角 | 分 | 千 | 百 | 十 | 万 | 千 | 百 | 十 | 元 | 角 | 分 | | 千 | 百 | 十 | 万 | 千 | 百 | 十 | 元 | 角 | 分 | |
| | | | | | | | | | | | | | | | | | | | | | | | | | | | | | | | | | | | |
| | | | | | | | | | | | | | | | | | | | | | | | | | | | | | | | | | | | |
| | | | | | | | | | | | | | | | | | | | | | | | | | | | | | | | | | | | |
| | | | | | | | | | | | | | | | | | | | | | | | | | | | | | | | | | | | |
| | | | | | | | | | | | | | | | | | | | | | | | | | | | | | | | | | | | |
| | | | | | | | | | | | | | | | | | | | | | | | | | | | | | | | | | | | |
| | | | | | | | | | | | | | | | | | | | | | | | | | | | | | | | | | | | |

## 其他业务收入明细账

科目编号：　　　　细目：材料出售收入　　　　子目：原煤

| 年 | | 凭证号 | 摘要 | 借方 | | | | | | | | | | 贷方 | | | | | | | | | | 借或贷 | 余额 | | | | | | | | | | 核对 |
|---|---|---|---|---|---|---|---|---|---|---|---|---|---|---|---|---|---|---|---|---|---|---|---|---|---|---|---|---|---|---|---|---|---|---|---|
| 月 | 日 | | | 千 | 百 | 十 | 万 | 千 | 百 | 十 | 元 | 角 | 分 | 千 | 百 | 十 | 万 | 千 | 百 | 十 | 元 | 角 | 分 | | 千 | 百 | 十 | 万 | 千 | 百 | 十 | 元 | 角 | 分 | |
| | | | | | | | | | | | | | | | | | | | | | | | | | | | | | | | | | | | |
| | | | | | | | | | | | | | | | | | | | | | | | | | | | | | | | | | | | |
| | | | | | | | | | | | | | | | | | | | | | | | | | | | | | | | | | | | |
| | | | | | | | | | | | | | | | | | | | | | | | | | | | | | | | | | | | |
| | | | | | | | | | | | | | | | | | | | | | | | | | | | | | | | | | | | |
| | | | | | | | | | | | | | | | | | | | | | | | | | | | | | | | | | | | |
| | | | | | | | | | | | | | | | | | | | | | | | | | | | | | | | | | | | |

## 主营业务成本明细账

科目编号：　　　　细目：镗刀　　　　子目：

| 年 | | 凭证号 | 摘要 | 借方 | | | | | | | | | | 贷方 | | | | | | | | | | 借或贷 | 余额 | | | | | | | | | | 核对 |
|---|---|---|---|---|---|---|---|---|---|---|---|---|---|---|---|---|---|---|---|---|---|---|---|---|---|---|---|---|---|---|---|---|---|---|---|
| 月 | 日 | | | 千 | 百 | 十 | 万 | 千 | 百 | 十 | 元 | 角 | 分 | 千 | 百 | 十 | 万 | 千 | 百 | 十 | 元 | 角 | 分 | | 千 | 百 | 十 | 万 | 千 | 百 | 十 | 元 | 角 | 分 | |
| | | | | | | | | | | | | | | | | | | | | | | | | | | | | | | | | | | | |
| | | | | | | | | | | | | | | | | | | | | | | | | | | | | | | | | | | | |
| | | | | | | | | | | | | | | | | | | | | | | | | | | | | | | | | | | | |
| | | | | | | | | | | | | | | | | | | | | | | | | | | | | | | | | | | | |
| | | | | | | | | | | | | | | | | | | | | | | | | | | | | | | | | | | | |
| | | | | | | | | | | | | | | | | | | | | | | | | | | | | | | | | | | | |
| | | | | | | | | | | | | | | | | | | | | | | | | | | | | | | | | | | | |
| | | | | | | | | | | | | | | | | | | | | | | | | | | | | | | | | | | | |
| | | | | | | | | | | | | | | | | | | | | | | | | | | | | | | | | | | | |
| | | | | | | | | | | | | | | | | | | | | | | | | | | | | | | | | | | | |
| | | | | | | | | | | | | | | | | | | | | | | | | | | | | | | | | | | | |
| | | | | | | | | | | | | | | | | | | | | | | | | | | | | | | | | | | | |

## 主营业务成本明细账

科目编号：　　　　细目：涂层圆锯片铣刀　　　　子目：

| 年 | | 凭证号 | 摘要 | 借方 | | | | | | | | | | 贷方 | | | | | | | | | | 借或贷 | 余额 | | | | | | | | | | 核对 |
|---|---|---|---|---|---|---|---|---|---|---|---|---|---|---|---|---|---|---|---|---|---|---|---|---|---|---|---|---|---|---|---|---|---|---|---|
| 月 | 日 | | | 千 | 百 | 十 | 万 | 千 | 百 | 十 | 元 | 角 | 分 | 千 | 百 | 十 | 万 | 千 | 百 | 十 | 元 | 角 | 分 | | 千 | 百 | 十 | 万 | 千 | 百 | 十 | 元 | 角 | 分 | |
| | | | | | | | | | | | | | | | | | | | | | | | | | | | | | | | | | | | |
| | | | | | | | | | | | | | | | | | | | | | | | | | | | | | | | | | | | |
| | | | | | | | | | | | | | | | | | | | | | | | | | | | | | | | | | | | |
| | | | | | | | | | | | | | | | | | | | | | | | | | | | | | | | | | | | |
| | | | | | | | | | | | | | | | | | | | | | | | | | | | | | | | | | | | |
| | | | | | | | | | | | | | | | | | | | | | | | | | | | | | | | | | | | |
| | | | | | | | | | | | | | | | | | | | | | | | | | | | | | | | | | | | |
| | | | | | | | | | | | | | | | | | | | | | | | | | | | | | | | | | | | |
| | | | | | | | | | | | | | | | | | | | | | | | | | | | | | | | | | | | |
| | | | | | | | | | | | | | | | | | | | | | | | | | | | | | | | | | | | |
| | | | | | | | | | | | | | | | | | | | | | | | | | | | | | | | | | | | |
| | | | | | | | | | | | | | | | | | | | | | | | | | | | | | | | | | | | |
| | | | | | | | | | | | | | | | | | | | | | | | | | | | | | | | | | | | |

## 材料采购明细账

科目编号：1401　　明细科目：原料及主要材料　　子目：高碳钢　　计量单位：千克　　单位：元

| 20××年 | | 凭证号 | 摘要 | 借方 | | | | | | | | | | | 20××年 | | 凭证号 | 摘要 | 贷方 | | | | | | | | | |
|---|---|---|---|---|---|---|---|---|---|---|---|---|---|---|---|---|---|---|---|---|---|---|---|---|---|---|---|---|
| | | | | 数量 | 单价 | 金额 | | | | | | | | | | | | | 数量 | 金额 | | | | | | | | |
| 月 | 日 | | | | | 百 | 十 | 万 | 千 | 百 | 十 | 元 | 角 | 分 | 月 | 日 | | | | 百 | 十 | 万 | 千 | 百 | 十 | 元 | 角 | 分 |
| 12 | 1 | | 上月结转 | 400 | 330 | | 1 | 3 | 2 | 0 | 0 | 0 | 0 | 0 | | | | | | | | | | | | | | |
| | | | | | | | | | | | | | | | | | | | | | | | | | | | | |
| | | | | | | | | | | | | | | | | | | | | | | | | | | | | |
| | | | | | | | | | | | | | | | | | | | | | | | | | | | | |
| | | | | | | | | | | | | | | | | | | | | | | | | | | | | |
| | | | | | | | | | | | | | | | | | | | | | | | | | | | | |
| | | | | | | | | | | | | | | | | | | | | | | | | | | | | |

## 材料采购明细账

科目编号：1401　　明细科目：原料及主要材料　　子目：高速钢　　计量单位：千克　　单位：元

| 20××年 | | 凭证号 | 摘要 | 借方 | | | | | | | | | | | 20××年 | | 凭证号 | 摘要 | 贷方 | | | | | | | | | |
|---|---|---|---|---|---|---|---|---|---|---|---|---|---|---|---|---|---|---|---|---|---|---|---|---|---|---|---|---|
| | | | | 数量 | 单价 | 金额 | | | | | | | | | | | | | 数量 | 金额 | | | | | | | | |
| 月 | 日 | | | | | 百 | 十 | 万 | 千 | 百 | 十 | 元 | 角 | 分 | 月 | 日 | | | | 百 | 十 | 万 | 千 | 百 | 十 | 元 | 角 | 分 |
| 12 | 1 | | 上月结转 | 500 | 136 | | | 6 | 8 | 0 | 0 | 0 | 0 | 0 | | | | | | | | | | | | | | |
| | | | | | | | | | | | | | | | | | | | | | | | | | | | | |
| | | | | | | | | | | | | | | | | | | | | | | | | | | | | |
| | | | | | | | | | | | | | | | | | | | | | | | | | | | | |
| | | | | | | | | | | | | | | | | | | | | | | | | | | | | |
| | | | | | | | | | | | | | | | | | | | | | | | | | | | | |
| | | | | | | | | | | | | | | | | | | | | | | | | | | | | |

## 材料采购明细账

科目编号：1401　　明细科目：燃料　　子目：原煤　　计量单位：吨　　单位：元

| 20××年 | | 凭证号 | 摘要 | 借方 | | | | | | | | | | | 20××年 | | 凭证号 | 摘要 | 贷方 | | | | | | | | | |
|---|---|---|---|---|---|---|---|---|---|---|---|---|---|---|---|---|---|---|---|---|---|---|---|---|---|---|---|---|
| | | | | 数量 | 单价 | 金额 | | | | | | | | | | | | | 数量 | 金额 | | | | | | | | |
| 月 | 日 | | | | | 百 | 十 | 万 | 千 | 百 | 十 | 元 | 角 | 分 | 月 | 日 | | | | 百 | 十 | 万 | 千 | 百 | 十 | 元 | 角 | 分 |
| | | | | | | | | | | | | | | | | | | | | | | | | | | | | |
| | | | | | | | | | | | | | | | | | | | | | | | | | | | | |
| | | | | | | | | | | | | | | | | | | | | | | | | | | | | |
| | | | | | | | | | | | | | | | | | | | | | | | | | | | | |
| | | | | | | | | | | | | | | | | | | | | | | | | | | | | |

## 材料采购明细账

科目编号：1401　　明细科目：包装材料　　子目：木材　　计量单位：立方米　　单位：元

| 20××年 | | 凭证号 | 摘要 | 借方 | | | | | | | | | | | 20××年 | | 凭证号 | 摘要 | 贷方 | | | | | | | | | |
|---|---|---|---|---|---|---|---|---|---|---|---|---|---|---|---|---|---|---|---|---|---|---|---|---|---|---|---|---|
| | | | | 数量 | 单价 | 金额 | | | | | | | | | | | | | 数量 | 金额 | | | | | | | | |
| 月 | 日 | | | | | 百 | 十 | 万 | 千 | 百 | 十 | 元 | 角 | 分 | 月 | 日 | | | | 百 | 十 | 万 | 千 | 百 | 十 | 元 | 角 | 分 |
| | | | | | | | | | | | | | | | | | | | | | | | | | | | | |
| | | | | | | | | | | | | | | | | | | | | | | | | | | | | |
| | | | | | | | | | | | | | | | | | | | | | | | | | | | | |
| | | | | | | | | | | | | | | | | | | | | | | | | | | | | |
| | | | | | | | | | | | | | | | | | | | | | | | | | | | | |
| | | | | | | | | | | | | | | | | | | | | | | | | | | | | |

## 材料采购明细账

科目编号：1401　　明细科目：辅助材料　　子目：润滑油　　计量单位：千克　　单位：元

| 20××年 | | 凭证号 | 摘要 | 借方 | | | | | | | | | | | 20××年 | | 凭证号 | 摘要 | 贷方 | | | | | | | | | |
|---|---|---|---|---|---|---|---|---|---|---|---|---|---|---|---|---|---|---|---|---|---|---|---|---|---|---|---|---|
| | | | | 数量 | 单价 | 金额 | | | | | | | | | | | | | 数量 | 金额 | | | | | | | | |
| 月 | 日 | | | | | 百 | 十 | 万 | 千 | 百 | 十 | 元 | 角 | 分 | 月 | 日 | | | | 百 | 十 | 万 | 千 | 百 | 十 | 元 | 角 | 分 |
| | | | | | | | | | | | | | | | | | | | | | | | | | | | | |
| | | | | | | | | | | | | | | | | | | | | | | | | | | | | |
| | | | | | | | | | | | | | | | | | | | | | | | | | | | | |
| | | | | | | | | | | | | | | | | | | | | | | | | | | | | |
| | | | | | | | | | | | | | | | | | | | | | | | | | | | | |
| | | | | | | | | | | | | | | | | | | | | | | | | | | | | |

## 材料采购明细账

科目编号：1401　　明细科目：辅助材料　　子目：TIC 涂料　　计量单位：千克　　单位：元

| 20××年 | | 凭证号 | 摘要 | 借方 | | | | | | | | | | | 20××年 | | 凭证号 | 摘要 | 贷方 | | | | | | | | | |
|---|---|---|---|---|---|---|---|---|---|---|---|---|---|---|---|---|---|---|---|---|---|---|---|---|---|---|---|---|
| | | | | 数量 | 单价 | 金额 | | | | | | | | | | | | | 数量 | 金额 | | | | | | | | |
| 月 | 日 | | | | | 百 | 十 | 万 | 千 | 百 | 十 | 元 | 角 | 分 | 月 | 日 | | | | 百 | 十 | 万 | 千 | 百 | 十 | 元 | 角 | 分 |
| | | | | | | | | | | | | | | | | | | | | | | | | | | | | |
| | | | | | | | | | | | | | | | | | | | | | | | | | | | | |
| | | | | | | | | | | | | | | | | | | | | | | | | | | | | |
| | | | | | | | | | | | | | | | | | | | | | | | | | | | | |
| | | | | | | | | | | | | | | | | | | | | | | | | | | | | |
| | | | | | | | | | | | | | | | | | | | | | | | | | | | | |

## 材料明细账

材料类别：原料及主要材料　　材料编号：1001　　材料名称及规格：高碳钢　　计量单位：千克　　计划单位成本：300　　单位：元

| 20××年 | | 凭证号 | 摘要 | 收入 | | | | | | | | | | | | 发出 | | | | | | | | | | | | 结存 | | | | | | | | | | | |
|---|---|---|---|---|---|---|---|---|---|---|---|---|---|---|---|---|---|---|---|---|---|---|---|---|---|---|---|---|---|---|---|---|---|---|---|---|---|---|---|
| | | | | 数量 | 单价 | 金额 | | | | | | | | | | 数量 | 单价 | 金额 | | | | | | | | | | 数量 | 单价 | 金额 | | | | | | | | | |
| 月 | 日 | | | | | 千 | 百 | 十 | 万 | 千 | 百 | 十 | 元 | 角 | 分 | | | 千 | 百 | 十 | 万 | 千 | 百 | 十 | 元 | 角 | 分 | | | 千 | 百 | 十 | 万 | 千 | 百 | 十 | 元 | 角 | 分 |
| | | | | | | | | | | | | | | | | | | | | | | | | | | | | | | | | | | | | | | | |
| | | | | | | | | | | | | | | | | | | | | | | | | | | | | | | | | | | | | | | | |
| | | | | | | | | | | | | | | | | | | | | | | | | | | | | | | | | | | | | | | | |
| | | | | | | | | | | | | | | | | | | | | | | | | | | | | | | | | | | | | | | | |
| | | | | | | | | | | | | | | | | | | | | | | | | | | | | | | | | | | | | | | | |
| | | | | | | | | | | | | | | | | | | | | | | | | | | | | | | | | | | | | | | | |
| | | | | | | | | | | | | | | | | | | | | | | | | | | | | | | | | | | | | | | | |
| | | | | | | | | | | | | | | | | | | | | | | | | | | | | | | | | | | | | | | | |
| | | | | | | | | | | | | | | | | | | | | | | | | | | | | | | | | | | | | | | | |
| | | | | | | | | | | | | | | | | | | | | | | | | | | | | | | | | | | | | | | | |
| | | | | | | | | | | | | | | | | | | | | | | | | | | | | | | | | | | | | | | | |

## 材料明细账

材料类别：原料及主要材料　　材料编号：1002　　材料名称及规格：高速钢　　计量单位：千克　　计划单位成本：140　　单位：元

| 20××年 | | 凭证号 | 摘要 | 收入 | | | | | | | | | | | | 发出 | | | | | | | | | | | | 结存 | | | | | | | | | | | |
|---|---|---|---|---|---|---|---|---|---|---|---|---|---|---|---|---|---|---|---|---|---|---|---|---|---|---|---|---|---|---|---|---|---|---|---|---|---|---|---|
| | | | | 数量 | 单价 | 金额 | | | | | | | | | | 数量 | 单价 | 金额 | | | | | | | | | | 数量 | 单价 | 金额 | | | | | | | | | |
| 月 | 日 | | | | | 千 | 百 | 十 | 万 | 千 | 百 | 十 | 元 | 角 | 分 | | | 千 | 百 | 十 | 万 | 千 | 百 | 十 | 元 | 角 | 分 | | | 千 | 百 | 十 | 万 | 千 | 百 | 十 | 元 | 角 | 分 |
| | | | | | | | | | | | | | | | | | | | | | | | | | | | | | | | | | | | | | | | |
| | | | | | | | | | | | | | | | | | | | | | | | | | | | | | | | | | | | | | | | |
| | | | | | | | | | | | | | | | | | | | | | | | | | | | | | | | | | | | | | | | |
| | | | | | | | | | | | | | | | | | | | | | | | | | | | | | | | | | | | | | | | |
| | | | | | | | | | | | | | | | | | | | | | | | | | | | | | | | | | | | | | | | |
| | | | | | | | | | | | | | | | | | | | | | | | | | | | | | | | | | | | | | | | |
| | | | | | | | | | | | | | | | | | | | | | | | | | | | | | | | | | | | | | | | |
| | | | | | | | | | | | | | | | | | | | | | | | | | | | | | | | | | | | | | | | |
| | | | | | | | | | | | | | | | | | | | | | | | | | | | | | | | | | | | | | | | |
| | | | | | | | | | | | | | | | | | | | | | | | | | | | | | | | | | | | | | | | |
| | | | | | | | | | | | | | | | | | | | | | | | | | | | | | | | | | | | | | | | |
| | | | | | | | | | | | | | | | | | | | | | | | | | | | | | | | | | | | | | | | |

## 材料明细账

材料类别：燃料　　材料编号：201　　材料名称及规格：原煤　　计量单位：吨　　计划单位成本：450　　单位：元

| 20××年 | | 凭证号 | 摘要 | 收入 | | | | | | | | | | | | 发出 | | | | | | | | | | | | 结存 | | | | | | | | | | | |
|---|---|---|---|---|---|---|---|---|---|---|---|---|---|---|---|---|---|---|---|---|---|---|---|---|---|---|---|---|---|---|---|---|---|---|---|---|---|---|---|
| 月 | 日 | | | 数量 | 单价 | 金额 | | | | | | | | | | 数量 | 单价 | 金额 | | | | | | | | | | 数量 | 单价 | 金额 | | | | | | | | | |
| | | | | | | 千 | 百 | 十 | 万 | 千 | 百 | 十 | 元 | 角 | 分 | | | 千 | 百 | 十 | 万 | 千 | 百 | 十 | 元 | 角 | 分 | | | 千 | 百 | 十 | 万 | 千 | 百 | 十 | 元 | 角 | 分 |
| | | | | | | | | | | | | | | | | | | | | | | | | | | | | | | | | | | | | | | | |
| | | | | | | | | | | | | | | | | | | | | | | | | | | | | | | | | | | | | | | | |
| | | | | | | | | | | | | | | | | | | | | | | | | | | | | | | | | | | | | | | | |
| | | | | | | | | | | | | | | | | | | | | | | | | | | | | | | | | | | | | | | | |
| | | | | | | | | | | | | | | | | | | | | | | | | | | | | | | | | | | | | | | | |
| | | | | | | | | | | | | | | | | | | | | | | | | | | | | | | | | | | | | | | | |
| | | | | | | | | | | | | | | | | | | | | | | | | | | | | | | | | | | | | | | | |
| | | | | | | | | | | | | | | | | | | | | | | | | | | | | | | | | | | | | | | | |
| | | | | | | | | | | | | | | | | | | | | | | | | | | | | | | | | | | | | | | | |
| | | | | | | | | | | | | | | | | | | | | | | | | | | | | | | | | | | | | | | | |
| | | | | | | | | | | | | | | | | | | | | | | | | | | | | | | | | | | | | | | | |

## 材料明细账

材料类别：包装材料　　材料编号：301　　材料名称及规格：木材　　计量单位：立方米　　计划单位成本：600　　单位：元

| 20××年 | | 凭证号 | 摘要 | 收入 | | | | | | | | | | | | 发出 | | | | | | | | | | | | 结存 | | | | | | | | | | | |
|---|---|---|---|---|---|---|---|---|---|---|---|---|---|---|---|---|---|---|---|---|---|---|---|---|---|---|---|---|---|---|---|---|---|---|---|---|---|---|---|
| 月 | 日 | | | 数量 | 单价 | 金额 | | | | | | | | | | 数量 | 单价 | 金额 | | | | | | | | | | 数量 | 单价 | 金额 | | | | | | | | | |
| | | | | | | 千 | 百 | 十 | 万 | 千 | 百 | 十 | 元 | 角 | 分 | | | 千 | 百 | 十 | 万 | 千 | 百 | 十 | 元 | 角 | 分 | | | 千 | 百 | 十 | 万 | 千 | 百 | 十 | 元 | 角 | 分 |
| | | | | | | | | | | | | | | | | | | | | | | | | | | | | | | | | | | | | | | | |
| | | | | | | | | | | | | | | | | | | | | | | | | | | | | | | | | | | | | | | | |
| | | | | | | | | | | | | | | | | | | | | | | | | | | | | | | | | | | | | | | | |
| | | | | | | | | | | | | | | | | | | | | | | | | | | | | | | | | | | | | | | | |
| | | | | | | | | | | | | | | | | | | | | | | | | | | | | | | | | | | | | | | | |
| | | | | | | | | | | | | | | | | | | | | | | | | | | | | | | | | | | | | | | | |
| | | | | | | | | | | | | | | | | | | | | | | | | | | | | | | | | | | | | | | | |
| | | | | | | | | | | | | | | | | | | | | | | | | | | | | | | | | | | | | | | | |
| | | | | | | | | | | | | | | | | | | | | | | | | | | | | | | | | | | | | | | | |
| | | | | | | | | | | | | | | | | | | | | | | | | | | | | | | | | | | | | | | | |
| | | | | | | | | | | | | | | | | | | | | | | | | | | | | | | | | | | | | | | | |

## 材料明细账

材料类别：辅助材料　　材料编号：4001　　材料名称及规格：润滑油　　计量单位：千克　　计划单位成本：42.4　　单位：元

| 20××年 | | 凭证号 | 摘要 | 收入 | | | | | | | | | | | | 发出 | | | | | | | | | | | | 结存 | | | | | | | | | | | |
|---|---|---|---|---|---|---|---|---|---|---|---|---|---|---|---|---|---|---|---|---|---|---|---|---|---|---|---|---|---|---|---|---|---|---|---|---|---|---|---|
| | | | | 数量 | 单价 | 金额 | | | | | | | | | | 数量 | 单价 | 金额 | | | | | | | | | | 数量 | 单价 | 金额 | | | | | | | | | |
| 月 | 日 | | | | | 千 | 百 | 十 | 万 | 千 | 百 | 十 | 元 | 角 | 分 | | | 千 | 百 | 十 | 万 | 千 | 百 | 十 | 元 | 角 | 分 | | | 千 | 百 | 十 | 万 | 千 | 百 | 十 | 元 | 角 | 分 |
| | | | | | | | | | | | | | | | | | | | | | | | | | | | | | | | | | | | | | | | |
| | | | | | | | | | | | | | | | | | | | | | | | | | | | | | | | | | | | | | | | |
| | | | | | | | | | | | | | | | | | | | | | | | | | | | | | | | | | | | | | | | |
| | | | | | | | | | | | | | | | | | | | | | | | | | | | | | | | | | | | | | | | |
| | | | | | | | | | | | | | | | | | | | | | | | | | | | | | | | | | | | | | | | |
| | | | | | | | | | | | | | | | | | | | | | | | | | | | | | | | | | | | | | | | |
| | | | | | | | | | | | | | | | | | | | | | | | | | | | | | | | | | | | | | | | |
| | | | | | | | | | | | | | | | | | | | | | | | | | | | | | | | | | | | | | | | |
| | | | | | | | | | | | | | | | | | | | | | | | | | | | | | | | | | | | | | | | |
| | | | | | | | | | | | | | | | | | | | | | | | | | | | | | | | | | | | | | | | |
| | | | | | | | | | | | | | | | | | | | | | | | | | | | | | | | | | | | | | | | |

## 材料明细账

材料类别：辅助材料　　材料编号：4002　　材料名称及规格：TIC 涂料　　计量单位：千克　　计划单位成本：20　　单位：元

| 20××年 | | 凭证号 | 摘要 | 收入 | | | | | | | | | | | | 发出 | | | | | | | | | | | | 结存 | | | | | | | | | | | |
|---|---|---|---|---|---|---|---|---|---|---|---|---|---|---|---|---|---|---|---|---|---|---|---|---|---|---|---|---|---|---|---|---|---|---|---|---|---|---|---|
| | | | | 数量 | 单价 | 金额 | | | | | | | | | | 数量 | 单价 | 金额 | | | | | | | | | | 数量 | 单价 | 金额 | | | | | | | | | |
| 月 | 日 | | | | | 千 | 百 | 十 | 万 | 千 | 百 | 十 | 元 | 角 | 分 | | | 千 | 百 | 十 | 万 | 千 | 百 | 十 | 元 | 角 | 分 | | | 千 | 百 | 十 | 万 | 千 | 百 | 十 | 元 | 角 | 分 |
| | | | | | | | | | | | | | | | | | | | | | | | | | | | | | | | | | | | | | | | |
| | | | | | | | | | | | | | | | | | | | | | | | | | | | | | | | | | | | | | | | |
| | | | | | | | | | | | | | | | | | | | | | | | | | | | | | | | | | | | | | | | |
| | | | | | | | | | | | | | | | | | | | | | | | | | | | | | | | | | | | | | | | |
| | | | | | | | | | | | | | | | | | | | | | | | | | | | | | | | | | | | | | | | |
| | | | | | | | | | | | | | | | | | | | | | | | | | | | | | | | | | | | | | | | |
| | | | | | | | | | | | | | | | | | | | | | | | | | | | | | | | | | | | | | | | |
| | | | | | | | | | | | | | | | | | | | | | | | | | | | | | | | | | | | | | | | |
| | | | | | | | | | | | | | | | | | | | | | | | | | | | | | | | | | | | | | | | |
| | | | | | | | | | | | | | | | | | | | | | | | | | | | | | | | | | | | | | | | |
| | | | | | | | | | | | | | | | | | | | | | | | | | | | | | | | | | | | | | | | |

## 材料明细账

材料类别：周转材料　　材料编号：50101　　材料名称及规格：包装箱　　计量单位：个　　单位：元

| 20××年 | | 凭证号 | 摘要 | 收入 | | | | | | | | | | | | 发出 | | | | | | | | | | | | 结存 | | | | | | | | | | | |
|---|---|---|---|---|---|---|---|---|---|---|---|---|---|---|---|---|---|---|---|---|---|---|---|---|---|---|---|---|---|---|---|---|---|---|---|---|---|---|---|
| | | | | 数量 | 单价 | 金额 | | | | | | | | | | 数量 | 单价 | 金额 | | | | | | | | | | 数量 | 单价 | 金额 | | | | | | | | | |
| 月 | 日 | | | | | 千 | 百 | 十 | 万 | 千 | 百 | 十 | 元 | 角 | 分 | | | 千 | 百 | 十 | 万 | 千 | 百 | 十 | 元 | 角 | 分 | | | 千 | 百 | 十 | 万 | 千 | 百 | 十 | 元 | 角 | 分 |
| | | | | | | | | | | | | | | | | | | | | | | | | | | | | | | | | | | | | | | | |
| | | | | | | | | | | | | | | | | | | | | | | | | | | | | | | | | | | | | | | | |
| | | | | | | | | | | | | | | | | | | | | | | | | | | | | | | | | | | | | | | | |
| | | | | | | | | | | | | | | | | | | | | | | | | | | | | | | | | | | | | | | | |
| | | | | | | | | | | | | | | | | | | | | | | | | | | | | | | | | | | | | | | | |
| | | | | | | | | | | | | | | | | | | | | | | | | | | | | | | | | | | | | | | | |
| | | | | | | | | | | | | | | | | | | | | | | | | | | | | | | | | | | | | | | | |
| | | | | | | | | | | | | | | | | | | | | | | | | | | | | | | | | | | | | | | | |
| | | | | | | | | | | | | | | | | | | | | | | | | | | | | | | | | | | | | | | | |
| | | | | | | | | | | | | | | | | | | | | | | | | | | | | | | | | | | | | | | | |
| | | | | | | | | | | | | | | | | | | | | | | | | | | | | | | | | | | | | | | | |

## 材料明细账

材料类别：周转材料　　材料编号：50201　　材料名称及规格：工具　　计量单位：件　　单位：元

| 20××年 | | 凭证号 | 摘要 | 收入 | | | | | | | | | | | | 发出 | | | | | | | | | | | | 结存 | | | | | | | | | | | |
|---|---|---|---|---|---|---|---|---|---|---|---|---|---|---|---|---|---|---|---|---|---|---|---|---|---|---|---|---|---|---|---|---|---|---|---|---|---|---|---|
| | | | | 数量 | 单价 | 金额 | | | | | | | | | | 数量 | 单价 | 金额 | | | | | | | | | | 数量 | 单价 | 金额 | | | | | | | | | |
| 月 | 日 | | | | | 千 | 百 | 十 | 万 | 千 | 百 | 十 | 元 | 角 | 分 | | | 千 | 百 | 十 | 万 | 千 | 百 | 十 | 元 | 角 | 分 | | | 千 | 百 | 十 | 万 | 千 | 百 | 十 | 元 | 角 | 分 |
| | | | | | | | | | | | | | | | | | | | | | | | | | | | | | | | | | | | | | | | |
| | | | | | | | | | | | | | | | | | | | | | | | | | | | | | | | | | | | | | | | |
| | | | | | | | | | | | | | | | | | | | | | | | | | | | | | | | | | | | | | | | |
| | | | | | | | | | | | | | | | | | | | | | | | | | | | | | | | | | | | | | | | |
| | | | | | | | | | | | | | | | | | | | | | | | | | | | | | | | | | | | | | | | |
| | | | | | | | | | | | | | | | | | | | | | | | | | | | | | | | | | | | | | | | |
| | | | | | | | | | | | | | | | | | | | | | | | | | | | | | | | | | | | | | | | |
| | | | | | | | | | | | | | | | | | | | | | | | | | | | | | | | | | | | | | | | |
| | | | | | | | | | | | | | | | | | | | | | | | | | | | | | | | | | | | | | | | |
| | | | | | | | | | | | | | | | | | | | | | | | | | | | | | | | | | | | | | | | |
| | | | | | | | | | | | | | | | | | | | | | | | | | | | | | | | | | | | | | | | |

## 材料明细账

材料类别：周转材料　　材料编号：50202　　材料名称及规格：手套　　计量单位：打　　单位：元

| 20××年 | | 凭证号 | 摘要 | 收入 | | | | | | | | | | | | 发出 | | | | | | | | | | | | 结存 | | | | | | | | | | | |
|---|---|---|---|---|---|---|---|---|---|---|---|---|---|---|---|---|---|---|---|---|---|---|---|---|---|---|---|---|---|---|---|---|---|---|---|---|---|---|---|
| | | | | 数量 | 单价 | 金额 | | | | | | | | | | 数量 | 单价 | 金额 | | | | | | | | | | 数量 | 单价 | 金额 | | | | | | | | | |
| 月 | 日 | | | | | 千 | 百 | 十 | 万 | 千 | 百 | 十 | 元 | 角 | 分 | | | 千 | 百 | 十 | 万 | 千 | 百 | 十 | 元 | 角 | 分 | | | 千 | 百 | 十 | 万 | 千 | 百 | 十 | 元 | 角 | 分 |
| | | | | | | | | | | | | | | | | | | | | | | | | | | | | | | | | | | | | | | | |
| | | | | | | | | | | | | | | | | | | | | | | | | | | | | | | | | | | | | | | | |
| | | | | | | | | | | | | | | | | | | | | | | | | | | | | | | | | | | | | | | | |
| | | | | | | | | | | | | | | | | | | | | | | | | | | | | | | | | | | | | | | | |
| | | | | | | | | | | | | | | | | | | | | | | | | | | | | | | | | | | | | | | | |

## 材料明细账

材料类别：周转材料　　材料编号：50203　　材料名称及规格：工作服　　计量单位：套　　单位：元

| 20××年 | | 凭证号 | 摘要 | 收入 | | | | | | | | | | | | 发出 | | | | | | | | | | | | 结存 | | | | | | | | | | | |
|---|---|---|---|---|---|---|---|---|---|---|---|---|---|---|---|---|---|---|---|---|---|---|---|---|---|---|---|---|---|---|---|---|---|---|---|---|---|---|---|
| | | | | 数量 | 单价 | 金额 | | | | | | | | | | 数量 | 单价 | 金额 | | | | | | | | | | 数量 | 单价 | 金额 | | | | | | | | | |
| 月 | 日 | | | | | 千 | 百 | 十 | 万 | 千 | 百 | 十 | 元 | 角 | 分 | | | 千 | 百 | 十 | 万 | 千 | 百 | 十 | 元 | 角 | 分 | | | 千 | 百 | 十 | 万 | 千 | 百 | 十 | 元 | 角 | 分 |
| | | | | | | | | | | | | | | | | | | | | | | | | | | | | | | | | | | | | | | | |
| | | | | | | | | | | | | | | | | | | | | | | | | | | | | | | | | | | | | | | | |
| | | | | | | | | | | | | | | | | | | | | | | | | | | | | | | | | | | | | | | | |
| | | | | | | | | | | | | | | | | | | | | | | | | | | | | | | | | | | | | | | | |
| | | | | | | | | | | | | | | | | | | | | | | | | | | | | | | | | | | | | | | | |

## 材料明细账

材料类别：周转材料　　材料编号：50204　　材料名称及规格：文件柜　　计量单位：个　　单位：元

| 20××年 | | 凭证号 | 摘要 | 收入 | | | | | | | | | | | | 发出 | | | | | | | | | | | | 结存 | | | | | | | | | | | |
|---|---|---|---|---|---|---|---|---|---|---|---|---|---|---|---|---|---|---|---|---|---|---|---|---|---|---|---|---|---|---|---|---|---|---|---|---|---|---|---|
| | | | | 数量 | 单价 | 金额 | | | | | | | | | | 数量 | 单价 | 金额 | | | | | | | | | | 数量 | 单价 | 金额 | | | | | | | | | |
| 月 | 日 | | | | | 千 | 百 | 十 | 万 | 千 | 百 | 十 | 元 | 角 | 分 | | | 千 | 百 | 十 | 万 | 千 | 百 | 十 | 元 | 角 | 分 | | | 千 | 百 | 十 | 万 | 千 | 百 | 十 | 元 | 角 | 分 |
| | | | | | | | | | | | | | | | | | | | | | | | | | | | | | | | | | | | | | | | |
| | | | | | | | | | | | | | | | | | | | | | | | | | | | | | | | | | | | | | | | |
| | | | | | | | | | | | | | | | | | | | | | | | | | | | | | | | | | | | | | | | |
| | | | | | | | | | | | | | | | | | | | | | | | | | | | | | | | | | | | | | | | |
| | | | | | | | | | | | | | | | | | | | | | | | | | | | | | | | | | | | | | | | |
| | | | | | | | | | | | | | | | | | | | | | | | | | | | | | | | | | | | | | | | |

## 材料成本差异明细账

材料类别：原料及主要材料

| 20××年 | | 凭证号 | 摘要 | 本月收入 | | | | | | | | | | | | | | | | 差异率（%） | 本月发出 | | | | | | | | | | | | | | | | 月末结存 | | | | | | | | | | | | | | | |
|---|---|---|---|---|---|---|---|---|---|---|---|---|---|---|---|---|---|---|---|---|---|---|---|---|---|---|---|---|---|---|---|---|---|---|---|---|---|---|---|---|---|---|---|---|---|---|---|---|---|---|---|---|
| | | | | 超支差（借方） | | | | | | | | 节约差（贷方） | | | | | | | | | 节约差（借方） | | | | | | | | 超支差（借方） | | | | | | | | 节约差（贷方） | | | | | | | | 节约差（贷方） | | | | | | | |
| 月 | 日 | | | 十 | 万 | 千 | 百 | 十 | 元 | 角 | 分 | 十 | 万 | 千 | 百 | 十 | 元 | 角 | 分 | | 十 | 万 | 千 | 百 | 十 | 元 | 角 | 分 | 十 | 万 | 千 | 百 | 十 | 元 | 角 | 分 | 十 | 万 | 千 | 百 | 十 | 元 | 角 | 分 | 十 | 万 | 千 | 百 | 十 | 元 | 角 | 分 |
| | | | | | | | | | | | | | | | | | | | | | | | | | | | | | | | | | | | | | | | | | | | | | | | | | | | | |
| | | | | | | | | | | | | | | | | | | | | | | | | | | | | | | | | | | | | | | | | | | | | | | | | | | | | |
| | | | | | | | | | | | | | | | | | | | | | | | | | | | | | | | | | | | | | | | | | | | | | | | | | | | | |
| | | | | | | | | | | | | | | | | | | | | | | | | | | | | | | | | | | | | | | | | | | | | | | | | | | | | |
| | | | | | | | | | | | | | | | | | | | | | | | | | | | | | | | | | | | | | | | | | | | | | | | | | | | | |
| | | | | | | | | | | | | | | | | | | | | | | | | | | | | | | | | | | | | | | | | | | | | | | | | | | | | |
| | | | | | | | | | | | | | | | | | | | | | | | | | | | | | | | | | | | | | | | | | | | | | | | | | | | | |
| | | | | | | | | | | | | | | | | | | | | | | | | | | | | | | | | | | | | | | | | | | | | | | | | | | | | |
| | | | | | | | | | | | | | | | | | | | | | | | | | | | | | | | | | | | | | | | | | | | | | | | | | | | | |
| | | | | | | | | | | | | | | | | | | | | | | | | | | | | | | | | | | | | | | | | | | | | | | | | | | | | |

## 材料成本差异明细账

材料类别：燃料

| 20××年 | | 凭证号 | 摘要 | 本月收入 | | | | | | | | | | | | | | | | 差异率（%） | 本月发出 | | | | | | | | | | | | | | | | 月末结存 | | | | | | | | | | | | | | | |
|---|---|---|---|---|---|---|---|---|---|---|---|---|---|---|---|---|---|---|---|---|---|---|---|---|---|---|---|---|---|---|---|---|---|---|---|---|---|---|---|---|---|---|---|---|---|---|---|---|---|---|---|---|
| | | | | 超支差（借方） | | | | | | | | 节约差（贷方） | | | | | | | | | 节约差（借方） | | | | | | | | 超支差（借方） | | | | | | | | 节约差（贷方） | | | | | | | | 节约差（贷方） | | | | | | | |
| 月 | 日 | | | 十 | 万 | 千 | 百 | 十 | 元 | 角 | 分 | 十 | 万 | 千 | 百 | 十 | 元 | 角 | 分 | | 十 | 万 | 千 | 百 | 十 | 元 | 角 | 分 | 十 | 万 | 千 | 百 | 十 | 元 | 角 | 分 | 十 | 万 | 千 | 百 | 十 | 元 | 角 | 分 | 十 | 万 | 千 | 百 | 十 | 元 | 角 | 分 |
| | | | | | | | | | | | | | | | | | | | | | | | | | | | | | | | | | | | | | | | | | | | | | | | | | | | | |
| | | | | | | | | | | | | | | | | | | | | | | | | | | | | | | | | | | | | | | | | | | | | | | | | | | | | |
| | | | | | | | | | | | | | | | | | | | | | | | | | | | | | | | | | | | | | | | | | | | | | | | | | | | | |
| | | | | | | | | | | | | | | | | | | | | | | | | | | | | | | | | | | | | | | | | | | | | | | | | | | | | |
| | | | | | | | | | | | | | | | | | | | | | | | | | | | | | | | | | | | | | | | | | | | | | | | | | | | | |
| | | | | | | | | | | | | | | | | | | | | | | | | | | | | | | | | | | | | | | | | | | | | | | | | | | | | |
| | | | | | | | | | | | | | | | | | | | | | | | | | | | | | | | | | | | | | | | | | | | | | | | | | | | | |
| | | | | | | | | | | | | | | | | | | | | | | | | | | | | | | | | | | | | | | | | | | | | | | | | | | | | |
| | | | | | | | | | | | | | | | | | | | | | | | | | | | | | | | | | | | | | | | | | | | | | | | | | | | | |

## 材料成本差异明细账

材料类别：包装材料

| 20××年 | | 凭证号 | 摘要 | 本月收入 | | | | | | | | | | | | | | | | 差异率（%） | 本月发出 | | | | | | | | | | | | | | | | 月末结存 | | | | | | | | | | | | | | | |
|---|---|---|---|---|---|---|---|---|---|---|---|---|---|---|---|---|---|---|---|---|---|---|---|---|---|---|---|---|---|---|---|---|---|---|---|---|---|---|---|---|---|---|---|---|---|---|---|---|---|---|---|---|
| 月 | 日 | | | 超支差（借方） | | | | | | | | 节约差（贷方） | | | | | | | | | 节约差（借方） | | | | | | | | 超支差（借方） | | | | | | | | 节约差（贷方） | | | | | | | | 节约差（贷方） | | | | | | | |
| | | | | 十 | 万 | 千 | 百 | 十 | 元 | 角 | 分 | 十 | 万 | 千 | 百 | 十 | 元 | 角 | 分 | | 十 | 万 | 千 | 百 | 十 | 元 | 角 | 分 | 十 | 万 | 千 | 百 | 十 | 元 | 角 | 分 | 十 | 万 | 千 | 百 | 十 | 元 | 角 | 分 | 十 | 万 | 千 | 百 | 十 | 元 | 角 | 分 |
| | | | | | | | | | | | | | | | | | | | | | | | | | | | | | | | | | | | | | | | | | | | | | | | | | | | | |
| | | | | | | | | | | | | | | | | | | | | | | | | | | | | | | | | | | | | | | | | | | | | | | | | | | | | |
| | | | | | | | | | | | | | | | | | | | | | | | | | | | | | | | | | | | | | | | | | | | | | | | | | | | | |
| | | | | | | | | | | | | | | | | | | | | | | | | | | | | | | | | | | | | | | | | | | | | | | | | | | | | |
| | | | | | | | | | | | | | | | | | | | | | | | | | | | | | | | | | | | | | | | | | | | | | | | | | | | | |
| | | | | | | | | | | | | | | | | | | | | | | | | | | | | | | | | | | | | | | | | | | | | | | | | | | | | |
| | | | | | | | | | | | | | | | | | | | | | | | | | | | | | | | | | | | | | | | | | | | | | | | | | | | | |
| | | | | | | | | | | | | | | | | | | | | | | | | | | | | | | | | | | | | | | | | | | | | | | | | | | | | |
| | | | | | | | | | | | | | | | | | | | | | | | | | | | | | | | | | | | | | | | | | | | | | | | | | | | | |
| | | | | | | | | | | | | | | | | | | | | | | | | | | | | | | | | | | | | | | | | | | | | | | | | | | | | |

## 材料成本差异明细账

材料类别：辅助材料

| 20××年 | | 凭证号 | 摘要 | 本月收入 | | | | | | | | | | | | | | | | 差异率（%） | 本月发出 | | | | | | | | | | | | | | | | 月末结存 | | | | | | | | | | | | | | | |
|---|---|---|---|---|---|---|---|---|---|---|---|---|---|---|---|---|---|---|---|---|---|---|---|---|---|---|---|---|---|---|---|---|---|---|---|---|---|---|---|---|---|---|---|---|---|---|---|---|---|---|---|---|
| 月 | 日 | | | 超支差（借方） | | | | | | | | 节约差（贷方） | | | | | | | | | 节约差（借方） | | | | | | | | 超支差（贷方） | | | | | | | | 超支差（借方） | | | | | | | | 节约差（贷方） | | | | | | | |
| | | | | 十 | 万 | 千 | 百 | 十 | 元 | 角 | 分 | 十 | 万 | 千 | 百 | 十 | 元 | 角 | 分 | | 十 | 万 | 千 | 百 | 十 | 元 | 角 | 分 | 十 | 万 | 千 | 百 | 十 | 元 | 角 | 分 | 十 | 万 | 千 | 百 | 十 | 元 | 角 | 分 | 十 | 万 | 千 | 百 | 十 | 元 | 角 | 分 |
| | | | | | | | | | | | | | | | | | | | | | | | | | | | | | | | | | | | | | | | | | | | | | | | | | | | | |
| | | | | | | | | | | | | | | | | | | | | | | | | | | | | | | | | | | | | | | | | | | | | | | | | | | | | |
| | | | | | | | | | | | | | | | | | | | | | | | | | | | | | | | | | | | | | | | | | | | | | | | | | | | | |
| | | | | | | | | | | | | | | | | | | | | | | | | | | | | | | | | | | | | | | | | | | | | | | | | | | | | |
| | | | | | | | | | | | | | | | | | | | | | | | | | | | | | | | | | | | | | | | | | | | | | | | | | | | | |
| | | | | | | | | | | | | | | | | | | | | | | | | | | | | | | | | | | | | | | | | | | | | | | | | | | | | |
| | | | | | | | | | | | | | | | | | | | | | | | | | | | | | | | | | | | | | | | | | | | | | | | | | | | | |
| | | | | | | | | | | | | | | | | | | | | | | | | | | | | | | | | | | | | | | | | | | | | | | | | | | | | |
| | | | | | | | | | | | | | | | | | | | | | | | | | | | | | | | | | | | | | | | | | | | | | | | | | | | | |

## 库存商品明细账

科目编号：　　　　产品编号：001　　　　产品名称及规格：镗刀　　　　计量单位：件　　　　单位：元

| 20××年 | | 凭证号 | 摘要 | 收入 | | | | | | | | | | | | 发出 | | | | | | | | | | | | 结存 | | | | | | | | | | | |
|---|---|---|---|---|---|---|---|---|---|---|---|---|---|---|---|---|---|---|---|---|---|---|---|---|---|---|---|---|---|---|---|---|---|---|---|---|---|---|---|
| | | | | 数量 | 单价 | 金额 | | | | | | | | | | 数量 | 单价 | 金额 | | | | | | | | | | 数量 | 单价 | 金额 | | | | | | | | | |
| 月 | 日 | | | | | 千 | 百 | 十 | 万 | 千 | 百 | 十 | 元 | 角 | 分 | | | 千 | 百 | 十 | 万 | 千 | 百 | 十 | 元 | 角 | 分 | | | 千 | 百 | 十 | 万 | 千 | 百 | 十 | 元 | 角 | 分 |
| | | | | | | | | | | | | | | | | | | | | | | | | | | | | | | | | | | | | | | | |
| | | | | | | | | | | | | | | | | | | | | | | | | | | | | | | | | | | | | | | | |
| | | | | | | | | | | | | | | | | | | | | | | | | | | | | | | | | | | | | | | | |
| | | | | | | | | | | | | | | | | | | | | | | | | | | | | | | | | | | | | | | | |
| | | | | | | | | | | | | | | | | | | | | | | | | | | | | | | | | | | | | | | | |
| | | | | | | | | | | | | | | | | | | | | | | | | | | | | | | | | | | | | | | | |
| | | | | | | | | | | | | | | | | | | | | | | | | | | | | | | | | | | | | | | | |
| | | | | | | | | | | | | | | | | | | | | | | | | | | | | | | | | | | | | | | | |
| | | | | | | | | | | | | | | | | | | | | | | | | | | | | | | | | | | | | | | | |
| | | | | | | | | | | | | | | | | | | | | | | | | | | | | | | | | | | | | | | | |
| | | | | | | | | | | | | | | | | | | | | | | | | | | | | | | | | | | | | | | | |
| | | | | | | | | | | | | | | | | | | | | | | | | | | | | | | | | | | | | | | | |
| | | | | | | | | | | | | | | | | | | | | | | | | | | | | | | | | | | | | | | | |
| | | | | | | | | | | | | | | | | | | | | | | | | | | | | | | | | | | | | | | | |
| | | | | | | | | | | | | | | | | | | | | | | | | | | | | | | | | | | | | | | | |
| | | | | | | | | | | | | | | | | | | | | | | | | | | | | | | | | | | | | | | | |
| | | | | | | | | | | | | | | | | | | | | | | | | | | | | | | | | | | | | | | | |
| | | | | | | | | | | | | | | | | | | | | | | | | | | | | | | | | | | | | | | | |
| | | | | | | | | | | | | | | | | | | | | | | | | | | | | | | | | | | | | | | | |
| | | | | | | | | | | | | | | | | | | | | | | | | | | | | | | | | | | | | | | | |
| | | | | | | | | | | | | | | | | | | | | | | | | | | | | | | | | | | | | | | | |
| | | | | | | | | | | | | | | | | | | | | | | | | | | | | | | | | | | | | | | | |
| | | | | | | | | | | | | | | | | | | | | | | | | | | | | | | | | | | | | | | | |
| | | | | | | | | | | | | | | | | | | | | | | | | | | | | | | | | | | | | | | | |
| | | | | | | | | | | | | | | | | | | | | | | | | | | | | | | | | | | | | | | | |
| | | | | | | | | | | | | | | | | | | | | | | | | | | | | | | | | | | | | | | | |
| | | | | | | | | | | | | | | | | | | | | | | | | | | | | | | | | | | | | | | | |
| | | | | | | | | | | | | | | | | | | | | | | | | | | | | | | | | | | | | | | | |
| | | | | | | | | | | | | | | | | | | | | | | | | | | | | | | | | | | | | | | | |

# 库存商品明细账

科目编号：　　　　产品编号：002　　　　产品名称及规格：涂层圆锯片铣刀　　　　计量单位：片　　　　单位：元

| 20××年 | | 凭证号 | 摘要 | 收入 | | | | | | | | | | | | 发出 | | | | | | | | | | | | 结存 | | | | | | | | | | | |
|---|---|---|---|---|---|---|---|---|---|---|---|---|---|---|---|---|---|---|---|---|---|---|---|---|---|---|---|---|---|---|---|---|---|---|---|---|---|---|---|
| 月 | 日 | | | 数量 | 单价 | 金额 | | | | | | | | | | 数量 | 单价 | 金额 | | | | | | | | | | 数量 | 单价 | 金额 | | | | | | | | | |
| | | | | | | 千 | 百 | 十 | 万 | 千 | 百 | 十 | 元 | 角 | 分 | | | 千 | 百 | 十 | 万 | 千 | 百 | 十 | 元 | 角 | 分 | | | 千 | 百 | 十 | 万 | 千 | 百 | 十 | 元 | 角 | 分 |
| | | | | | | | | | | | | | | | | | | | | | | | | | | | | | | | | | | | | | | | |
| | | | | | | | | | | | | | | | | | | | | | | | | | | | | | | | | | | | | | | | |
| | | | | | | | | | | | | | | | | | | | | | | | | | | | | | | | | | | | | | | | |
| | | | | | | | | | | | | | | | | | | | | | | | | | | | | | | | | | | | | | | | |
| | | | | | | | | | | | | | | | | | | | | | | | | | | | | | | | | | | | | | | | |
| | | | | | | | | | | | | | | | | | | | | | | | | | | | | | | | | | | | | | | | |
| | | | | | | | | | | | | | | | | | | | | | | | | | | | | | | | | | | | | | | | |
| | | | | | | | | | | | | | | | | | | | | | | | | | | | | | | | | | | | | | | | |
| | | | | | | | | | | | | | | | | | | | | | | | | | | | | | | | | | | | | | | | |
| | | | | | | | | | | | | | | | | | | | | | | | | | | | | | | | | | | | | | | | |
| | | | | | | | | | | | | | | | | | | | | | | | | | | | | | | | | | | | | | | | |
| | | | | | | | | | | | | | | | | | | | | | | | | | | | | | | | | | | | | | | | |
| | | | | | | | | | | | | | | | | | | | | | | | | | | | | | | | | | | | | | | | |
| | | | | | | | | | | | | | | | | | | | | | | | | | | | | | | | | | | | | | | | |
| | | | | | | | | | | | | | | | | | | | | | | | | | | | | | | | | | | | | | | | |
| | | | | | | | | | | | | | | | | | | | | | | | | | | | | | | | | | | | | | | | |
| | | | | | | | | | | | | | | | | | | | | | | | | | | | | | | | | | | | | | | | |
| | | | | | | | | | | | | | | | | | | | | | | | | | | | | | | | | | | | | | | | |
| | | | | | | | | | | | | | | | | | | | | | | | | | | | | | | | | | | | | | | | |
| | | | | | | | | | | | | | | | | | | | | | | | | | | | | | | | | | | | | | | | |
| | | | | | | | | | | | | | | | | | | | | | | | | | | | | | | | | | | | | | | | |
| | | | | | | | | | | | | | | | | | | | | | | | | | | | | | | | | | | | | | | | |
| | | | | | | | | | | | | | | | | | | | | | | | | | | | | | | | | | | | | | | | |
| | | | | | | | | | | | | | | | | | | | | | | | | | | | | | | | | | | | | | | | |
| | | | | | | | | | | | | | | | | | | | | | | | | | | | | | | | | | | | | | | | |
| | | | | | | | | | | | | | | | | | | | | | | | | | | | | | | | | | | | | | | | |

## 生产成本明细账

科目编号：5001　　细目：辅助生产车间　　子目：机修车间

| 20××年 | | 凭证号 | 摘要 | 借方 | | | | | | | | | | | | | | | | | | | | | | | | | | | | | | | | |
|---|---|---|---|---|---|---|---|---|---|---|---|---|---|---|---|---|---|---|---|---|---|---|---|---|---|---|---|---|---|---|---|---|---|---|---|---|
| | | | | 直接材料 | | | | | | | | | 职工薪酬 | | | | | | | | 低值易耗品摊销 | | | | | | | | 办公费 | | | | | | | |
| 月 | 日 | | | 百 | 十 | 万 | 千 | 百 | 十 | 元 | 角 | 分 | 十 | 万 | 千 | 百 | 十 | 元 | 角 | 分 | 十 | 万 | 千 | 百 | 十 | 元 | 角 | 分 | 十 | 万 | 千 | 百 | 十 | 元 | 角 | 分 |

## 生产成本明细账

科目编号：5001　　细目：辅助生产车间　　子目：机修车间

| 借方 | | | | | | | | | | | | | | | | | | | | | | | | | | | | | | | | | 贷方 | | | | | | | | | 余额 | | | | | | | | |
|---|---|---|---|---|---|---|---|---|---|---|---|---|---|---|---|---|---|---|---|---|---|---|---|---|---|---|---|---|---|---|---|---|---|---|---|---|---|---|---|---|---|---|---|---|---|---|---|---|---|---|
| 折旧及修理费 | | | | | | | | 水电费 | | | | | | | | 其他 | | | | | | | | 合计 | | | | | | | | | | | | | | | | | | | | | | | | | | |
| 十 | 万 | 千 | 百 | 十 | 元 | 角 | 分 | 十 | 万 | 千 | 百 | 十 | 元 | 角 | 分 | 十 | 万 | 千 | 百 | 十 | 元 | 角 | 分 | 千 | 百 | 十 | 万 | 千 | 百 | 十 | 元 | 角 | 分 | 千 | 百 | 十 | 万 | 千 | 百 | 十 | 元 | 角 | 分 | 千 | 百 | 十 | 万 | 千 | 百 | 十 | 元 | 角 | 分 |

## 生产成本明细账

科目编号：5001　　细目：辅助生产车间　　子目：供汽车间

| 20××年 | | 凭证号 | 摘要 | 借方 | | | | | | | | | | | | | | | | | | | | | | | | | | | | | |
|---|---|---|---|---|---|---|---|---|---|---|---|---|---|---|---|---|---|---|---|---|---|---|---|---|---|---|---|---|---|---|---|---|---|
| | | | | 直接材料 | | | | | | | | | 职工薪酬 | | | | | | | 低值易耗品摊销 | | | | | | | 办公费 | | | | | | |
| 月 | 日 | | | 百 | 十 | 万 | 千 | 百 | 十 | 元 | 角 | 分 | 十 | 万 | 千 | 百 | 十 | 元 | 角 | 分 | 十 | 万 | 千 | 百 | 十 | 元 | 角 | 分 | 十 | 万 | 千 | 百 | 十 | 元 | 角 | 分 |

## 生产成本明细账

科目编号：5001　　细目：辅助生产车间　　子目：供汽车间

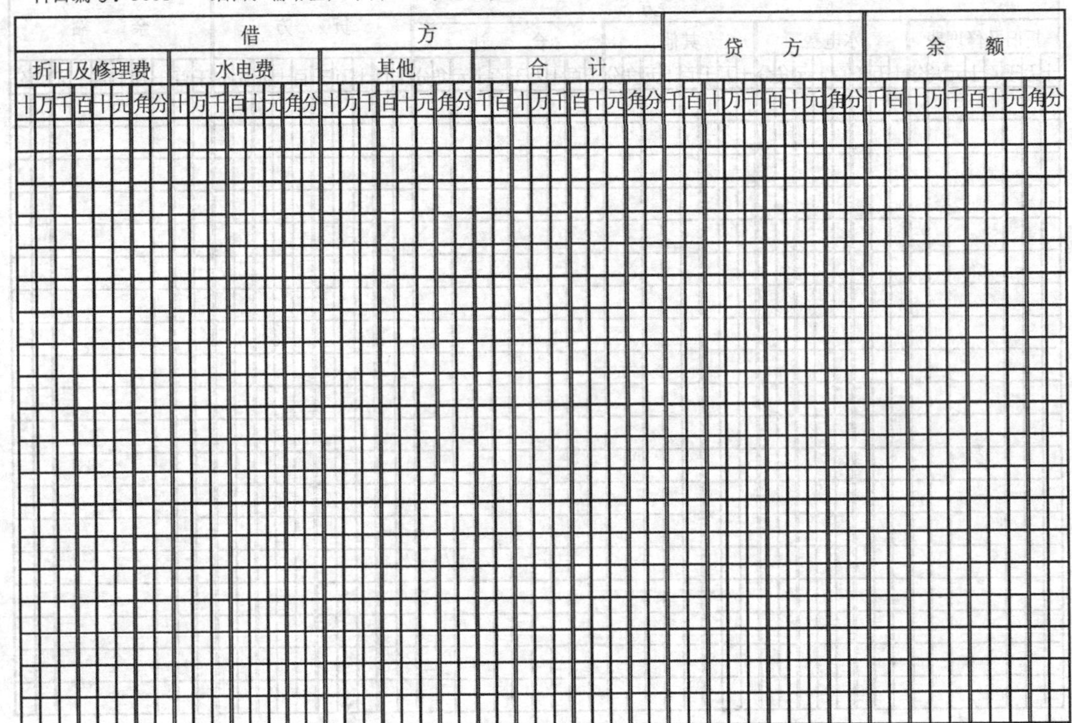

| 借方 | | | | | | | | | | | | | | | | | | | | | | | | | | | | | | | 贷方 | | | | | | | | | | 余额 | | | | | | | | | |
|---|---|---|---|---|---|---|---|---|---|---|---|---|---|---|---|---|---|---|---|---|---|---|---|---|---|---|---|---|---|---|---|---|---|---|---|---|---|---|---|---|---|---|---|---|---|---|---|---|---|---|
| 折旧及修理费 | | | | | | | 水电费 | | | | | | | 其他 | | | | | | | 合计 | | | | | | | | | | | | | | | | | | | | | | | | | | | | | |
| 十 | 万 | 千 | 百 | 十 | 元 | 角分 | 十 | 万 | 千 | 百 | 十 | 元 | 角分 | 十 | 万 | 千 | 百 | 十 | 元 | 角分 | 千 | 百 | 十 | 万 | 千 | 百 | 十 | 元 | 角 | 分 | 千 | 百 | 十 | 万 | 千 | 百 | 十 | 元 | 角 | 分 | 千 | 百 | 十 | 万 | 千 | 百 | 十 | 元 | 角 | 分 |

## 制造费用明细账

科目编号：5101　细目：基本生产车间　细目：加工车间

| 20××年 | | 凭证号 | 摘　要 | 借　方 | | | |
|---|---|---|---|---|---|---|---|
| | | | | 职工薪酬 | 物料消耗 | 低值易耗品摊销 | 办公费 |
| 月 | 日 | | | 十万千百十元角分 | 十万千百十元角分 | 十万千百十元角分 | 十万千百十元角分 |
| | | | | | | | |
| | | | | | | | |
| | | | | | | | |
| | | | | | | | |
| | | | | | | | |
| | | | | | | | |
| | | | | | | | |
| | | | | | | | |
| | | | | | | | |
| | | | | | | | |
| | | | | | | | |
| | | | | | | | |
| | | | | | | | |
| | | | | | | | |
| | | | | | | | |
| | | | | | | | |
| | | | | | | | |
| | | | | | | | |
| | | | | | | | |

## 制造费用明细账

科目编号：5101　细目：基本生产车间　子目：加工车间

| 借　方 | | | | 贷　方 | 余　额 |
|---|---|---|---|---|---|
| 折旧及修理费 | 水电费 | 其他 | 合　计 | | |
| 十万千百十元角分 | 十万千百十元角分 | 十万千百十元角分 | 千百十万千百十元角分 | 千百十万千百十元角分 | 千百十万千百十元角分 |
| | | | | | |
| | | | | | |
| | | | | | |
| | | | | | |
| | | | | | |
| | | | | | |
| | | | | | |
| | | | | | |
| | | | | | |
| | | | | | |
| | | | | | |
| | | | | | |
| | | | | | |
| | | | | | |
| | | | | | |
| | | | | | |
| | | | | | |
| | | | | | |
| | | | | | |
| | | | | | |

## 生产成本明细账

科目编号：5001　基本生产车间：加工车间　产品规格：镗刀　实际工时：　完成产量：120 件

| 20××年 | | 凭证号 | 摘要 | 借方 | | | | 余额 |
|---|---|---|---|---|---|---|---|---|
| | | | | 直接材料 | 直接人工 | 制造费用 | 合计 | |
| 月 | 日 | | | 百十万千百十元角分 | 十万千百十元角分 | 十万千百十元角分 | 百十万千百十元角分 | 百十万千百十元角分 |
| 12 | 1 | | 期初余额 | 3540000 | 782500 | 235500 | 4558000 | 4558000 |

## 生产成本明细账

科目编号：5001　基本生产车间：加工车间　产品规格：涂层圆锯片铣刀　实际工时：　完成产量：250 片

| 20××年 | | 凭证号 | 摘要 | 借方 | | | | 余额 |
|---|---|---|---|---|---|---|---|---|
| | | | | 直接材料 | 直接人工 | 制造费用 | 合计 | |
| 月 | 日 | | | 百十万千百十元角分 | 十万千百十元角分 | 十万千百十元角分 | 百十万千百十元角分 | 百十万千百十元角分 |

# 管理费用明细账

| 20××年 | | 凭证号 | 摘要 | 借方 | | | | | | | | | | | | | | | | | | | | | | | | | | | | | | | |
|---|---|---|---|---|---|---|---|---|---|---|---|---|---|---|---|---|---|---|---|---|---|---|---|---|---|---|---|---|---|---|---|---|---|---|---|
| | | | | 职工薪酬 | | | | | | | | 物料消耗 | | | | | | | | 低值易耗品摊销 | | | | | | | | 办公费 | | | | | | | |
| 月 | 日 | | | 十 | 万 | 千 | 百 | 十 | 元 | 角 | 分 | 十 | 万 | 千 | 百 | 十 | 元 | 角 | 分 | 十 | 万 | 千 | 百 | 十 | 元 | 角 | 分 | 十 | 万 | 千 | 百 | 十 | 元 | 角 | 分 |

## 管理费用明细账

| 借方 | | | | | | | | | | | | | | | | | | | | | | | | | | | | | | | | | 贷方 | | | | | | | | | 余额 | | | | | | | | |
|---|---|---|---|---|---|---|---|---|---|---|---|---|---|---|---|---|---|---|---|---|---|---|---|---|---|---|---|---|---|---|---|---|---|---|---|---|---|---|---|---|---|---|---|---|---|---|---|---|---|---|
| 折旧及修理费 | | | | | | | | 水电费 | | | | | | | | 其他 | | | | | | | | 合计 | | | | | | | | | | | | | | | | | | | | | | | | | | |
| 十 | 万 | 千 | 百 | 十 | 元 | 角 | 分 | 十 | 万 | 千 | 百 | 十 | 元 | 角 | 分 | 十 | 万 | 千 | 百 | 十 | 元 | 角 | 分 | 千 | 百 | 十 | 万 | 千 | 百 | 十 | 元 | 角 | 分 | 千 | 百 | 十 | 万 | 千 | 百 | 十 | 元 | 角 | 分 | 千 | 百 | 十 | 万 | 千 | 百 | 十 | 元 | 角 | 分 |

## 销售费用明细账

| 20××年 | | 凭证号 | 摘要 | 借方 | | | | | | | | | | | | | | | | | | | | | | | | | | | | | | | |
|---|---|---|---|---|---|---|---|---|---|---|---|---|---|---|---|---|---|---|---|---|---|---|---|---|---|---|---|---|---|---|---|---|---|---|---|
| | | | | 职工薪酬 | | | | | | | | 物料消耗 | | | | | | | | 低值易耗品摊销 | | | | | | | | 办公费 | | | | | | | |
| 月 | 日 | | | 十 | 万 | 千 | 百 | 十 | 元 | 角 | 分 | 十 | 万 | 千 | 百 | 十 | 元 | 角 | 分 | 十 | 万 | 千 | 百 | 十 | 元 | 角 | 分 | 十 | 万 | 千 | 百 | 十 | 元 | 角 | 分 |

## 销售费用明细账

| 借方 | | | | | | | | | | | | | | | | | | | | | | | | | | | | | | | | | | 贷方 | | | | | | | | | | 余额 | | | | | | | | | |
|---|---|---|---|---|---|---|---|---|---|---|---|---|---|---|---|---|---|---|---|---|---|---|---|---|---|---|---|---|---|---|---|---|---|---|---|---|---|---|---|---|---|---|---|---|---|---|---|---|---|---|---|---|---|
| 折旧及修理费 | | | | | | | | 水电费 | | | | | | | | 其他 | | | | | | | | 合计 | | | | | | | | | | | | | | | | | | | | | | | | | | | | | |
| 十 | 万 | 千 | 百 | 十 | 元 | 角 | 分 | 十 | 万 | 千 | 百 | 十 | 元 | 角 | 分 | 十 | 万 | 千 | 百 | 十 | 元 | 角 | 分 | 千 | 百 | 十 | 万 | 千 | 百 | 十 | 元 | 角 | 分 | 千 | 百 | 十 | 万 | 千 | 百 | 十 | 元 | 角 | 分 | 千 | 百 | 十 | 万 | 千 | 百 | 十 | 元 | 角 | 分 |

## 财务费用明细账

| 20××年 | | 凭证号 | 摘要 | 借方 | | | 余额 |
|---|---|---|---|---|---|---|---|
| | | | | 手续费 | 利息 | 现金折扣 | |
| 月 | 日 | | | 十万千百十元角分 | 十万千百十元角分 | 十万千百十元角分 | 十万千百十元角分 |
| | | | | | | | |
| | | | | | | | |
| | | | | | | | |
| | | | | | | | |
| | | | | | | | |
| | | | | | | | |
| | | | | | | | |
| | | | | | | | |
| | | | | | | | |
| | | | | | | | |
| | | | | | | | |
| | | | | | | | |
| | | | | | | | |
| | | | | | | | |
| | | | | | | | |
| | | | | | | | |

## 总　账

科目编号：　　　　　　　　科目名称：库存现金

| 年 | | 凭证号 | 摘要 | 借方 | 贷方 | 借或贷 | 余额 | 核对 |
|---|---|---|---|---|---|---|---|---|
| 月 | 日 | | | 千百十万千百十元角分 | 千百十万千百十元角分 | | 千百十万千百十元角分 | |
| | | | | | | | | |
| | | | | | | | | |
| | | | | | | | | |
| | | | | | | | | |
| | | | | | | | | |
| | | | | | | | | |

## 总　账

科目编号：　　　　　　　　科目名称：银行存款

| 年 | | 凭证号 | 摘要 | 借方 | 贷方 | 借或贷 | 余额 | 核对 |
|---|---|---|---|---|---|---|---|---|
| 月 | 日 | | | 千百十万千百十元角分 | 千百十万千百十元角分 | | 千百十万千百十元角分 | |
| | | | | | | | | |
| | | | | | | | | |
| | | | | | | | | |
| | | | | | | | | |
| | | | | | | | | |
| | | | | | | | | |

## 总　账

科目编号：　　　　　　　　科目名称：其他货币资金

| 20××年 | | 凭证号 | 摘要 | 借方 | 贷方 | 借或贷 | 余额 | 核对 |
|---|---|---|---|---|---|---|---|---|
| 月 | 日 | | | 千百十万千百十元角分 | 千百十万千百十元角分 | | 千百十万千百十元角分 | |
| 11 | 30 | | 本年累计 | 4000000 | 4000000 | 平 | 0 | |
| | | | | | | | | |
| | | | | | | | | |
| | | | | | | | | |
| | | | | | | | | |
| | | | | | | | | |
| | | | | | | | | |

## 总　账

科目编号：　　　　　　　　科目名称：交易性金融资产

| 月 | 日 | 凭证号 | 摘要 | 借方 | 贷方 | 借或贷 | 余额 | 核对 |
|---|---|---|---|---|---|---|---|---|
| | | | 本年累计 | | | | | |

## 总　账

科目编号：　　　　　　　　科目名称：应收票据

| 月 | 日 | 凭证号 | 摘要 | 借方 | 贷方 | 借或贷 | 余额 | 核对 |
|---|---|---|---|---|---|---|---|---|
| 11 | 30 | | 本年累计 | 16000000 | | 借 | 16000000 | |

## 总　账

科目编号：　　　　　　　　科目名称：应收账款

| 月 | 日 | 凭证号 | 摘要 | 借方 | 贷方 | 借或贷 | 余额 | 核对 |
|---|---|---|---|---|---|---|---|---|
| 1 | 1 | | 上年结转 | | | 借 | 43000000 | |
| 11 | 30 | | 本年累计 | 253564500 | 258700000 | 借 | 37864500 | |

## 总　账

科目编号：　　　　　　　　科目名称：应收股利

| 月 | 日 | 凭证号 | 摘要 | 借方 | 贷方 | 借或贷 | 余额 | 核对 |
|---|---|---|---|---|---|---|---|---|

## 总　账

科目编号：　　　　　　　　科目名称：其他应收款

| 月 | 日 | 凭证号 | 摘要 | 借方 | 贷方 | 借或贷 | 余额 | 核对 |
|---|---|---|---|---|---|---|---|---|

## 总 账

科目编号：　　　　　　　　　　科目名称：坏账准备

| 年 | | 凭证号 | 摘要 | 借方 | | | | | | | | | | 贷方 | | | | | | | | | | 借或贷 | 余额 | | | | | | | | | | 核对 |
|---|---|---|---|---|---|---|---|---|---|---|---|---|---|---|---|---|---|---|---|---|---|---|---|---|---|---|---|---|---|---|---|---|---|---|---|
| 月 | 日 | | | 千 | 百 | 十 | 万 | 千 | 百 | 十 | 元 | 角 | 分 | 千 | 百 | 十 | 万 | 千 | 百 | 十 | 元 | 角 | 分 | | 千 | 百 | 十 | 万 | 千 | 百 | 十 | 元 | 角 | 分 | |
| | | | | | | | | | | | | | | | | | | | | | | | | 借 | | | | | 1 | 5 | 0 | 0 | 0 | 0 | |
| | | | | | | | | | | | | | | | | | | | | | | | | | | | | | | | | | | | |
| | | | | | | | | | | | | | | | | | | | | | | | | | | | | | | | | | | | |
| | | | | | | | | | | | | | | | | | | | | | | | | | | | | | | | | | | | |
| | | | | | | | | | | | | | | | | | | | | | | | | | | | | | | | | | | | |
| | | | | | | | | | | | | | | | | | | | | | | | | | | | | | | | | | | | |

## 总 账

科目编号：　　　　　　　　　　科目名称：材料采购

| 年 | | 凭证号 | 摘要 | 借方 | | | | | | | | | | 贷方 | | | | | | | | | | 借或贷 | 余额 | | | | | | | | | | 核对 |
|---|---|---|---|---|---|---|---|---|---|---|---|---|---|---|---|---|---|---|---|---|---|---|---|---|---|---|---|---|---|---|---|---|---|---|---|
| 月 | 日 | | | 千 | 百 | 十 | 万 | 千 | 百 | 十 | 元 | 角 | 分 | 千 | 百 | 十 | 万 | 千 | 百 | 十 | 元 | 角 | 分 | | 千 | 百 | 十 | 万 | 千 | 百 | 十 | 元 | 角 | 分 | |
| | | | | | | | | | | | | | | | | | | | | | | | | | | | | | | | | | | | |
| | | | | | | | | | | | | | | | | | | | | | | | | | | | | | | | | | | | |
| | | | | | | | | | | | | | | | | | | | | | | | | | | | | | | | | | | | |
| | | | | | | | | | | | | | | | | | | | | | | | | | | | | | | | | | | | |
| | | | | | | | | | | | | | | | | | | | | | | | | | | | | | | | | | | | |
| | | | | | | | | | | | | | | | | | | | | | | | | | | | | | | | | | | | |

## 总 账

科目编号：　　　　　　　　　　科目名称：原材料

| 年 | | 凭证号 | 摘要 | 借方 | | | | | | | | | | 贷方 | | | | | | | | | | 借或贷 | 余额 | | | | | | | | | | 核对 |
|---|---|---|---|---|---|---|---|---|---|---|---|---|---|---|---|---|---|---|---|---|---|---|---|---|---|---|---|---|---|---|---|---|---|---|---|
| 月 | 日 | | | 千 | 百 | 十 | 万 | 千 | 百 | 十 | 元 | 角 | 分 | 千 | 百 | 十 | 万 | 千 | 百 | 十 | 元 | 角 | 分 | | 千 | 百 | 十 | 万 | 千 | 百 | 十 | 元 | 角 | 分 | |
| | | | | | | | | | | | | | | | | | | | | | | | | | | | | | | | | | | | |
| | | | | | | | | | | | | | | | | | | | | | | | | | | | | | | | | | | | |
| | | | | | | | | | | | | | | | | | | | | | | | | | | | | | | | | | | | |
| | | | | | | | | | | | | | | | | | | | | | | | | | | | | | | | | | | | |
| | | | | | | | | | | | | | | | | | | | | | | | | | | | | | | | | | | | |
| | | | | | | | | | | | | | | | | | | | | | | | | | | | | | | | | | | | |

## 总 账

科目编号：　　　　　　　　　　科目名称：材料成本差异

| 年 | | 凭证号 | 摘要 | 借方 | | | | | | | | | | 贷方 | | | | | | | | | | 借或贷 | 余额 | | | | | | | | | | 核对 |
|---|---|---|---|---|---|---|---|---|---|---|---|---|---|---|---|---|---|---|---|---|---|---|---|---|---|---|---|---|---|---|---|---|---|---|---|
| 月 | 日 | | | 千 | 百 | 十 | 万 | 千 | 百 | 十 | 元 | 角 | 分 | 千 | 百 | 十 | 万 | 千 | 百 | 十 | 元 | 角 | 分 | | 千 | 百 | 十 | 万 | 千 | 百 | 十 | 元 | 角 | 分 | |
| | | | | | | | | | | | | | | | | | | | | | | | | | | | | | | | | | | | |
| | | | | | | | | | | | | | | | | | | | | | | | | | | | | | | | | | | | |
| | | | | | | | | | | | | | | | | | | | | | | | | | | | | | | | | | | | |
| | | | | | | | | | | | | | | | | | | | | | | | | | | | | | | | | | | | |
| | | | | | | | | | | | | | | | | | | | | | | | | | | | | | | | | | | | |
| | | | | | | | | | | | | | | | | | | | | | | | | | | | | | | | | | | | |

## 总 账

科目编号：　　　　　　　　　　科目名称：包装物

| 年 | | 凭证号 | 摘要 | 借方 | | | | | | | | | | 贷方 | | | | | | | | | | 借或贷 | 余额 | | | | | | | | | | 核对 |
|---|---|---|---|---|---|---|---|---|---|---|---|---|---|---|---|---|---|---|---|---|---|---|---|---|---|---|---|---|---|---|---|---|---|---|---|
| 月 | 日 | | | 千 | 百 | 十 | 万 | 千 | 百 | 十 | 元 | 角 | 分 | 千 | 百 | 十 | 万 | 千 | 百 | 十 | 元 | 角 | 分 | | 千 | 百 | 十 | 万 | 千 | 百 | 十 | 元 | 角 | 分 | |
| | | | | | | | | | | | | | | | | | | | | | | | | | | | | | | | | | | | |
| | | | | | | | | | | | | | | | | | | | | | | | | | | | | | | | | | | | |
| | | | | | | | | | | | | | | | | | | | | | | | | | | | | | | | | | | | |
| | | | | | | | | | | | | | | | | | | | | | | | | | | | | | | | | | | | |
| | | | | | | | | | | | | | | | | | | | | | | | | | | | | | | | | | | | |
| | | | | | | | | | | | | | | | | | | | | | | | | | | | | | | | | | | | |
| | | | | | | | | | | | | | | | | | | | | | | | | | | | | | | | | | | | |

## 总账

科目编号：　　　　　　　　　　　科目名称：低值易耗品

| 年 | | 凭证号 | 摘要 | 借方 | | | | | | | | | | 贷方 | | | | | | | | | | 借或贷 | 余额 | | | | | | | | | | 核对 |
|---|---|---|---|---|---|---|---|---|---|---|---|---|---|---|---|---|---|---|---|---|---|---|---|---|---|---|---|---|---|---|---|---|---|---|---|
| 月 | 日 | | | 千 | 百 | 十 | 万 | 千 | 百 | 十 | 元 | 角 | 分 | 千 | 百 | 十 | 万 | 千 | 百 | 十 | 元 | 角 | 分 | | 千 | 百 | 十 | 万 | 千 | 百 | 十 | 元 | 角 | 分 | |
| | | | | | | | | | | | | | | | | | | | | | | | | | | | | | | | | | | | |
| | | | | | | | | | | | | | | | | | | | | | | | | | | | | | | | | | | | |
| | | | | | | | | | | | | | | | | | | | | | | | | | | | | | | | | | | | |
| | | | | | | | | | | | | | | | | | | | | | | | | | | | | | | | | | | | |
| | | | | | | | | | | | | | | | | | | | | | | | | | | | | | | | | | | | |
| | | | | | | | | | | | | | | | | | | | | | | | | | | | | | | | | | | | |

## 总账

科目编号：　　　　　　　　　　　科目名称：库存商品

| 年 | | 凭证号 | 摘要 | 借方 | | | | | | | | | | 贷方 | | | | | | | | | | 借或贷 | 余额 | | | | | | | | | | 核对 |
|---|---|---|---|---|---|---|---|---|---|---|---|---|---|---|---|---|---|---|---|---|---|---|---|---|---|---|---|---|---|---|---|---|---|---|---|
| 月 | 日 | | | 千 | 百 | 十 | 万 | 千 | 百 | 十 | 元 | 角 | 分 | 千 | 百 | 十 | 万 | 千 | 百 | 十 | 元 | 角 | 分 | | 千 | 百 | 十 | 万 | 千 | 百 | 十 | 元 | 角 | 分 | |
| | | | | | | | | | | | | | | | | | | | | | | | | | | | | | | | | | | | |
| | | | | | | | | | | | | | | | | | | | | | | | | | | | | | | | | | | | |
| | | | | | | | | | | | | | | | | | | | | | | | | | | | | | | | | | | | |
| | | | | | | | | | | | | | | | | | | | | | | | | | | | | | | | | | | | |
| | | | | | | | | | | | | | | | | | | | | | | | | | | | | | | | | | | | |
| | | | | | | | | | | | | | | | | | | | | | | | | | | | | | | | | | | | |

## 总账

科目编号：　　　　　　　　　　　科目名称：委托加工物资

| 年 | | 凭证号 | 摘要 | 借方 | | | | | | | | | | 贷方 | | | | | | | | | | 借或贷 | 余额 | | | | | | | | | | 核对 |
|---|---|---|---|---|---|---|---|---|---|---|---|---|---|---|---|---|---|---|---|---|---|---|---|---|---|---|---|---|---|---|---|---|---|---|---|
| 月 | 日 | | | 千 | 百 | 十 | 万 | 千 | 百 | 十 | 元 | 角 | 分 | 千 | 百 | 十 | 万 | 千 | 百 | 十 | 元 | 角 | 分 | | 千 | 百 | 十 | 万 | 千 | 百 | 十 | 元 | 角 | 分 | |
| | | | | | | | | | | | | | | | | | | | | | | | | | | | | | | | | | | | |
| | | | | | | | | | | | | | | | | | | | | | | | | | | | | | | | | | | | |
| | | | | | | | | | | | | | | | | | | | | | | | | | | | | | | | | | | | |
| | | | | | | | | | | | | | | | | | | | | | | | | | | | | | | | | | | | |
| | | | | | | | | | | | | | | | | | | | | | | | | | | | | | | | | | | | |
| | | | | | | | | | | | | | | | | | | | | | | | | | | | | | | | | | | | |

## 总账

科目编号：　　　　　　　　　　　科目名称：固定资产

| 年 | | 凭证号 | 摘要 | 借方 | | | | | | | | | | 贷方 | | | | | | | | | | 借或贷 | 余额 | | | | | | | | | | 核对 |
|---|---|---|---|---|---|---|---|---|---|---|---|---|---|---|---|---|---|---|---|---|---|---|---|---|---|---|---|---|---|---|---|---|---|---|---|
| 月 | 日 | | | 千 | 百 | 十 | 万 | 千 | 百 | 十 | 元 | 角 | 分 | 千 | 百 | 十 | 万 | 千 | 百 | 十 | 元 | 角 | 分 | | 千 | 百 | 十 | 万 | 千 | 百 | 十 | 元 | 角 | 分 | |
| | | | | | | | | | | | | | | | | | | | | | | | | | | | | | | | | | | | |
| | | | | | | | | | | | | | | | | | | | | | | | | | | | | | | | | | | | |
| | | | | | | | | | | | | | | | | | | | | | | | | | | | | | | | | | | | |
| | | | | | | | | | | | | | | | | | | | | | | | | | | | | | | | | | | | |
| | | | | | | | | | | | | | | | | | | | | | | | | | | | | | | | | | | | |
| | | | | | | | | | | | | | | | | | | | | | | | | | | | | | | | | | | | |

## 总账

科目编号：　　　　　　　　　　　科目名称：累计折旧

| 年 | | 凭证号 | 摘要 | 借方 | | | | | | | | | | 贷方 | | | | | | | | | | 借或贷 | 余额 | | | | | | | | | | 核对 |
|---|---|---|---|---|---|---|---|---|---|---|---|---|---|---|---|---|---|---|---|---|---|---|---|---|---|---|---|---|---|---|---|---|---|---|---|
| 月 | 日 | | | 千 | 百 | 十 | 万 | 千 | 百 | 十 | 元 | 角 | 分 | 千 | 百 | 十 | 万 | 千 | 百 | 十 | 元 | 角 | 分 | | 千 | 百 | 十 | 万 | 千 | 百 | 十 | 元 | 角 | 分 | |
| | | | | | | | | | | | | | | | | | | | | | | | | | | | | | | | | | | | |
| | | | | | | | | | | | | | | | | | | | | | | | | | | | | | | | | | | | |
| | | | | | | | | | | | | | | | | | | | | | | | | | | | | | | | | | | | |
| | | | | | | | | | | | | | | | | | | | | | | | | | | | | | | | | | | | |
| | | | | | | | | | | | | | | | | | | | | | | | | | | | | | | | | | | | |
| | | | | | | | | | | | | | | | | | | | | | | | | | | | | | | | | | | | |
| | | | | | | | | | | | | | | | | | | | | | | | | | | | | | | | | | | | |

## 总 账

科目编号：　　　　科目名称：固定资产清理

| 年 | | 凭证号 | 摘要 | 借方 | | | | | | | | | | 贷方 | | | | | | | | | | 借或贷 | 余额 | | | | | | | | | | 核对 |
|---|---|---|---|---|---|---|---|---|---|---|---|---|---|---|---|---|---|---|---|---|---|---|---|---|---|---|---|---|---|---|---|---|---|---|---|
| 月 | 日 | | | 千 | 百 | 十 | 万 | 千 | 百 | 十 | 元 | 角 | 分 | 千 | 百 | 十 | 万 | 千 | 百 | 十 | 元 | 角 | 分 | | 千 | 百 | 十 | 万 | 千 | 百 | 十 | 元 | 角 | 分 | |
| | | | | | | | | | | | | | | | | | | | | | | | | | | | | | | | | | | | |
| | | | | | | | | | | | | | | | | | | | | | | | | | | | | | | | | | | | |
| | | | | | | | | | | | | | | | | | | | | | | | | | | | | | | | | | | | |
| | | | | | | | | | | | | | | | | | | | | | | | | | | | | | | | | | | | |
| | | | | | | | | | | | | | | | | | | | | | | | | | | | | | | | | | | | |
| | | | | | | | | | | | | | | | | | | | | | | | | | | | | | | | | | | | |

## 总 账

科目编号：　　　　科目名称：无形资产

| 年 | | 凭证号 | 摘要 | 借方 | | | | | | | | | | 贷方 | | | | | | | | | | 借或贷 | 余额 | | | | | | | | | | 核对 |
|---|---|---|---|---|---|---|---|---|---|---|---|---|---|---|---|---|---|---|---|---|---|---|---|---|---|---|---|---|---|---|---|---|---|---|---|
| 月 | 日 | | | 千 | 百 | 十 | 万 | 千 | 百 | 十 | 元 | 角 | 分 | 千 | 百 | 十 | 万 | 千 | 百 | 十 | 元 | 角 | 分 | | 千 | 百 | 十 | 万 | 千 | 百 | 十 | 元 | 角 | 分 | |
| | | | | | | | | | | | | | | | | | | | | | | | | | | | | | | | | | | | |
| | | | | | | | | | | | | | | | | | | | | | | | | | | | | | | | | | | | |
| | | | | | | | | | | | | | | | | | | | | | | | | | | | | | | | | | | | |
| | | | | | | | | | | | | | | | | | | | | | | | | | | | | | | | | | | | |
| | | | | | | | | | | | | | | | | | | | | | | | | | | | | | | | | | | | |
| | | | | | | | | | | | | | | | | | | | | | | | | | | | | | | | | | | | |

## 总 账

科目编号：　　　　科目名称：累计摊销

| 年 | | 凭证号 | 摘要 | 借方 | | | | | | | | | | 贷方 | | | | | | | | | | 借或贷 | 余额 | | | | | | | | | | 核对 |
|---|---|---|---|---|---|---|---|---|---|---|---|---|---|---|---|---|---|---|---|---|---|---|---|---|---|---|---|---|---|---|---|---|---|---|---|
| 月 | 日 | | | 千 | 百 | 十 | 万 | 千 | 百 | 十 | 元 | 角 | 分 | 千 | 百 | 十 | 万 | 千 | 百 | 十 | 元 | 角 | 分 | | 千 | 百 | 十 | 万 | 千 | 百 | 十 | 元 | 角 | 分 | |
| | | | | | | | | | | | | | | | | | | | | | | | | | | | | | | | | | | | |
| | | | | | | | | | | | | | | | | | | | | | | | | | | | | | | | | | | | |
| | | | | | | | | | | | | | | | | | | | | | | | | | | | | | | | | | | | |
| | | | | | | | | | | | | | | | | | | | | | | | | | | | | | | | | | | | |
| | | | | | | | | | | | | | | | | | | | | | | | | | | | | | | | | | | | |
| | | | | | | | | | | | | | | | | | | | | | | | | | | | | | | | | | | | |

## 总 账

科目编号：　　　　科目名称：长期待摊费用

| 年 | | 凭证号 | 摘要 | 借方 | | | | | | | | | | 贷方 | | | | | | | | | | 借或贷 | 余额 | | | | | | | | | | 核对 |
|---|---|---|---|---|---|---|---|---|---|---|---|---|---|---|---|---|---|---|---|---|---|---|---|---|---|---|---|---|---|---|---|---|---|---|---|
| 月 | 日 | | | 千 | 百 | 十 | 万 | 千 | 百 | 十 | 元 | 角 | 分 | 千 | 百 | 十 | 万 | 千 | 百 | 十 | 元 | 角 | 分 | | 千 | 百 | 十 | 万 | 千 | 百 | 十 | 元 | 角 | 分 | |
| | | | | | | | | | | | | | | | | | | | | | | | | | | | | | | | | | | | |
| | | | | | | | | | | | | | | | | | | | | | | | | | | | | | | | | | | | |
| | | | | | | | | | | | | | | | | | | | | | | | | | | | | | | | | | | | |
| | | | | | | | | | | | | | | | | | | | | | | | | | | | | | | | | | | | |
| | | | | | | | | | | | | | | | | | | | | | | | | | | | | | | | | | | | |
| | | | | | | | | | | | | | | | | | | | | | | | | | | | | | | | | | | | |

## 总 账

科目编号：　　　　科目名称：待处理财产损溢

| 年 | | 凭证号 | 摘要 | 借方 | | | | | | | | | | 贷方 | | | | | | | | | | 借或贷 | 余额 | | | | | | | | | | 核对 |
|---|---|---|---|---|---|---|---|---|---|---|---|---|---|---|---|---|---|---|---|---|---|---|---|---|---|---|---|---|---|---|---|---|---|---|---|
| 月 | 日 | | | 千 | 百 | 十 | 万 | 千 | 百 | 十 | 元 | 角 | 分 | 千 | 百 | 十 | 万 | 千 | 百 | 十 | 元 | 角 | 分 | | 千 | 百 | 十 | 万 | 千 | 百 | 十 | 元 | 角 | 分 | |
| | | | | | | | | | | | | | | | | | | | | | | | | | | | | | | | | | | | |
| | | | | | | | | | | | | | | | | | | | | | | | | | | | | | | | | | | | |
| | | | | | | | | | | | | | | | | | | | | | | | | | | | | | | | | | | | |
| | | | | | | | | | | | | | | | | | | | | | | | | | | | | | | | | | | | |
| | | | | | | | | | | | | | | | | | | | | | | | | | | | | | | | | | | | |
| | | | | | | | | | | | | | | | | | | | | | | | | | | | | | | | | | | | |

## 总 账

科目编号：　　　　　　　　科目名称：基本生产成本

| 年 | | 凭证号 | 摘要 | 借方 | | | | | | | | | 贷方 | | | | | | | | | 借或贷 | 余额 | | | | | | | | | 核对 |
|---|---|---|---|---|---|---|---|---|---|---|---|---|---|---|---|---|---|---|---|---|---|---|---|---|---|---|---|---|---|---|---|---|
| 月 | 日 | | | 千 | 百 | 十 | 万 | 千 | 百 | 十 | 元 | 角分 | 千 | 百 | 十 | 万 | 千 | 百 | 十 | 元 | 角分 | | 千 | 百 | 十 | 万 | 千 | 百 | 十 | 元 | 角分 | |
| | | | | | | | | | | | | | | | | | | | | | | | | | | | | | | | | |
| | | | | | | | | | | | | | | | | | | | | | | | | | | | | | | | | |
| | | | | | | | | | | | | | | | | | | | | | | | | | | | | | | | | |
| | | | | | | | | | | | | | | | | | | | | | | | | | | | | | | | | |
| | | | | | | | | | | | | | | | | | | | | | | | | | | | | | | | | |
| | | | | | | | | | | | | | | | | | | | | | | | | | | | | | | | | |

## 总 账

科目编号：　　　　　　　　科目名称：辅助生产成本

| 年 | | 凭证号 | 摘要 | 借方 | | | | | | | | | 贷方 | | | | | | | | | 借或贷 | 余额 | | | | | | | | | 核对 |
|---|---|---|---|---|---|---|---|---|---|---|---|---|---|---|---|---|---|---|---|---|---|---|---|---|---|---|---|---|---|---|---|---|
| 月 | 日 | | | 千 | 百 | 十 | 万 | 千 | 百 | 十 | 元 | 角分 | 千 | 百 | 十 | 万 | 千 | 百 | 十 | 元 | 角分 | | 千 | 百 | 十 | 万 | 千 | 百 | 十 | 元 | 角分 | |
| | | | | | | | | | | | | | | | | | | | | | | | | | | | | | | | | |
| | | | | | | | | | | | | | | | | | | | | | | | | | | | | | | | | |
| | | | | | | | | | | | | | | | | | | | | | | | | | | | | | | | | |
| | | | | | | | | | | | | | | | | | | | | | | | | | | | | | | | | |
| | | | | | | | | | | | | | | | | | | | | | | | | | | | | | | | | |
| | | | | | | | | | | | | | | | | | | | | | | | | | | | | | | | | |

## 总 账

科目编号：　　　　　　　　科目名称：制造费用

| 年 | | 凭证号 | 摘要 | 借方 | | | | | | | | | 贷方 | | | | | | | | | 借或贷 | 余额 | | | | | | | | | 核对 |
|---|---|---|---|---|---|---|---|---|---|---|---|---|---|---|---|---|---|---|---|---|---|---|---|---|---|---|---|---|---|---|---|---|
| 月 | 日 | | | 千 | 百 | 十 | 万 | 千 | 百 | 十 | 元 | 角分 | 千 | 百 | 十 | 万 | 千 | 百 | 十 | 元 | 角分 | | 千 | 百 | 十 | 万 | 千 | 百 | 十 | 元 | 角分 | |
| | | | | | | | | | | | | | | | | | | | | | | | | | | | | | | | | |
| | | | | | | | | | | | | | | | | | | | | | | | | | | | | | | | | |
| | | | | | | | | | | | | | | | | | | | | | | | | | | | | | | | | |
| | | | | | | | | | | | | | | | | | | | | | | | | | | | | | | | | |
| | | | | | | | | | | | | | | | | | | | | | | | | | | | | | | | | |
| | | | | | | | | | | | | | | | | | | | | | | | | | | | | | | | | |

## 总 账

科目编号：　　　　　　　　科目名称：短期借款

| 年 | | 凭证号 | 摘要 | 借方 | | | | | | | | | 贷方 | | | | | | | | | 借或贷 | 余额 | | | | | | | | | 核对 |
|---|---|---|---|---|---|---|---|---|---|---|---|---|---|---|---|---|---|---|---|---|---|---|---|---|---|---|---|---|---|---|---|---|
| 月 | 日 | | | 千 | 百 | 十 | 万 | 千 | 百 | 十 | 元 | 角分 | 千 | 百 | 十 | 万 | 千 | 百 | 十 | 元 | 角分 | | 千 | 百 | 十 | 万 | 千 | 百 | 十 | 元 | 角分 | |
| | | | | | | | | | | | | | | | | | | | | | | | | | | | | | | | | |
| | | | | | | | | | | | | | | | | | | | | | | | | | | | | | | | | |
| | | | | | | | | | | | | | | | | | | | | | | | | | | | | | | | | |
| | | | | | | | | | | | | | | | | | | | | | | | | | | | | | | | | |
| | | | | | | | | | | | | | | | | | | | | | | | | | | | | | | | | |
| | | | | | | | | | | | | | | | | | | | | | | | | | | | | | | | | |

## 总 账

科目编号：　　　　　　　　科目名称：应付票据

| 年 | | 凭证号 | 摘要 | 借方 | | | | | | | | | 贷方 | | | | | | | | | 借或贷 | 余额 | | | | | | | | | 核对 |
|---|---|---|---|---|---|---|---|---|---|---|---|---|---|---|---|---|---|---|---|---|---|---|---|---|---|---|---|---|---|---|---|---|
| 月 | 日 | | | 千 | 百 | 十 | 万 | 千 | 百 | 十 | 元 | 角分 | 千 | 百 | 十 | 万 | 千 | 百 | 十 | 元 | 角分 | | 千 | 百 | 十 | 万 | 千 | 百 | 十 | 元 | 角分 | |
| | | | | | | | | | | | | | | | | | | | | | | | | | | | | | | | | |
| | | | | | | | | | | | | | | | | | | | | | | | | | | | | | | | | |
| | | | | | | | | | | | | | | | | | | | | | | | | | | | | | | | | |
| | | | | | | | | | | | | | | | | | | | | | | | | | | | | | | | | |
| | | | | | | | | | | | | | | | | | | | | | | | | | | | | | | | | |
| | | | | | | | | | | | | | | | | | | | | | | | | | | | | | | | | |
| | | | | | | | | | | | | | | | | | | | | | | | | | | | | | | | | |

## 总账

科目编号：　　　　科目名称：应付账款

| 年 | | 凭证号 | 摘要 | 借方 | | | | | | | | | | 贷方 | | | | | | | | | | 借或贷 | 余额 | | | | | | | | | | 核对 |
|---|---|---|---|---|---|---|---|---|---|---|---|---|---|---|---|---|---|---|---|---|---|---|---|---|---|---|---|---|---|---|---|---|---|---|---|
| 月 | 日 | | | 千 | 百 | 十 | 万 | 千 | 百 | 十 | 元 | 角 | 分 | 千 | 百 | 十 | 万 | 千 | 百 | 十 | 元 | 角 | 分 | | 千 | 百 | 十 | 万 | 千 | 百 | 十 | 元 | 角 | 分 | |
| | | | | | | | | | | | | | | | | | | | | | | | | | | | | | | | | | | | |
| | | | | | | | | | | | | | | | | | | | | | | | | | | | | | | | | | | | |
| | | | | | | | | | | | | | | | | | | | | | | | | | | | | | | | | | | | |
| | | | | | | | | | | | | | | | | | | | | | | | | | | | | | | | | | | | |
| | | | | | | | | | | | | | | | | | | | | | | | | | | | | | | | | | | | |
| | | | | | | | | | | | | | | | | | | | | | | | | | | | | | | | | | | | |

## 总账

科目编号：　　　　科目名称：预收账款

| 年 | | 凭证号 | 摘要 | 借方 | | | | | | | | | | 贷方 | | | | | | | | | | 借或贷 | 余额 | | | | | | | | | | 核对 |
|---|---|---|---|---|---|---|---|---|---|---|---|---|---|---|---|---|---|---|---|---|---|---|---|---|---|---|---|---|---|---|---|---|---|---|---|
| 月 | 日 | | | 千 | 百 | 十 | 万 | 千 | 百 | 十 | 元 | 角 | 分 | 千 | 百 | 十 | 万 | 千 | 百 | 十 | 元 | 角 | 分 | | 千 | 百 | 十 | 万 | 千 | 百 | 十 | 元 | 角 | 分 | |
| | | | | | | | | | | | | | | | | | | | | | | | | | | | | | | | | | | | |
| | | | | | | | | | | | | | | | | | | | | | | | | | | | | | | | | | | | |
| | | | | | | | | | | | | | | | | | | | | | | | | | | | | | | | | | | | |
| | | | | | | | | | | | | | | | | | | | | | | | | | | | | | | | | | | | |
| | | | | | | | | | | | | | | | | | | | | | | | | | | | | | | | | | | | |
| | | | | | | | | | | | | | | | | | | | | | | | | | | | | | | | | | | | |

## 总账

科目编号：　　　　科目名称：应付职工薪酬

| 年 | | 凭证号 | 摘要 | 借方 | | | | | | | | | | 贷方 | | | | | | | | | | 借或贷 | 余额 | | | | | | | | | | 核对 |
|---|---|---|---|---|---|---|---|---|---|---|---|---|---|---|---|---|---|---|---|---|---|---|---|---|---|---|---|---|---|---|---|---|---|---|---|
| 月 | 日 | | | 千 | 百 | 十 | 万 | 千 | 百 | 十 | 元 | 角 | 分 | 千 | 百 | 十 | 万 | 千 | 百 | 十 | 元 | 角 | 分 | | 千 | 百 | 十 | 万 | 千 | 百 | 十 | 元 | 角 | 分 | |
| | | | | | | | | | | | | | | | | | | | | | | | | | | | | | | | | | | | |
| | | | | | | | | | | | | | | | | | | | | | | | | | | | | | | | | | | | |
| | | | | | | | | | | | | | | | | | | | | | | | | | | | | | | | | | | | |
| | | | | | | | | | | | | | | | | | | | | | | | | | | | | | | | | | | | |
| | | | | | | | | | | | | | | | | | | | | | | | | | | | | | | | | | | | |
| | | | | | | | | | | | | | | | | | | | | | | | | | | | | | | | | | | | |

## 总账

科目编号：　　　　科目名称：应交税费

| 年 | | 凭证号 | 摘要 | 借方 | | | | | | | | | | 贷方 | | | | | | | | | | 借或贷 | 余额 | | | | | | | | | | 核对 |
|---|---|---|---|---|---|---|---|---|---|---|---|---|---|---|---|---|---|---|---|---|---|---|---|---|---|---|---|---|---|---|---|---|---|---|---|
| 月 | 日 | | | 千 | 百 | 十 | 万 | 千 | 百 | 十 | 元 | 角 | 分 | 千 | 百 | 十 | 万 | 千 | 百 | 十 | 元 | 角 | 分 | | 千 | 百 | 十 | 万 | 千 | 百 | 十 | 元 | 角 | 分 | |
| | | | | | | | | | | | | | | | | | | | | | | | | | | | | | | | | | | | |
| | | | | | | | | | | | | | | | | | | | | | | | | | | | | | | | | | | | |
| | | | | | | | | | | | | | | | | | | | | | | | | | | | | | | | | | | | |
| | | | | | | | | | | | | | | | | | | | | | | | | | | | | | | | | | | | |
| | | | | | | | | | | | | | | | | | | | | | | | | | | | | | | | | | | | |
| | | | | | | | | | | | | | | | | | | | | | | | | | | | | | | | | | | | |

## 总账

科目编号：　　　　科目名称：应付利息

| 年 | | 凭证号 | 摘要 | 借方 | | | | | | | | | | 贷方 | | | | | | | | | | 借或贷 | 余额 | | | | | | | | | | 核对 |
|---|---|---|---|---|---|---|---|---|---|---|---|---|---|---|---|---|---|---|---|---|---|---|---|---|---|---|---|---|---|---|---|---|---|---|---|
| 月 | 日 | | | 千 | 百 | 十 | 万 | 千 | 百 | 十 | 元 | 角 | 分 | 千 | 百 | 十 | 万 | 千 | 百 | 十 | 元 | 角 | 分 | | 千 | 百 | 十 | 万 | 千 | 百 | 十 | 元 | 角 | 分 | |
| | | | | | | | | | | | | | | | | | | | | | | | | | | | | | | | | | | | |
| | | | | | | | | | | | | | | | | | | | | | | | | | | | | | | | | | | | |
| | | | | | | | | | | | | | | | | | | | | | | | | | | | | | | | | | | | |
| | | | | | | | | | | | | | | | | | | | | | | | | | | | | | | | | | | | |
| | | | | | | | | | | | | | | | | | | | | | | | | | | | | | | | | | | | |
| | | | | | | | | | | | | | | | | | | | | | | | | | | | | | | | | | | | |
| | | | | | | | | | | | | | | | | | | | | | | | | | | | | | | | | | | | |

## 总 账

科目编号： 科目名称：应付股利

| 年 | | 凭证号 | 摘要 | 借方 | | | | | | | | | | 贷方 | | | | | | | | | | 借或贷 | 余额 | | | | | | | | | | 核对 |
|---|---|---|---|---|---|---|---|---|---|---|---|---|---|---|---|---|---|---|---|---|---|---|---|---|---|---|---|---|---|---|---|---|---|---|---|
| 月 | 日 | | | 千 | 百 | 十 | 万 | 千 | 百 | 十 | 元 | 角 | 分 | 千 | 百 | 十 | 万 | 千 | 百 | 十 | 元 | 角 | 分 | | 千 | 百 | 十 | 万 | 千 | 百 | 十 | 元 | 角 | 分 | |
| | | | | | | | | | | | | | | | | | | | | | | | | | | | | | | | | | | | |
| | | | | | | | | | | | | | | | | | | | | | | | | | | | | | | | | | | | |
| | | | | | | | | | | | | | | | | | | | | | | | | | | | | | | | | | | | |
| | | | | | | | | | | | | | | | | | | | | | | | | | | | | | | | | | | | |
| | | | | | | | | | | | | | | | | | | | | | | | | | | | | | | | | | | | |
| | | | | | | | | | | | | | | | | | | | | | | | | | | | | | | | | | | | |

## 总 账

科目编号： 科目名称：长期借款

| 年 | | 凭证号 | 摘要 | 借方 | | | | | | | | | | 贷方 | | | | | | | | | | 借或贷 | 余额 | | | | | | | | | | 核对 |
|---|---|---|---|---|---|---|---|---|---|---|---|---|---|---|---|---|---|---|---|---|---|---|---|---|---|---|---|---|---|---|---|---|---|---|---|
| 月 | 日 | | | 千 | 百 | 十 | 万 | 千 | 百 | 十 | 元 | 角 | 分 | 千 | 百 | 十 | 万 | 千 | 百 | 十 | 元 | 角 | 分 | | 千 | 百 | 十 | 万 | 千 | 百 | 十 | 元 | 角 | 分 | |
| | | | | | | | | | | | | | | | | | | | | | | | | | | | | | | | | | | | |
| | | | | | | | | | | | | | | | | | | | | | | | | | | | | | | | | | | | |
| | | | | | | | | | | | | | | | | | | | | | | | | | | | | | | | | | | | |
| | | | | | | | | | | | | | | | | | | | | | | | | | | | | | | | | | | | |
| | | | | | | | | | | | | | | | | | | | | | | | | | | | | | | | | | | | |
| | | | | | | | | | | | | | | | | | | | | | | | | | | | | | | | | | | | |

## 总 账

科目编号： 科目名称：实收资本

| 年 | | 凭证号 | 摘要 | 借方 | | | | | | | | | | 贷方 | | | | | | | | | | 借或贷 | 余额 | | | | | | | | | | 核对 |
|---|---|---|---|---|---|---|---|---|---|---|---|---|---|---|---|---|---|---|---|---|---|---|---|---|---|---|---|---|---|---|---|---|---|---|---|
| 月 | 日 | | | 千 | 百 | 十 | 万 | 千 | 百 | 十 | 元 | 角 | 分 | 千 | 百 | 十 | 万 | 千 | 百 | 十 | 元 | 角 | 分 | | 千 | 百 | 十 | 万 | 千 | 百 | 十 | 元 | 角 | 分 | |
| | | | | | | | | | | | | | | | | | | | | | | | | | | | | | | | | | | | |
| | | | | | | | | | | | | | | | | | | | | | | | | | | | | | | | | | | | |
| | | | | | | | | | | | | | | | | | | | | | | | | | | | | | | | | | | | |
| | | | | | | | | | | | | | | | | | | | | | | | | | | | | | | | | | | | |
| | | | | | | | | | | | | | | | | | | | | | | | | | | | | | | | | | | | |
| | | | | | | | | | | | | | | | | | | | | | | | | | | | | | | | | | | | |

## 总 账

科目编号： 科目名称：资本公积

| 年 | | 凭证号 | 摘要 | 借方 | | | | | | | | | | 贷方 | | | | | | | | | | 借或贷 | 余额 | | | | | | | | | | 核对 |
|---|---|---|---|---|---|---|---|---|---|---|---|---|---|---|---|---|---|---|---|---|---|---|---|---|---|---|---|---|---|---|---|---|---|---|---|
| 月 | 日 | | | 千 | 百 | 十 | 万 | 千 | 百 | 十 | 元 | 角 | 分 | 千 | 百 | 十 | 万 | 千 | 百 | 十 | 元 | 角 | 分 | | 千 | 百 | 十 | 万 | 千 | 百 | 十 | 元 | 角 | 分 | |
| | | | | | | | | | | | | | | | | | | | | | | | | | | | | | | | | | | | |
| | | | | | | | | | | | | | | | | | | | | | | | | | | | | | | | | | | | |
| | | | | | | | | | | | | | | | | | | | | | | | | | | | | | | | | | | | |
| | | | | | | | | | | | | | | | | | | | | | | | | | | | | | | | | | | | |
| | | | | | | | | | | | | | | | | | | | | | | | | | | | | | | | | | | | |
| | | | | | | | | | | | | | | | | | | | | | | | | | | | | | | | | | | | |

## 总 账

科目编号： 科目名称：盈余公积

| 年 | | 凭证号 | 摘要 | 借方 | | | | | | | | | | 贷方 | | | | | | | | | | 借或贷 | 余额 | | | | | | | | | | 核对 |
|---|---|---|---|---|---|---|---|---|---|---|---|---|---|---|---|---|---|---|---|---|---|---|---|---|---|---|---|---|---|---|---|---|---|---|---|
| 月 | 日 | | | 千 | 百 | 十 | 万 | 千 | 百 | 十 | 元 | 角 | 分 | 千 | 百 | 十 | 万 | 千 | 百 | 十 | 元 | 角 | 分 | | 千 | 百 | 十 | 万 | 千 | 百 | 十 | 元 | 角 | 分 | |
| | | | | | | | | | | | | | | | | | | | | | | | | | | | | | | | | | | | |
| | | | | | | | | | | | | | | | | | | | | | | | | | | | | | | | | | | | |
| | | | | | | | | | | | | | | | | | | | | | | | | | | | | | | | | | | | |
| | | | | | | | | | | | | | | | | | | | | | | | | | | | | | | | | | | | |
| | | | | | | | | | | | | | | | | | | | | | | | | | | | | | | | | | | | |
| | | | | | | | | | | | | | | | | | | | | | | | | | | | | | | | | | | | |

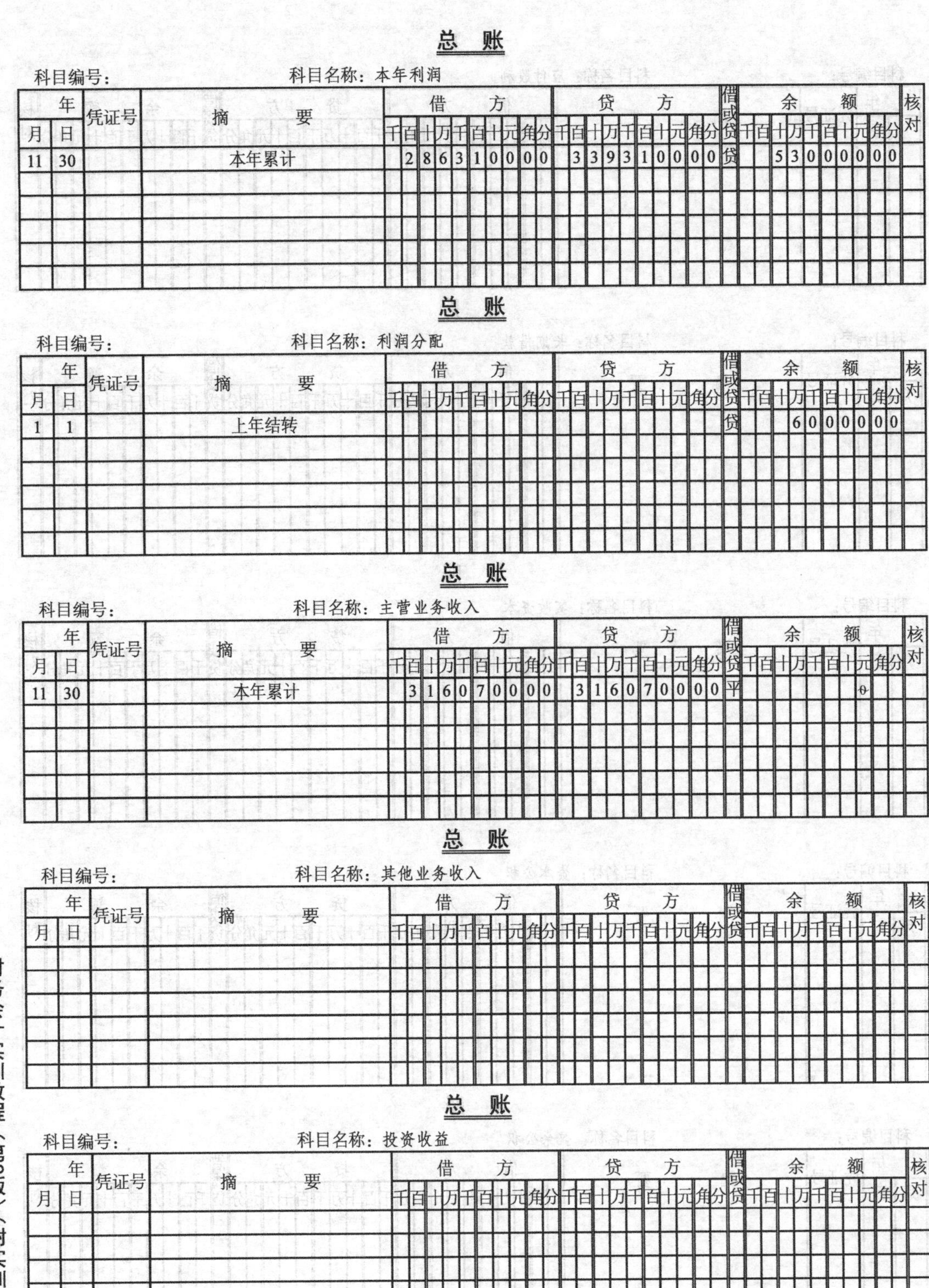

## 总 账

科目编号：　　　　　　　　科目名称：本年利润

| 年 月 | 日 | 凭证号 | 摘要 | 借方 | 贷方 | 借或贷 | 余额 | 核对 |
|---|---|---|---|---|---|---|---|---|
| 11 | 30 | | 本年累计 | 286310000 | 339310000 | 贷 | 53000000 | |
| | | | | | | | | |
| | | | | | | | | |
| | | | | | | | | |
| | | | | | | | | |
| | | | | | | | | |

## 总 账

科目编号：　　　　　　　　科目名称：利润分配

| 年 月 | 日 | 凭证号 | 摘要 | 借方 | 贷方 | 借或贷 | 余额 | 核对 |
|---|---|---|---|---|---|---|---|---|
| 1 | 1 | | 上年结转 | | | 贷 | 6000000 | |
| | | | | | | | | |
| | | | | | | | | |
| | | | | | | | | |
| | | | | | | | | |
| | | | | | | | | |

## 总 账

科目编号：　　　　　　　　科目名称：主营业务收入

| 年 月 | 日 | 凭证号 | 摘要 | 借方 | 贷方 | 借或贷 | 余额 | 核对 |
|---|---|---|---|---|---|---|---|---|
| 11 | 30 | | 本年累计 | 316070000 | 316070000 | 平 | θ | |
| | | | | | | | | |
| | | | | | | | | |
| | | | | | | | | |
| | | | | | | | | |
| | | | | | | | | |

## 总 账

科目编号：　　　　　　　　科目名称：其他业务收入

| 年 月 | 日 | 凭证号 | 摘要 | 借方 | 贷方 | 借或贷 | 余额 | 核对 |
|---|---|---|---|---|---|---|---|---|
| | | | | | | | | |
| | | | | | | | | |
| | | | | | | | | |
| | | | | | | | | |
| | | | | | | | | |
| | | | | | | | | |

## 总 账

科目编号：　　　　　　　　科目名称：投资收益

| 年 月 | 日 | 凭证号 | 摘要 | 借方 | 贷方 | 借或贷 | 余额 | 核对 |
|---|---|---|---|---|---|---|---|---|
| | | | | | | | | |
| | | | | | | | | |
| | | | | | | | | |
| | | | | | | | | |
| | | | | | | | | |
| | | | | | | | | |

## 总 账

科目编号：　　　　　　　　　　科目名称：公允价值变动损益

| 年 | | 凭证号 | 摘要 | 借方 | | | | | | | | | | 贷方 | | | | | | | | | | 借或贷 | 余额 | | | | | | | | | | 核对 |
|---|---|---|---|---|---|---|---|---|---|---|---|---|---|---|---|---|---|---|---|---|---|---|---|---|---|---|---|---|---|---|---|---|---|---|---|
| 月 | 日 | | | 千 | 百 | 十 | 万 | 千 | 百 | 十 | 元 | 角 | 分 | 千 | 百 | 十 | 万 | 千 | 百 | 十 | 元 | 角 | 分 | | 千 | 百 | 十 | 万 | 千 | 百 | 十 | 元 | 角 | 分 | |
| | | | | | | | | | | | | | | | | | | | | | | | | | | | | | | | | | | | |
| | | | | | | | | | | | | | | | | | | | | | | | | | | | | | | | | | | | |
| | | | | | | | | | | | | | | | | | | | | | | | | | | | | | | | | | | | |
| | | | | | | | | | | | | | | | | | | | | | | | | | | | | | | | | | | | |
| | | | | | | | | | | | | | | | | | | | | | | | | | | | | | | | | | | | |
| | | | | | | | | | | | | | | | | | | | | | | | | | | | | | | | | | | | |

## 总 账

科目编号：　　　　　　　　　　科目名称：营业外收入

| 年 | | 凭证号 | 摘要 | 借方 | | | | | | | | | | 贷方 | | | | | | | | | | 借或贷 | 余额 | | | | | | | | | | 核对 |
|---|---|---|---|---|---|---|---|---|---|---|---|---|---|---|---|---|---|---|---|---|---|---|---|---|---|---|---|---|---|---|---|---|---|---|---|
| 月 | 日 | | | 千 | 百 | 十 | 万 | 千 | 百 | 十 | 元 | 角 | 分 | 千 | 百 | 十 | 万 | 千 | 百 | 十 | 元 | 角 | 分 | | 千 | 百 | 十 | 万 | 千 | 百 | 十 | 元 | 角 | 分 | |
| | | | | | | | | | | | | | | | | | | | | | | | | | | | | | | | | | | | |
| | | | | | | | | | | | | | | | | | | | | | | | | | | | | | | | | | | | |
| | | | | | | | | | | | | | | | | | | | | | | | | | | | | | | | | | | | |
| | | | | | | | | | | | | | | | | | | | | | | | | | | | | | | | | | | | |
| | | | | | | | | | | | | | | | | | | | | | | | | | | | | | | | | | | | |
| | | | | | | | | | | | | | | | | | | | | | | | | | | | | | | | | | | | |

## 总 账

科目编号：　　　　　　　　　　科目名称：主营业务成本

| 年 | | 凭证号 | 摘要 | 借方 | | | | | | | | | | 贷方 | | | | | | | | | | 借或贷 | 余额 | | | | | | | | | | 核对 |
|---|---|---|---|---|---|---|---|---|---|---|---|---|---|---|---|---|---|---|---|---|---|---|---|---|---|---|---|---|---|---|---|---|---|---|---|
| 月 | 日 | | | 千 | 百 | 十 | 万 | 千 | 百 | 十 | 元 | 角 | 分 | 千 | 百 | 十 | 万 | 千 | 百 | 十 | 元 | 角 | 分 | | 千 | 百 | 十 | 万 | 千 | 百 | 十 | 元 | 角 | 分 | |
| | | | | | | | | | | | | | | | | | | | | | | | | | | | | | | | | | | | |
| | | | | | | | | | | | | | | | | | | | | | | | | | | | | | | | | | | | |
| | | | | | | | | | | | | | | | | | | | | | | | | | | | | | | | | | | | |
| | | | | | | | | | | | | | | | | | | | | | | | | | | | | | | | | | | | |
| | | | | | | | | | | | | | | | | | | | | | | | | | | | | | | | | | | | |
| | | | | | | | | | | | | | | | | | | | | | | | | | | | | | | | | | | | |

## 总 账

科目编号：　　　　　　　　　　科目名称：其他业务成本

| 年 | | 凭证号 | 摘要 | 借方 | | | | | | | | | | 贷方 | | | | | | | | | | 借或贷 | 余额 | | | | | | | | | | 核对 |
|---|---|---|---|---|---|---|---|---|---|---|---|---|---|---|---|---|---|---|---|---|---|---|---|---|---|---|---|---|---|---|---|---|---|---|---|
| 月 | 日 | | | 千 | 百 | 十 | 万 | 千 | 百 | 十 | 元 | 角 | 分 | 千 | 百 | 十 | 万 | 千 | 百 | 十 | 元 | 角 | 分 | | 千 | 百 | 十 | 万 | 千 | 百 | 十 | 元 | 角 | 分 | |
| | | | | | | | | | | | | | | | | | | | | | | | | | | | | | | | | | | | |
| | | | | | | | | | | | | | | | | | | | | | | | | | | | | | | | | | | | |
| | | | | | | | | | | | | | | | | | | | | | | | | | | | | | | | | | | | |
| | | | | | | | | | | | | | | | | | | | | | | | | | | | | | | | | | | | |
| | | | | | | | | | | | | | | | | | | | | | | | | | | | | | | | | | | | |
| | | | | | | | | | | | | | | | | | | | | | | | | | | | | | | | | | | | |

## 总 账

科目编号：　　　　　　　　　　科目名称：税金及附加

| 年 | | 凭证号 | 摘要 | 借方 | | | | | | | | | | 贷方 | | | | | | | | | | 借或贷 | 余额 | | | | | | | | | | 核对 |
|---|---|---|---|---|---|---|---|---|---|---|---|---|---|---|---|---|---|---|---|---|---|---|---|---|---|---|---|---|---|---|---|---|---|---|---|
| 月 | 日 | | | 千 | 百 | 十 | 万 | 千 | 百 | 十 | 元 | 角 | 分 | 千 | 百 | 十 | 万 | 千 | 百 | 十 | 元 | 角 | 分 | | 千 | 百 | 十 | 万 | 千 | 百 | 十 | 元 | 角 | 分 | |
| | | | | | | | | | | | | | | | | | | | | | | | | | | | | | | | | | | | |
| | | | | | | | | | | | | | | | | | | | | | | | | | | | | | | | | | | | |
| | | | | | | | | | | | | | | | | | | | | | | | | | | | | | | | | | | | |
| | | | | | | | | | | | | | | | | | | | | | | | | | | | | | | | | | | | |
| | | | | | | | | | | | | | | | | | | | | | | | | | | | | | | | | | | | |
| | | | | | | | | | | | | | | | | | | | | | | | | | | | | | | | | | | | |
| | | | | | | | | | | | | | | | | | | | | | | | | | | | | | | | | | | | |

## 总 账

科目编号：　　　　　　科目名称：销售费用

| 年 | | 凭证号 | 摘要 | 借方 | | | | | | | | | | 贷方 | | | | | | | | | | 借或贷 | 余额 | | | | | | | | | | 核对 |
|---|---|---|---|---|---|---|---|---|---|---|---|---|---|---|---|---|---|---|---|---|---|---|---|---|---|---|---|---|---|---|---|---|---|---|---|
| 月 | 日 | | | 千 | 百 | 十 | 万 | 千 | 百 | 十 | 元 | 角 | 分 | 千 | 百 | 十 | 万 | 千 | 百 | 十 | 元 | 角 | 分 | | 千 | 百 | 十 | 万 | 千 | 百 | 十 | 元 | 角 | 分 | |
| | | | | | | | | | | | | | | | | | | | | | | | | | | | | | | | | | | | |
| | | | | | | | | | | | | | | | | | | | | | | | | | | | | | | | | | | | |
| | | | | | | | | | | | | | | | | | | | | | | | | | | | | | | | | | | | |
| | | | | | | | | | | | | | | | | | | | | | | | | | | | | | | | | | | | |
| | | | | | | | | | | | | | | | | | | | | | | | | | | | | | | | | | | | |
| | | | | | | | | | | | | | | | | | | | | | | | | | | | | | | | | | | | |

## 总 账

科目编号：　　　　　　科目名称：管理费用

| 年 | | 凭证号 | 摘要 | 借方 | | | | | | | | | | 贷方 | | | | | | | | | | 借或贷 | 余额 | | | | | | | | | | 核对 |
|---|---|---|---|---|---|---|---|---|---|---|---|---|---|---|---|---|---|---|---|---|---|---|---|---|---|---|---|---|---|---|---|---|---|---|---|
| 月 | 日 | | | 千 | 百 | 十 | 万 | 千 | 百 | 十 | 元 | 角 | 分 | 千 | 百 | 十 | 万 | 千 | 百 | 十 | 元 | 角 | 分 | | 千 | 百 | 十 | 万 | 千 | 百 | 十 | 元 | 角 | 分 | |
| | | | | | | | | | | | | | | | | | | | | | | | | | | | | | | | | | | | |
| | | | | | | | | | | | | | | | | | | | | | | | | | | | | | | | | | | | |
| | | | | | | | | | | | | | | | | | | | | | | | | | | | | | | | | | | | |
| | | | | | | | | | | | | | | | | | | | | | | | | | | | | | | | | | | | |
| | | | | | | | | | | | | | | | | | | | | | | | | | | | | | | | | | | | |
| | | | | | | | | | | | | | | | | | | | | | | | | | | | | | | | | | | | |

## 总 账

科目编号：　　　　　　科目名称：财务费用

| 年 | | 凭证号 | 摘要 | 借方 | | | | | | | | | | 贷方 | | | | | | | | | | 借或贷 | 余额 | | | | | | | | | | 核对 |
|---|---|---|---|---|---|---|---|---|---|---|---|---|---|---|---|---|---|---|---|---|---|---|---|---|---|---|---|---|---|---|---|---|---|---|---|
| 月 | 日 | | | 千 | 百 | 十 | 万 | 千 | 百 | 十 | 元 | 角 | 分 | 千 | 百 | 十 | 万 | 千 | 百 | 十 | 元 | 角 | 分 | | 千 | 百 | 十 | 万 | 千 | 百 | 十 | 元 | 角 | 分 | |
| | | | | | | | | | | | | | | | | | | | | | | | | | | | | | | | | | | | |
| | | | | | | | | | | | | | | | | | | | | | | | | | | | | | | | | | | | |
| | | | | | | | | | | | | | | | | | | | | | | | | | | | | | | | | | | | |
| | | | | | | | | | | | | | | | | | | | | | | | | | | | | | | | | | | | |
| | | | | | | | | | | | | | | | | | | | | | | | | | | | | | | | | | | | |
| | | | | | | | | | | | | | | | | | | | | | | | | | | | | | | | | | | | |

## 总 账

科目编号：　　　　　　科目名称：资产减值损失

| 年 | | 凭证号 | 摘要 | 借方 | | | | | | | | | | 贷方 | | | | | | | | | | 借或贷 | 余额 | | | | | | | | | | 核对 |
|---|---|---|---|---|---|---|---|---|---|---|---|---|---|---|---|---|---|---|---|---|---|---|---|---|---|---|---|---|---|---|---|---|---|---|---|
| 月 | 日 | | | 千 | 百 | 十 | 万 | 千 | 百 | 十 | 元 | 角 | 分 | 千 | 百 | 十 | 万 | 千 | 百 | 十 | 元 | 角 | 分 | | 千 | 百 | 十 | 万 | 千 | 百 | 十 | 元 | 角 | 分 | |
| | | | | | | | | | | | | | | | | | | | | | | | | | | | | | | | | | | | |
| | | | | | | | | | | | | | | | | | | | | | | | | | | | | | | | | | | | |
| | | | | | | | | | | | | | | | | | | | | | | | | | | | | | | | | | | | |
| | | | | | | | | | | | | | | | | | | | | | | | | | | | | | | | | | | | |
| | | | | | | | | | | | | | | | | | | | | | | | | | | | | | | | | | | | |
| | | | | | | | | | | | | | | | | | | | | | | | | | | | | | | | | | | | |

## 总 账

科目编号：　　　　　　科目名称：营业外支出

| 年 | | 凭证号 | 摘要 | 借方 | | | | | | | | | | 贷方 | | | | | | | | | | 借或贷 | 余额 | | | | | | | | | | 核对 |
|---|---|---|---|---|---|---|---|---|---|---|---|---|---|---|---|---|---|---|---|---|---|---|---|---|---|---|---|---|---|---|---|---|---|---|---|
| 月 | 日 | | | 千 | 百 | 十 | 万 | 千 | 百 | 十 | 元 | 角 | 分 | 千 | 百 | 十 | 万 | 千 | 百 | 十 | 元 | 角 | 分 | | 千 | 百 | 十 | 万 | 千 | 百 | 十 | 元 | 角 | 分 | |
| | | | | | | | | | | | | | | | | | | | | | | | | | | | | | | | | | | | |
| | | | | | | | | | | | | | | | | | | | | | | | | | | | | | | | | | | | |
| | | | | | | | | | | | | | | | | | | | | | | | | | | | | | | | | | | | |
| | | | | | | | | | | | | | | | | | | | | | | | | | | | | | | | | | | | |
| | | | | | | | | | | | | | | | | | | | | | | | | | | | | | | | | | | | |
| | | | | | | | | | | | | | | | | | | | | | | | | | | | | | | | | | | | |
| | | | | | | | | | | | | | | | | | | | | | | | | | | | | | | | | | | | |

## 总　账

科目编号：　　　　　　　　　　　　科目名称：所得税费用

| 年 | | 凭证号 | 摘要 | 借方 | | | | | | | | | | 贷方 | | | | | | | | | | 借或贷 | 余额 | | | | | | | | | | 核对 |
|---|---|---|---|---|---|---|---|---|---|---|---|---|---|---|---|---|---|---|---|---|---|---|---|---|---|---|---|---|---|---|---|---|---|---|---|
| 月 | 日 | | | 千 | 百 | 十 | 万 | 千 | 百 | 十 | 元 | 角 | 分 | 千 | 百 | 十 | 万 | 千 | 百 | 十 | 元 | 角 | 分 | | 千 | 百 | 十 | 万 | 千 | 百 | 十 | 元 | 角 | 分 | |
| | | | | | | | | | | | | | | | | | | | | | | | | | | | | | | | | | | | |
| | | | | | | | | | | | | | | | | | | | | | | | | | | | | | | | | | | | |
| | | | | | | | | | | | | | | | | | | | | | | | | | | | | | | | | | | | |
| | | | | | | | | | | | | | | | | | | | | | | | | | | | | | | | | | | | |
| | | | | | | | | | | | | | | | | | | | | | | | | | | | | | | | | | | | |
| | | | | | | | | | | | | | | | | | | | | | | | | | | | | | | | | | | | |

## 总　账

科目编号：　　　　　　　　　　　　科目名称：

| 年 | | 凭证号 | 摘要 | 借方 | | | | | | | | | | 贷方 | | | | | | | | | | 借或贷 | 余额 | | | | | | | | | | 核对 |
|---|---|---|---|---|---|---|---|---|---|---|---|---|---|---|---|---|---|---|---|---|---|---|---|---|---|---|---|---|---|---|---|---|---|---|---|
| 月 | 日 | | | 千 | 百 | 十 | 万 | 千 | 百 | 十 | 元 | 角 | 分 | 千 | 百 | 十 | 万 | 千 | 百 | 十 | 元 | 角 | 分 | | 千 | 百 | 十 | 万 | 千 | 百 | 十 | 元 | 角 | 分 | |
| | | | | | | | | | | | | | | | | | | | | | | | | | | | | | | | | | | | |
| | | | | | | | | | | | | | | | | | | | | | | | | | | | | | | | | | | | |
| | | | | | | | | | | | | | | | | | | | | | | | | | | | | | | | | | | | |
| | | | | | | | | | | | | | | | | | | | | | | | | | | | | | | | | | | | |
| | | | | | | | | | | | | | | | | | | | | | | | | | | | | | | | | | | | |
| | | | | | | | | | | | | | | | | | | | | | | | | | | | | | | | | | | | |

### 说明

没有开设固定资产卡片，而且应该开设但没有开设明细账的会计科目有：(1) 应收股利；(2) 固定资产清理；(3) 无形资产；(4) 累计摊销；(5) 待处理财产损溢；(6) 短期借款；(7) 应付利息；(8) 预收账款；(9) 长期借款；(10) 实收资本；(11) 资本公积；(12) 盈余公积；(13) 其他业务成本；(14) 投资收益；(15) 营业外收入；(16) 营业外支出；(17) 所得税费用；(18) 坏账准备；(19) 公允价值变动损益；(20) 资产减值损失。

# 素材三　实训用科目汇总表、试算平衡表及会计报表

## 科目汇总表

核算单位：　　　　　　　　　　　　会计期间：　　　　　　　　　　　　汇总范围：

| 科目代码或名称 | 借方发生金额 | 贷方发生金额 | 科目代码或名称 | 借方发生金额 | 贷方发生金额 |
|---|---|---|---|---|---|
| | | | | | |
| | | | | | |
| | | | | | |
| | | | | | |
| | | | | | |
| | | | | | |
| | | | | | |
| | | | | | |
| | | | | | |
| | | | | | |
| | | | | | |
| | | | | | |
| | | | | | |
| | | | | | |
| | | | | | |
| | | | | | |
| | | | | | |
| | | | | | |
| | | | | | |
| | | | | | |
| | | | | | |
| | | | | | |
| | | | | | |
| | | | | | |
| | | | | | |
| | | | | | |
| | | | | | |
| | | | | | |
| | | | | | |
| | | | | | |
| | | | | | |
| | | | | | |
| | | | | | |
| | | | | | |
| | | | | | |

## 本期发生额及余额试算平衡表

20××年12月31日

| 会计科目名称 | 期初余额 | | 本期发生额 | | 期末余额 | |
|---|---|---|---|---|---|---|
| | 借方 | 贷方 | 借方 | 贷方 | 借方 | 贷方 |
| | | | | | | |
| | | | | | | |
| | | | | | | |
| | | | | | | |
| | | | | | | |
| | | | | | | |
| | | | | | | |
| | | | | | | |
| | | | | | | |
| | | | | | | |
| | | | | | | |
| | | | | | | |
| | | | | | | |
| | | | | | | |
| | | | | | | |
| | | | | | | |
| | | | | | | |
| | | | | | | |
| | | | | | | |
| | | | | | | |
| | | | | | | |
| | | | | | | |
| | | | | | | |
| | | | | | | |
| | | | | | | |
| | | | | | | |
| | | | | | | |
| | | | | | | |
| | | | | | | |
| | | | | | | |
| | | | | | | |
| | | | | | | |
| | | | | | | |
| | | | | | | |
| | | | | | | |
| | | | | | | |
| | | | | | | |
| | | | | | | |
| | | | | | | |
| | | | | | | |
| | | | | | | |
| | | | | | | |
| | | | | | | |
| | | | | | | |

## 本期发生额及余额试算平衡表

20××年12月31日

| 会计科目名称 | 期初余额 | | 本期发生额 | | 期末余额 | |
|---|---|---|---|---|---|---|
| | 借方 | 贷方 | 借方 | 贷方 | 借方 | 贷方 |
| | | | | | | |
| | | | | | | |
| | | | | | | |
| | | | | | | |
| | | | | | | |
| | | | | | | |
| | | | | | | |
| | | | | | | |
| | | | | | | |
| | | | | | | |
| | | | | | | |
| | | | | | | |
| | | | | | | |
| | | | | | | |
| | | | | | | |
| | | | | | | |
| | | | | | | |
| | | | | | | |
| | | | | | | |
| | | | | | | |
| | | | | | | |
| | | | | | | |
| | | | | | | |
| | | | | | | |
| | | | | | | |
| | | | | | | |
| | | | | | | |
| | | | | | | |
| | | | | | | |
| | | | | | | |
| | | | | | | |
| | | | | | | |
| | | | | | | |
| | | | | | | |
| | | | | | | |
| | | | | | | |
| | | | | | | |
| | | | | | | |
| | | | | | | |
| | | | | | | |
| | | | | | | |
| | | | | | | |
| | | | | | | |
| | | | | | | |

## 资产负债表

编制单位：　　　　20××年12月31日　　　　单位：元

| 资　　产 | 年初余额 | 期末余额 | 负债和所有者权益 | 年初余额 | 期末余额 |
|---|---|---|---|---|---|
| **流动资产：** | | | **流动负债：** | | |
| 货币资金 | | | 短期借款 | | |
| 交易性金融资产 | | | 交易性金融负债 | | |
| 应收票据 | | | 应付票据 | | |
| 应收账款 | | | 应付账款 | | |
| 预付款项 | | | 预收款项 | | |
| 应收利息 | | | 应付职工薪酬 | | |
| 应收股利 | | | 应交税费 | | |
| 其他应收款 | | | 应付利息 | | |
| 存货 | | | 应付股利 | | |
| 一年内到期的非流动资产 | | | 其他应付款 | | |
| 其他流动资产 | | | 一年内到期的非流动负债 | | |
| **流动资产合计** | | | 其他流动负债 | | |
| **非流动资产：** | | | **流动负债合计** | | |
| 可供出售金融资产 | | | **非流动负债：** | | |
| 持有至到期投资 | | | 长期借款 | | |
| 长期应收款 | | | 应付债券 | | |
| 长期股权投资 | | | 长期应付款 | | |
| 投资性房地产 | | | 专项应付款 | | |
| 固定资产 | | | 预计负债 | | |
| 在建工程 | | | 递延所得税负债 | | |
| 工程物资 | | | 其他非流动负债 | | |
| 固定资产清理 | | | **非流动负债合计** | | |
| 生产性生物资产 | | | **负债合计** | | |
| 油气资产 | | | **所有者权益(或股东权益)：** | | |
| 无形资产 | | | 实收资本（或股本） | | |
| 开发支出 | | | 资本公积 | | |
| 商誉 | | | 减：库存股 | | |
| 长期待摊费用 | | | 盈余公积 | | |
| 递延所得税资产 | | | 未分配利润 | | |
| 其他非流动资产 | | | **所有者权益(或股东权益)合计** | | |
| **非流动资产合计** | | | | | |
| **资产总计** | | | **负债和所有者权益总计** | | |

## 利润表

编制单位：　　　　20××年度　　　　单位：元

| 项　　目 | 本期金额 | 上期金额（略） |
|---|---|---|
| 一、营业收入 | | |
| 减：营业成本 | | |
| 税金及附加 | | |
| 销售费用 | | |
| 管理费用 | | |
| 研发费用 | | |
| 财务费用 | | |
| 其中：利息费用 | | |
| 利息收入 | | |
| 资产减值损失 | | |
| 加：其他收益 | | |
| 投资收益（损失以“－”号填列） | | |
| 其中：对联营企业和合营企业的投资收益 | | |
| 公允价值变动收益（损失以“－”号填列） | | |
| 二、营业利润（亏损以“－”号填列） | | |
| 加：营业外收入 | | |
| 减：营业外支出 | | |
| 三、利润总额（亏损总额以“－”号填列） | | |
| 减：所得税费用 | | |
| 四、净利润（净亏损以“－”号填列） | | |
| 五、每股收益 | | |
| （一）基本每股收益 | | |
| （二）稀释每股收益 | | |
| 六、其他综合收益 | | |
| 七、综合收益总额 | | |

# 现金流量表

编制单位：　　　　　　　　　　　　20××年12月　　　　　　　　　　　　单位：元

| 项　　目 | 本期金额 | 上期金额 |
|---|---|---|
| **一、经营活动产生的现金流量：** | | |
| 销售商品、提供劳务收到的现金 | | |
| 收到的税费返还 | | |
| 收到其他与经营活动有关的现金 | | |
| 经营活动现金流入小计 | | |
| 购买商品、接受劳务支付的现金 | | |
| 支付给职工以及为职工支付的现金 | | |
| 支付的各项税费 | | |
| 支付其他与经营活动有关的现金 | | |
| 经营活动现金流出小计 | | |
| 经营活动产生的现金流量净额 | | |
| **二、投资活动产生的现金流量：** | | |
| 收回投资收到的现金 | | |
| 取得投资收益收到的现金 | | |
| 处置固定资产、无形资产和其他长期资产收回的现金净额 | | |
| 处置子公司及其他营业单位收到的现金净额 | | |
| 收到其他与投资活动有关的现金 | | |
| 投资活动现金流入小计 | | |
| 购建固定资产、无形资产和其他长期资产支付的现金 | | |
| 投资支付的现金 | | |
| 取得子公司及其他营业单位支付的现金净额 | | |
| 支付其他与投资活动有关的现金 | | |
| 投资活动现金流出小计 | | |
| 投资活动产生的现金流量净额 | | |
| **三、筹资活动产生的现金流量：** | | |
| 吸收投资收到的现金 | | |
| 取得借款收到的现金 | | |
| 收到其他与筹资活动有关的现金 | | |
| 筹资活动现金流入小计 | | |
| 偿还债务支付的现金 | | |
| 分配股利、利润或偿付利息支付的现金 | | |
| 支付其他与筹资活动有关的现金 | | |
| 筹资活动现金流出小计 | | |
| 筹资活动产生的现金流量净额 | | |
| **四、汇率变动对现金及现金等价物的影响** | | |
| **五、现金及现金等价物净增加额** | | |
| **加：期初现金及现金等价物余额** | | |
| **六、期末现金及现金等价物余额** | | |

## 现金流量表补充资料

| 项　　目 | 本期金额 | 上期金额 |
|---|---|---|
| **1. 将净利润调节为经营活动现金流量** | | |
| 净利润 | | |
| 加：资产减值准备 | | |
| 固定资产折旧、油气资产折耗、生产性生物资产折旧 | | |
| 无形资产摊销 | | |
| 长期待摊费用摊销 | | |
| 处置固定资产、无形资产和其他长期资产的损失（收益以“–”号填列） | | |
| 固定资产盘亏损失（收益以“–”号填列） | | |
| 公允价值变动损失（收益以“–”号填列） | | |
| 财务费用（收益以“–”号填列） | | |
| 投资损失（收益以“–”号填列） | | |
| 递延所得税资产减少（增加以“–”号填列） | | |
| 递延所得税负债增加（减少以“–”号填列） | | |
| 存货的减少（增加以“–”号填列） | | |
| 经营性应收项目的减少（增加以“–”号填列） | | |
| 经营性应付项目的增加（减少以“–”号填列） | | |
| 其他 | | |
| 经营活动产生的现金流量净额 | | |
| **2. 不涉及现金收支的重大投资和筹资活动** | | |
| 债务转为资本 | | |
| 一年内到期的可转换公司债券 | | |
| 融资租入固定资产 | | |
| **3. 现金及现金等价物净变动情况** | | |
| 现金的期末余额 | | |
| 减：现金的期初余额 | | |
| 加：现金等价物的期末余额 | | |
| 减：现金等价物的期初余额 | | |
| 现金及现金等价物净增加额 | | |

## 所有者权益变动表

编制单位　　　　　　　　　　　　20××年度　　　　　　　　　　　　单位：元

| 项　目 | 上年或本年金额 | | | | | |
|---|---|---|---|---|---|---|
| | 实收资本（或股本） | 资本公积 | 减：库存股 | 盈余公积 | 未分配利润 | 所有者权益合计 |
| 一、上年年末余额 | | | | | | |
| 加：会计政策变更 | | | | | | |
| 前期差错更正 | | | | | | |
| 二、本年年初余额 | | | | | | |
| 三、本年增减变动金额（减少以“－”号填列） | | | | | | |
| （一）净利润 | | | | | | |
| （二）其他综合收益 | | | | | | |
| 上述（一）和（二）小计 | | | | | | |
| （三）所有者投入和减少资本 | | | | | | |
| 1.所有者投入资本 | | | | | | |
| 2.股份支付计入所有者权益的金额 | | | | | | |
| 3.其他 | | | | | | |
| （四）利润分配 | | | | | | |
| 1. 提取盈余公积 | | | | | | |
| 2. 对所有者（或股东）的分配 | | | | | | |
| 3. 其他 | | | | | | |
| （五）所有者权益内部结转 | | | | | | |
| 1. 资本公积转增资本（或股本） | | | | | | |
| 2. 盈余公积转增资本（或股本） | | | | | | |
| 3. 盈余公积弥补亏损 | | | | | | |
| 4. 其他 | | | | | | |
| 四、本年年末余额 | | | | | | |